廣州圖書館藏珍本叢刊・儀清室藏書系列

廣州圖書館　主編
蔡曉絢　李鶯鶯　編著

廣州圖書館藏儀清室廣東文獻圖録

Guangzhou Tushuguan Cang Yiqingshi Guangdong Wenxian Tulu

GUANGXI NORMAL UNIVERSITY PRESS
广西师范大学出版社
・桂林・

圖書在版編目（CIP）數據

廣州圖書館藏儀清室廣東文獻圖録 / 廣州圖書館主編；蔡曉絢，李鶯鶯編著．—桂林：廣西師範大學出版社，2016.1
ISBN 978-7-5495-7648-7

Ⅰ．①廣… Ⅱ．①廣…②蔡…③李… Ⅲ．①地方文獻－廣東省－圖録 Ⅳ．①K296.5

中國版本圖書館 CIP 數據核字（2015）第 289112 號

廣西師範大學出版社出版發行
（廣西桂林市中華路 22 號　郵政編碼：541001
網址：http://www.bbtpress.com）
出版人：何林夏
全國新華書店經銷
廣西大華印刷有限公司印刷
（廣西南寧市高新區科園大道 62 號　郵政編碼：530007）
開本：787 mm ×1 092 mm　1/16
印張：22.75　　　字數：350 千字
2016 年 1 月第 1 版　　　2016 年 1 月第 1 次印刷
定價：198.00 元

廣州圖書館藏儀清室廣東文獻圖錄

禮堂自署

梁基永先生題

廣州圖書館藏儀清室廣東文獻圖録

主　　編：廣州圖書館

編　　著：蔡曉絢　李鶯鶯

學術顧問：梁基永

編　　委：方家忠　羅小紅　袁興薇　林志成

前　言

伏生治書，晁錯往受。雖云明經，亦在徵采。嶺南之文化，唐宋後始大盛，然以域臨海濱，地潤暑熱，脈望兵灾，皆紙絹之天敵。故文獻之搜集，固視嶺外爲難。所存於今日者，尤宜珍重。

儀清室之搜羅鄉邦文獻，凡二十有五年，憶昔故紙猶不爲時人所好，冷攤夜市，亂書堆叠，索值亦不甚昂。每於晨昏閑暇，流連其中，以饔飧之餘資，置一二舊本，頗自得意，然未諳竅奥。以所得持示先師李曲齋夫子，夫子故順德李文誠公文孫，舊家泰華樓爲吾粤近代藏書名所，識力非時人所可及。夫子以二指稍翻數頁，微嗔曰："墊桌可也。"意皆平常書籍，俱無所用。予惶恐，請以斯世藏書次第，答曰："自以嶺南文獻最爲便捷。蓋文誠公在京師日，雖宋元本尚可得，然渠則獨取晚明史籍，致力二十年，卓然成家，最可寶貴者，無出晚明廣東集部諸書。"余於此數語默識在心，遂專力以嶺南文獻爲鵠的。曲師既歸道山，又得親炙鐵嶺王貴忱可居夫子，王師雖非粤産，然南來逾半紀，遂以嶺南人自許。師於版本目録，爲當世大家，予從游二十年，耳提面命，多得教益，更蒙指授以版本鑒别諸術，習之有年，乃漸得若干嶺南文獻之可觀者，即此圖録中所載焉。

小齋插架廣東文獻，種類頗爲複雜，此書僅按四部之大略區分，容有未盡精確處。蓋近代以來，文獻種類，有四部不能囊括者。書中所收，亦頗見善本孤本，如明刻廣東詩集之《區西屏集》、《區奉政集》兩種，爲新會明代父子詩人所作。又明刊《易經蒙引》全套，爲揭陽蔡爾孚所撰，此兩種明刻明人作品，甚爲罕睹。康熙間東莞詩人林鳳岡《石嶽集》鈔本，晚明刊《孔子家語憲》爲羊城陳際泰注釋本，未見公私著録，此皆孤本，尤足珍視。此外尚有關係地方小專題之文獻若干，如勸善、帖學、醫藥、啓蒙，俱能見嶺南文化之一斑，未可因其年代甚近而忽略也。

是編所采之餘，尚有廣東清代印譜專題，亦爲嶺南印學與藝術史之别部，廣州圖書館已另辟專輯刊布，兹不贅於此。承廣州圖書館之盛意，小齋所藏得以安居公庫，俾後之研究粤中文獻者，得從容披覽之便，所謂與衆樂樂者，其義亦大哉。遠紹旁搜，尋茫茫之墜緒。近光博采，續綿綿之流風。今圖録付梨棗，館中同人之辛勞，更銘感於内，聊識數語，以示不忘云。

乙未端陽南海梁基永書於儀清室之南窗

目　　録

凡　例

一、收録範圍

收録廣州圖書館藏梁基永先生儀清室廣東文獻。是書收録的廣東文獻是明清及民國時期在廣東出版或印刷的、内容涉及廣東的（包括人、事、物）或者祖籍或寓居廣東的地方人物作品等。地理概念上的廣東是以明清或民國時期廣東省的行政區劃作爲地域範圍，包括現在的廣東省、海南省、香港特别行政區、澳門特别行政區及部分廣西地區等。祖籍或寓居廣東的地方人物，也包含僑遷落籍、寄籍和僑寓及在海外的廣東籍華人華僑等。

二、編製規則

1. 圖録部分圖文混排，書目信息之後附書影若干。

（1）書目信息的著録，主要依據《古籍著録規則》（GB3792.7-87）和國家圖書館2005年出版的《中國文獻編目規則（第二版）》（第四章　古籍），并結合文獻特點來進行著録。

包括題名、卷數、責任者、版本信息、載體形態、叢書信息及附注説明等。

附注説明包括：

A. 正題名非取自卷端時的來源説明，非選取爲正題名的封面題名、扉頁題名、版心題名、書根題名以及其他題名説明；責任者的不同信息來源等；

B. 批校題跋、行款、避諱、印章、特别用紙、僞改、版框尺寸、牌記、校勘者、刻工、藏版（板）情況、有代表性序跋等；

C. 存佚、配補、改换裝訂方式情況説明等；

D. 文獻責任者的簡介等；

E. 文獻的組成部分或叢書子目等；

F. 内容提要或文摘附注等；

G. 零種所屬叢書説明，入選名録情況等。

（2）書影部分，每種文獻選圖一至六幀不等，以最能反映該書的版本特徵爲選圖原則。

一般選取卷端、扉頁、牌記、刻書題記、相關序跋、批校題跋或有著名藏書家印章等頁。有裝幀特色的古籍，也會適當選取反映特色裝幀的書影。

2. 民國書目部分，書目信息的著録依據和著録内容參照“圖録部分”的書目信息著録規則。没有書影。

三、分類與排序

以《中國古籍善本書目》的分類體系“經、史、子、集、叢”五大部類進行排序，同類者以著者時代先後爲序，同一種書有多個版本時，以刻書出版時代先後爲序。

四、索引

包括書名與著者的拼音及筆畫索引。

圖録・經部

0001　重訂蔡虚齋先生易經蒙引：十二卷 /（明）蔡清撰；（明）宋兆禴重訂．—明末（1621 ～ 1644）刻本．— 7 册

9 行，26 字，白口，四周單邊，匡高 21.6 厘米，寬 12.5 厘米。

版心題名“易經蒙引”。前有“奏刊易經蒙引勘合”、庚寅（明嘉靖九年，1530）薛宗鎧“跋易經蒙引”，林希元“重刻易經蒙引叙”。是書册一及册七有原收藏者梁基永先生墨筆手書題記。

蔡清（1453 ～ 1508），明福建晋江人，字介夫，號虚齋。成化二十年（1484）進士，授禮部主事，武宗正德（1506 ～ 1521）初官江西提學副使。以忤朱宸濠，乞致仕。旋起南京國子監祭酒，命下時已卒。其學初主静，後主虚，故以虚名齋，學者稱虚齋先生。萬曆中追謚文莊。有《虚齋集》等。

宋兆禴（1600 ～ 1642），明廣東潮州府（今揭陽）人，又名爾孚，號喜公。明萬曆四十六年（1618）舉人，崇禎元年戊辰（1628）與陳斯獻、郭之奇、辜朝薦、黄奇遇、梁應龍、楊任斯、李士淳等潮籍舉子共中進士，故稱“戊辰八賢”。任江西廣昌縣令、浙江仁和縣令等。於崇禎十五年（1642）去世，年僅四十三歲。以詩名世，詩集有《學言餘草》和《舊耕堂存草》兩種。近人輯其詩爲《舊耕堂存輯》一册，計存詩作二十七首，未刊印。

鈐印有“禮堂長物”、“南海梁基永印”、“梁玉”、“字存”、“梁”等。

是書已入選《第一批廣東省珍貴古籍名録》。

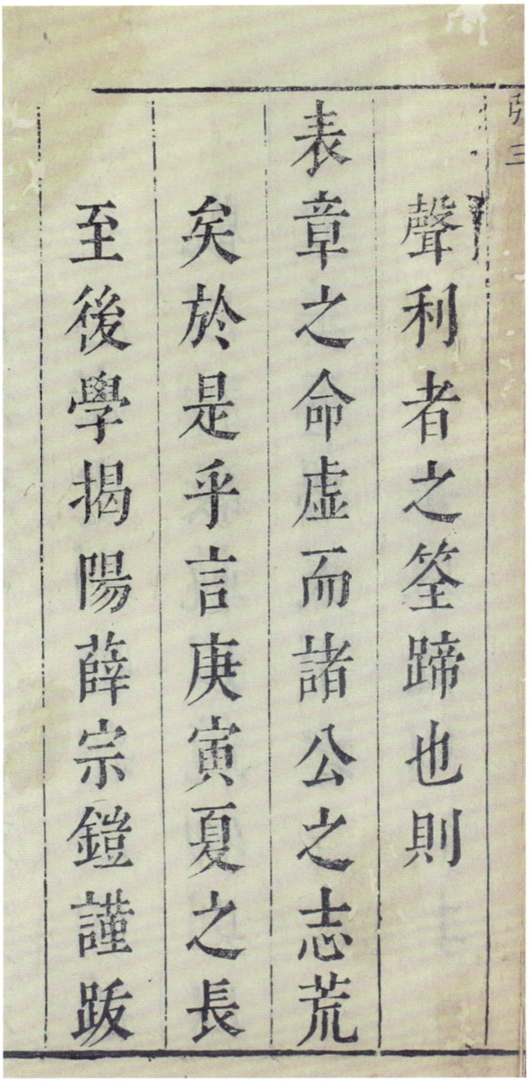
聲利者之筌蹄也則
表章之命虚而諸公之志荒
矣於是乎言庚寅夏之長
至後學揭陽薛宗鎧謹跋

重訂蔡虚齋先生易經蒙引（3–1）

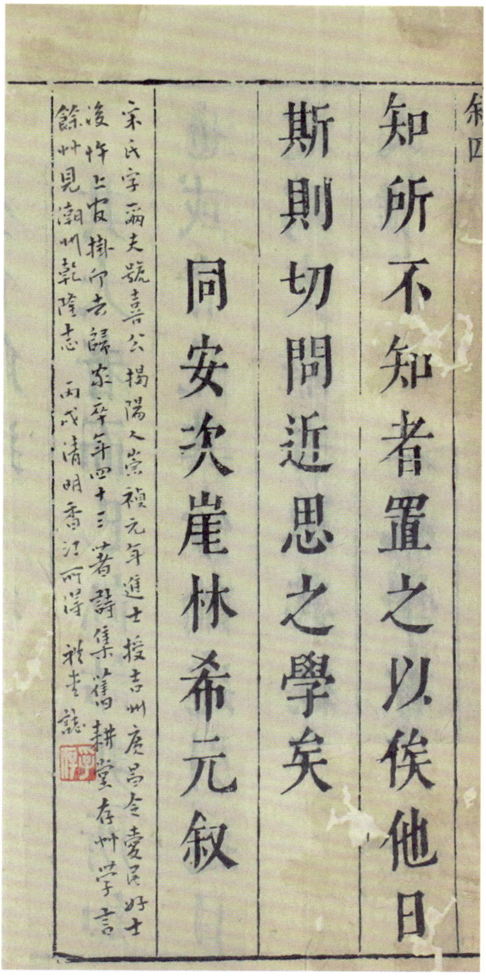

知所不知者置之以俟他日
斯則切問近思之學矣
同安次崖林希元叙

宋氏字爾夫號喜公揭陽人崇禎元年進士授吉州廣昌令愛民好士
後忤上官掛印去歸家卒年四十三著詩集舊耕堂存草學言
餘草見潮州乾隆志 丙戌清明香江所得 秋圭識

重訂蔡虛齋先生易經蒙引（3–2）

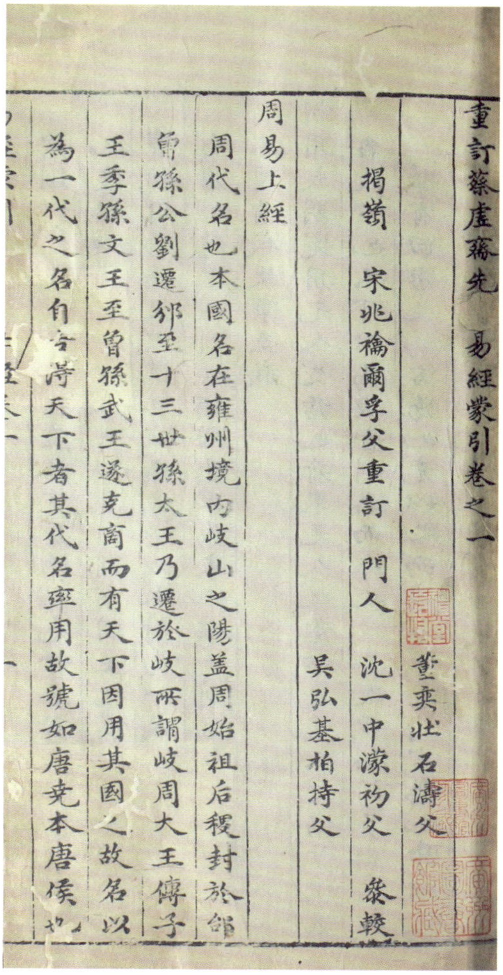

重訂蔡虛齋先生易經蒙引卷之一
揭嶺 宋兆禴爾孚父重訂 門人 沈一中潔初父 董奕壯石濤父 參較
吳弘基柏持父

周易上經

周代名也本國名在雍州境內岐山之陽蓋周始祖后稷封於邰曾孫公劉遷邠至十三世孫太王乃遷於岐所謂岐周大王傳子王季孫文王至曾孫武王遂克商而有天下因用其國之故名以為一代之名自古得天下者其代名率用故號如唐堯本唐侯也

重訂蔡虛齋先生易經蒙引（3–3）

0002 經傳字音考正：四卷 /（清）馮肩輯 . — 清光緒二年（1876）文選樓刻本 . — 4 册

6 行，字數不等，小字雙行不等，白口，四周雙邊，單黑魚尾，匡高 16.2 厘米，寬 12 厘米。

扉頁刊“光緒丙子年新鐫 經傳字音考正 文選樓藏板”。前有嘉慶十五年（1810）著者馮肩序，并有凡例、目次等。

馮肩，清廣東順德人，字心海，一字步莊。諸生。著有《經傳正音》、《經傳正音補》、《困勉草廬詩集》、《栖雲山人詩草》。

是書以粤音注經典，頗具趣味性。

鈐印有“禮堂所得嶺南文物”、“儀清室”、“禮堂長物”、“南海梁基永印”、“梁氏”等。

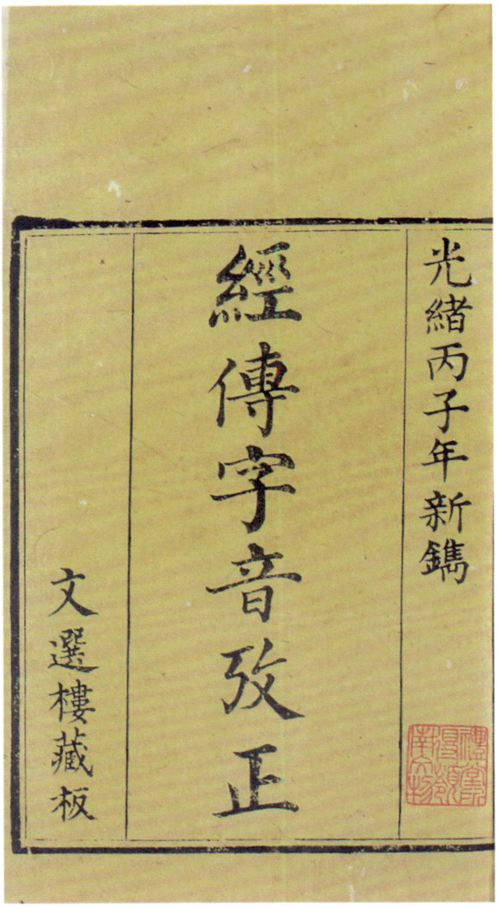
光緒丙子年新鐫
經傳字音攷正
文選樓藏板

經傳字音考正（3–1）

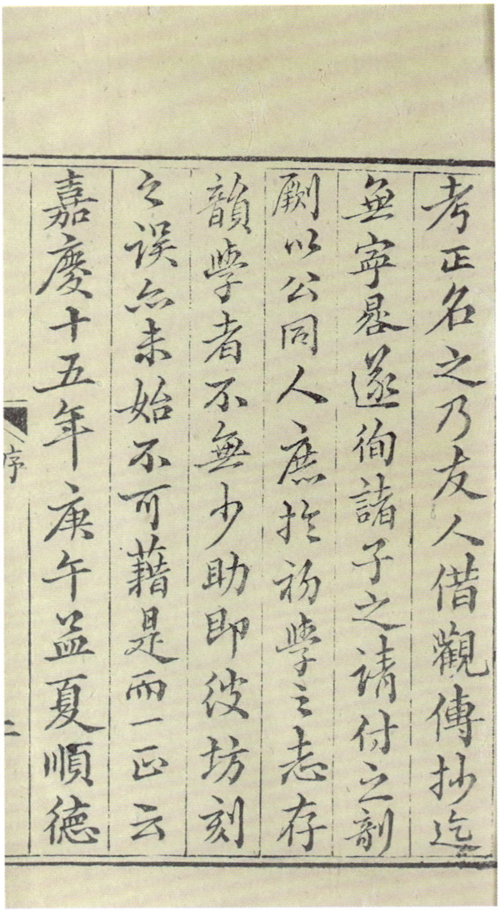
考正名之乃友人借觀傳抄迄
無寧晷遂徇諸子之請付之剞
劂以公同人庶於初學之志存
韻學者不無少助即從坊刻
之誤亦未始不可藉是而一正云
嘉慶十五年庚午孟夏順德

經傳字音考正（3–2）

經傳字音考正 卷之一

周易 順德馮肩心海輯

上經

潛 齊鹽切音燂隸鹽韻 原捷言切入元韻異

惕 梯敫切聽入聲

告 其九切音舅 無去聲

躍 弋灼切音藥

灰上聲

亢 苦浪切音抗 溪母

悔 虎對切音誨○凡改悔丨字讀去聲悔吝丨字讀上聲虎猥切

彖 吐玩切湍去聲

施 式義切音試○凡施設之施讀平聲施與之丨平去通讀

經傳字音考正 卷之一 周易

經傳字音考正（3-3）

0003 經訓粹編：一卷 /（清）佚名輯 . — 清末（1851 ~ 1911）刻本 . — 1 册：圖

上下兩欄，上欄 15 行，5 字，匡高 3.5 厘米；下欄 10 行，14 字，白口，四周單邊，單黑魚尾，匡高 14 厘米，寬 12.5 厘米。

書名據封面題簽，封面題簽：經訓粹篇。前有“凡例”，“太上感應篇圖説”。

是書集廣東名家楊泰亨、李汝霖等十六人所寫經書勸善語刻成，未見著録。

鈐印有“南海梁基永印”。

經訓粹編（3–1）

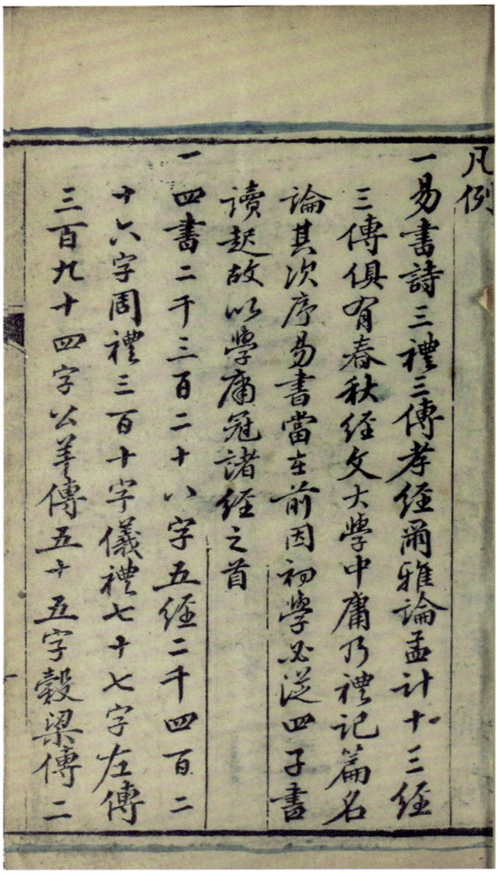
凡例
一易書詩三禮三傳孝经爾雅論孟計十三经
三傳俱有春秋经文大學中庸乃禮记篇名
論其次序易書當在前因初學必從四子書
讀起故以學庸冠諸经之首
一四書二千三百二十八字五经二千四百二
十六字周禮三百十字儀禮七十七字左傳
三百九十四字公羊傳五十五字穀梁傳二

經訓粹編（3–2）

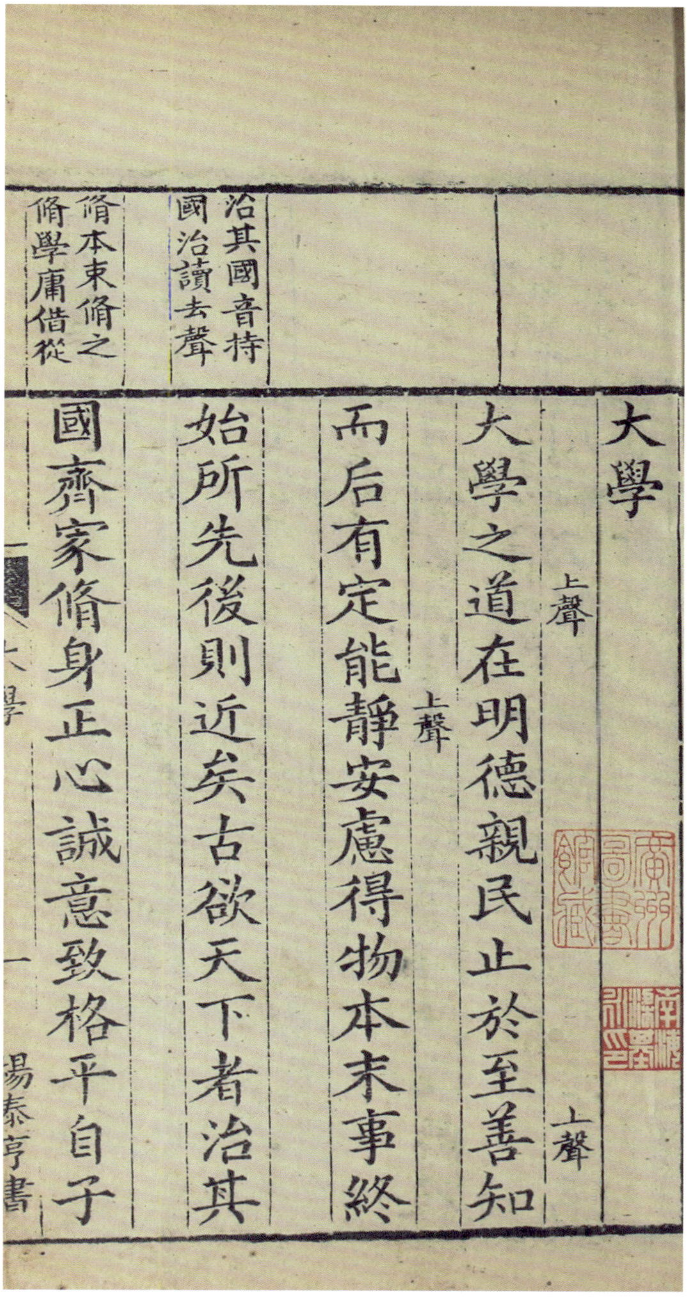
治其國音持
國治讀去聲
脩本束脩之
脩學庸借從
大學
大學之道在明德親民止於至善知
上聲
上聲
而后有定能靜安慮得物本末事終
上聲
始所先後則近矣古欲天下者治其
國齊家脩身正心誠意致格平自子
大學
一
楊泰亨書

經訓粹編（3-3）

0004　儀禮圖：六卷 /（清）張惠言述．— 清同治八年（1870）楚北崇文書局刻本．— 3 册：圖

行款不一，字數不等，白口，四周雙邊，單魚尾，匡高 21.1 厘米，寬 15 厘米。

扉頁刊“張皋文儀禮圖”。牌記刊“同治九年楚北崇文書局重雕”。前有清嘉慶十年（1805）阮元（曾任兩廣總督）序。是書有清庚午（1870）粵藏書家龍官崇手書跋、原收藏者梁基永先生手書題記。

張惠言（1761 ~ 1802），清江蘇武進人，字皋文，一作皋聞。嘉慶四年（1799）進士。官編修。初工駢文，詞藻極美。又工詞，爲常州詞派創始人。後治古文，學韓愈、歐陽脩，號爲陽湖派古文。再進而治經學，深於《易》、《禮》，卓然爲經師。工篆書。有《周易虞氏義》、《虞氏消息》、《易候》、《茗柯文集》、《茗柯詞》。又選有《詞選》、《七十家賦鈔》。

是書六卷，謂治《儀禮》者當先明宫室，故兼采唐、宋、元及明清諸儒之義，斷以經注，首列宫室圖，而後依圖此事。又詳考吉凶冠服之制，爲之圖表。

鈐印有“三樂書屋”、“讀古人書”、“自明誠樓”、“龍官崇”、“順德龍氏所藏書畫印”、“儀清室”、“梁”、“基永”、“永”、“禮堂梁基永印”等。

同治九年楚北崇文書局重雕

禮儀圖（6–1）

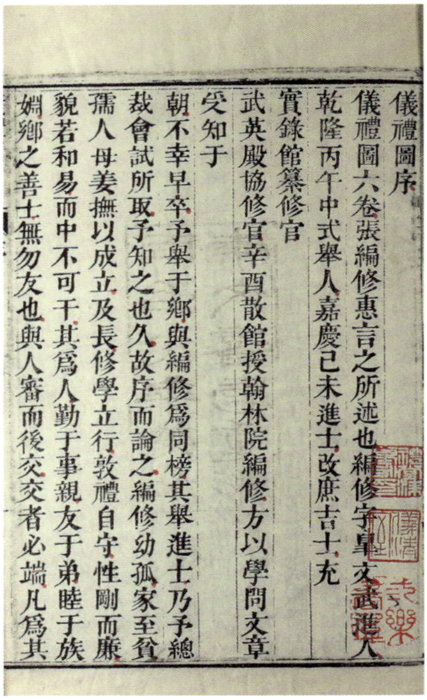
儀禮圖序
儀禮圖六卷張編修惠言之所述也編修字皐文武進人
乾隆丙午中式舉人嘉慶己未進士改庶吉士充
實錄館纂修官
武英殿協修官辛酉散館授翰林院編修方以學問文章
受知于
朝不幸早卒予舉于鄉與編修爲同榜其舉進士乃予總
裁會試所取予知之也久故序而論之編修幼孤家至貧
孺人毋姜撫以成立及長修學立行敦禮自守性剛而廉
貌若和易而中不可干其爲人勤于事親友于弟睦于族
婣鄉之善士無勿友也與人審而後交交者必端凡爲其

禮儀圖（6–2）

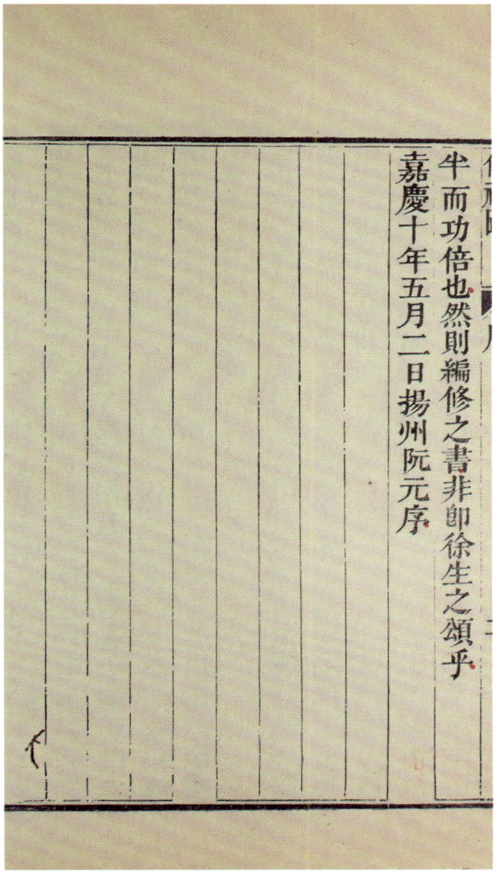
半而功倍也然則編修之書非即徐生之頌乎
嘉慶十年五月二日揚州阮元序

禮儀圖（6-3）

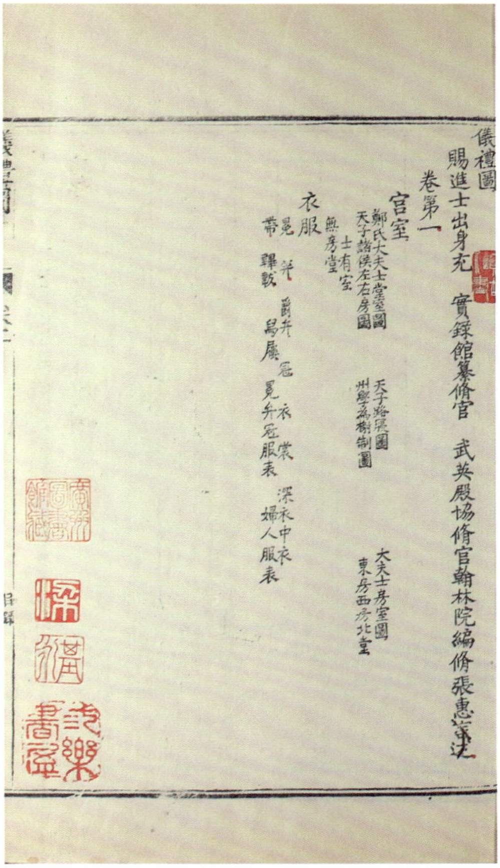
儀禮圖
賜進士出身充　實錄館纂脩官　武英殿協脩官翰林院編脩張惠言述
卷第一
宮室
鄭氏大夫士堂室圖　天子路寢圖　大夫士房室圖
天子諸侯左右房圖　州學爲榭制圖　東房西房北堂
士有室
無房堂
衣服
冕　弁　爵弁　冠　衣　裳　深衣中衣
帶　韠韍　舄屨　冕弁冠服表　婦人服表

禮儀圖（6-4）

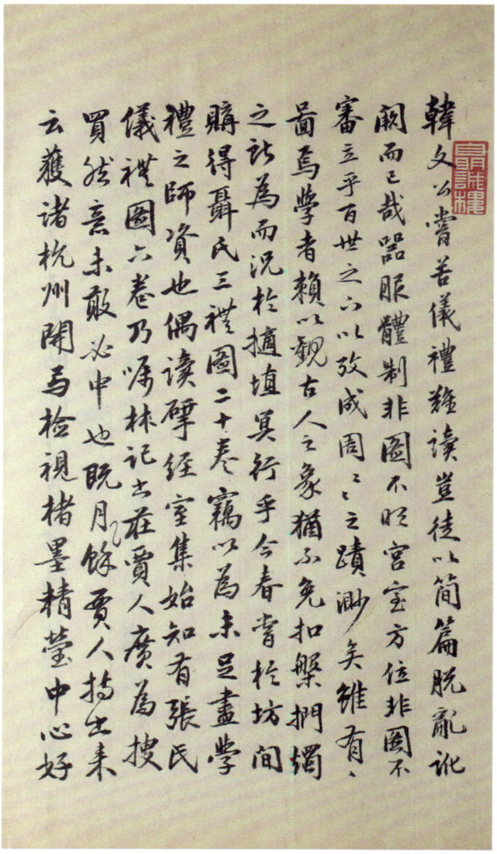
韓文公嘗苦儀禮難讀豈徒以簡篇脫亂訛
闕而已哉器服體制非圖不明宮室方位非圖不
審立乎百世之下以考成周之之蹟渺矣雖有
爲爲學者賴以觀古人之象猶不免扣槃捫燭
之誚爲而況於擿埴冥行乎今春嘗於坊間
購得聶氏三禮圖二十卷竊以爲未足盡學
禮之師資也偶讀璧經室集始知有張氏
儀禮圖六卷乃濡林記士在賈人處搜
買然意未敢必中也既月餘賈人携出來
云獲諸杭州開函檢視楮墨精瑩中心好

禮儀圖（6–5）

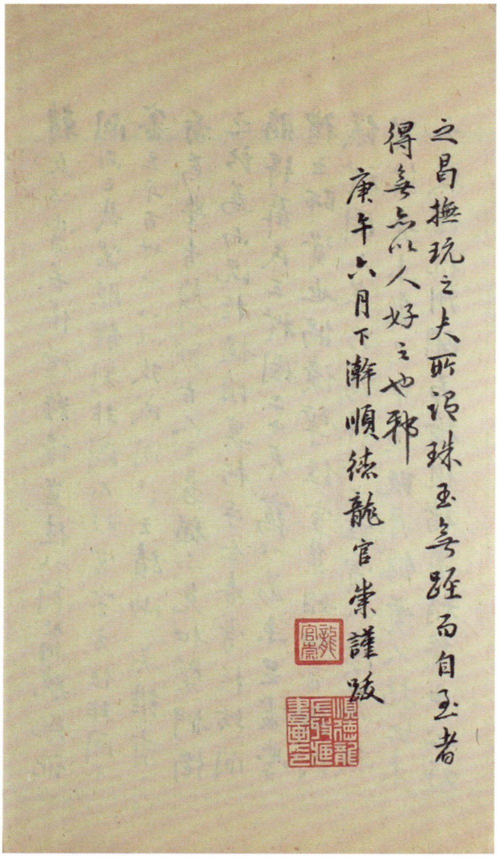
之唱撫玩之夫所謂珠玉無脛而自至者
得無亦以人好之之也耶
庚午六月下澣順德龍官崇謹跋

禮儀圖（6–6）

0005 御注孝經：一卷 /（清）清世祖福臨撰；（清）區堯甫書 . — 清宣統元年（1909）關東雅石印書局鉛印本 . — 1 册：插圖

行數、字數不等，白口，四周雙邊，單黑魚尾，匡高 16.8 厘米，寬 11.2 厘米。

封面背面有“孔子聖像”圖。前有“御注孝經”圖及二十四孝圖，末有出版信息：“宣統元年五月初版，逐句繪圖御注孝經附繪二十四孝全圖，定價大洋貳角正，印刷所：羊城十七甫懷遠驛關東雅石印書局，寄售處：各處大書局，番禺區堯甫書。”是書還有“逐句繪圖御注孝經”、“繪圖孝經”等其他題名。

清世祖（1638 ~ 1661），即愛新覺羅・福臨。皇太極第九子。清代皇帝，年號順治。1643 ~ 1661 年在位。

鈐印有“劉慎德書柬”、“劉慎德”、“香市”、“生財”。

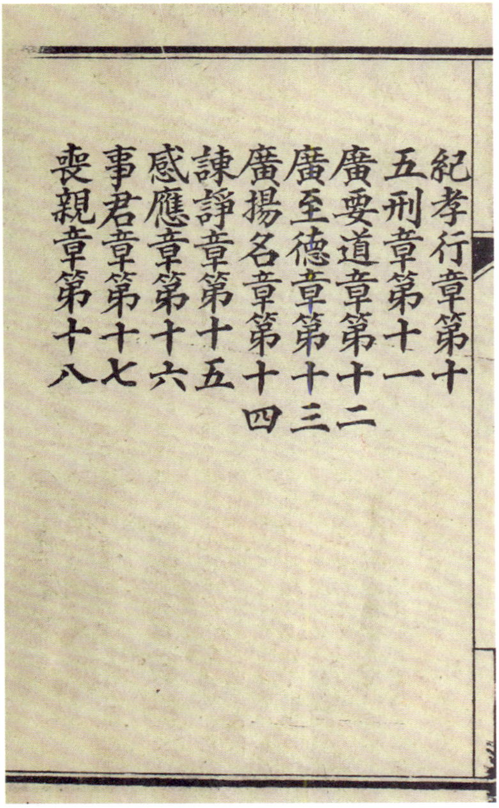
紀孝行章第十
五刑章第十一
廣要道章第十二
廣至德章第十三
廣揚名章第十四
諫諍章第十五
感應章第十六
事君章第十七
喪親章第十八

御注孝經（4-1）

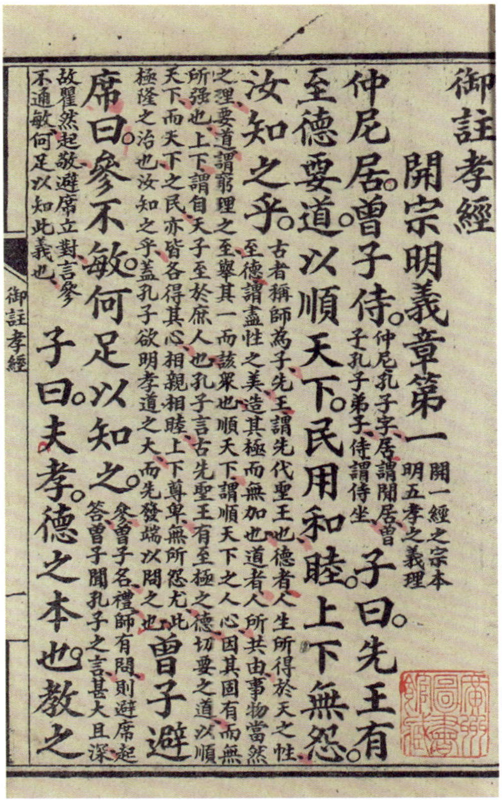
御註孝經
開宗明義章第一 開一經之宗本明五孝之義理
仲尼居。曾子侍。仲尼孔子字居謂閒居曾子孔子弟子侍謂侍坐子曰。先王有至德要道。以順天下。民用和睦。上下無怨。汝知之乎。古者稱師為子先王謂先代聖王也德者人生所得於天之性至德謂盡性之美造其極而無加也道者人所共由事物當然之理要道謂窮理之至舉其一而該衆也順天下謂順天下之人心因其固有而無所強也上下謂自天子至於庶人也孔子言古先聖王有至極之德切要之道以順天下而天下之民亦皆各得其心相親相睦上下尊卑無所怨尤此極隆之治也汝知之乎蓋孔子欲明孝道之大而先發端以問之也
曾子避席曰。參不敏。何足以知之。參曾子名禮師有問則避席起答曾子聞孔子之言甚大且深故瞿然起敬避席立對言參不通敏何足以知此義也
子曰。夫孝。德之本也。教之
御註孝經

御注孝經（4-2）

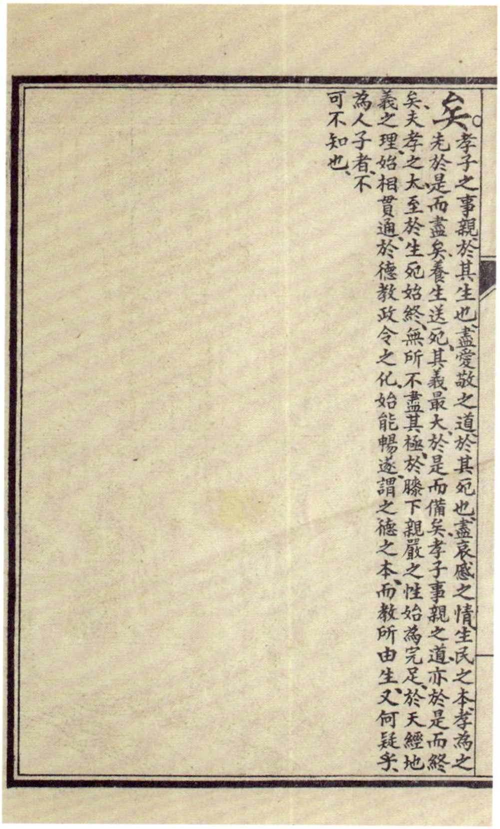
矣。孝子之事親、於其生也、盡愛敬之道、於其死也、盡哀慼之情、生民之本孝為之
先、於是而盡矣、養生送死、其義最大、於是而備矣、孝子事親之道、亦於是而終
矣、夫孝之大、至於生死始終、無所不盡其極、於膝下親嚴之性、始為完足、於天經地
義之理、始相貫通、於德教政令之化、始能暢遂、謂之德之本、而教所由生、又何疑乎、
為人子者、不
可不知也、

御注孝經（4-3）

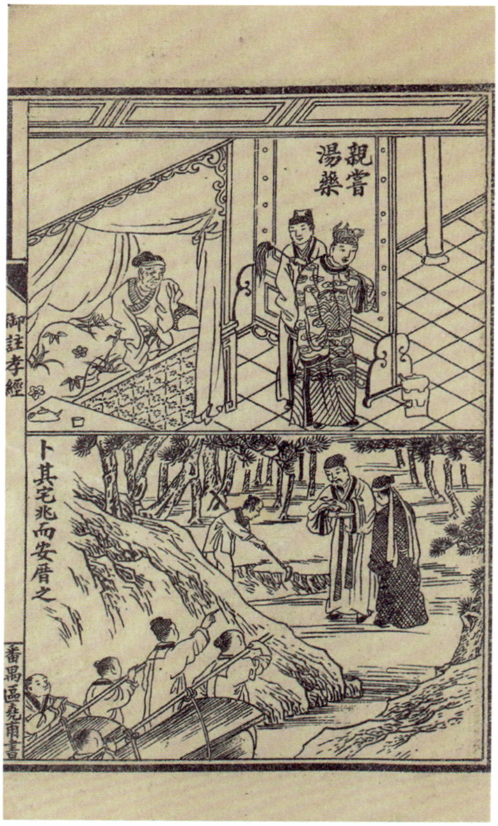

御注孝經（4-4）

0006 增補蘇批孟子：二卷 /（宋）蘇洵原本；（宋）趙大浣增補． 年譜：一卷 /（清）趙大浣撰．— 清道光（1821 ~ 1850）刻朱墨套印本．— 2 册

9 行，20 字，白口，左右雙邊，單黑魚尾，匡高 17.2 厘米，寬 13.3 厘米。

朱印部分爲蘇洵原批，天頭墨印部分爲趙大浣增補。

蘇洵（1009 ~ 1066），宋眉州眉山人，字明允，號老泉。年二十七始發憤爲學，歲餘舉進士，又舉茂才異等，皆不中。遂閉門苦讀，精通六經、百家之説。擅長古文，爲唐宋八大家之一，與子軾、轍合稱三蘇。有《謚法》、《嘉祐集》。

趙大浣，清廣東新會人，字錦江。清嘉慶十七年（1812）壬申科歲貢。編有《增補蘇批孟子》二卷。

鈐印有“拾清樓”、“疏影小閣”、“梁”、“基永”、“西關梁氏”。

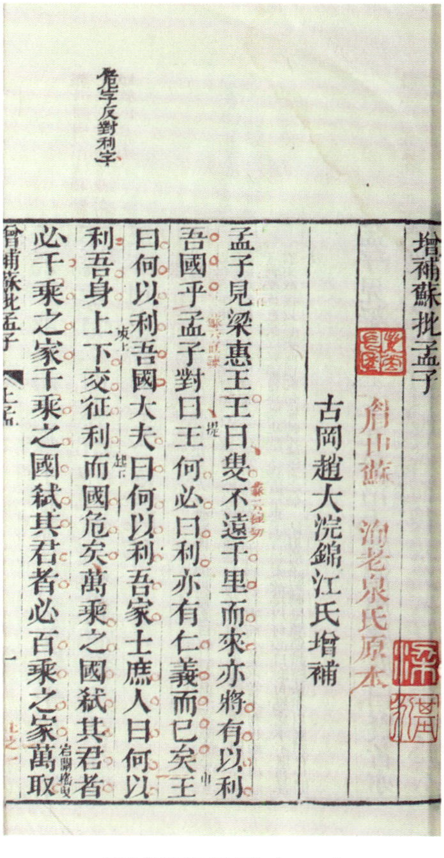

增補蘇批孟子（2–1）

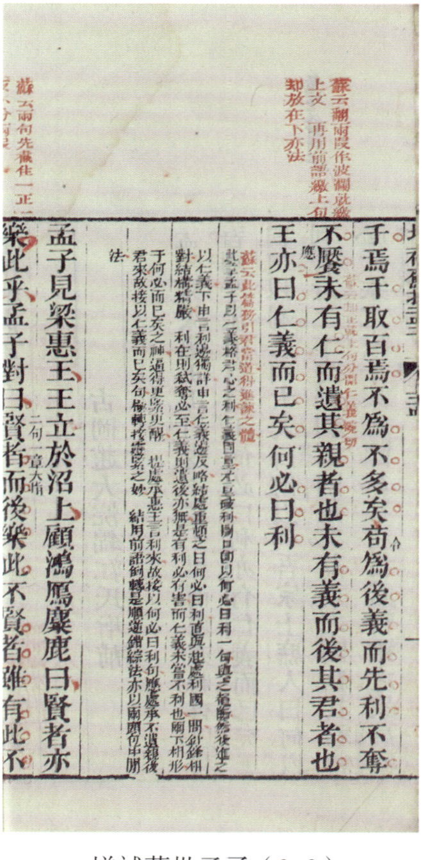

增補蘇批孟子（2–2）

0007　馬拉語粵音譯義：四卷 /（清）馮兆年輯 . — 清光緒十六年（1890）巾箱本 . — 1 册

8 行，20 字，白口，左右雙邊，匡高 10.6 厘米，寬 7.1 厘米。

前有清光緒十六年（1890）羅維翰序、馮兆年序；後有清光緒庚寅（十六年）潘飛聲跋。

馮兆年，清廣東順德人，字穗滋。早年在南洋一帶經商，自學精通多國語言，有感於當時廣東和南洋貿易發達，廣東人却没有一部學馬拉語的書籍，便自編了《馬拉語粵音譯義》小册子，方便粵人自學。還輯有《味古堂印存》一卷、《翠琅玕館叢書四集五十一種》一百三十卷。合著《珠江送别詩》一卷。

是書以詞性分類，從基本的數詞開始，到各種貿易常用名詞、動詞、稱呼等等。上方標漢語詞彙，下方以粵語標出馬來語讀音。分類計有：數詞、天文、藥材、器具、衣服、房屋、身體、病症、五金、稱呼、礦物、短語等。

鈐印有“天寶軒藏”、“儀清室”。

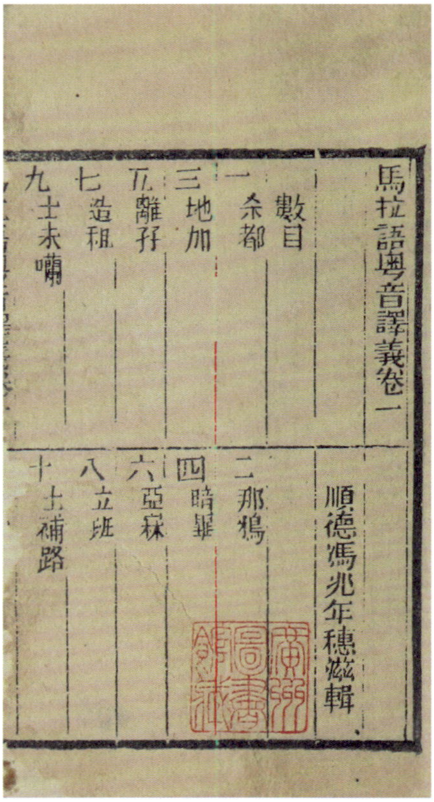

馬拉語粵音譯義（3–1）

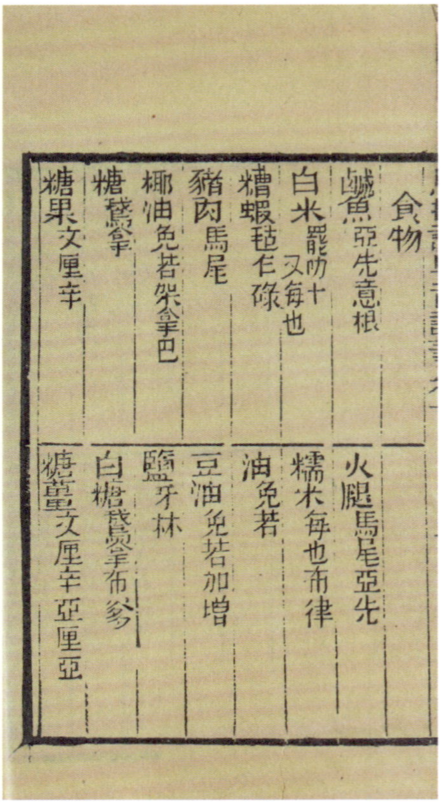

馬拉語粵音譯義（3–2）

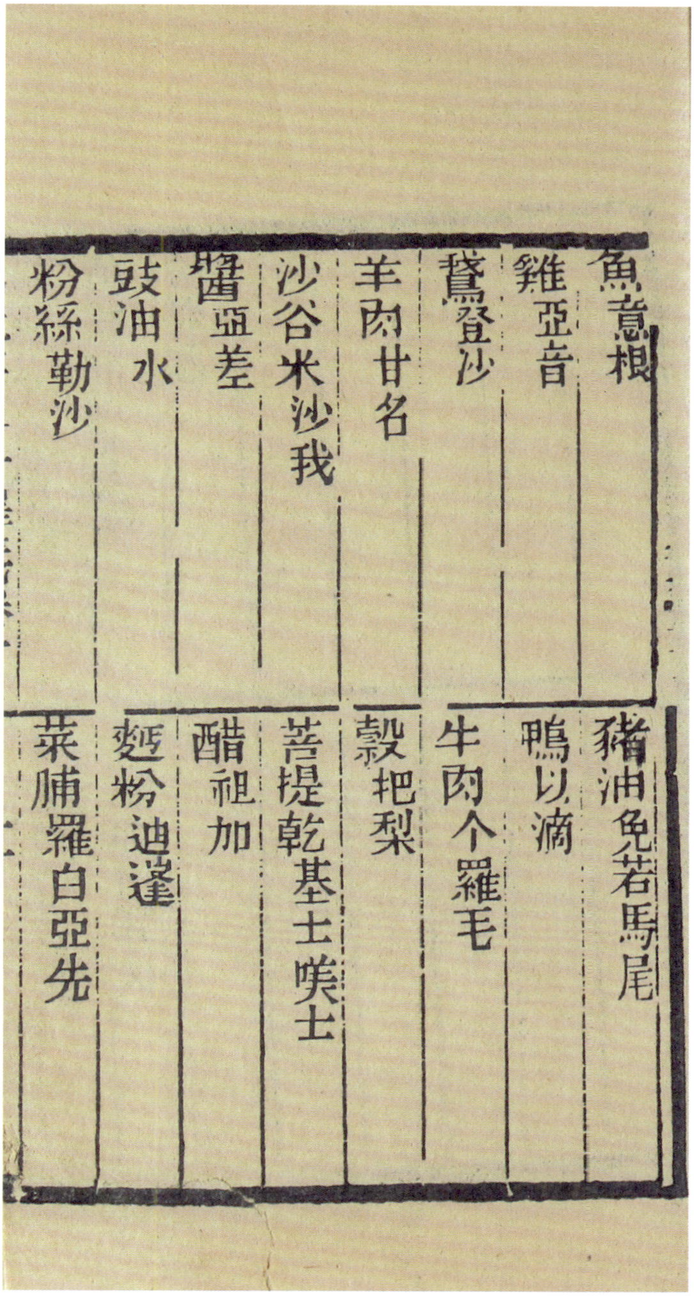

魚 意根
雞 亞音
鵞 登沙
羊肉 甘名
沙谷米 沙我
醬 亞差
豉油 水
粉絲 勒沙

豬油 免若馬尾
鴨 以滴
牛肉 个羅毛
穀 把梨
菩提乾 基士唉士
醋 祖加
麪粉 迪遙
菜脯 羅白亞先

馬拉語粵音譯義（3–3）

0008 增訂華英字典*AN ENGLISH AND CHINESE DICTIONARY*：不分卷 /（德）羅布存德著；（日）井上哲次郎增訂 . 一清光緒三十二年（1906）株式會社東京筑地活版製造所鉛印本 .— 1 册

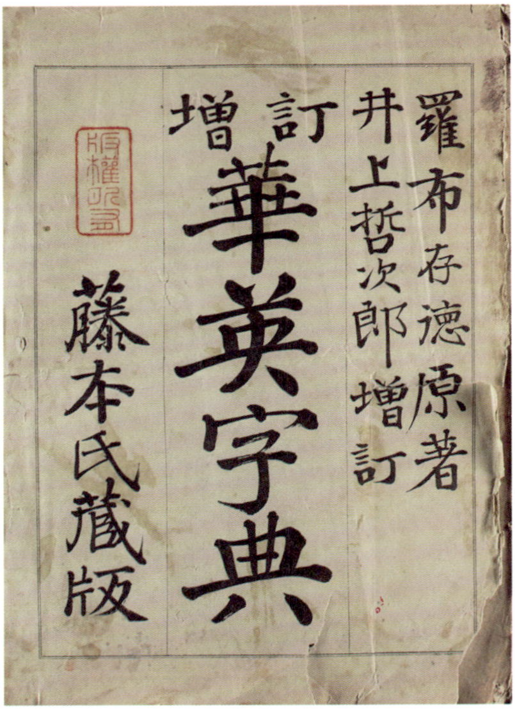

增訂華英字典（2–1）

書名、著者取自中文扉頁。中文扉頁爲後訂，墨筆手書“羅布存德原著 井上哲次郎增訂 增訂華英字典 藤本氏藏版”。英文扉頁印“AN ENGLISH AND CHINESE DICTIONARY”、“THIRD EDITION”、“TOK 10: PUBLISHED BY SEISHIDO. 39th YEAR OF MEIJI”等。書後版權頁刊“明治三十二年十月十五日再版增訂印刷發行，明治三十九年五月五日第三版，光緒三十二年四月發行，增訂者：井上哲次郎，發行者：伊藤岩治郎，印刷者：野村宗十郎，印刷處：株式會社東京筑地活版製造所”。前有日本明治十六年（清光緒九年，1883）井上哲次郎“英華字典叙”。

羅布存德，又稱羅存德（Wihelm Lobscheid，1822 ~ 1893），德國傳教士，1848 年至香港傳教，著有《英語文法小引》、《英華行篋便覽》及漢語語法、粵方言詞彙方面的手册，并編纂有《英華辭典》。

井上哲次郎，日本明治、大正、昭和時期的哲學家，著有《倫理新説》、《日本陽明學派之哲學》、《日本古學派之哲學》、《日本朱子學派之哲學》等，并編纂日本第一部哲學辭典《哲學詞彙》。

《華英字典》以二十六個英文字母爲序，分左右雙欄，先英文後中文，中文部分多粵語方言用詞。此字典在先前字典基礎上添加了各個學科分支的專門術語名詞，在晚清有很大的影響，曾流傳到日本，經日本思想家井上哲次郎校訂，複印出版，被辜鴻銘認爲“大有助於日本明治維新運動的文化復興”。後商務印書館在此字典基礎上增訂出版《商務書館華英音韻字典集成》。

ENGLISH CHINESE DICTIONARY.

A.

A. The first letter of the English Alphabet, 英話字母首字; its broad and open sound is expressed by 亞 or 阿. A, the indefinite article is expressed by the numeral 一, and is followed by the Classifier defining the noun; as: —— a band of robbers, 一夥賊; a bean, 一粒荳; a blow of hand, 一吓手; a boat, 一隻艇; a book, 一部書; a bottle, 一個罇; a bouquet of flowers, 一朵花; a broom, 一把掃把; a bundle of pencils, 一札筆; a bundle of straw, 一把乾草; a burden (of &c., &c.), 一担; a cannon, 一門炮; a cap, 一頂帽; a carriage, 一架(輛 or 乘) 馬車; a cash, 一文錢; a chair, 一張椅; a clod of earth, 一團坭; a cluster (or bundle) of incense sticks, 一炷香; a criminal, 一名犯; a decree, 上諭一道; a dog, 一隻狗; a dollar, 一圓銀; a door, 一度門; a double-edged sword, 雙口劒; a dress, 一件衫; a fan, 一把扇; a feast, 一席酒; a fish, 一尾(條)魚; a flock of sheep, 一群羊; a flock of birds, 一群雀; a game of chess, 一局棋; a gentleman, 一位客; a gong, 一面鑼; a government officer, 一員官; a horse, 一匹馬; a house, 一間屋; a knife, 一張刀; a lamp, 一盞燈; a leaf (of a book), 一頁; a letter, 一封信; a man, 一個人; a lump of beef, 一團牛肉; a mosquito curtain, 一堂蚊帳; a needle, 一眼針; a noble affair, 一宗美事; a number of people, 一堆人, 一群人; a packet of paper, 一包紙; a pagoda, 一座塔; a pair of shoes, 一對鞋; a pair of blankets, 一合洋氈; a pair of trousers, 一條褲; a pane of glass, 一塊玻璃; a pearl, 一顆珍珠; a pencil, 一枝(管)筆; a piece of calico, 一疋布; a piece of cloth, 一疋布; a piece of ground, 一段地; a plant of bamboo, 一竿竹; a plaster, 一貼膏藥; a play (one act of,), 一檯戲; a procession, &c., &c., 一板春色; a puff of smoke, 一陣烟; a quire of paper, 一刀紙; a river, 一條河; a room, 一間房; a row of boats, 一行船; a row of trees, 一辣樹木; a sedan chair, 一乘轎; a set of books, 一套書; a set of instruments, 一副器具; a section of regulations, 一欵章程; a sentence, 一句話; a sheet of paper, 一張紙; a shirt, 一件汗衫; a shoal of fish, 一隊魚; a shower of rain, 一塲雨; a slab of stone, 一塊石; a spot of rust, 一笪銹; a small piece of wood, 一片木; a star, 一點星; a story (of house), 一層; a succession of doors, 幾重門; a suit of clothes, 一身(脫)衣服; a swarm of bees, 一群蜜蜂; a sword, 一口劍; a table, 一張檯; a teacher, 一位先生; a tree, 一裔(株 or 根)樹; a volume, 一本書; a (large) volume, 一部書; a wall, 一幅牆; a year, 一年; (twice a year, 一年兩次).*

A, after a verb, to go a hunting, 去打獵.

A. D., *anno domini* (in the year of our Lord), 耶蘇降世; A. M., *anti meridian* (before noon), 上午; A. M., *artium magister* (master of arts), [舉人.

Aback, *adv.* 後邊.

Abaction, *n.* 偷牛(法詞指揄畜類或致生胚之敝).

Abactor, *n.* 偷牛者.

Abacus, *n.* 筭盤, 數盤; to work the abacus, 打筭 [盤.

Abaft, *prep.* Towards the stern, 船尾, 向船後.

Abaisance, *n.* 拜. *See* Obeisance.

Abalienate, *v. t.* To sell, 賣去. *See* Alienate.

Abandon, *v. t.* 棄,† 丟, 辭棄却, 捨去; to abandon a wife, 棄妻; to abandon one's property, 棄業; to part with, 捨; I cannot part with you, 唔捨得倆; to abandon one's right or privilege, to give precedence, 讓; to waive one's right to a throne or post of honour, 讓位, 推位; to reject, 丟棄; to leave, 遺棄; to relinquish entirely, 棄

* In the court dialect (官話) the character 子 is added to the noun or we may say that in that with or without the classifier most nouns end in 子: as 法子, *a law, a pattern*; 房子, *a room*; 帽子, *a cap, a hat, &c.* Writers on this dialect should study this subject more carefully and point it out to the students, or commence making a collection of the words which absolutely require the ending in 子.

† 棄 is more frequently used with reference to property and other objects; 捨 with reference to affection.

增訂華英字典（2–2）

0009 龍文鞭影：二卷 /（明）蕭良有撰；（清）楊臣諍增訂．龍文鞭影二集：二卷 /（清）李暉吉、（清）徐灒續撰．訓蒙四字經：二卷．— 清同治十三年（1874）粵東十七甫明經閣刻本．— 4 册

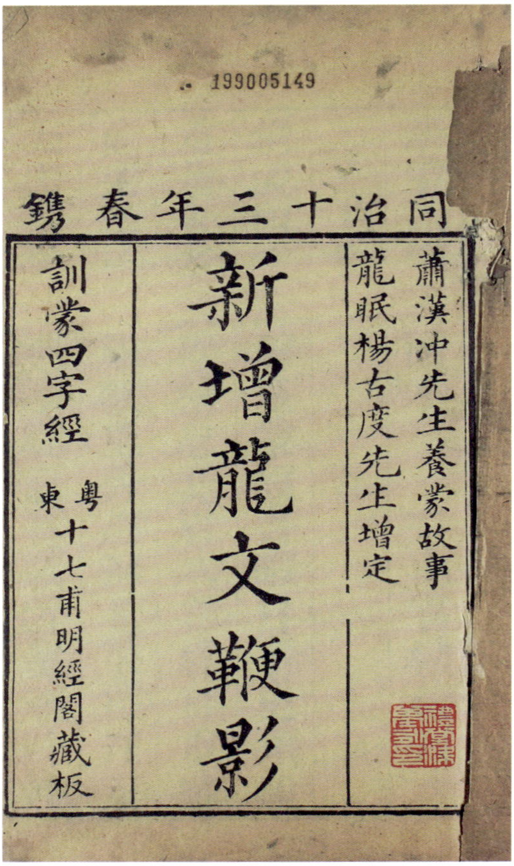

龍文鞭影、龍文鞭影二集、訓蒙四字經（5–1）

行數、字數不等，白口，四周單邊，單黑魚尾，匡高 21.2 厘米，寬 13.6 厘米。

扉頁刊“同治十三年春鐫 蕭漢冲先生養蒙故事 龍眠楊古度先生增定 新增龍文鞭影 訓蒙四字經 粵東十七甫明經閣藏板”。《訓蒙四字經》卷端下刊“弁山書樓校刊”。

蕭良有（1550 ~ 1602），明湖廣漢陽人，字以占，號漢冲。少有神童之名。明萬曆八年（1580）進士。官修撰，領國子祭酒。在史局十五年，自閣部卿寺以至臺省，凡關國家大計，無不咨詢。給事中葉繼美劾良有侵六部權，遂乞歸。有《玉堂遺稿》。

楊臣諍，安徽桐城人，字古度，幼時刻苦攻讀，鑽研古籍。明、清改朝，遂絶意科場，年七十九卒。編撰有《禹貢箋》、《禮經會元》、《龍文鞭影》。

是書爲中國古代兒童啓蒙讀物，主要介紹中國歷史上的人物典故和逸事傳説，四字一句，兩句押韻，朗朗上口。問世後，影響極大，成爲最受歡迎的童蒙讀物之一。其原名《蒙養故事》，編撰者蕭良有，夏廣文作注。後來楊臣諍認爲蕭作《蒙養故事》“有裨幼學”，衹是太簡略了，夏注也有不少錯誤，於是大加補充訂正，書名遂改爲《龍文鞭影》，意爲讀此書能收到“逸而功倍”的效果。後來又有清人李暉吉、徐灒，仿照《龍文鞭影》的體例，合編了一部《龍文鞭影二集》。

鈐印有“禮堂梁基永印”等。

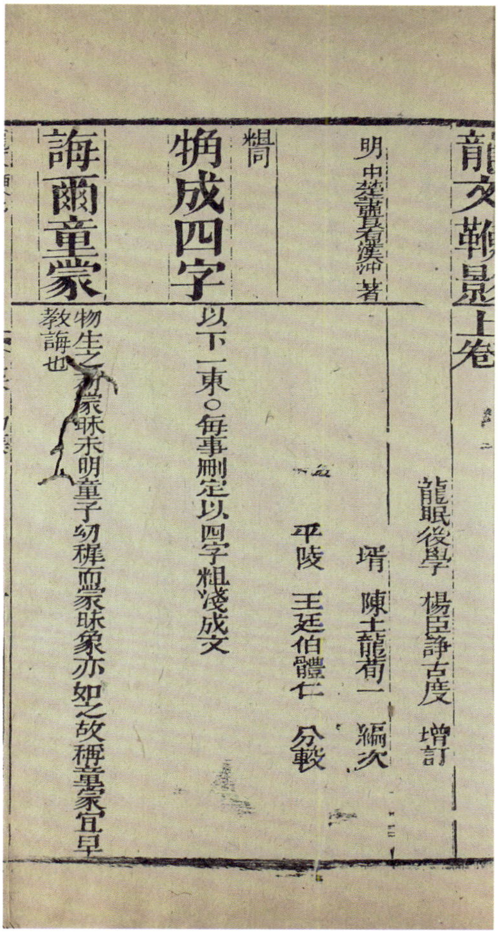
龍文鞭影上卷

明 中葦蕭良有漢冲 著

龍眠後學 楊臣諍古度 增訂

增 陳士龍有一 編次

平陵 王廷伯體仁 分較

犄成四字 以下一東○每事刪定以四字粗淺成文

誨爾童蒙 物生之初蒙昧未明童子幼穉血氣昧象亦如之故穉蒙蒙家宜早教誨也

龍文鞭影、龍文鞭影二集、訓蒙四字經

（5–2）

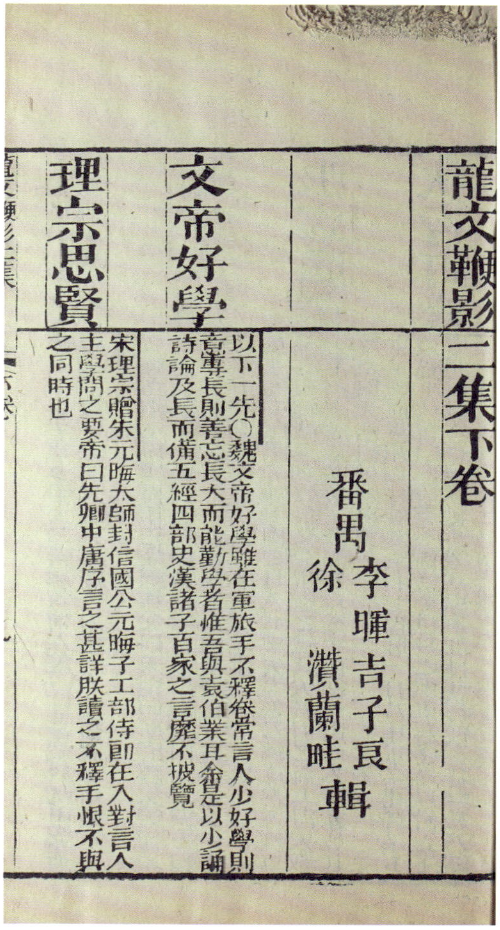
龍文鞭影二集下卷

番禺 李暉吉子良 輯

徐 瓚蘭畦

文帝好學 以下一先○魏文帝好學雖在軍旅手不釋卷常言人少好學則意專長則善忘長大而能勤學者惟吾與袁伯業耳會定以少誦詩論及長而備五經四部史漢諸子百家之言靡不披覽

理宗思賢 宋理宗贈朱元晦太師封信國公元晦子工部侍郎在入對言人主學問之要帝曰先卿中庸序言之甚詳朕讀之不釋手恨不與之同時也

龍文鞭影、龍文鞭影二集、訓蒙四字經

（5–3）

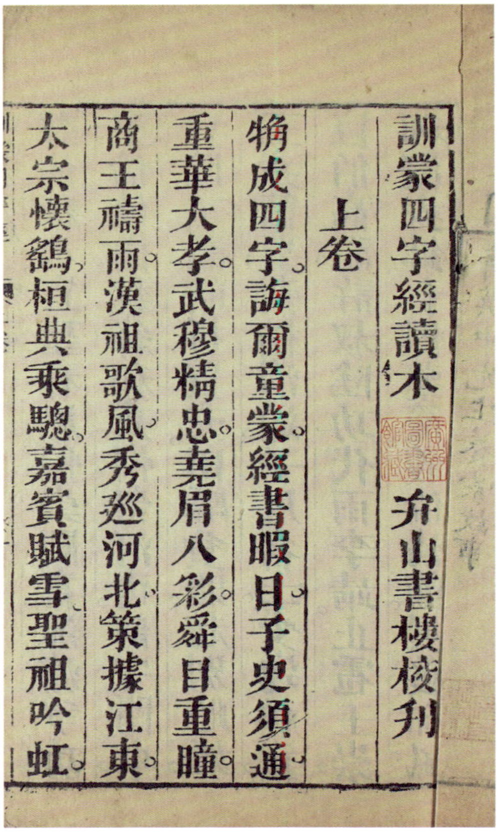
訓蒙四字經讀本　弁山書樓梓刊
上卷
觕成四字。誨爾童蒙。經書暇日。子史須通。
重華大孝。武穆精忠。堯眉八彩。舜目重瞳。
商王禱雨。漢祖歌風。秀巡河北。策據江東。
太宗懷鷂。桓典乘驄。嘉賓賦雪。聖祖吟虹。

龍文鞭影、龍文鞭影二集、訓蒙四字經
（5-4）

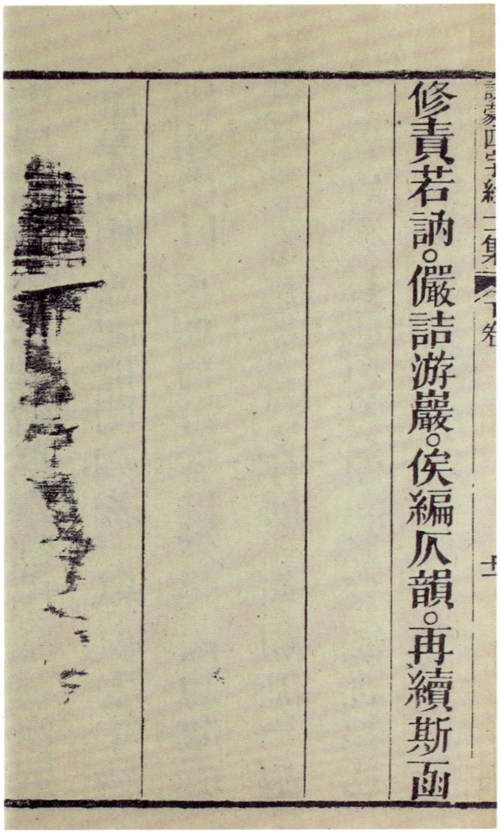
修責若訥。儼詰游巖。俟編仄韻。再續斯函。

龍文鞭影、龍文鞭影二集、訓蒙四字經
（5-5）

0010 正音咀華：三卷 /（清）莎彝尊著 . — 清（1644 ~ 1911）刻朱墨套印本 . — 1 册

8 行，22 字，行間小字注不等，黑口，四周雙邊，單黑魚尾，匡高 20.4 厘米，寬 11.8 厘米。

書名取自版心，著者取自書中内容。無封面、扉頁，僅存殘頁一卷。

莎彝尊，清代長白（今吉林長白朝鮮族自治縣）人，字秬薌。

全書原三卷，包括天文類、時令類、地輿類、房屋類、水火類、人物類等。所謂“正音”，即是矯正語音。清初閩方言區的福建郡縣和粤方言區的廣東地區都設有正音書院，規定二省鄉試舉子須用官話詞語，不許用方言詞語。不會説官話的童子不能考秀才。廣東省在清道光年間出版的莎彝尊等著的《正音咀華》，就是爲矯正語音之用。

鈐印有“禮堂梁基永印”等。

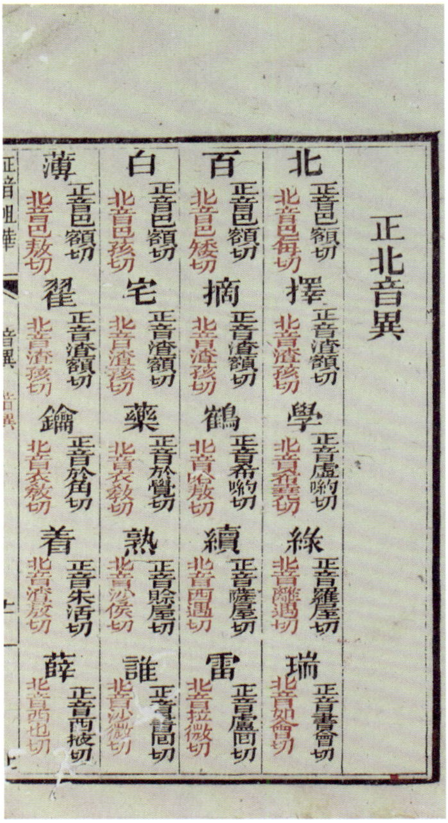
正北音異

北 正音巴額切 北音巴每切　擇 正音渣額切 北音渣孩切　學 正音虛喲切 北音希囂切　絲 正音羅屋切 北音離遇切　瑞 正音書會切 北音如會切

百 正音巴額切 北音巴矮切　摘 正音渣額切 北音渣孩切　鶴 正音希喲切 北音希敖切　續 正音薩屋切 北音西遇切　雷 正音盧冋切 北音拉微切

白 正音巴額切 北音巴孩切　宅 正音渣額切 北音渣孩切　藥 正音於覺切 北音衣敎切　熟 正音聆屋切 北音沙侯切　誰 正音書冋切 北音沙微切

薄 正音巴額切 北音巴敖切　翟 正音渣額切 北音渣孩切　鑰 正音於角切 北音衣敎切　着 正音朱活切 北音渣敖切　薛 正音西撥切 北音西也切

正音咀華（2–1）

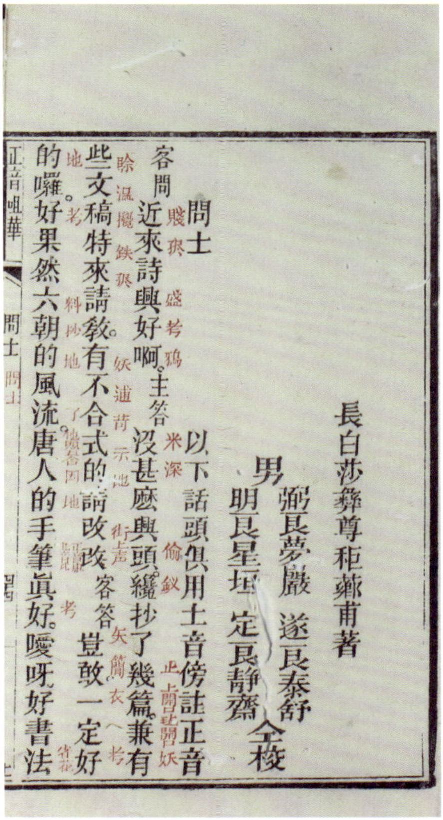
長白莎彝尊秬薌甫著

男 弼良夢巖 遂良泰舒 明良星垣 定良靜齋 仝校

問士

以下話頭俱用土音傍註正音

客問 近來詩興好啊。主答 沒甚麼興頭。纔抄了幾篇。兼有些文稿特來請教。有不合式的。請改改。客答 豈敢一定好的囉。好果然六朝的風流唐人的手筆眞好。嗳呀好書法

正音咀華（2–2）

圖録・史部

0011 南漢文字略：四卷 /（清）梁廷枏輯 . — 清道光（1821 ~ 1850）刻本 . — 3 册 . —［藤花亭十七種：十七種九十五卷 /（清）梁廷枏撰］

8 行，18 字，白口，四周雙邊，雙對黑魚尾，匡高 15.5 厘米，寬 12.1 厘米。

梁廷枏（1796 ~ 1861），清廣東順德人，一作梁廷柟，字章冉，號藤花亭主人。清道光十四年（1834）甲午科副貢生，任澄海訓導。學問淵博，無書不讀，大吏聞其名，咸禮聘，歷充越華、越秀書院監院，學海堂學長，廣東海防書局總纂，粤海關志局總纂。林則徐督粤，聞名拜訪，爲林規劃形勢，繪海防圖以進。曾爲徐廣縉幕僚。二十九年（1849）勷辦夷務，賜内閣中書，加侍讀銜，附國史文苑傳。咸豐時賜内閣中書。通史學，善詩文，精音律。歷修《廣東海防彙覽》、《粤海關志》、《順德縣志》。著有《論語古解》、《藤花亭詩文集》等。

是書爲研究南漢國的專著。對於前人記載的南漢史料，梁廷枏均細加鑒别，“事同則采其古，事異則采其詳；説有不可通則旁推曲引，務求必當”。故所載史事比較翔實、準確，可補正諸史之疏脱、謬誤。

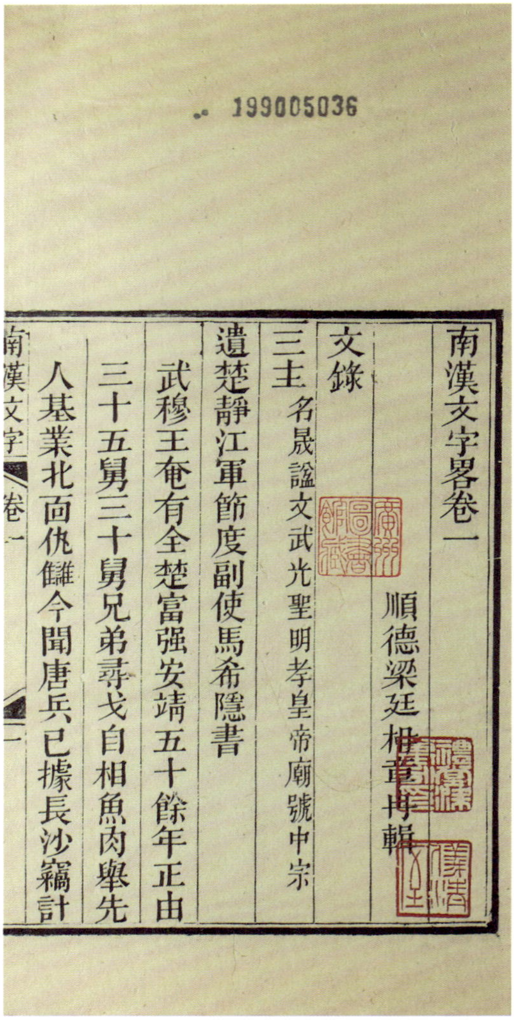

南漢文字略

鈐印有“儀清室”、“禮堂梁基永印”朱印。

據《中國叢書綜録》此書爲清道光年間刊本《藤花亭十七種》中的一種。

0012 南漢書：十八卷 /（清）梁廷枏撰 .— 清道光（1821 ~ 1850）刻本 .— 4 册 .—［藤花亭十七種：十七種九十五卷 /（清）梁廷枏撰］

8 行，18 字，白口，四周雙邊，雙對黑魚尾，匡高 15.2 厘米，寬 11.9 厘米。

前有叙目。

著者簡介見第 0011 條《南漢文字略》。

是書爲紀傳體史書，記載五代十國時期南漢劉氏在嶺南統治長達半個世紀的歷史（無志表）。分本紀六卷，列傳十二卷。其中列傳依次爲后妃傳、諸王公主傳、諸臣傳、雜傳、女子傳、宦官傳、方外傳、叛逆傳、外傳等九類。

據《中國叢書綜録》此書爲清道光年間刊本《藤花亭十七種》中的一種。

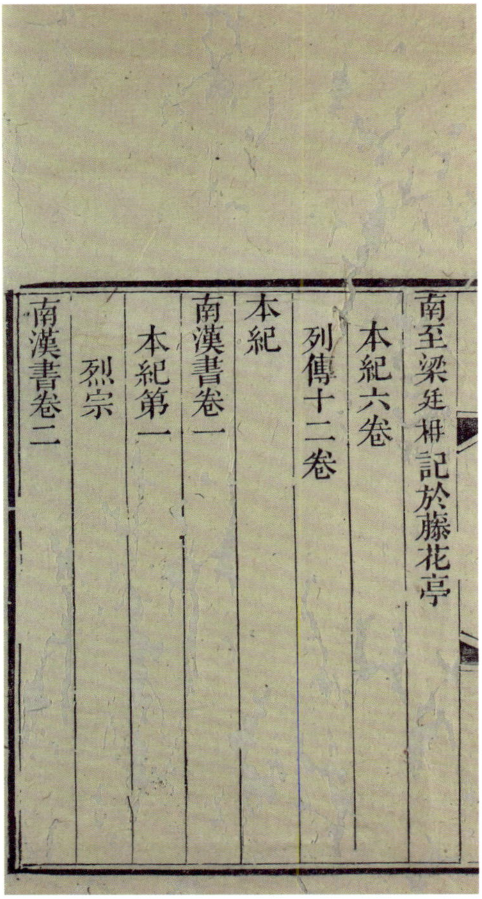
南至梁廷枏記於藤花亭
本紀六卷
列傳十二卷
本紀
南漢書卷一
本紀第一
烈宗
南漢書卷二

南漢書（3–1）

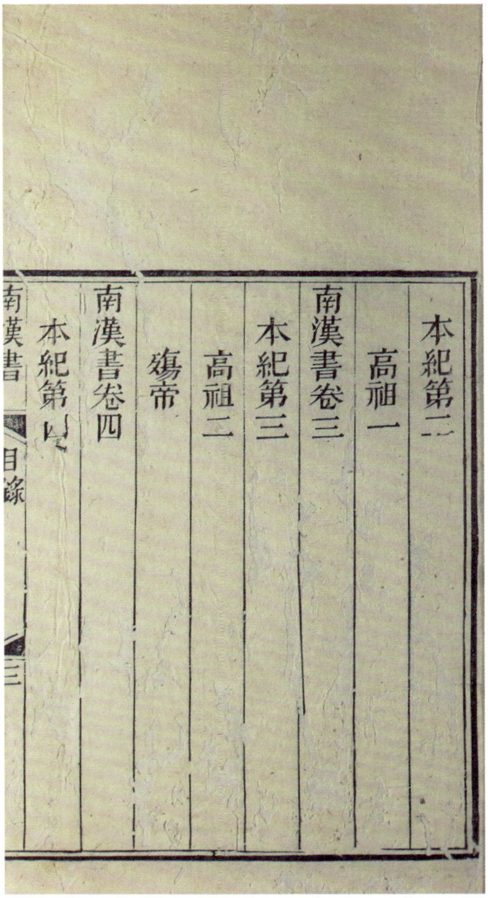
本紀第二
高祖一
南漢書卷三
本紀第三
高祖二
殤帝
南漢書卷四
本紀第四
南漢書 目録 三

南漢書（3–2）

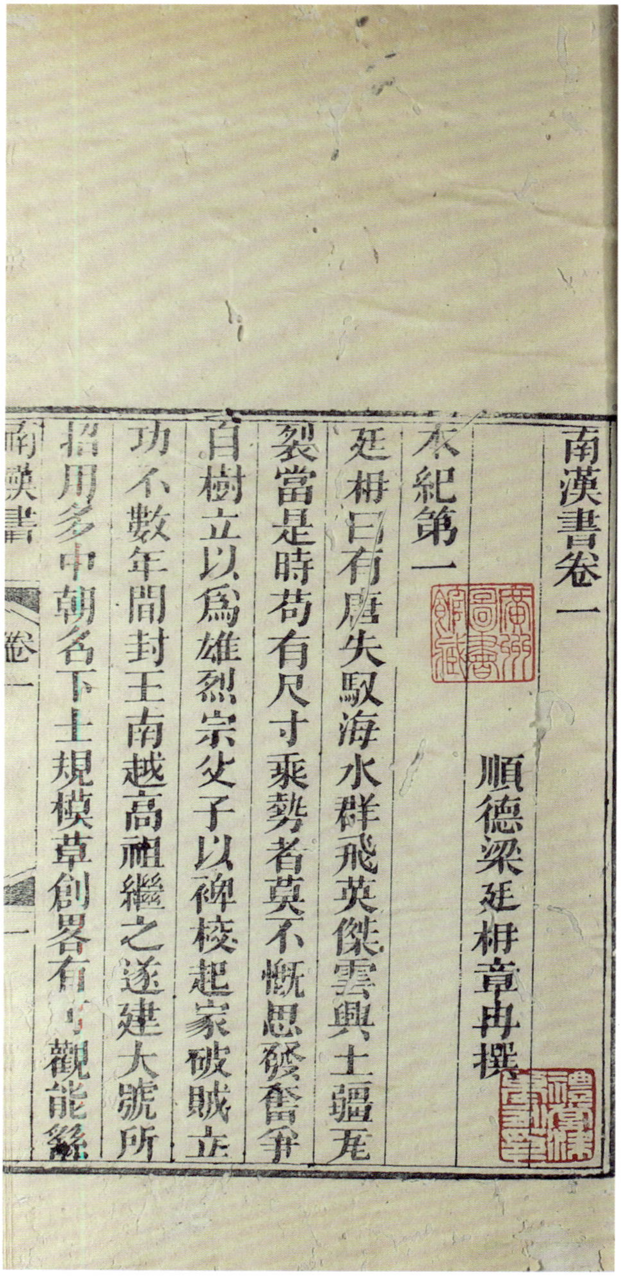
南漢書卷一

順德梁廷枏章冉撰

本紀第一

廷枏曰有唐失馭海水群飛英傑雲興土疆瓦裂當是時苟有尺寸乘勢者莫不慨思發奮爭自樹立以爲雄烈宗父子以裨校起家破賊立功不數年間封王南越高祖繼之遂建大號所招用多中朝名下士規模草創畧有可觀能繇

南漢書　卷一　一

南漢書（3-3）

0013 南漢書考異：十八卷 /（清）梁廷枏撰 . — 清道光（1821 ~ 1850）刻本 . — 4 册 . —［藤花亭十七種：十七種九十五卷 /（清）梁廷枏撰］

8 行，18 字，白口，四周雙邊，雙對黑魚尾，匡高 15.4 厘米，寬 12 厘米。

版心題名《南漢書考》。

著者簡介見第 0011 條《南漢文字略》。

是書爲著者在寫作《南漢書》的基礎上，對於前人記載的南漢史料，加以比較，鈎稽同異，考證、編撰而成。

據《中國叢書綜録》此書爲清道光年間刊本《藤花亭十七種》中的一種。

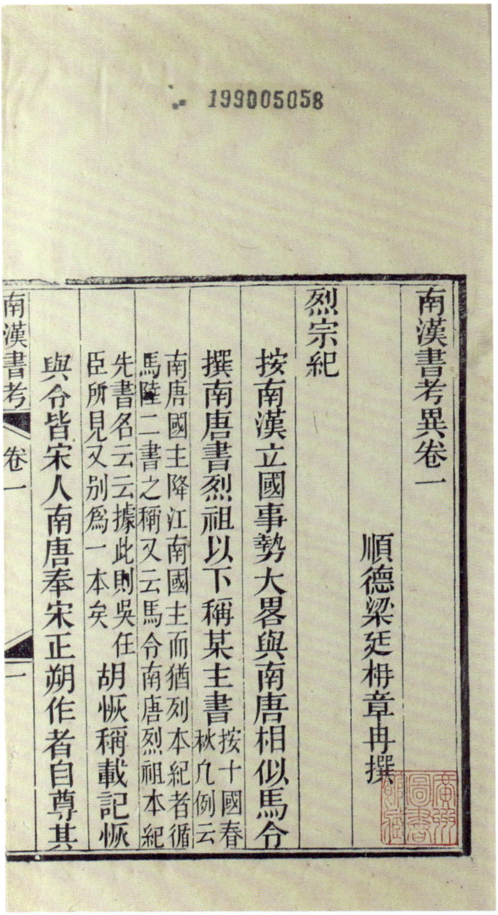

南漢書考異卷一

順德梁廷枏章冉撰

烈宗紀

按南漢立國事勢大畧與南唐相似馬令撰南唐書烈祖以下稱某主書按十國春秋凡例云南唐國主降江南國主而猶列本紀者循馬陸二書之稱又云馬令南唐烈祖本紀先書名云云據此則吳任臣所見又別爲一本矣胡恢稱載記恢與令皆宋人南唐奉宋正朔作者自尊其

南漢書考　卷一　一

南漢書考異

0014 南漢叢録：二卷 /（清）梁廷枏撰．— 清道光（1821 ~ 1850）刻本．— 1 册．—［藤花亭十七種：十七種九十五卷 /（清）梁廷枏撰］

8 行，18 字，白口，四周雙邊，雙對黑魚尾，匡高 15.3 厘米，寬 11.6 厘米。

正文首卷卷端有著者梁廷枏自序。

著者簡介見第 0011 條《南漢文字略》。

是書爲《南漢書》撰成後尚有許多軼聞雜事因年不可考且例不得入紀傳，將有地理之纂、舉凡諸州縣疆域沿革等内容，雜引舊文，手録彙編而成。

據《中國叢書綜録》此書爲清道光年間刊本《藤花亭十七種》中的一種。

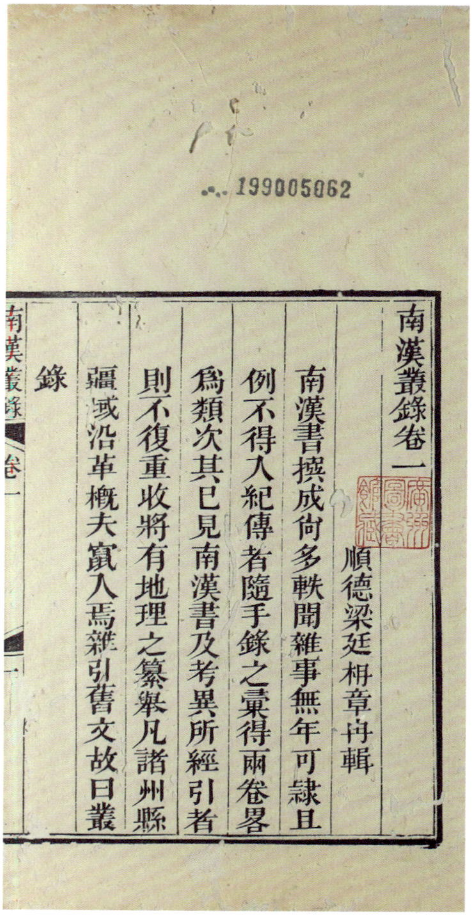
南漢叢録卷一
順德梁廷枏章冉輯
南漢書撰成尚多軼聞雜事無年可隷且例不得入紀傳者隨手錄之彚得兩卷畧爲類次其已見南漢書及考異所經引者則不復重收將有地理之纂舉凡諸州縣疆域沿革概夫寘入焉雜引舊文故曰叢錄
南漢叢錄　卷一

南漢叢録

0015 前漢紀：三十卷 /（漢）荀悦撰．— 清光緒二年（1876）嶺南述古堂刻本．— 12 册．—［兩漢紀：六十卷 /（漢）荀悦撰；（晋）袁宏撰］

10 行，20 字，白口，左右雙邊，單黑魚尾，匡高 14 厘米，寬 11 厘米。

書名取自扉頁。牌記刊“光緒丙子八月 嶺南述古堂刊”。前有明嘉靖戊申（1548）黄姬水“刻兩漢紀序”，荀悦“前漢記序”。

荀悦（148 ~ 209），東漢潁川潁陰（今河南許昌）人，字仲豫。荀淑孫。年十二解説《春秋》，性沉静，尤好著述。靈帝時，托疾隱居。獻帝時侍講禁中，累遷秘書監、侍中。帝以班固《漢書》文繁難省，令悦以《左傳》體撰《漢紀》三十篇，有“詞約事詳、論辨多美”之譽。又著《申鑒》、《崇德》、《正論》等。

《前漢紀》本名《漢紀》，爲東漢末年荀悦所作。後人爲了與袁宏所作《後漢紀》相區别，故稱之爲《前漢紀》。《前漢紀》爲我國歷史上第一部編年體斷代史書。

前漢紀（2–1）

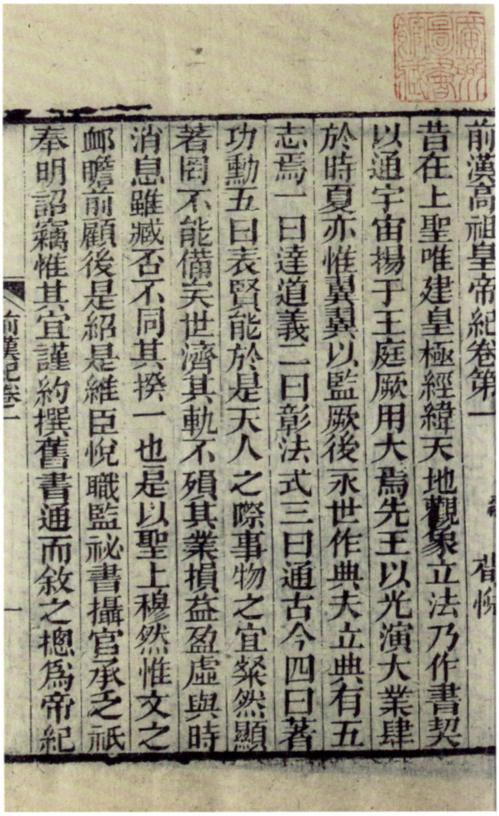
前漢高祖皇帝紀卷第一　荀悅
昔在上聖唯建皇極經緯天地觀象立法乃作書契
以通宇宙揚于王庭厥用大焉先王以光演大業肆
於時夏亦惟翼翼以監厥後永世作典夫立典有五
志焉一曰達道義二曰彰法式三曰通古今四曰著
功勳五曰表賢能於是天人之際事物之宜粲然顯
著罔不能備矣世濟其軌不殞其業損益盈虛與時
消息雖臧否不同其揆一也是以聖上穆然惟文之
卹瞻前顧後是紹是繼臣悅職監祕書攝官承乏祗
奉明詔竊惟其宜謹約撰舊書通而敘之總爲帝紀
前漢紀卷一　一

前漢紀（2–2）

0016 後漢紀：三十卷 /（晋）袁宏撰．— 清光緒二年（1876）嶺南述古堂刻本．— 12 册．—［兩漢紀：六十卷 /（漢）荀悦；（晋）袁宏撰］

後漢紀（3–1）

10 行，20 字，白口，左右雙邊，單黑魚尾，匡高 14.4 厘米，寬 11.1 厘米。

書名取自扉頁。牌記刊“光緒丙子八月 嶺南述古堂刊”。前有袁宏“後漢紀序”，紹興十二年（1142）王銍“重刻兩漢紀後序”。

袁宏（328 ~ 376），東晋陳郡陽夏（今河南太康）人，字彦伯，小字虎。袁猷孫。有逸才，文章絶美。少孤貧，以運租自業。因諷咏史詩而爲謝尚所重，引爲參軍，累遷大司馬桓温府記室。温重其文筆，使綜書記。嘗倚馬作文，頃刻得七紙，殊可觀。性剛直，故位不顯。謝安爲揚州刺史時，宏出爲東陽太守。撰《後漢紀》。另有《竹林名士傳》、《三國名臣頌》等。

《後漢紀》繼荀悦《漢紀》而作，編年體東漢史。共三十卷，二十一萬多字。記事溯自新莽元鳳四年（前 77）緑林起義，止於漢獻帝延康元年（220）曹魏代漢，記述了東漢二百餘年的興衰史。《後漢紀》的成書要早於范曄《後漢書》五十餘年，是現存有關東漢史史籍二大部中的一部。

光緒丙子八月
嶺南述古堂刊

後漢紀（3–2）

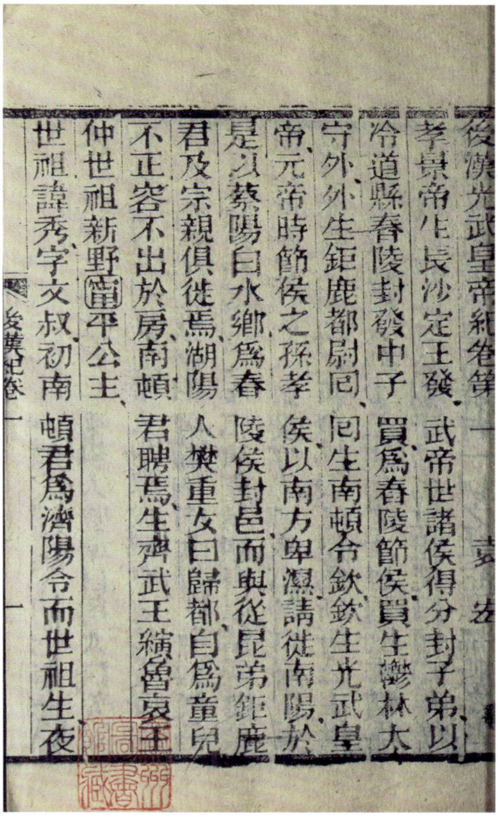
後漢光武皇帝紀卷第一　袁宏
孝景帝生長沙定王發、武帝世諸侯得分封子弟、以
冷道縣舂陵封發中子買為舂陵節侯、買生鬱林太
守外、外生鉅鹿都尉回、回生南頓令欽、欽生光武皇
帝、元帝時節侯之孫孝侯以南方卑濕請徙南陽、於
是以蔡陽白水鄉為舂陵侯封邑、而與從昆弟鉅鹿
君及宗親俱徙焉、湖陽人樊重女曰歸都、自為童兒
不正容不出於房、南頓君聘焉、生齊武王縯魯哀王
仲世祖新野甯平公主、
世祖諱秀字文叔、初南頓君為濟陽令、而世祖生夜
後漢紀卷一　一

後漢紀（3–3）

0017　元朝秘史：十五卷，卷首一卷／（元）佚名撰；（清）李文田注．— 清光緒二十二年（1896）通隱堂刻本．— 4 册

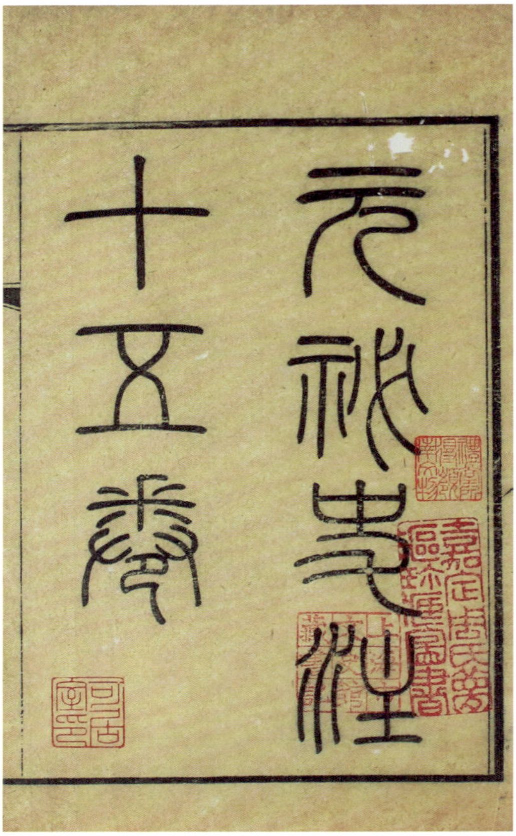

元朝秘史（3–1）

10 行，21 字，小字雙行同，白口，左右雙邊，單黑魚尾，匡高 19.2 厘米，寬 13.6 厘米。

封面題簽刊“元朝元秘史注”。扉頁刊“元秘史注十五卷”。牌記刊“光緒丙申冬通隱堂開雕凌椴署檢”。版心下刊“漸西村舍”。卷首爲《欽定四庫全書總目卷五十八雜史類提要》；卷末有錢大昕跋，清光緒丁酉年（二十三年，1897）沈惟賢跋。卷首末有是書原收藏者梁基永先生墨筆題記。

李文田（1833 ~ 1895），清廣東順德人，字若農，一字仲約，又字畬光，卒謚文誠。清咸豐六年（1856）舉人，咸豐九年（1859）進士，授編修。歷任武英殿纂修、日講起居注官、詹事府右春坊右贊善、翰林院侍講、翰林院侍讀學士、國史館纂修、會典館總纂、詹事府少詹事、内閣學士、禮部右侍郎。曾任四川、浙江等地鄉試副考官。光緒（1875 ~ 1908）初歸里，曾主講鳳山書院、應元書院。學問淹博，金石碑帖書籍版本之源流，皆得其要。諳熟遼、金、元史事，搜藏三朝石刻甚多。著有《元秘史注》、《元史地名考》、《耶律楚材西游録注》、《和林金石録》、《宗伯詩文集》等。

封面有朱字“定價大洋壹元壹角”。鈐印有“夢漚”、“周齋忠印”、“嘉定周氏夢漚珍藏圖書”、“上海市文史館藏書記”、“可居室印”、“鐵嶺王貴忱印”、“儀清室”、“禮堂之印”、“西關梁氏”、“禮堂所得嶺南文物”等。

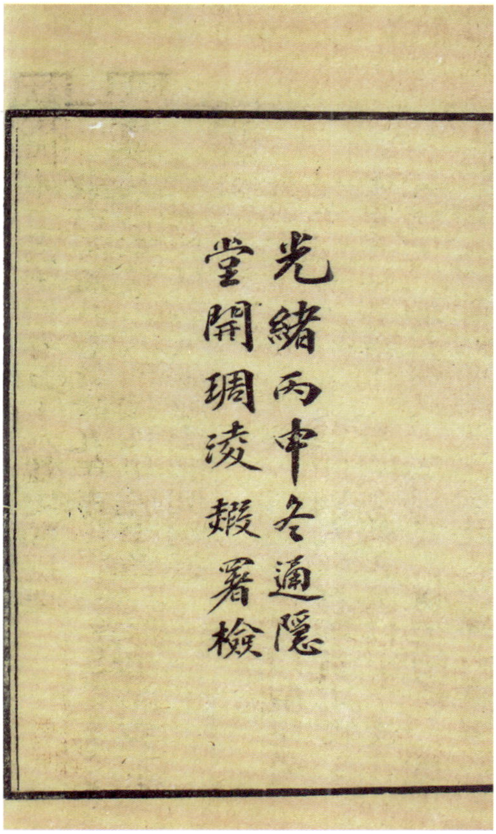
光緒丙申冬適隱
堂開琱淩綬署檢

元朝秘史（3–2）

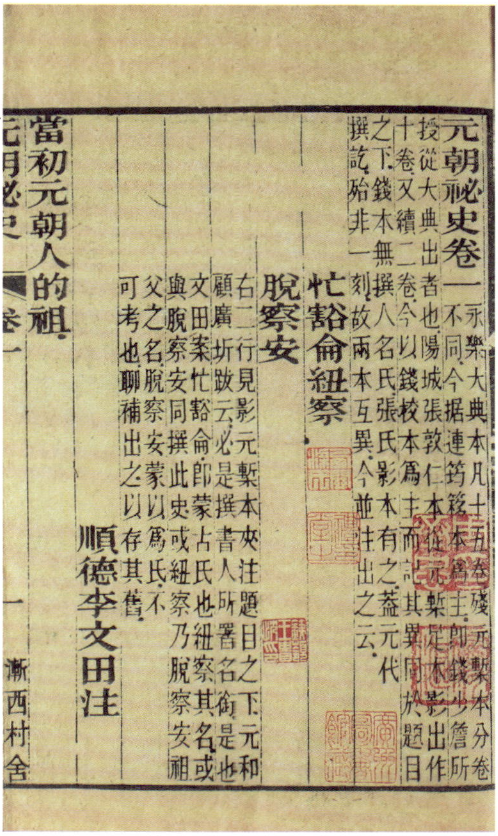
元朝祕史卷一永樂大典本凡十五卷殘元槧本分卷不同今据連筠簃本爲主即錢少詹所
授從大典出者也陽城張敦仁本從元槧足本影出作
十卷又續二卷今以錢校本爲主而記其異同於題目
之下錢本無撰人名氏張氏影本有之蓋元代
撰訖殆非一刻故兩本互異今並注出之云
忙豁侖紐察
脫察安
右二行見影元槧本夾注題目之下元和
顧廣圻跋云必是撰書人所署名銜是也
文田案忙豁侖郎蒙古氏也紐察其名或
與脫察安同撰此史或紐察乃脫察安祖
父之名脫察安蒙以爲氏不
可考也聊補出之以存其舊
順德李文田注
當初元朝人的祖
元朝祕史　卷一　一　漸西村舍

元朝秘史（3–3）

0018 明季南略：十八卷 /（清）計六奇編輯．— 清道光（1820 ～ 1850）都城琉璃廠半松居士木活字本．— 12 册

9 行，20 字，白口，左右雙邊，單黑魚尾，匡高 16.6 厘米，寬 12.5 厘米。

扉頁刊題名“明季南略”。牌記刊“都城琉璃廠半松居士排字本”。前有清康熙十年（1671）計六奇自序。

計六奇（1622 ～？），清江蘇無錫人。字用賓，號天節子，別號九峰居士。少年家貧苦讀，科場不利，乃以授徒爲業。入清，於處館暇時，盡力搜羅明末遺聞軼事，撰《明季北略》、《明季南略》。

是書是一部記載南明王朝史料的重要著作。

鈐印有“南州書樓藏書 徐湯殷整理 編列 字 號”、“儀清室”、“禮堂梁基永印”。

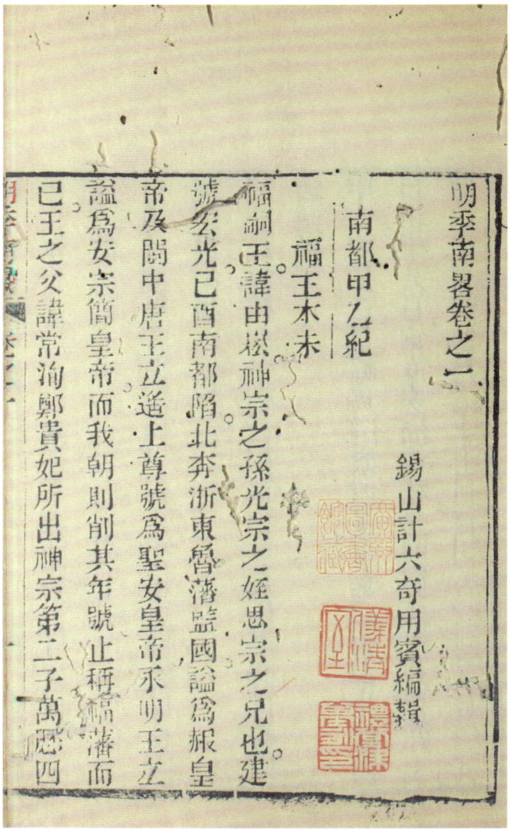
明季南畧卷之一
錫山計六奇用賓編輯
南都甲乙紀
福王本末
福王諱由崧神宗之孫光宗之姪思宗之兄也建
號弘光乙酉南都陷北奔浙東魯藩監國謚爲赧皇
帝及閩中唐王立遥上尊號爲聖安皇帝永明王立
謚爲安宗簡皇帝而我朝則削其年號止稱福藩而
已王之父諱常洵鄭貴妃所出神宗第二子萬歷四

明季南略

0019 粤海關奏稿：一卷 /（清）長有著 . — 清光緒（1875 ~ 1908）抄本 . — 1 册

朱格紙，6 行，20 字，白口，四周雙邊，雙順紅魚尾，匡高 18.9 厘米，寬 10 厘米。

書名自擬。封面墨筆題名“奏稿”。

是書係粤海關監督長有奏稿，爲清光緒十一年（1885）粤海大關及潮州、瓊州、北海各新關洋税收支情况。

鈐印有“儀清室”。

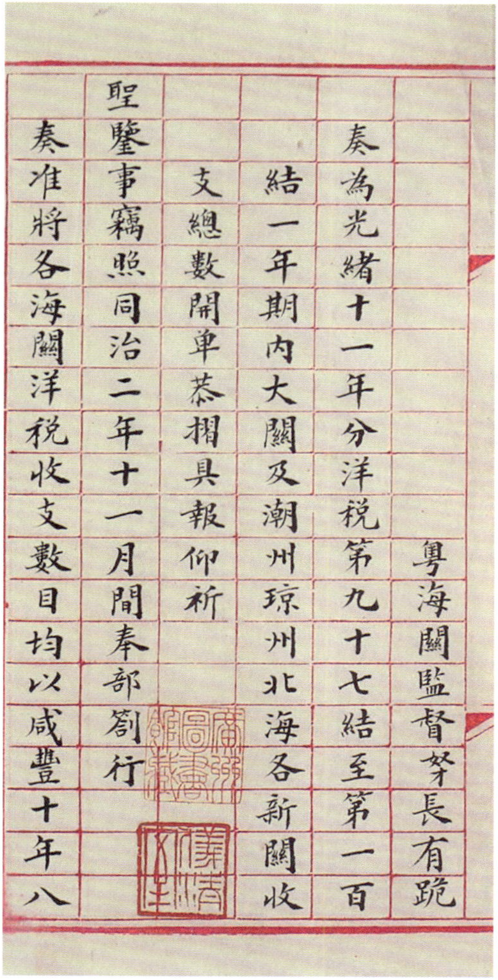
粤海關監督奴才長有跪
奏為光緒十一年分洋稅第九十七結至第一百
結一年期内大關及潮州琼州北海各新關收
支總數開单恭摺具報仰祈
聖鑒事竊照同治二年十一月間奉部劄行
奏准將各海關洋稅收支數目均以咸豐十年八

粤海關奏稿（2–1）

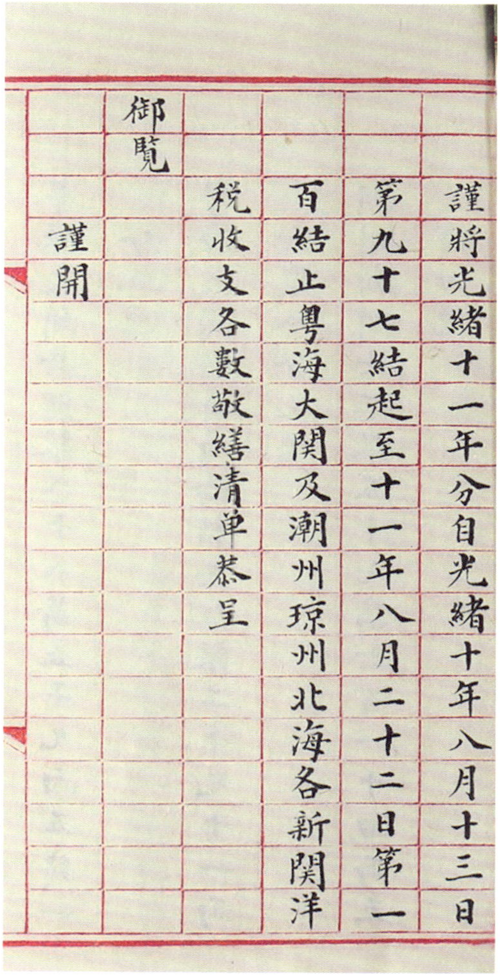
謹將光緒十一年分自光緒十年八月十三日
第九十七結起至十一年八月二十二日第一
百結止粤海大関及潮州琼州北海各新関洋
稅收支各數敬繕清单恭呈
御覽
謹開

粤海關奏稿（2–2）

0020 敕封綏靖伯行實：一卷 . — 清光緒二十一年（1895）香港中華印務總局石印本 . — 1 册

10 行，23 字，小字字數不等，白口，四周雙邊，雙對黑魚尾，匡高 20.8 厘米，寬 13.1 厘米。

書名取自扉頁，扉頁印“光緒二十一年重印 敕封綏靖伯行實 附載請封原由”。版心下端印“香港中華印務總局承刊”。

是書記録了宋人陳仲真（綏靖伯）的生平事蹟及敕封始末。包括綏靖伯小傳、道光二十四年（1898）敕封綏靖伯重修廟碑、始議請封、本邑紳耆公呈、道光二十四年奉旨敕封綏靖伯咨文等内容。陳仲真於宋慶元二年（1196）生於廣東新寧，理宗四年（1228）出仕爲校尉府兼掌屯田，時有倭寇沿海侵擾，其親率兵衆、鄉團巡守、進剿，每戰必身先士卒。後與兒子希堯、希聖帶兵與李猛龍匪幫激戰時，遭人毒害，卒於理宗三十九年（1263）。當地民衆感其爲國爲民捐軀之德，乃修其真容，立廟祭祀。

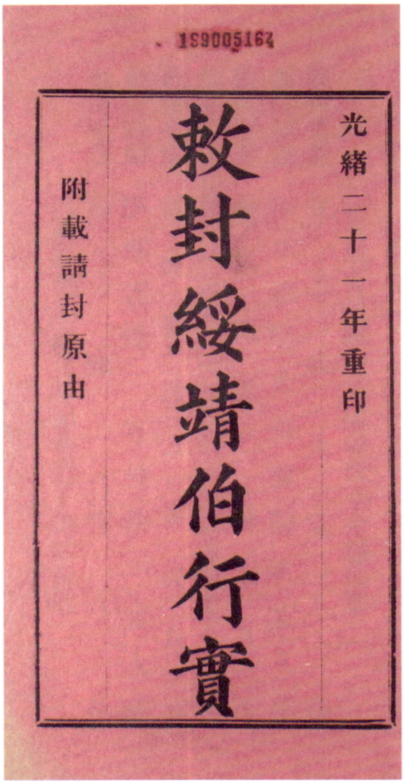
光緒二十一年重印
敕封綏靖伯行實
附載請封原由

敕封綏靖伯行實（2–1）

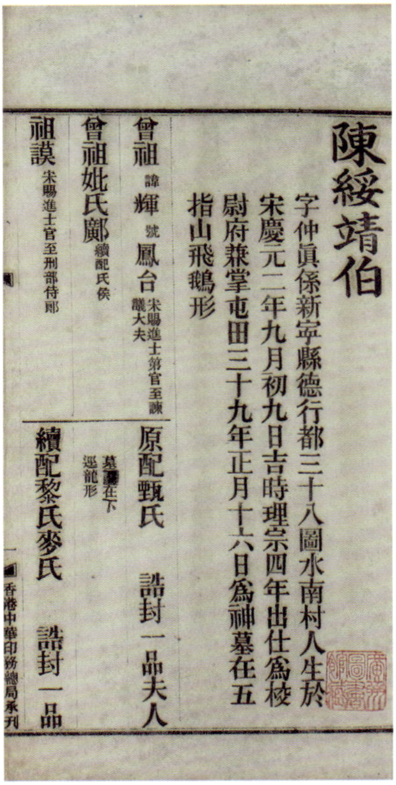
陳綏靖伯
字仲眞係新寧縣德行都三十八圖水南村人生於
宋慶元二年九月初九日吉時理宗四年出仕爲校
尉府兼掌屯田三十九年正月十六日爲神墓在五
指山飛鵝形
曾祖諱輝號鳳台宋賜進士第官至諫議大夫 原配甄氏 誥封一品夫人
曾祖妣氏鄺續配氏侯 墓葬在下逕龍形
祖諱宋賜進士官至刑部侍郎 續配黎氏麥氏 誥封一品
香港中華印務總局承刊

敕封綏靖伯行實（2–2）

0021［廣東南海］南海丹桂方氏族譜：不分卷 /（明）方巒，（明）方貴科纂修；（清）方雲從、（清）方茂猷、（清）方林鶴重修；（清）方秋白增修．— 清乾隆（1736 ~ 1795）惇叙堂刻本．— 4 册：圖

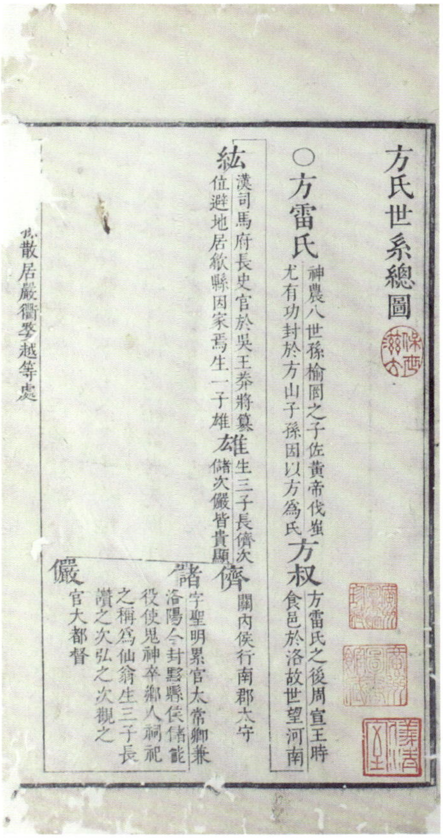
方氏世系總圖
○方雷氏 神農八世孫榆罔之子佐黃帝伐蚩尤有功封於方山子孫因以方爲氏
方叔 方雷氏之後周宣王時食邑於洛故世望河南
紘 漢司馬府長史官於吳王莽將篡位避地居歙縣因家焉生一子雄
雄 生三子長儁次儲次儼皆貴顯
儁 關内侯行南郡太守
儲 字聖明累官太常卿兼洛陽令封黟縣侯儲能役使鬼神卒鄉人祠祀之稱爲仙翁生三子長潢之次弘之次覲之
儼 官大都督
散居嚴衢婺越等處

［廣東南海］南海丹桂方氏族譜（2–1）

9 ~ 10 行，21 字，小字雙行同，白口，左右雙邊，單黑魚尾，匡高 20.7 厘米，寬 15.3 厘米。

總扉頁刊“南海丹桂族譜 惇叙堂藏板”。《族譜・詩》扉頁刊“方氏一家言”。版心題名“丹桂方譜”。前有清雍正五年（1727）李紱序，康熙乙丑（二十四年，1685）蔣伊“丹桂方譜序”，遺牒，明弘治十三年（1500）方巒“族譜贊”，弘治十六年（1503）李渭“南海丹桂方氏譜序”，弘治十六年方良永“叙南海丹桂宗譜”，嘉靖辛丑（二十年，1541）“方氏仕宦譜序”，洪武十年（1377）宋濂“方氏族譜序”，宋嘉定元年（1203）方大琮“族譜宗圖序”，明正德十三年（1518）方良永“莆中一本序”，明萬曆七年（1579）鄭茂“方氏族譜全書序”；《方氏世系總圖》前有清乾隆丁卯（十二年，1747）序；《族譜・詩》前後分别有乾隆丁卯方秋白跋、方穎跋。

總扉頁及李紱序、《方氏世系總圖》前序有破損、缺字。

“方”氏本姓“雷”，因佐黄帝伐蚩尤有功，封於方山，子孫遂以“方”爲姓。周時居洛著郡河南，漢末裔孫紘由河南固始遷於安徽歙縣東鄉，歷四世至觀，即今福建莆田總譜始祖；唐時後裔琡經三傳至廣東南海始遷祖宗元公，官廣東參知，卒葬番禺沙灣。明代名臣方獻夫即出自此家族。是族譜包括：序、傳、墓志銘、宸翰、誥敕，繪有祖宗村居圖、先塋圖，并輯前人詩三百餘首。

鈐印有“勅桐蔭遠督史澤長”、“保世滋大”、“得未曾有”、“儀清室”、“禮堂梁基永印”等。

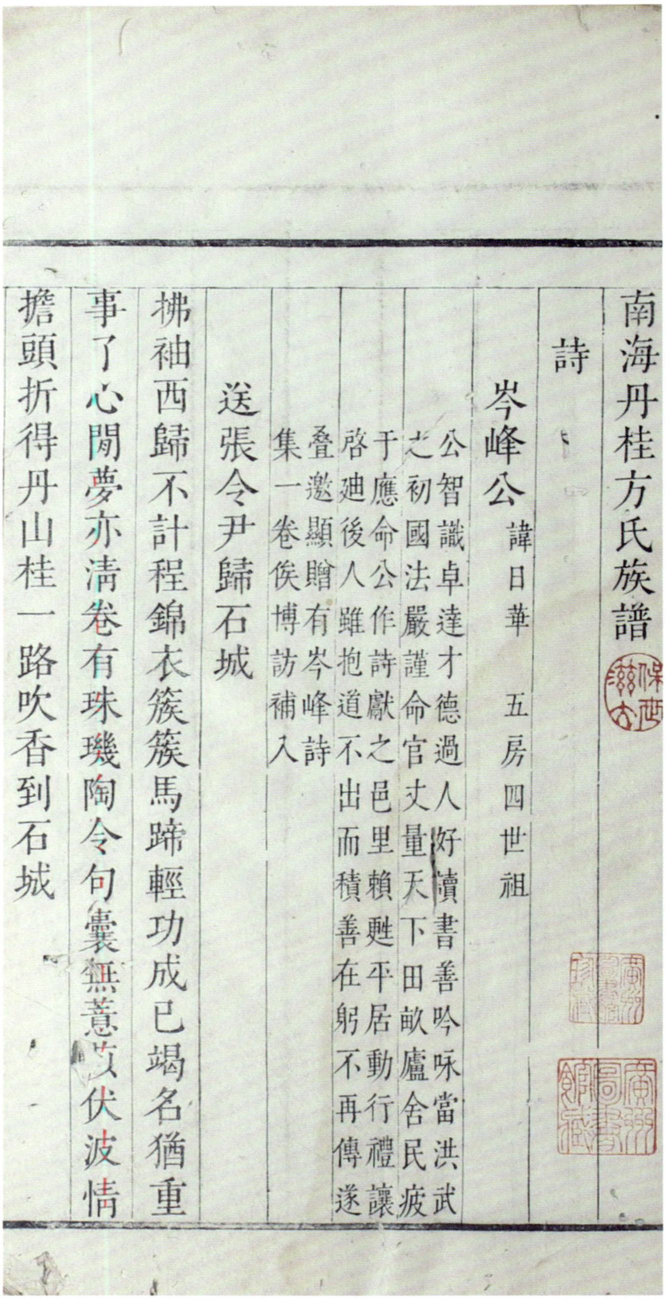

南海丹桂方氏族譜

詩

岑峰公 諱日華 五房四世祖

公智識卓達才德過人好讀書善吟咏當洪武之初國法嚴謹命官丈量天下田畝廬舍民疲于應命公作詩獻之邑里賴甦平居動行禮讓啓廸後人雖抱道不出而積善在躬不再傳遂疊邀顯贈有岑峰詩集一卷俟博訪補入

送張令尹歸石城

拂袖西歸不計程錦衣簇簇馬蹄輕功成已竭名猶重事了心閒夢亦清卷有珠璣陶令句囊無薏苡伏波情擔頭折得丹山桂一路吹香到石城

［廣東南海］南海丹桂方氏族譜（2–2）

0022［廣東新會］雲步李氏宗譜：六卷 /（清）李起纂修；（清）李朝潘督輯．— 清雍正七年（1729）三多堂刻本．— 1 册：圖，世系表

16 行，19 字，小字雙行同，白口，四周單邊，匡高 22.4 厘米，寬 29.1 厘米。

書名取自版心。卷二前有牌記，刊“雲步珠璣 雲步宗譜 侃翁祖總系 雍正己酉年重輯”，并手書“秉字號”。卷三前有牌記刊，刊“分街宗潢 雲步宗譜 衍東房杏系 雍正己酉年重輯 三多堂梓”。前有清雍正七年吴用楫序及湯時璉“雲步李氏宗譜序”，十七世李掄升序，十八世李鈿“雲步宗譜序”，十九世李朝潘“重修宗譜自叙”，二十二世李起“重修家譜自叙”，并有宗譜目次、修譜值事及譜例。卷三牌記後有明隆慶三年（1569）十二世李文相“分界派總系序”及十六世李杰芳“分界序”。

存 3 卷：卷 1 ～ 3。其中卷一缺兩頁，疑缺牌記，卷三存至長房碧溪祖下二十一世，後缺三房。

是譜爲廣東新會雲步李氏譜系表，由二十二世孫李起主持纂修，重修於雍正七年（1729），據目次所知原譜共六卷，以侃翁時遷雲步視爲一世，記録了侃翁一世至二十二世之譜系。現存三卷，卷一内容有：譜例十六則、譜祀舊序二首歌詞一首、隴西姓氏考、南雄來歷考、雲步分房考、宗派、官紀、祠紀、墓紀、嘗紀、祭紀；卷二内容有：侃翁五世總系、列傳二十二段、六世下人物捷録、六世下懿行捷録；卷三内容有：衍東房世系，内分四房，現存至長房碧溪祖下二十一世止。

鈐印有“雲步宗譜 已酉重梓”。

［廣東新會］雲步李氏宗譜（2–1）

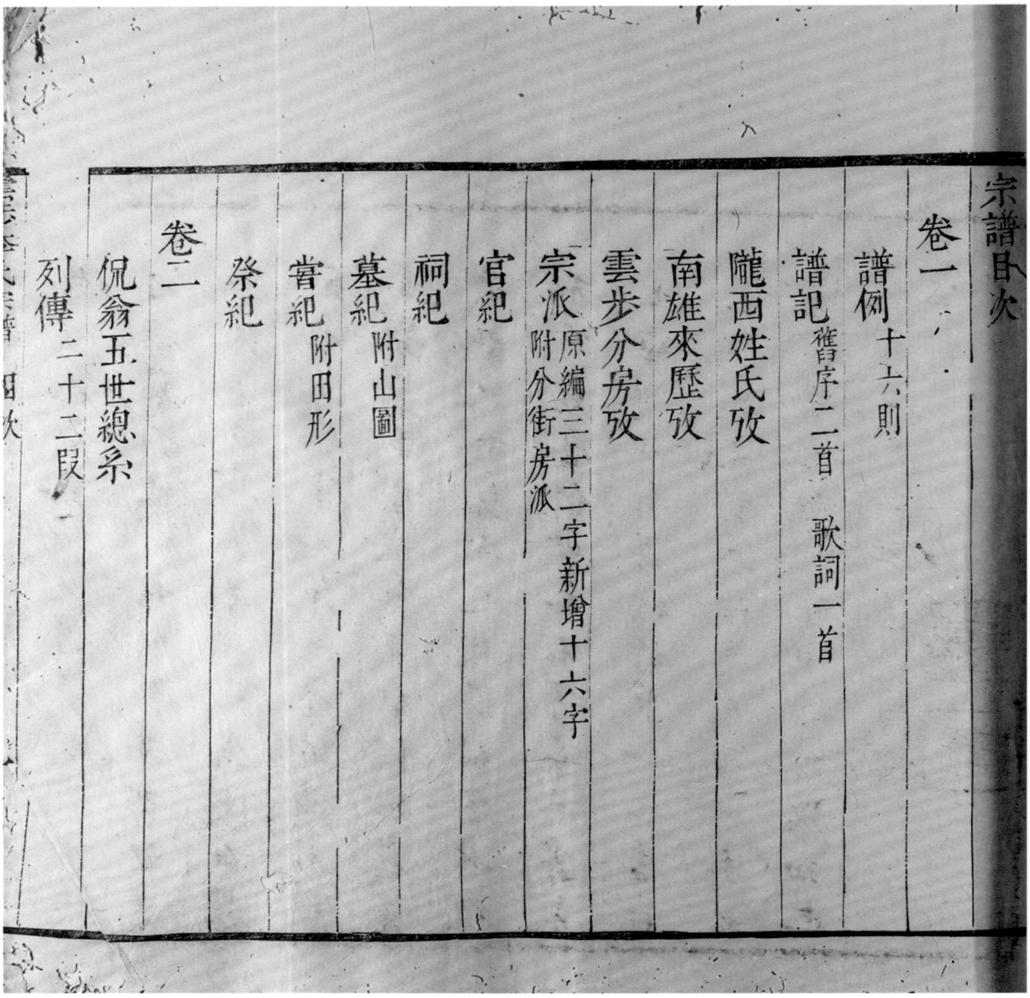

宗譜目次

卷一

卷二

［廣東新會］雲步李氏宗譜（2–2）

0023［廣東番禺］盧氏宗譜：不分卷 /（清）盧文澤修．—清光緒元年（1875）廣州抄本．—1 册：圖，世系表

書名據書中内容擬。書中有朱筆句讀及筆記。前有清光緒元年雨田“序”，中有“平湖祖祠記”，後有“各公行狀”，末有“子孫買婢爲妾例”。内附趙春農訂“點穴定向圖”一幅。花布封皮。

此一支盧氏，太祖爲宋朝進士盧雲陽，原籍南雄保昌縣沙水村珠璣巷，後避亂世遷居廣州府番禺縣。始祖，諱琦，字俊德，號鍾陽，又號自南，生於宋慶元五年（1199），偕弟俊輔公、俊弼公遷居廣州府番禺縣鍾村。此族譜記載盧氏自南公一支，自宋朝起至清光緒二十一世。

鈐印有“雨田”、“盧文澤”。

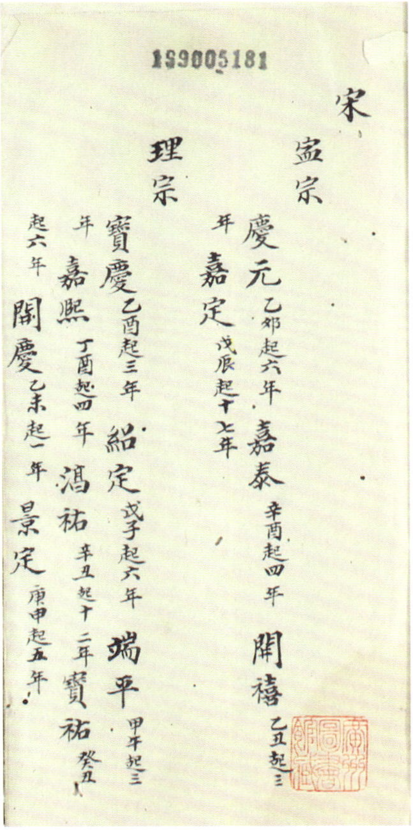
189005181
宋
寧宗 慶元 乙卯起六年 嘉泰 辛酉起四年 開禧 乙丑起三年 嘉定 戊辰起十七年
理宗 寶慶 乙酉起三年 紹定 戊子起六年 端平 甲午起三年 嘉熙 丁酉起四年 淳祐 辛丑起十二年 寶祐 癸丑起六年 開慶 乙未起一年 景定 庚申起五年

［廣東番禺］盧氏宗譜（5–1）

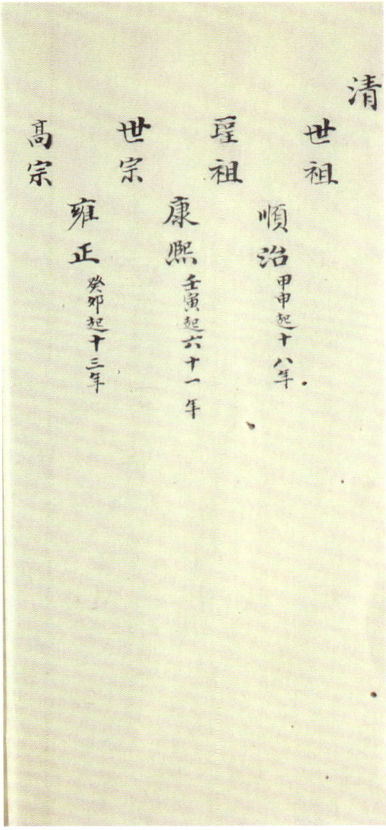
清
世祖 順治 甲申起十八年
聖祖 康熙 壬寅起六十一年
世宗 雍正 癸卯起十三年
高宗

［廣東番禺］盧氏宗譜（5–2）

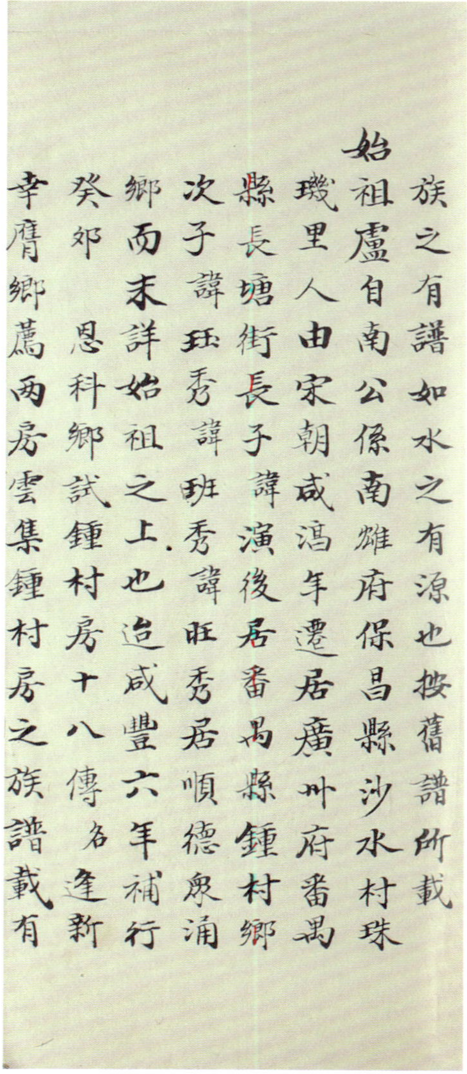
族之有譜如水之有源也按舊譜所載
始祖盧自南公係南雄府保昌縣沙水村珠
璣里人由宋朝咸淳年遷居廣州府番禺
縣長塘街長子諱演後居番禺縣鍾村鄉
次子諱珏秀諱班秀諱旺秀居順德泉涌
鄉而末詳始祖之上也迨咸豐六年補行
癸卯 恩科鄉試鍾村房十八傳名逢新
幸膺鄉薦兩房雲集鍾村房之族譜載有

［廣東番禺］盧氏宗譜（5-3）

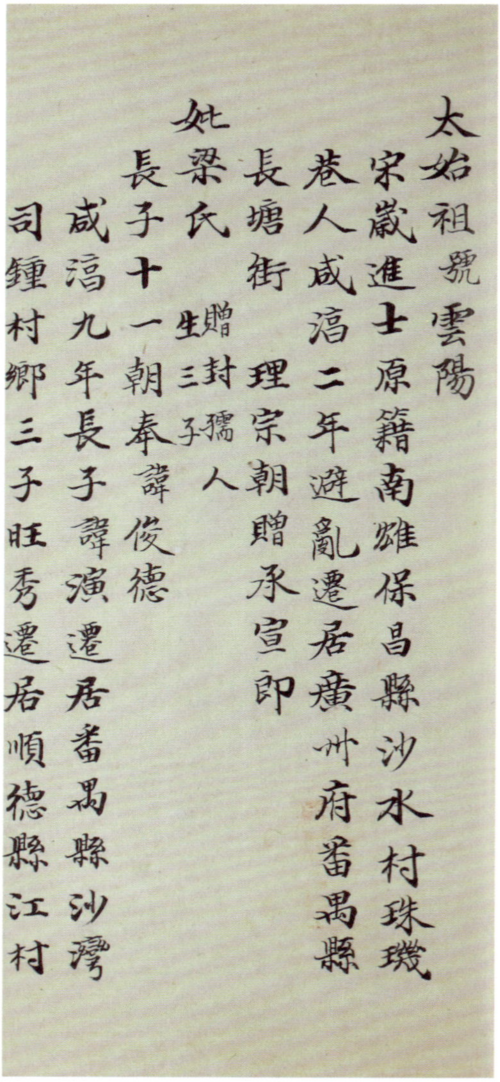
太始祖號雲陽
宋歲進士原籍南雄保昌縣沙水村珠璣
巷人咸淳二年避亂遷居廣州府番禺縣
長塘街理宗朝贈承宣郎
妣梁氏贈封孺人生三子
長子十一朝奉諱俊德
咸淳九年長子諱演遷居番禺縣沙灣
司鍾村鄉三子旺秀遷居順德縣江村

［廣東番禺］盧氏宗譜（5-4）

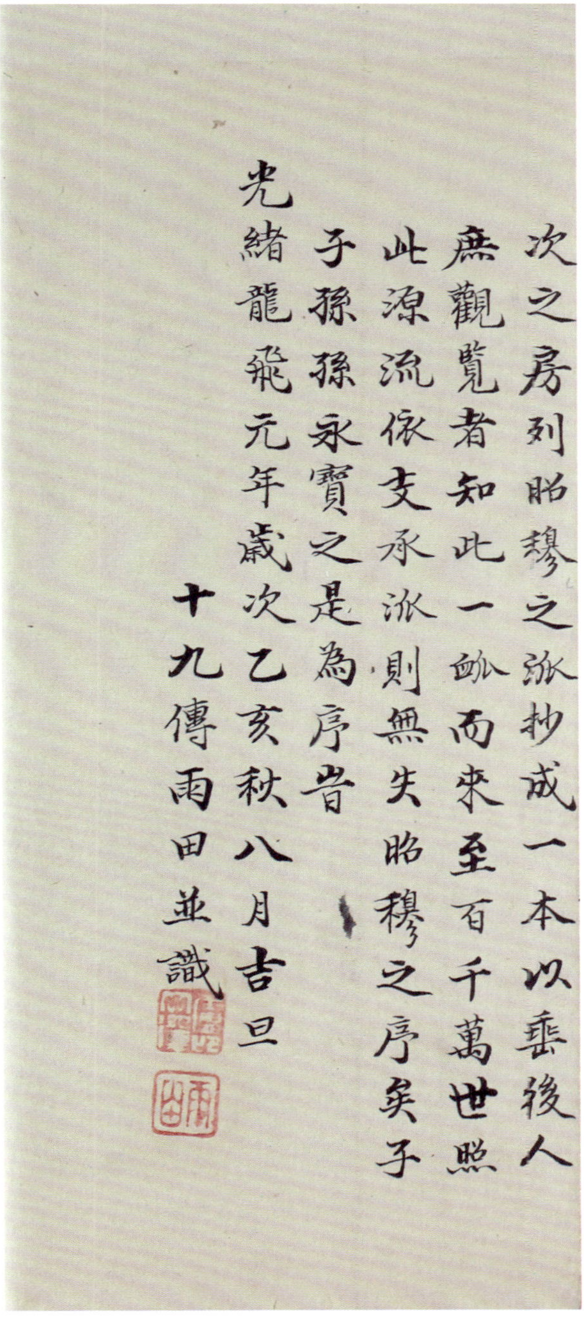

次之房列昭穆之派抄成一本以垂後人
庶觀覽者知此一脉而來至百千萬世照
此源流依支承派則無失昭穆之序矣子
子孫孫永寶之是為序旹
光緒龍飛元年歲次乙亥秋八月吉旦
十九傳雨田並識

［廣東番禺］盧氏宗譜（5–5）

0024［廣東台山］陳氏家譜：五卷 /（清）陳遇夫修；（清）陳敦頤續修．— 清宣統（1910 ~ 1911）抄本．— 1 册：圖，世系表

書名據内容擬定。前有十七世祖陳遇夫“潁源記略”，“東山莇美譜”後有清康熙四十四年（1703）十八世祖陳瀚“本支跋”。

存 4 卷：卷 1 ~ 3、5。疑有亂頁、缺頁。

是譜爲廣東台山槎州陳氏族譜，原有五卷，現存四卷，分别爲：第一卷、第二卷遺聞考，第三卷記典考，第五卷家譜續遺事。其中第一卷爲世系表，録有三譜，“石頭譜”、“東山莇美譜”及“槎州家譜”，前兩譜爲十七世陳遇夫所修，其後有陳遇夫入祠相關文稿，槎州家譜爲二十四世陳敦頤續。是譜以猷爲始祖，從善翁爲始遷祖，“石頭譜”記録始祖猷爲避金亂自汴梁遷南雄保昌縣珠璣巷，後遷古岡州石頭鄉，經巧、迪、仁甫三代。“東山莇美譜”以仁甫之子天祥從善翁爲始遷祖，於宋時“遷居烓崗里之上閣東山今屬新寧縣”（今廣東台山），此譜記録至十六世長房叔履榮。“槎州家譜”自十七世祖佩璿之子陳遇夫記起，至二十四世止，記録人陳敦頤，乃陳遇夫之七世孫，主要記録陳遇夫之子陳瀚第十房陳之楀子孫世系。第二卷遺聞考主要由陳遇夫輯，主要有“先府君遺稿”、“家譜言行考跋”、“曾祖考遺囑”、“東皋祖遺囑”、“三世祖遺囑”、“石頭遺文”等。第三卷記典考，附有山圖，并附“始祖猷翁自南雄遷居根由”。第五卷遺事主要有“十七世祖考庚午解元府君傳”（此乃十七世陳遇夫傳）、“十八世祖考甲午解元府君傳”（此乃陳遇夫之子十八世陳瀚傳）、“交甫府君與邑侯姜公往來書札”、“處下府君遺稿”等内容。

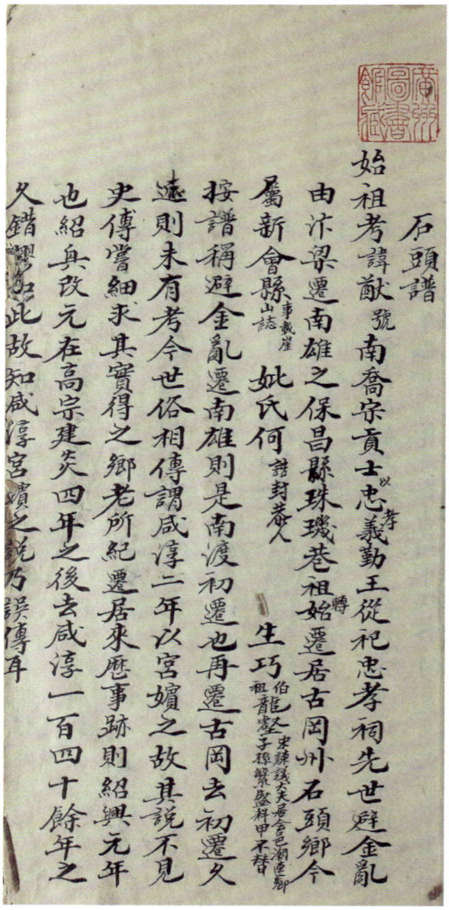
石頭譜
始祖考諱猷號南喬宗貢士以孝忠義勤王從祀忠孝祠先世避金亂
由汴梁遷南雄之保昌縣珠璣巷祖始遷居古岡州石頭鄉今
屬新會縣事載崖山誌 妣氏何誥封孺人 生巧
按譜稱避金亂遷南雄則是南渡初遷也再遷古岡去初遷久
遠則未有考今世俗相傳謂咸淳二年以宮嬪之故其說不見
史傳嘗細求其實得之鄉老所紀遷居來歷事跡則紹興元年
也紹興改元在高宗建炎四年之後去咸淳一百四十餘年之
久錯謬如此故知咸淳宮嬪之說乃誤傳耳

［廣東台山］陳氏家譜（3–1）

鈐印有“父子解元鄉賢交甫公七世孫陳天桂攀雲氏”、“攀雲”、“陳魏”、“家在槎州名賢故里”、“趙順録”、“陳德鴻”、“趙仕琛”、“趙美蘭”、“趙耀迂”、“朱仕瑜”等。

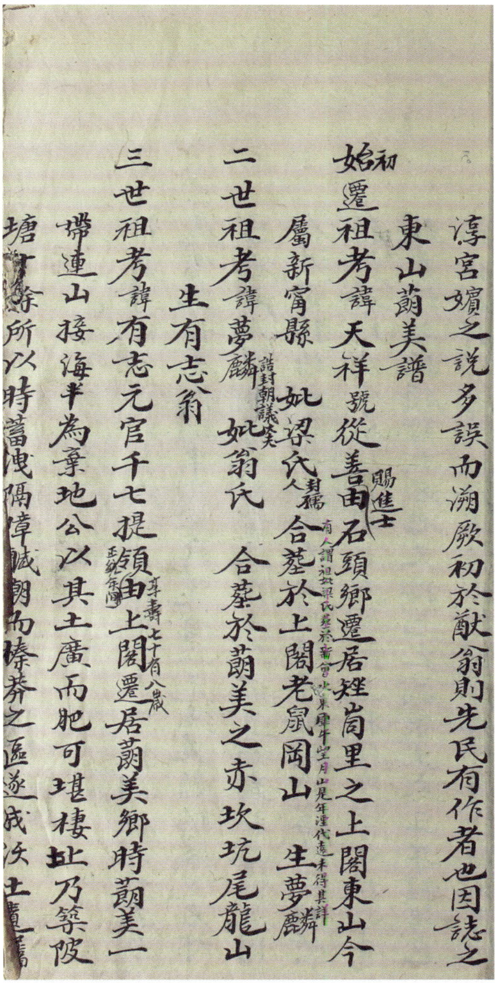

淳宮嬪之說多誤而溯厥初於猷翁則先民有作者也因誌之

東山蒴美譜

初始遷祖考諱天祥號從善由（賜進士）石頭鄉遷居塋崗里之上閣東山今

屬新甯縣　妣梁氏（封孺人）合塟於上閣老鼠岡山　生夢麟（有人謂祖妣梁氏塟於新會北某山年代遠未得其詳）

二世祖考諱夢麟（誥封朝議大夫）　妣翁氏　合塟於蒴美之赤坎坑尾龍山

生有志翁

三世祖考諱有志元官千七提領（正統年間）由上閣（享壽七十有八歲）遷居蒴美鄉時蒴美一

帶連山接海半為棄地公以其土廣而肥可堪棲址乃築陂

塘[illegible]所以時蓄洩隅障鹹潮而榛莽之區遂成沃土

［廣東台山］陳氏家譜（3–2）

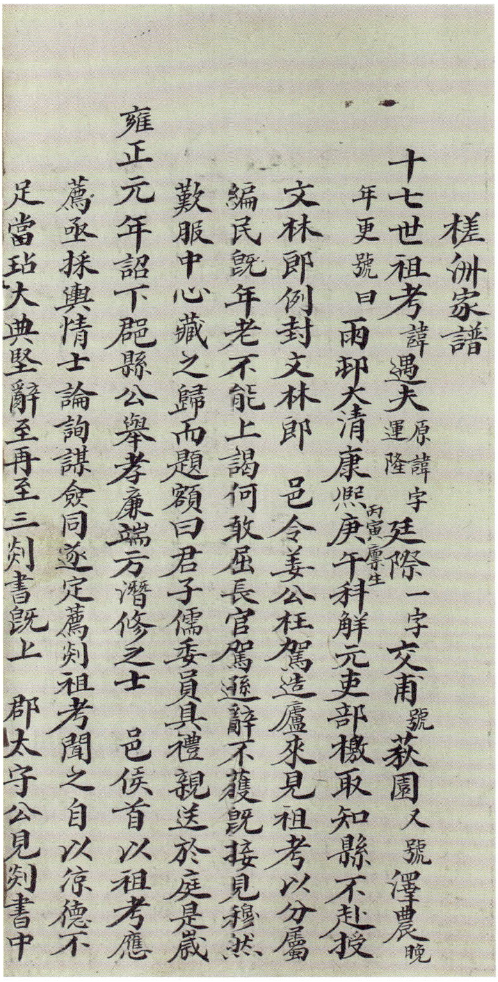

槎洲家譜

十七世祖考諱遇夫（原諱運隆）字廷際一字交甫號荻園又號澤農晚

年更號曰　丙卯大清康熙（丙寅庠生）庚午科解元吏部檄取知縣不赴授

文林郎例封文林郎　邑令姜公枉駕造廬來見祖考以分屬

編民既年老不能上謁何敢屈長官駕遜辭不獲既接見穆然

歎服中心藏之歸而題額曰君子儒委員具禮親送於庭是歲

雍正元年詔下郡縣公舉孝廉端方潛修之士　邑侯首以祖考應

薦丞採輿情士論詢謀僉同遂定薦剡祖考聞之自以涼德不

足當玷大典堅辭至再至三剡書既上　郡太守公見剡書中

［廣東台山］陳氏家譜（3–3）

0025［廣東］潘氏族譜：二卷．— 清（1644~1911）抄本．— 1 册：譜系表

行數、字數不等，白口，四周雙邊，單黑魚尾，匡高 22.1 厘米，寬 14.1 厘米。

書名取自版心。前有明崇禎二年（1629）“潘氏續修家譜乞言疏”，明弘治乙卯（八年，1495）柯潛“潘氏族譜舊序”，王志道“潘氏續修族譜序”。前有“目録”、“序”、“凡例”、“姓原”、“宗法”。

存 1 卷：上卷。

此潘氏一支係由河南光州遷入福建，後轉入廣東地區。是書從第一世詒徽開始記載到第二十一世。

鈐印有“禮堂梁基永印”、“儀清室”。

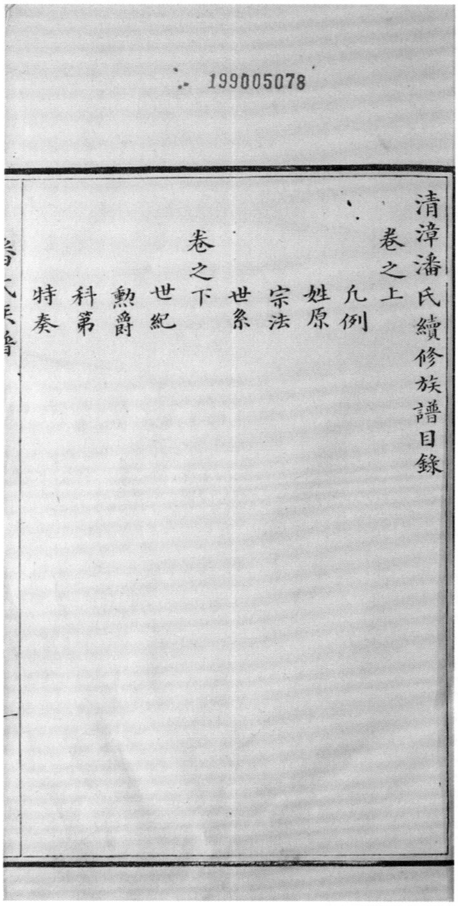

［廣東］潘氏族譜（3-1）

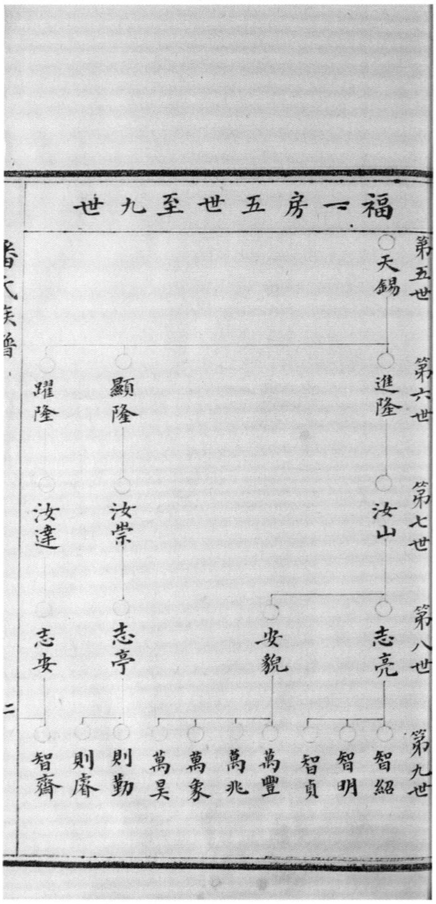

［廣東］潘氏族譜（3-2）

潘氏族譜

第一世

詒巖 字丕猷 贈君

第二世

武 字叔允 文林郎

載 進士

第三世

埜 字尊岳 宋主簿 陞州判

埛

靖

二公徙居泉之輞川萬曆辛亥裔孫長史一諤來漳謁祖其世繁衍自有譜記

第四世

福房 彥玫

禄房 彥珷

壽房 彥琫

第五世

天錫 派住義山車田

天從 派住義山古坑

天與 派住霞漳

世忠 派住仁美

世祥 派住官田 分支北京

世與 徙居坂仔 棲柵

世貴 為致政公 徙居葛江

景茂

德茂 派住方田尾園

景芳

德方

［廣東］潘氏族譜（3–3）

0026［廣東台山］新寧端芬梅氏族譜：不分卷．— 清（1644 ~ 1911）抄本．— 1 册：圖，世系表

書名取自前序。前有清康熙三年（1664）梅命夔“新寧端芬梅氏族譜序”，康熙四十五年（1706）梅錫思及子梅碩輔、梅德濯作“再修族譜序”，道光十六年（1836）梅清標序，明天啓四年（1624）張志忠“順德龍江梅氏族谱序”，清嘉慶十八年（1813）梅春魁“廣東羅定州西寧縣梅氏族譜序”。

此梅氏一支，始祖永清公，鄉進士出身，住廣州府，原籍貫江南鳳陽府鳳陽縣，後遷至南雄珠璣巷，携其兄弟至順德龍江及南海九江，明洪武四年（1371）奉命駐守新會。全譜從始祖永清公起記録至十四世祖。後附“梅氏歷代功名考”。

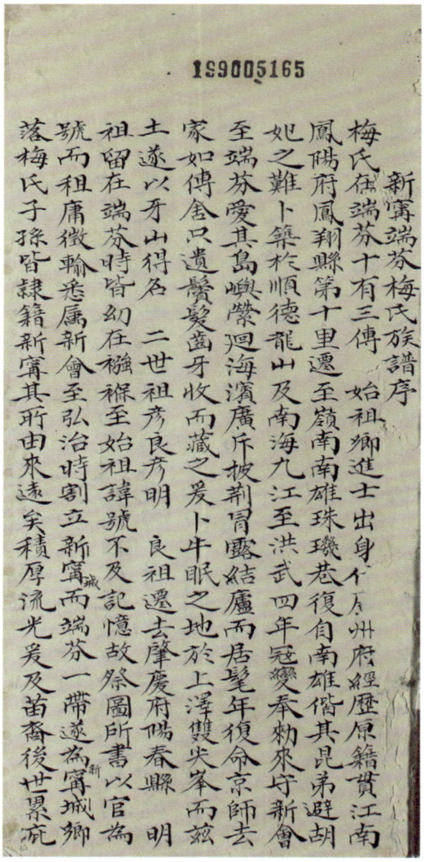

［廣東台山］新寧端芬梅氏族譜

（3–1）

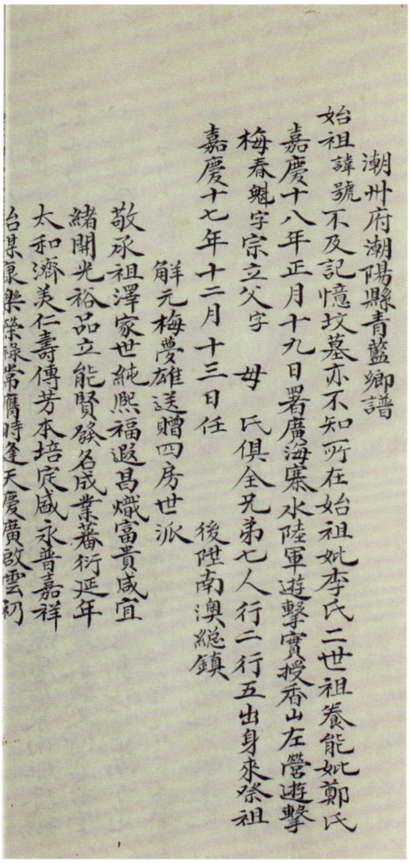

［廣東台山］新寧端芬梅氏族譜

（3–2）

[illegible]

次彥明公　妣陳氏　良公遷居肇慶府陽春縣坡頭仔鄉

公山塟於工澤双尖嗅牙山形蛇坐丑向未癸丁　妣山葬于蛭崗烈國廟地面蝌形坐亥向巳兼乾巽

二世祖彥明公　妣陳氏　裔出四公　長延福　妣陳曾氏　次延壽　妣戴氏

三延昌　妣梁阮氏　四延齡　妣陳余氏

公山葬于赤坎村后喝作鳳形坐巳向亥兼巽乾　妣山塟於禾了坑喝作仙人仰睡形坐亥向巳兼壬丙

三世祖延齡公　妣陳余氏　裔出三公　長林翁　妣陳氏遷徃廣海

次魁翁　妣陳余氏　三粒翁　妣曹氏

公山葬于新屋仔坐庚向甲兼申寅喝作醉翁凭几形

妣山葬于新屋仔

［廣東台山］新寧端芬梅氏族譜（3–3）

0027 廣東闈墨：□□卷 /（清）佚名輯 .— 清道光元年至光緒二十六年（1821 ~ 1900）寫刻本 .— 6 册

9 行，24 ~ 25 字，白口，四周雙邊，單黑魚尾，匡高 19.3 厘米，寬 12.5 厘米。

書名取自版心。有墨筆圈點句讀。

原書卷數不詳，存卷包括：1. 廣東闈墨：三卷 .— 清道光至光緒元年（1821 ~ 1875）刻本。2. 己卯鄉墨：一卷 .— 清光緒五年（1879）刻本。3. 辛卯鄉墨：一卷 .—清光緒十七年（1891）刻本。4. 庚子廣東闈墨（全）: 一卷 .— 清光緒二十六年（1900）刻本。

是書爲官方將參加鄉試會試優秀考生作答文章彙編而成。其中《己卯鄉墨》卷中第一篇文章即爲己卯鄉試（清光緒五年，1879）第一名東莞陳伯陶所撰，後於光緒十八年（1892）中進士第三名探花，他亦是後來倡議修建"陳氏書院"的倡議人之一。

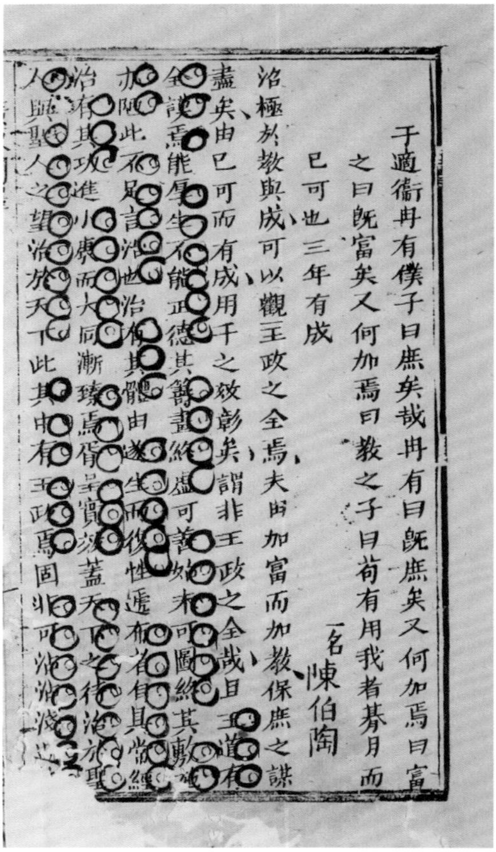

廣東闈墨（2–1）

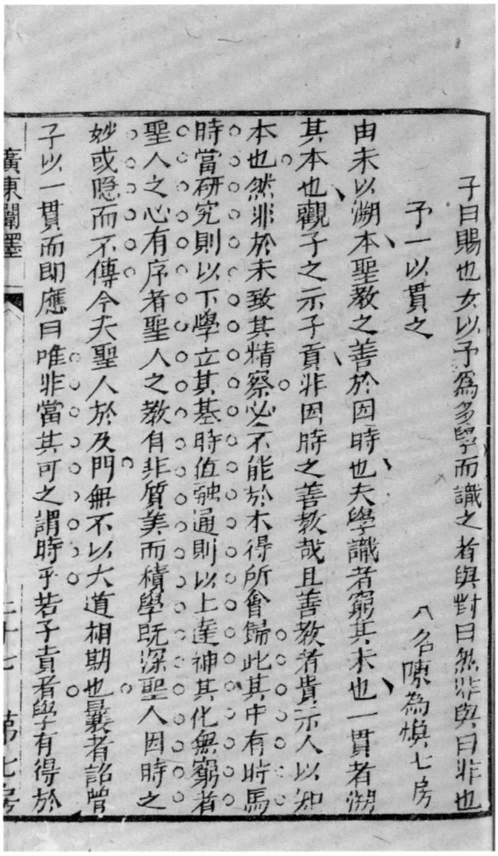

廣東闈墨（2–2）

0028 鄉會墨選：□□卷 /（清）佚名輯. — 清咸豐至光緒三十一年（1851 ~ 1905）刻本. — 1 册

除首兩頁外分上下兩欄，上欄行數不等，5 字，匡高 2.2 厘米，寬 10.7 厘米；下欄 9 行，25 字，白口，四周雙邊，單黑魚尾，匡高 16.3 厘米，寬 10.9 厘米。

書名取自版心。原書卷數不詳。文中有墨筆句讀。天頭有小字點評。

是書爲參加鄉試會試考生所作答文章選集，并有點評。所選文章時間跨度自清乾隆至咸豐（1736 ~ 1861），故成書時間應爲清咸豐至光緒廢科舉前。

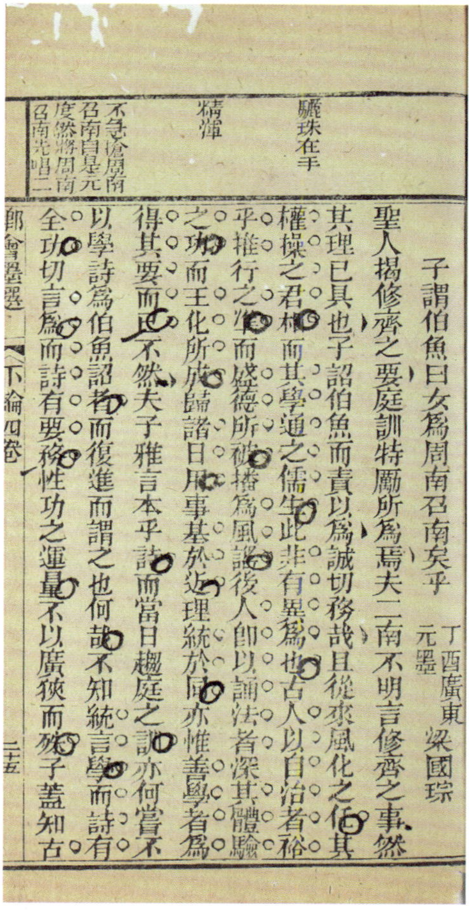

驪珠在手
精湛
不侔僞周南召南自是元度煞將周南召南光唱二

子謂伯魚曰女爲周南召南矣乎　丁酉廣東元墨　梁國琮
聖人揭修齊之要庭訓特勵所爲焉夫二南不明言修齊之事然
其理已具也子詔伯魚而責以爲誠切務哉且從來風化之任其
權操之君相而其學通之儒生此非有異爲也古人以自治者裕
乎推行之本而盛德所被播爲風謠後人即以誦法者深其體驗
之功而王化所成歸諸日用事基於近理統於同亦惟善學者爲
得其要而已不然夫子雅言本乎詩而當日趨庭之訓亦何嘗不
以學詩爲伯魚詔者而復進而謂之也何哉不知統言學而詩有
全功切言爲而詩有要務性功之運量不以廣狹而殊子蓋知古

鄉會墨選　卷下論四卷　二十五

鄉會墨選（2–1）

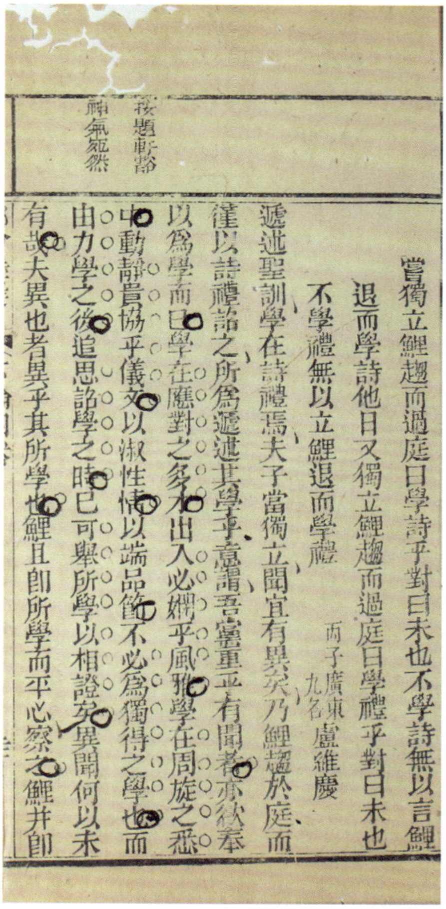

發題軒豁
神氣宛然

嘗獨立鯉趨而過庭曰學詩乎對曰未也不學詩無以言鯉
退而學詩他日又獨立鯉趨而過庭曰學禮乎對曰未也
不學禮無以立鯉退而學禮　丙子廣東九名　盧維慶
遞述聖訓學在詩禮焉夫子當獨立聞宜有異矣乃鯉趨於庭而
僅以詩禮詔之所爲遞述其學乎意謂吾寧重乎有聞者亦欲奉
以爲學而已學在應對之多不出入必嫻乎風雅學在周旋之恐
中動靜貴協乎儀文以淑性情以端品節不必爲獨得之學也而
由力學之後追思詔學之時已可舉所學以相證矣異聞何以未
有哉夫異也者異乎其所學也鯉且即所學而平心察之鯉并即

鄉會墨選（2–2）

0029 廣西闈墨：□□卷 /（清）佚名輯．— 清同治至光緒三十一年（1862 ~ 1905）寫刻本．— 1 册

9 行，24 字，白口，四周雙邊，單黑魚尾，匡高 19.3 厘米，寬 12.5 厘米。

書名取自版心。原書卷數不詳。有墨筆圈點句讀。書根題名“丁卯西墨”。

是書爲清廣西地區鄉試會試考生的優秀文章選集。其中第二名趙文粹爲清同治十年（1871）進士，故成書時間應爲清同治至光緒廢科舉前。

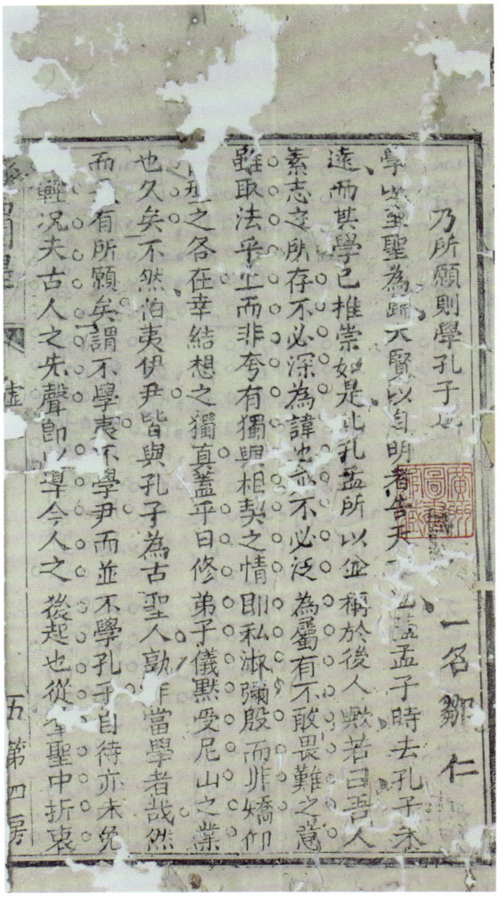
乃所願則學孔子也　一名 鄒仁
學以至聖為歸大賢以自明者告天下[illegible]孟子時去孔子未
遠而其學已推崇如是此孔孟所以並稱於後人歟若曰吾人
素志之所存不必深為諱也亦不必泛為誇有不敢畏難之意
雖取法乎上而非夸有獨與相契之情即私淑彌殷而非矯仰
型之各在幸結想之獨真蓋平日修弟子儀默受尼山之業
也久矣不然伯夷伊尹皆與孔子為古聖人孰非當學者哉然
而有所願矣謂不學夷不學尹而並不學孔子自待亦未免
輕況夫古人之先聲即以導今人之後起也從羣聖中折衷
廣西闈墨　五　第四房

廣西闈墨（2–1）

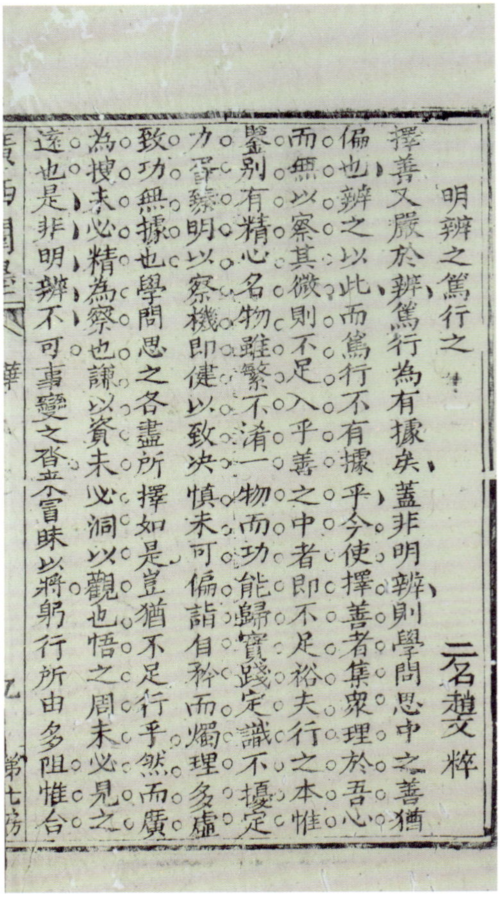
明辨之篤行之　二名 趙文粹
擇善又嚴於辨篤行為有據矣蓋非明辨則學問思中之善猶
偏也辨之以此而篤行不有據乎今使擇善者集衆理於吾心
而無以察其微則不足入乎善之中者即不足裕夫行之本惟
鑒別有精心名物雖繁不淆一物而功能歸實踐定識不擾定
力晉臻明以察機即健以致決慎未可偏詣自矜而燭理多虛
致功無據也學問思之各盡所擇如是豈猶不足行乎然而廣
為搜求必精為察也謙以資未必洞以觀也悟之周未必見之
達也是非明辨不可事變之沓來昏昧以將躬行所由多阻惟台
廣西闈墨　華　乙　第七房

廣西闈墨（2–2）

0030 會試硃卷：不分卷 / 張際雲撰 . — 清光緒十六年（1890）刻本 . — 1 册

行數、字數不等，白口，四周雙邊，單黑魚尾，匡高 17.4 厘米，寬 11.6 厘米。

前有朱色龍紋圖并有“欽命四書詩題”字樣。封面手書：春礽賢表侄。

是書爲張際雲在九十八歲高齡參加會試，被光緒皇帝賜予翰林院編修而作。主要介紹了張際雲的生平并其家譜世系。其生於清乾隆癸丑（五十八年，1793），潮州府大埔縣人。正文爲其參加清光緒庚寅科（十六年）會試試卷。

鈐印有“儀清室”。

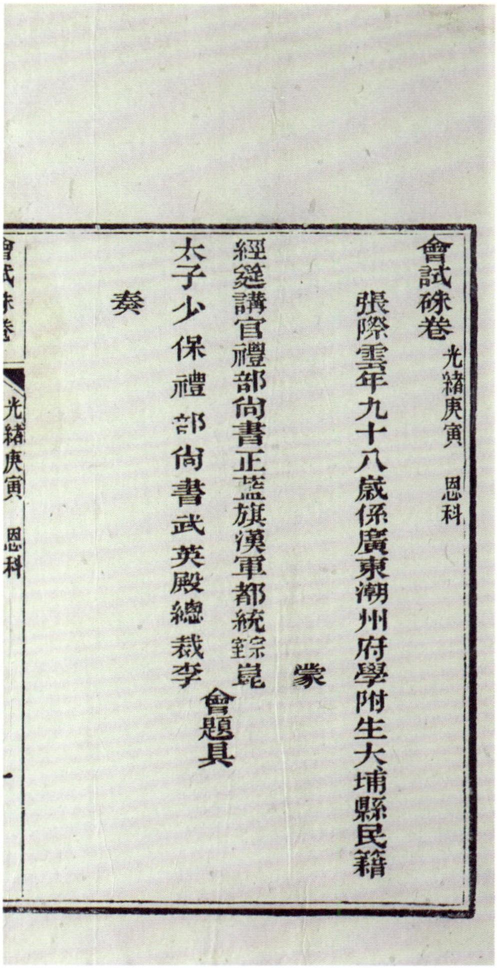

會試硃卷（3–1）

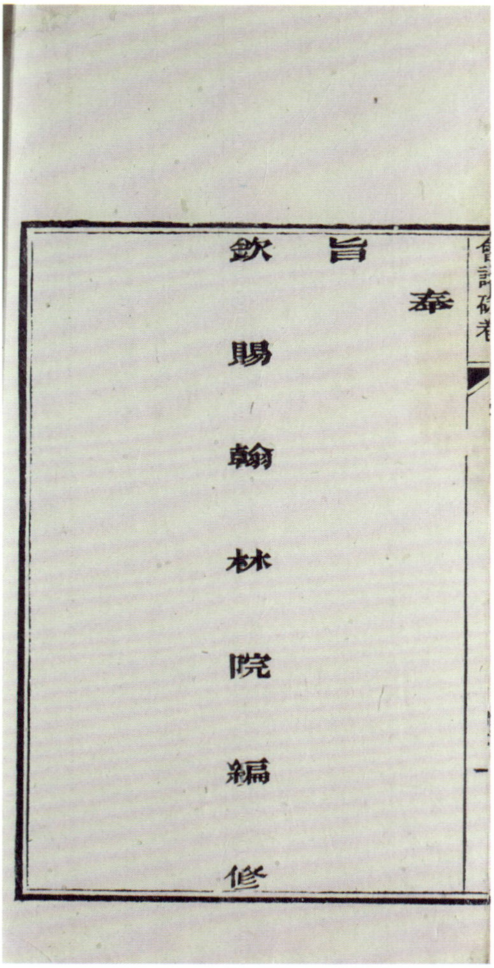

會試硃卷（3–2）

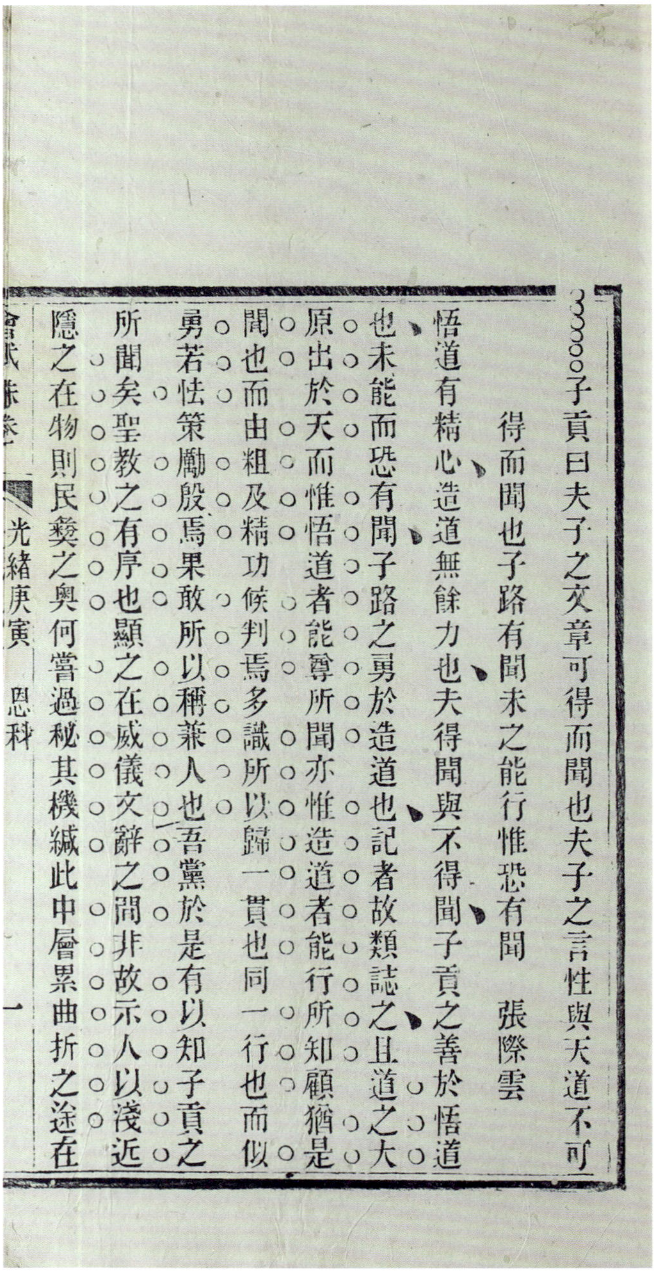
子貢曰夫子之文章可得而聞也夫子之言性與天道不可
得而聞也子路有聞未之能行惟恐有聞　張際雲
悟道有精心造道無餘力也夫得聞與不得聞子貢之善於悟道
也未能而恐有聞子路之勇於造道也記者故類誌之且道之大
原出於天而惟悟道者能尊所聞亦惟造道者能行所知顧猶是
聞也而由粗及精功候判焉多識所以歸一貫也同一行也而似
勇若怯策勵殷焉果敢所以稱兼人也吾黨於是有以知子貢之
所聞矣聖教之有序也顯之在威儀文辭之間非故示人以淺近
隱之在物則民彝之奧何嘗過秘其機緘此中層累曲折之途在
會試硃卷　光緒庚寅　恩科　一

會試硃卷（3-3）

0031 讀史方輿紀要：一百三十卷 /（清）顧祖禹著；（清）彭元瑞校定. — 清（1644 ~ 1911）敷文閣刻本. — 2 册

10 行，21 字，小字雙行同，白口，左右雙邊或四周雙邊，單黑魚尾，匡高 18.1 厘米，寬 12.7 厘米。

扉頁刊“廣東”。扉頁左上角有是書原收藏者梁基永先生墨筆題記。卷端下鎸“錦里龍萬青燮堂校刊”，版心下鎸“敷文閣”。前有“廣東方輿紀要叙”。

存《廣東方輿紀要》6 卷：卷 100 ~ 105。

顧祖禹（1624 ~ 1680），明末清初江南無錫人，字復初，又字景范，僑寓常熟宛溪，學者稱宛溪先生。以遺民自居，曾應徐乾學聘，修《一統志》，書成，力辭疏薦。精史地，所著《讀史方輿紀要》，於每一地名之下，必詳言歷代戰守得失之迹，洵爲軍事地理巨著。另有《宛溪集》。

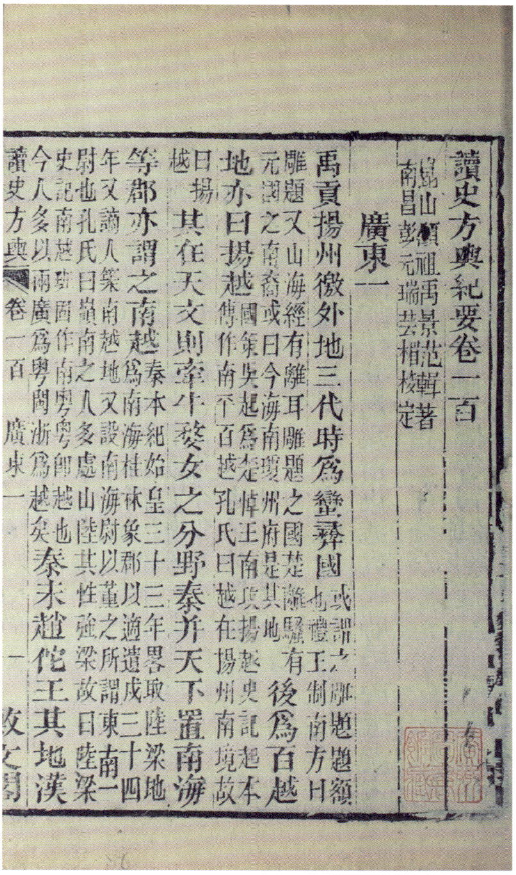
讀史方輿紀要卷一百
崑山顧祖禹景范輯著
南昌彭元瑞芸楣校定
廣東一
禹貢揚州徼外地三代時爲蠻彝國或謂之雕題也禮王制南方曰雕題雕題又山海經有離耳雕題之國楚離騷有元和志之南裔或曰今海南瓊州府是其地後爲百越
地亦曰揚越國策吳起爲楚悼王南攻揚越史記越本傳作南平百越孔氏曰越在揚州南境故曰揚越其在天文則牽牛婺女之分野秦并天下置南海
等郡亦謂之南越秦本紀始皇三十三年略取陸梁地爲南海桂林象郡以適遣戍三十四年又謫人築南越地又設南海尉以董之所謂東南一尉也孔氏曰嶺南之人多處山陸其性強梁故曰陸梁史記南越尉佗傳作南粵粵即越也今人多以兩廣爲粵閩浙爲越矣秦末趙佗王其地漢
讀史方輿卷一百 廣東一 一 敷文閣

讀史方輿紀要

彭元瑞（1731 ~ 1803），清江西南昌人，字掌仍，一字輯五，號芸楣。乾隆二十二年（1757）進士。由編修入直南書房，歷工、户、兵、吏部侍郎，官至工部尚書。嘉慶間（1796 ~ 1820）修《高宗實録》，充總裁。卒贈協辦大學士，謚文勤。有《恩餘堂輯稿》、《五代史記注》。

存卷爲廣東卷，講述廣東輿地之特色。

鈐印有“儀清室”。

0032 廣東新語：二十八卷 /（清）屈大均撰．— 清康熙三十九年（1700）水天閣刻本．— 10 册

11 行，19 字，白口，四周單邊，單白魚尾，匡高 17.5 厘米，寬 13.5 厘米。

牌記刊“番禺屈翁山先生撰 廣東新語 水天閣綉板”。前有清康熙庚辰（三十九年）潘耒“廣東新語序”，著者屈大均“廣東新語自序”。有全書總目，各卷前有該卷“分目”。首册護頁背面有墨筆題記：“屈翁山先生著作與錢謙益、陳恭尹，例應銷毁，備載禁毁書目中。今觀此書并無違碍字句，然不以人廢言，此書是可取也。光緒己亥冬日，得書客邵伯英，出洋兩元，實錢一千八百文。”册九内封有墨筆題記：“同治間粵人私刻新板，法網疏而不禁也，從前此書甚貴，得者約四五金，傳世極少，此尚是原刻。”

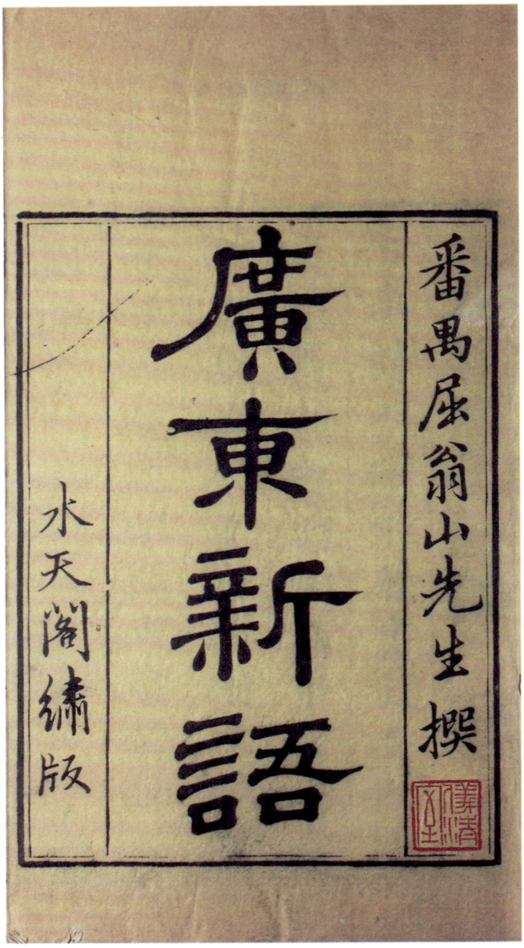

廣東新語（2–1）

屈大均（1630 ~ 1696），明末清初廣東番禺人，初名紹隆，字介子，號翁山。明末諸生。清初曾與魏耕等進行反清活動。後爲僧，名今種，字一靈、騷餘。中年仍改儒服，用今名。足迹遍及江浙與北方各省。詩與陳恭尹、梁佩蘭稱嶺南三家。有《翁山詩外》、《翁山文外》、《翁山易外》、《廣東新語》及《四朝成仁録》等。均乾隆朝嚴禁之書。

是書爲清代筆記，分《天語》、《地語》、《山語》、《水語》等共二十八卷。屈大均欲補《廣東通志》之不足，體例又有别於方志，凡嶺南之天文地理、風土人情等無所不言，成書於康熙十七年（1678），是屈大均“屈沱五書”之一。

鈐印有“儀清室”、“禮堂梁基永印”。

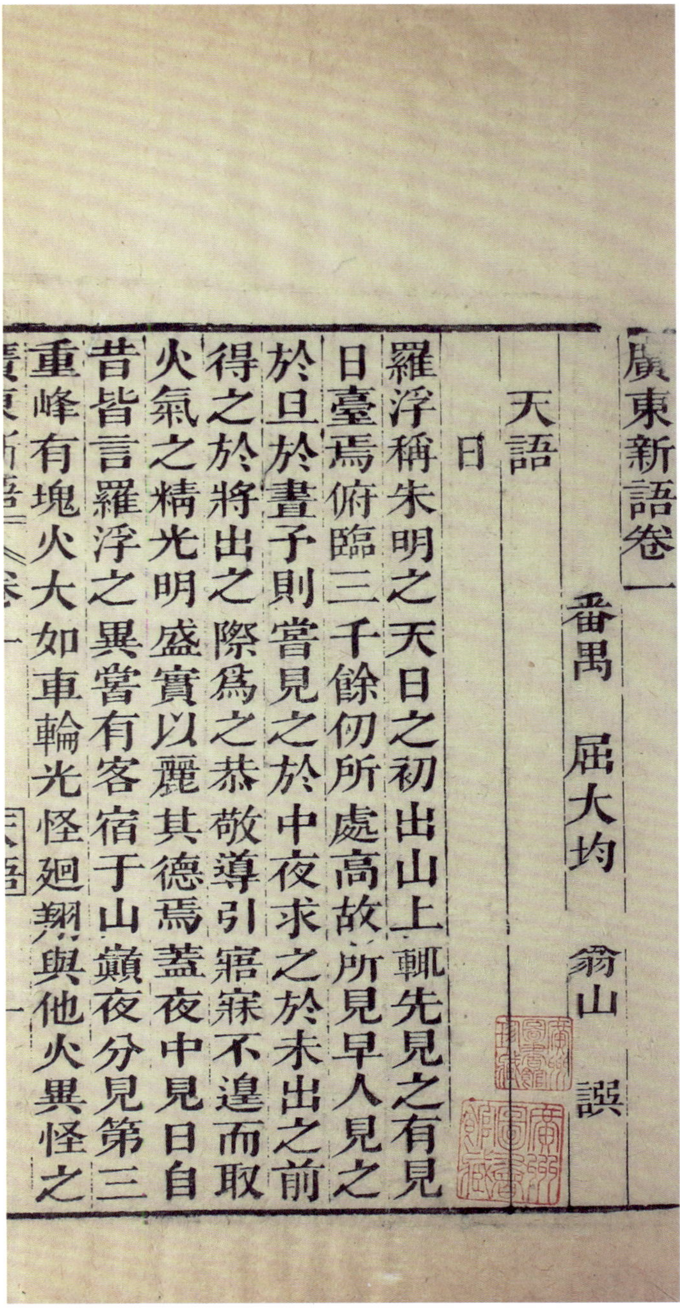
廣東新語卷一
番禺　屈大均　翁山　譔
天語
日
羅浮稱朱明之天日之初出山上輒先見之有見
日臺焉俯臨三千餘仞所處高故所見早人見之
於旦於晝子則嘗見之於中夜求之於未出之前
得之於將出之際爲之恭敬導引寤寐不遑而取
火氣之精光明盛實以麗其德焉蓋夜中見日自
昔皆言羅浮之異嘗有客宿于山巔夜分見第三
重峰有塊火大如車輪光怪廻翔與他火異怪之
廣東新語《卷一　天語　一

廣東新語（2-2）

0033［乾隆］豐順縣志：八卷，卷首一卷 /（清）葛曙纂修．— 清乾隆（1736 ~ 1795）刻本．— 1 册

9 行，22 字，白口，四周雙邊，單黑魚尾，匡高 20.7 厘米，寬 15.3 厘米。

佚名墨筆題封：廣東豐順縣志 乾隆十一年 葛曙編。

存 2 卷：卷 5 ~ 6。卷五爲《選舉志》、卷六爲《人物志》。

鈐印有“儀清室”、“禮堂梁基永印”。

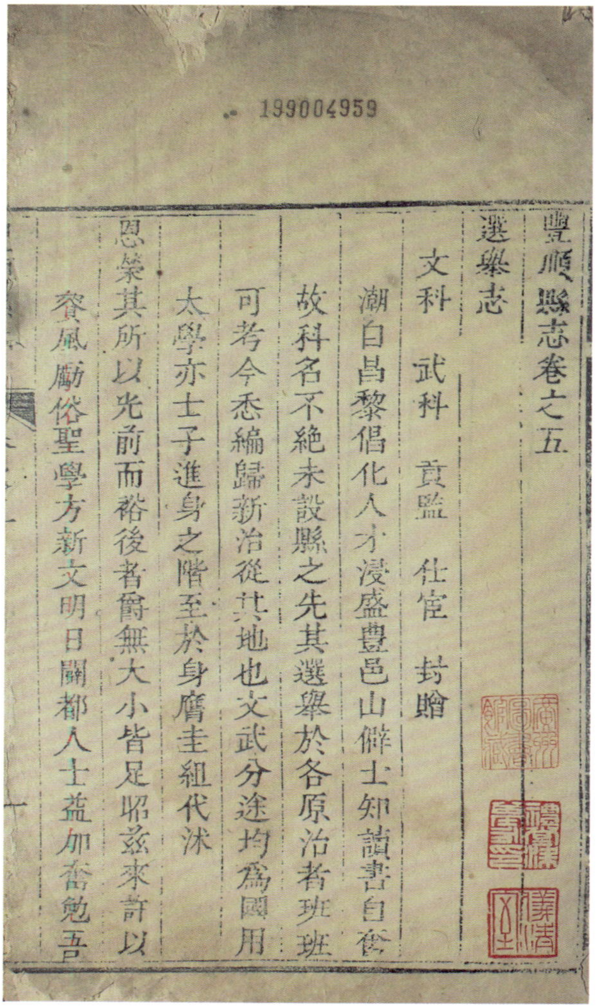

［乾隆］豐順縣志

0034［乾隆］潮州府志：四十二卷，卷首一卷，抄存舊志不分卷 /（清）周碩勳纂修；（清）李高輝、（清）鍾之瀛、（清）林開春校字．— 清光緒十九年（1893）珠蘭書屋重刻清乾隆四十年（1775）本．— 25 册：輿圖

10 行，20 字，白口，四周雙邊，單黑魚尾，匡高 20.3 厘米，寬 14.9 厘米。

卷首有輿圖。前有清乾隆二十七年（1762）張介祺序，乾隆壬午（二十七年）鄭虎文，乾隆癸未（二十八年，1763）胡文伯序文，乾隆二十七年周碩勳自序，凡例及自明弘治以來各時期可考重修舊序 22 篇；後有清光緒十九年（1893）楊霽“重刊潮州府志書後”。後訂扉頁手書：光緒十九年癸巳孟夏潮州府志珠蘭書屋。書後有清乾隆四十年康基田“抄存潮州府舊志小序”及計 37 頁《抄存舊志》，并有“刻工西府巷蔡家文香樓”字樣。第 8、10、20、21 册卷末刊“潮城存文館存文樓承刊”。版心下端刊“珠蘭書屋”。

［乾隆］潮州府志（4–1）

周碩勳，湖南寧鄉人，舉人。乾隆二十一年（1756）由廉州知府調任潮州。極重視修志。於乾隆辛巳（二十六年，1761）春設局修《潮州府志》。

是書於清乾隆辛巳（二十六年）纂修，壬午（二十七年）冬志成，癸未（二十八年）由珠蘭書屋刊刻，乾隆四十年增刻《抄存舊志》，光緒十九年重刊乾隆四十年本。

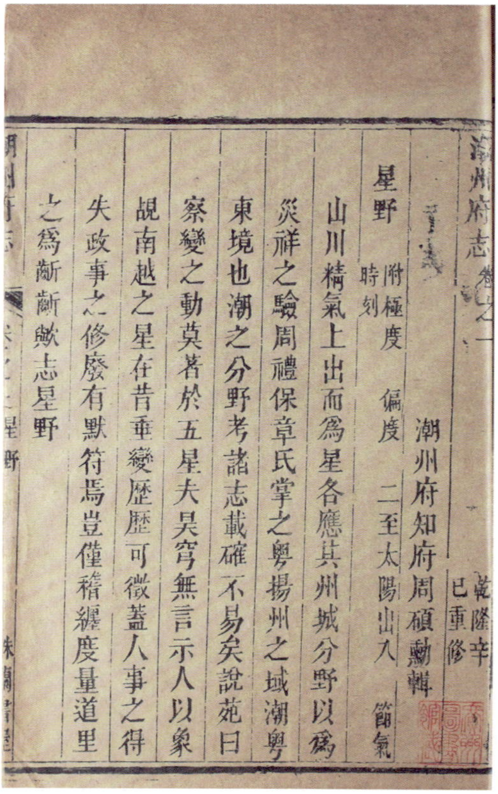

［乾隆］潮州府志（4–2）

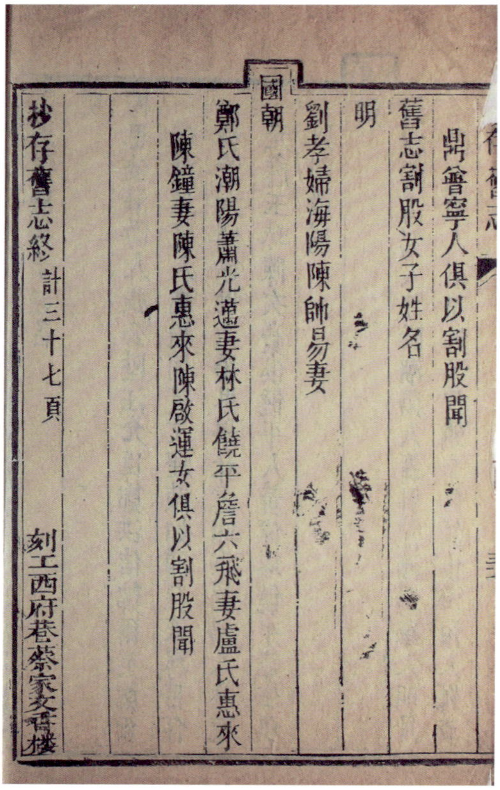

［乾隆］潮州府志（4–3）

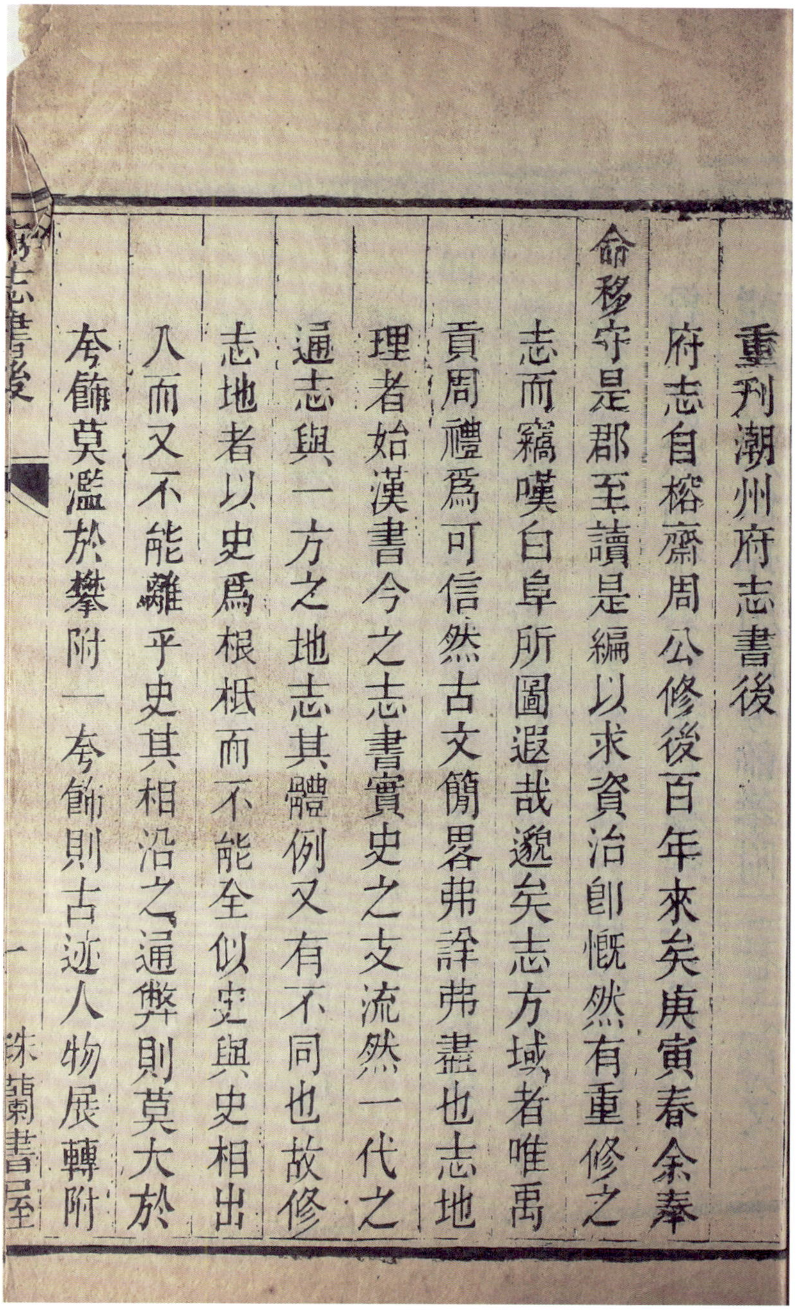
重刊潮州府志書後

府志自榕齋周公修後百年來矣庚寅春余奉

命移守是郡至讀是編以求資治卽慨然有重修之志而竊嘆白阜所圖遐哉邈矣志方域者唯禹貢周禮爲可信然古文簡畧弗詳弗盡也志地理者始漢書今之志書實史之支流然一代之通志與一方之地志其體例又有不同也故修志地者以史爲根柢而不能全似史與史相出入而又不能離乎史其相沿之通弊則莫大於夸飾莫濫於攀附一夸飾則古迹人物展轉附

府志書後　一　珠蘭書屋

［乾隆］潮州府志（4–4）

0035［同治］番禺縣志：五十四卷，卷首一卷，附録一卷 /（清）李福泰主修；（清）金錫齡、（清）陳璞分纂 . — 清同治十年（1871）番禺光霽堂刻本 . — 4 册

12 行，23 字，小字雙行同，白口，四周單邊，雙對黑魚尾，匡高 18.8 厘米，寬 14.9 厘米。

卷 32 卷末印“金錫齡分纂”，卷 33 ~ 35、42 ~ 45、51 ~ 52 卷末印“陳璞分纂”。

存 11 卷：卷 31 ~ 35、42 ~ 45、51 ~ 52。卷 31：金石略四；卷 32 ~ 35：列傳一至列傳四；卷 42 ~ 45：列傳十一至列傳十四；卷 51 ~ 52：列傳二十至列傳二十一。

李福泰（1807 ~ 1871），清山東濟寧人，號星衢。道光二十四年（1844）進士。以知縣分發廣東。在粵二十餘年，官至巡撫。咸豐初曾平東莞會黨。咸豐六年（1856），英兵船闖入珠江，福泰擊退之。卒於廣西巡撫任。

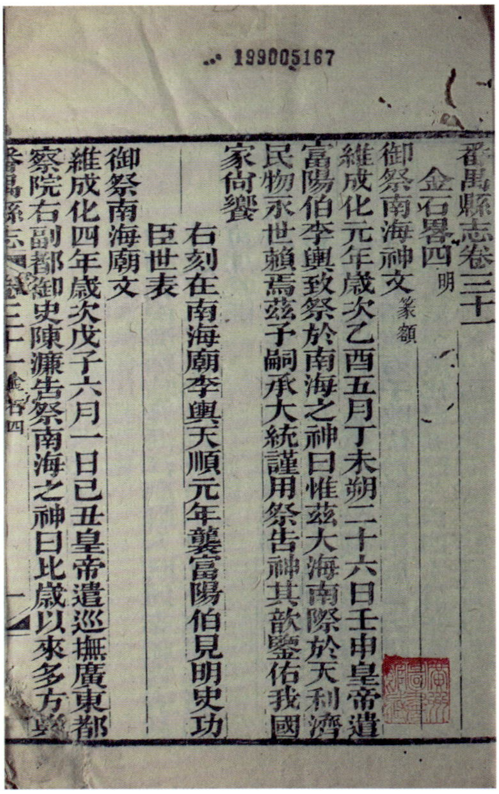
199005167
番禺縣志卷三十一
金石畧四 明
御祭南海神文 篆額
維成化元年歲次乙酉五月丁未朔二十六日壬申皇帝遣
富陽伯李輿致祭於南海之神曰惟茲大海南際於天利濟
民物永世賴焉茲予嗣承大統謹用祭告神其歆鑒佑我國
家尚饗
右刻在南海廟李輿天順元年襲富陽伯見明史功
臣世表
御祭南海廟文
維成化四年歲次戊子六月一日己丑皇帝遣巡撫廣東都
察院右副都御史陳濂告祭南海之神曰比歲以來多方盜
番禺縣志卷三十一 金石畧四 一

［同治］番禺縣志（2-1）

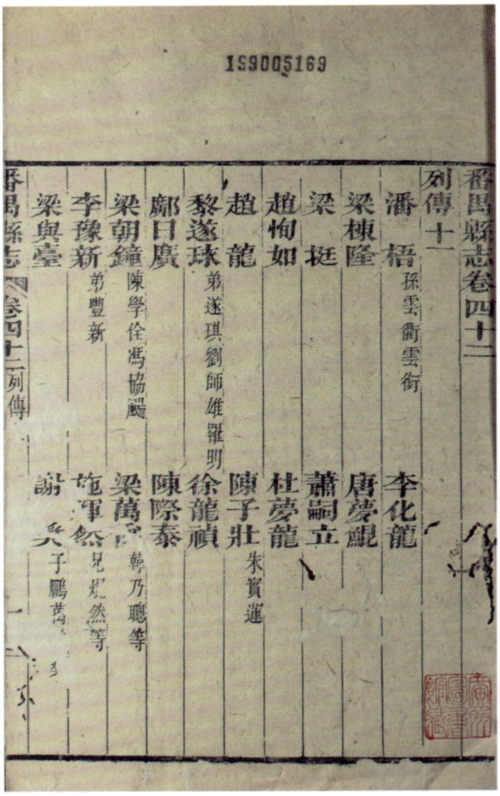
199005169
番禺縣志卷四十二
列傳十一
潘楷 孫雲衢 雲衙　李化龍
梁棟隆　唐夢龍
梁挺　蕭嗣立
趙恂如　杜夢龍
趙龍　陳子壯 朱實蓮
黎遂球 弟遂琪 劉師雄 羅明　徐龍禎
鄺日廣　陳際泰
梁朝鐘 陳學佺 馮協颺　梁萬爵 韓乃聰等
李豫新 弟豐新　施渾然 兄炟然等
梁與臺　謝兵 子鵬萬
番禺縣志卷四十二 列傳 一

［同治］番禺縣志（2-2）

0036 嶺外代答：十卷 /（宋）周去非撰．—清乾隆至道光（1736 ~ 1850）長塘鮑氏刻本．— 3 册．—［知不足齋叢書：二百零八種三十集，第十七集］

9 行，21 字，細黑口，左右雙邊，匡高 12.8 厘米，寬 9.8 厘米。

扉頁刊“嶺外代答”。版心下端叢書題名“知不足齋叢書”，版本據《中國叢書綜録》總目。前有宋淳熙戊戌（五年，1178）周去非“嶺外代答序”。

周去非（1135 ~ 1189），宋温州永嘉人，字直夫。周行己族孫。孝宗隆興元年（1163）進士。從學於張栻。歷試桂林尉、州學教授等。孝宗淳熙五年，著《嶺外代答》，記嶺外制度方物等頗詳。仕至紹興府通判。

是書十卷，分地理、土風、物産、邊塞、法制、財計等 20 門，共 294 條，記載當時嶺南（即今兩廣）的山川、古迹、物産資源，以及少數民族的社會經濟、生活習俗等情况，兼及南海諸國和大秦、木蘭皮國等，爲研究當地史地的重要文獻。

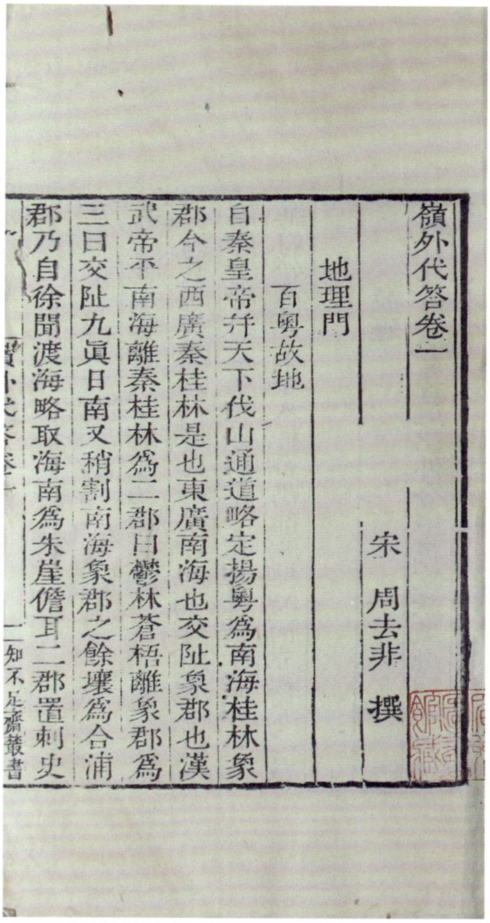
嶺外代答卷一

宋　周去非　撰

地理門

百粵故地

自秦皇帝幷天下伐山通道略定揚粵爲南海桂林象郡今之西廣秦桂林是也東廣南海也交阯象郡也漢武帝平南海離秦桂林爲二郡曰鬱林蒼梧離象郡爲三曰交阯九眞日南又稍割南海象郡之餘壤爲合浦郡乃自徐聞渡海略取海南爲朱崖儋耳二郡置刺史

嶺外代答卷一　一　知不足齋叢書

嶺外代答

鈐印有“禮堂梁基永”、“儀清室”。

據《中國叢書綜録》此書爲清鮑廷博輯，清鮑志祖續輯清乾隆道光間長塘鮑氏刊本《知不足齋叢書》第十七集中的一種。

0037 水經注西南諸水考：三卷；弧三角平視法：一卷；摹印述：一卷 /（清）陳澧撰．— 清道光至咸豐（1821 ~ 1861）刻本．— 1 册：圖

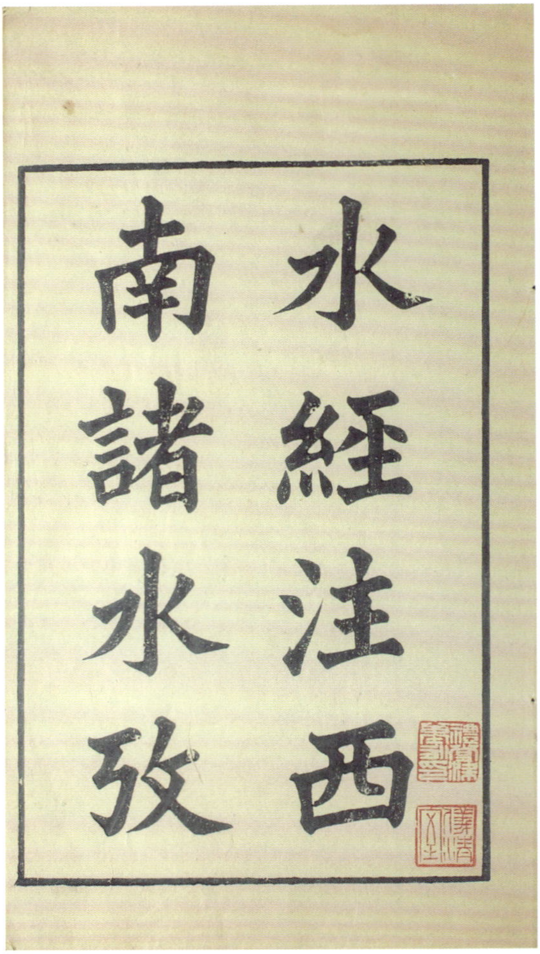

水經注西南諸水考（2–1）

11 行，28 字，小字雙行同，上下黑口，左右雙邊或四周單邊，單黑魚尾，匡高 22.2 厘米，寬 15.1 厘米。

每種書前均有扉頁。每頁左上角均有書耳，内記每頁刊刻字數。《水經注西南諸水考》扉頁題名“水經注西南諸水考”。《水經注西南諸水考》前有清道光二十七年（1847）陳澧序；《弧三角平視法》前有清咸豐七年（1857）陳澧序；《摹印述》前有清道光丁未（二十七年）蘭甫（陳澧）序。《水經注西南諸水考》每卷卷末鎸“順德李肇沅南海潘乃成校字”；《弧三角平視法》卷末鎸“番禺沈葆和順德李肇沅校字”；《摹印述》卷末鎸“番禺黄濤沈葆和校字”。

《水經注西南諸水考》卷三第 7 頁缺，佚名墨筆手抄補配。

陳澧（1810 ~ 1882），清廣東番禺人，字蘭甫。道光十二年（1832）舉人。六應會試不中。嘗選知縣，不出。主學海堂數十年，晚爲菊坡精舍山長。於天文、地理、樂律、算術、古文、駢文、填詞、書法，無不研習。會通漢宋，無門户之見。所著各書，以《東塾讀書記》爲一生讀書心得之總彙。另有《漢儒通義》、《聲律通考》、《漢書水道圖説》、《東塾集》等。

鈐印有“儀清室”、“禮堂梁基永印”。

水經注西南諸水考卷一　　番禺陳澧撰

青衣水

[經]青衣水出青衣縣西蒙山東與沫水合也

地理志蜀郡青衣縣禹貢蒙山谿大渡水東南至南安入渽卽此水今雅州府青衣江其上源則天全州碉所城水也青衣縣今雅州府治雅安縣也蒙山天全州西境諸山也

[注]縣有蒙山青衣水所發東逕其縣

碉所城水東逕雅安縣

[注]與沫水會於越嶲郡之靈關道

靈關道爲今滎經縣地說見沫水篇青衣江至嘉定府治樂山縣入大渡河在滎經縣東二百餘里如酈說則青衣江與滎經縣金

水經注西南諸水考（2-2）

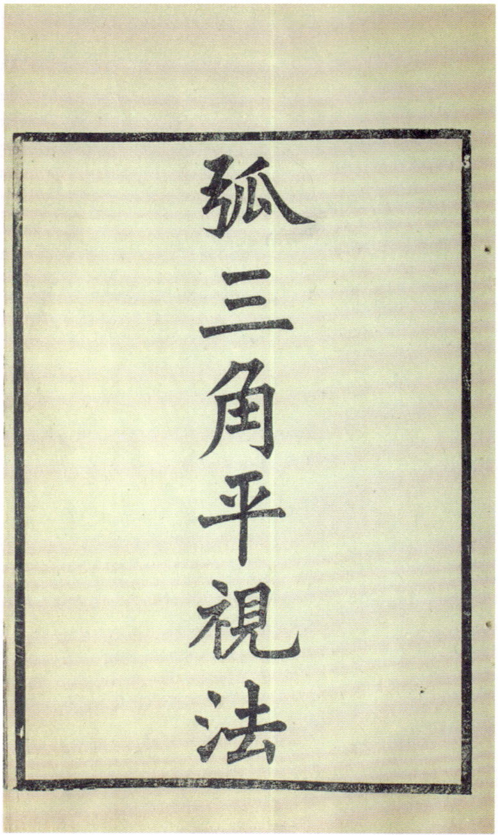

弧三角平視法（2-1）

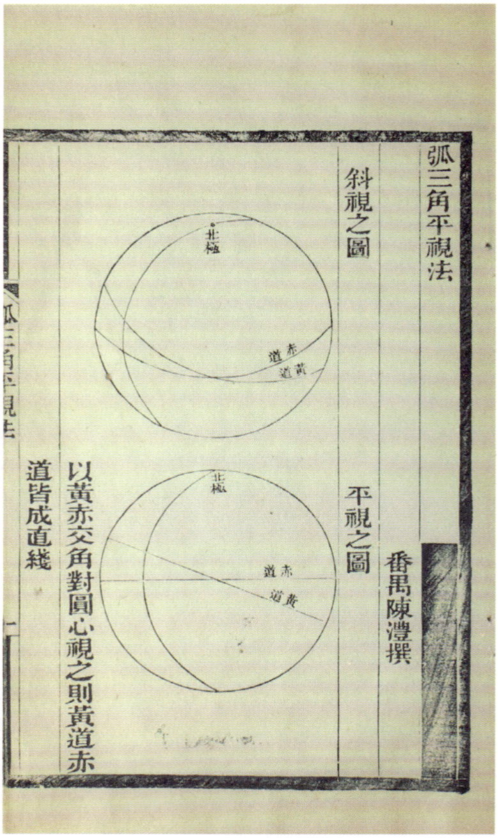

弧三角平視法（2-2）

摹印述

摹印述（2-1）

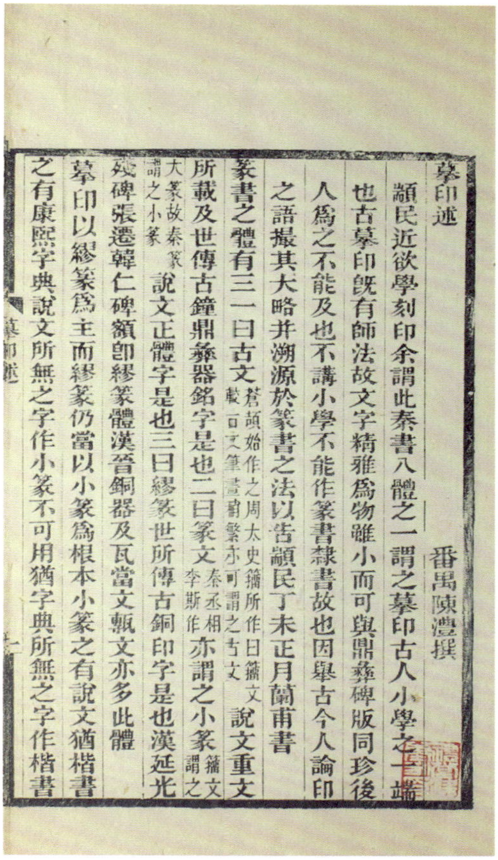

摹印述

番禺陳澧撰

顥民近欲學刻印余謂此秦書八體之一謂之摹印古人小學之一端也古摹印既有師法故文字精雅爲物雖小而可與鼎彝碑版同珍後人爲之不能及也不講小學不能作篆書隸書故也因舉古今人論印之語撮其大略并溯源於篆書之法以告顥民丁未正月蘭甫書

篆書之體有三一曰古文蒼頡始作之周太史籀所作曰籀文載古文筆畫繁亦可謂之古文說文重文所載及世傳古鐘鼎彝器銘字是也二曰篆文秦丞相李斯作亦謂之小篆籀文謂之大篆故秦篆謂之小篆說文正體字是也三曰繆篆世所傳古銅印字是也漢延光殘碑張遷韓仁碑額即繆篆體漢晉銅器及瓦當文甎文亦多此體

摹印以繆篆爲主而繆篆仍當以小篆爲根本小篆之有說文猶楷書之有康熙字典說文所無之字作小篆不可用猶字典所無之字作楷書

摹印述（2-2）

0038 大清國輿圖 .— 清順治元年至道光二十二年（1644 ~ 1842）刻本 . 一 2 幅（殘軸 2 支）

幅高 160 厘米，寬 27.6 厘米，無版框。

題名代擬。圖幅畫有經緯度，圖中有朱筆點著。

是圖不全，存局部二殘幅，經裝裱成卷軸。一幅有庫頁島，另一幅有海南島及廣東、江西、湖南、蒙古、車臣、烏里雅蘇臺一帶等地，標注有城市地名和山川河流，大城市用朱筆標注。從整個疆域圖來看，應該繪製於鴉片戰爭前清政府尚未簽訂一系列不平等條約割讓領土之前。

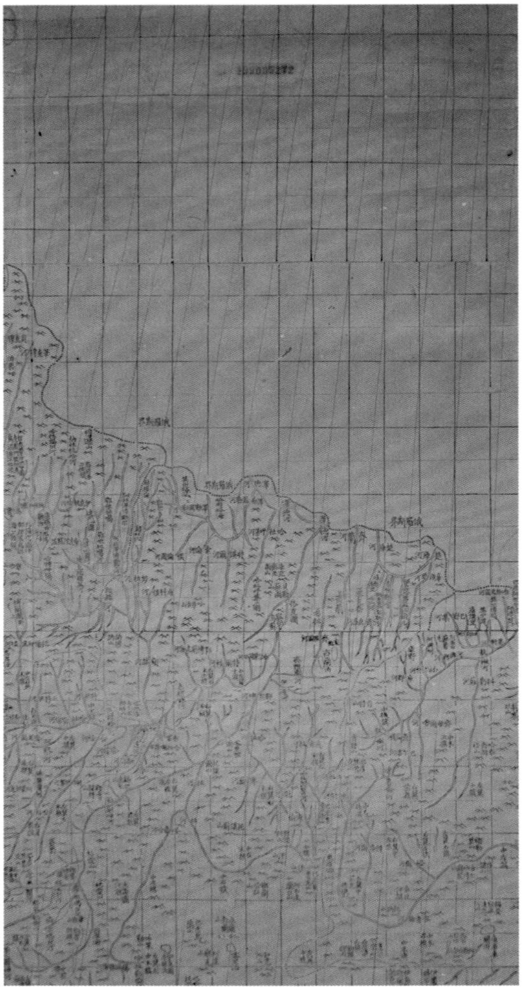

大清國輿圖

1/2

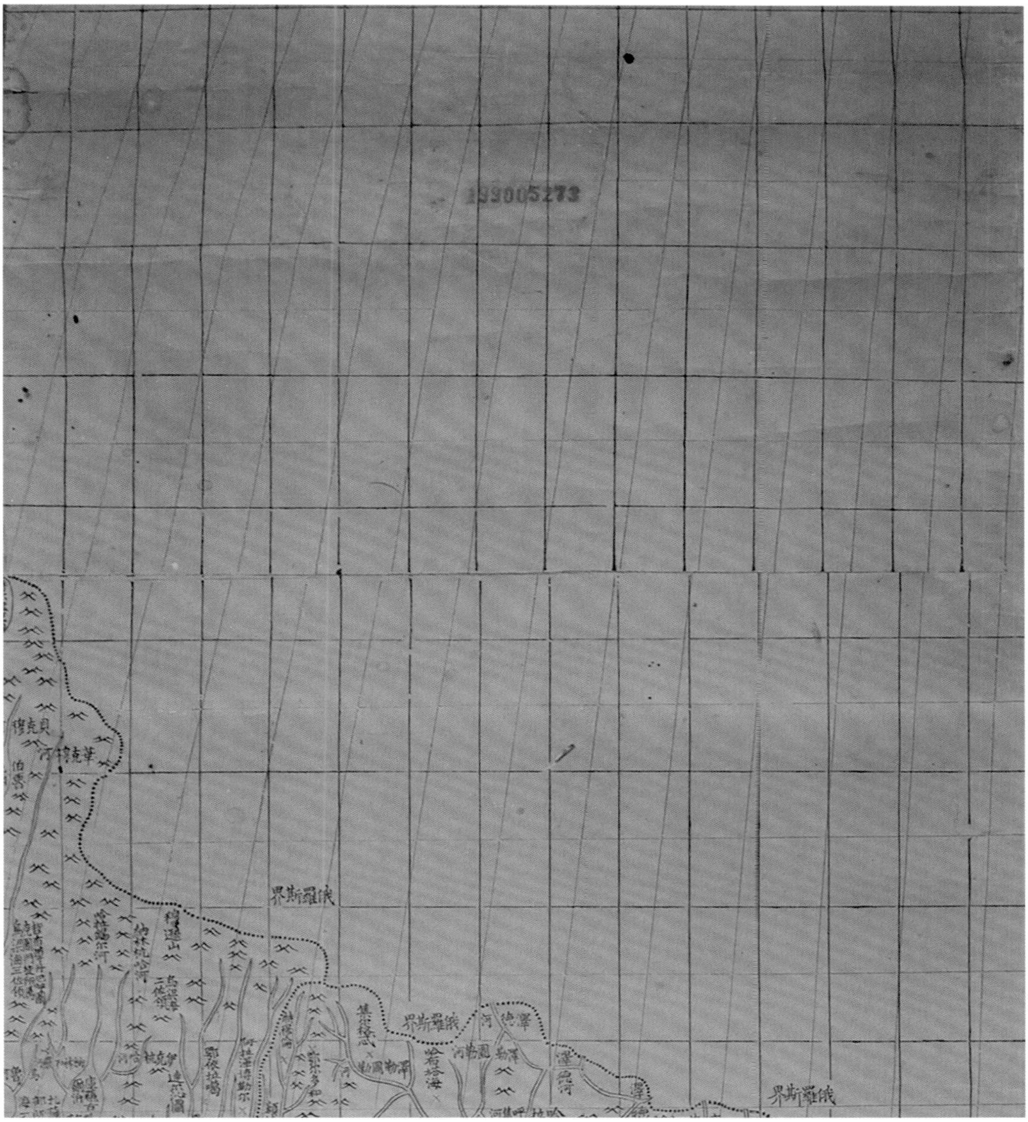

（局部圖 1）

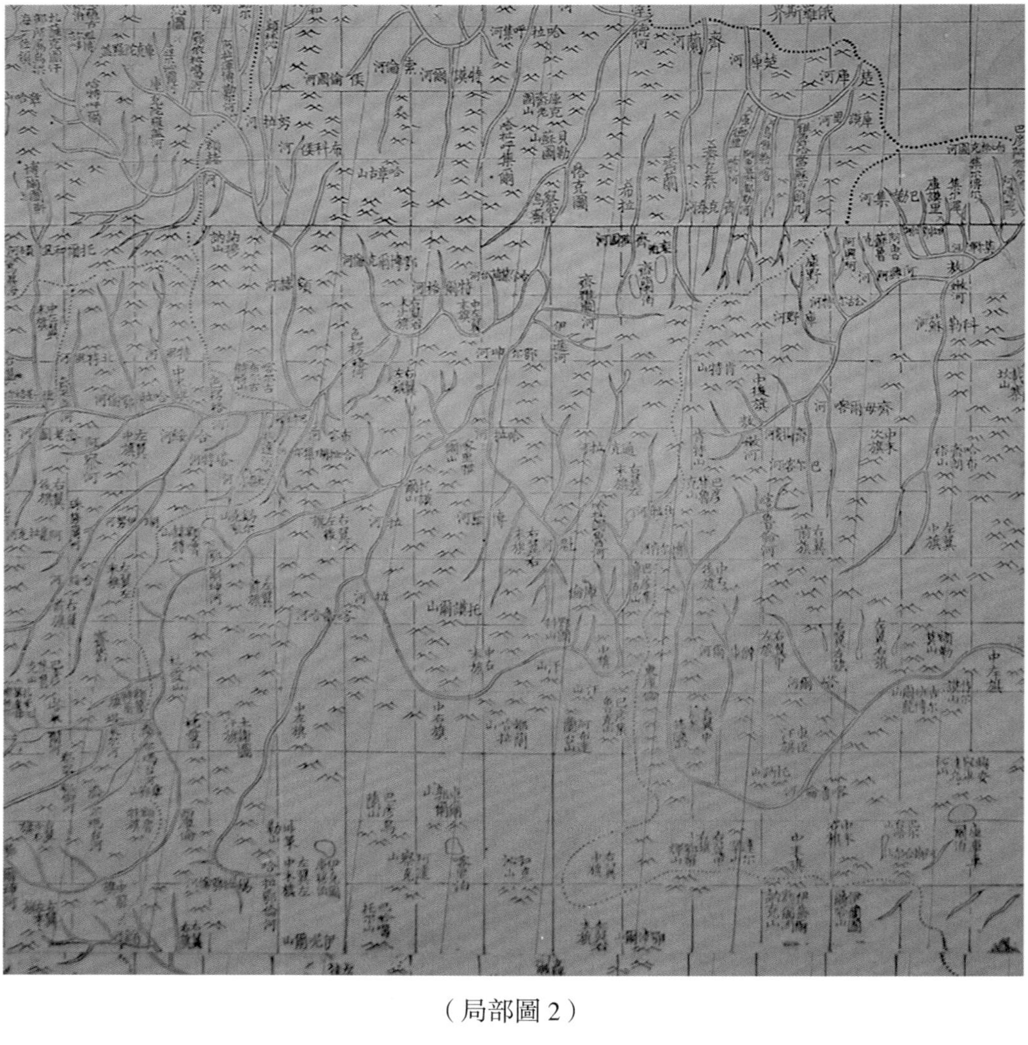

（局部圖 2）

0039 增訂廣輿記：二十四卷 /（明）陸應陽輯；（清）蔡方炳增輯 . — 清康熙二十五年（1686）刻本 . — 1 册 : 地圖，疆域圖

10 行，19 字，小字雙行同，白口，四周單邊，單黑魚尾，匡高 21.3 厘米，寬 14.7 厘米。

有墨筆圈讀。《廣輿圖》版心題名"增訂廣輿記全圖"；《增訂廣輿記提要》版心題名"廣輿記"。是書已經梁基永金鑲玉改裝（内金尺寸：24.4 厘米 ×15 厘米）。

存 2 卷：廣輿圖、增訂廣輿記提要。

陸應陽，明上海青浦人，字伯生，號古塘居士、片玉山人、應陽生、平原村長，齋名白雪齋、九英齋。以詩文自勵，喜游名山大川，與居節、陳繼儒友善。

蔡方炳（1626 ~ 1709），清江蘇昆山人，字九霞，號息關。諸生。康熙十八年（1679）舉鴻博，以病辭。性嗜學，尤留心政治、性理。工詩文，兼善篆、草書。有《增訂廣輿記》、《銓政論》、《歷代茶榷志》、《憤助編》、《耻存齋集》等。

全書地圖皆列於卷首第一册。共十八幅。稱之爲"廣輿圖"，第一幅乃廣輿總圖，其後爲清初十五省分圖，依次是：直隸、江南省、浙江省、江西省、福建省、湖廣省、河南省、山東省、山西省、陜西省、陜西二、廣東省、廣西省、雲南省、四川省、貴州省。此一版本的《廣輿圖》采用傳統繪法繪成，既無"計里畫方"，也無經緯度。圖後各卷是各省圖記，内容大略分建制沿革、形勝、山川、土産、祠廟、名宦、人物、烈女、仙釋等十五項。是一部以圖記名的古代中國地圖集，在晚明至清末地圖發展史中，有着承上啓下的作用。

鈐印有"儀清室"、"禮堂梁基永印"。

增訂廣輿記（2-1）

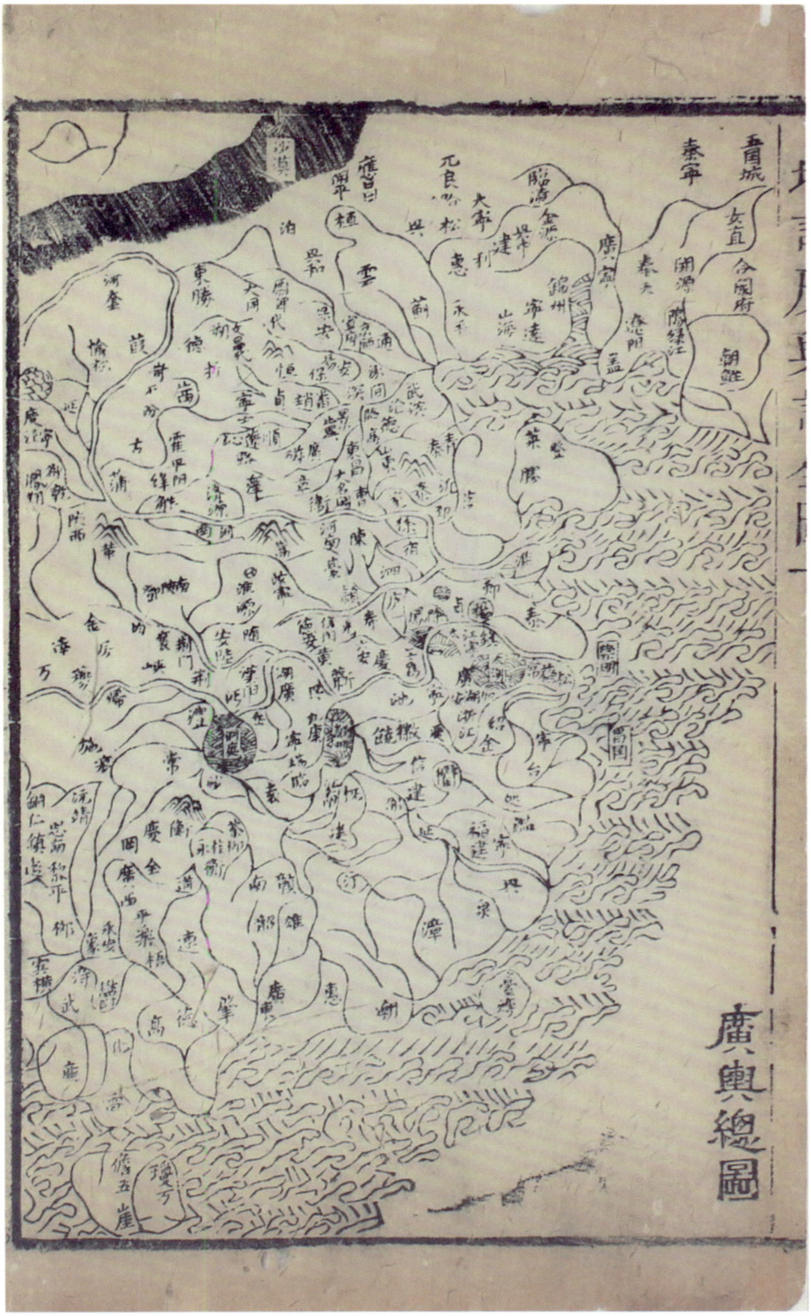

增訂廣輿記（2–2）

0040 廣東圖：二十三卷．— 清同治五年（1866）刻本．— 3 册

白口，四周單邊，單黑魚尾，匡高 22.1 厘米，寬 16.2 厘米。

書名取自扉頁。牌記刊“同治五年春正月刊”。

是書將同治五年廣東全境圖截分數十幅分卷刻成。

鈐印有“儀清室”、“禮堂所得嶺南文物”、“禮堂梁基永印”等。

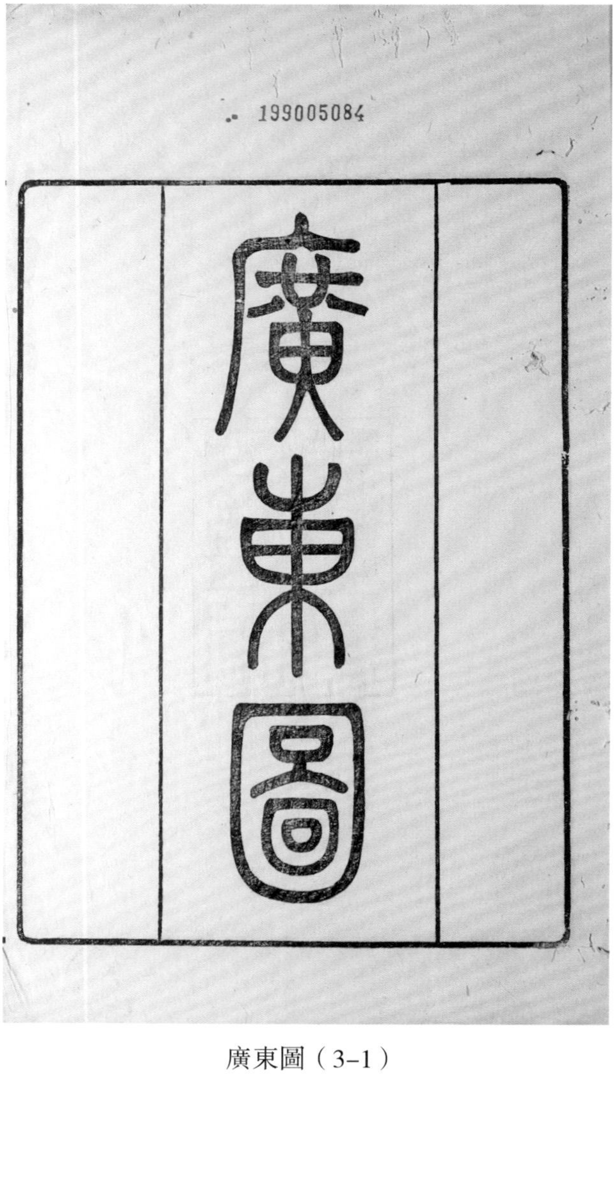

廣東圖（3–1）

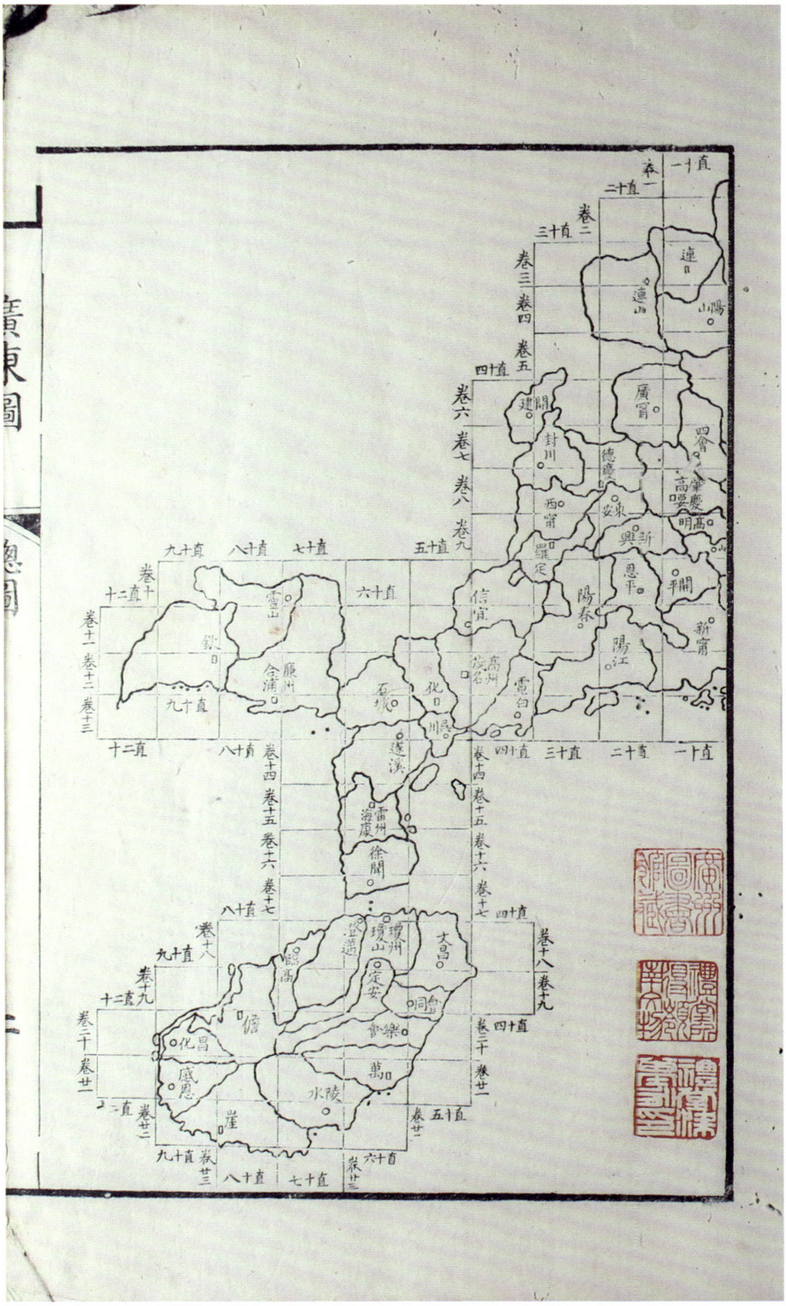

廣東圖（3–2）

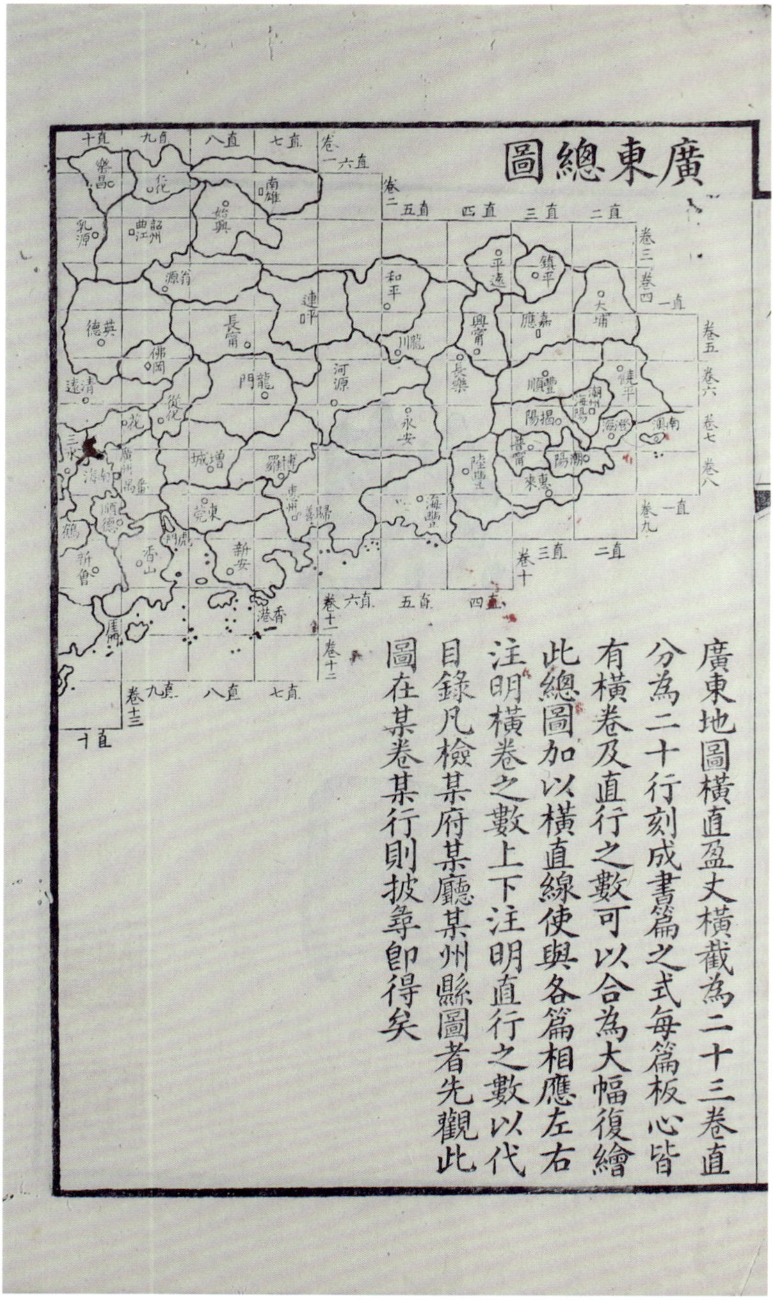
廣東總圖
廣東地圖橫直盈丈橫截為二十三卷直
分為二十行刻成書篇之式每篇板心皆
有橫卷及直行之數可以合為大幅復繪
此總圖加以橫直線使與各篇相應左右
注明橫卷之數上下注明直行之數以代
目錄凡檢某府某廳某州縣圖者先觀此
圖在某卷某行則披尋卽得矣

廣東圖（3-3）

0041 廣東輿地全圖：不分卷 /（清）張人駿主編 . — 清光緒二十三年（1897）廣州石經堂石印本 . — 1 册

白口，四周單邊，匡高 26.9 厘米，寬 26.9 厘米。

書名取自封面、扉頁題名。牌記刊“光緒二十三年三月豐潤張人駿署”，牌記框外小字刊“廣州石經堂承印”。護頁有 1957 年韶生題記：“《廣東輿地全圖》爲初有石印時所印，成於清光緒丁酉，距今恰爲六十年，雖名称略有更改而大致不差，猶可按圖辨志。以當時計之，亦可謂精細矣。丁酉冬日，韶生題。”前有清光緒二十三年譚鍾麟、許振禕、索爾和碧漢伊爾根覺羅魁元、潘陽英、哈達赫舍里延、張人駿等人序，并有目次及凡例。後有清光緒二十三年廖廷相跋。

張人駿（1846 ~ 1927），直隸豐潤縣（今河北豐潤）人，字健庵，又字千里，號安圃，晚號湛存居士。同治甲子（三年，1864）举人，戊辰（七年，1868）进士。其叔爲張佩綸，侄女張愛玲。歷官同治、光緒、宣統三朝，曾擔任廣西按察使，廣東、山東布政使，山東、河南、廣東、山西巡撫，兩廣總督、兩江總督兼南洋通商大臣等要職，是晚清歷史上重要政治家。由於其在擔任兩廣總督時曾乘坐兵艦巡視南海諸島，故南海諸島中有一塊島礁被命名爲“人駿灘”，以做紀念。

清光緒十五年（1889），清政府爲編製《大清會典輿圖》詔令各省再次實測，編繪省、府、縣地圖，并呈送會典館。《廣東輿地全圖》是在這一歷史背景下，於光緒二十三年由張人駿主持編製的省級地圖集。圖集基本按照會典館規定編製，有統一的圖式符號，并特繪製了兩幅總圖，一幅爲繪有經緯網的廣東全省經緯度圖，另一幅爲繪有計里畫方網格的廣東全省輿地總圖。全書有廣州府、韶州府、惠州府、潮州府、肇慶府、高州府、廉州府、雷州府、瓊州府、羅定直隸州、連州直隸州、南雄直隸州、嘉應直隸州、欽州直隸州等多幅圖，各府圖均附有圖説一篇，各州縣地圖均附圖表，内含沿革、疆域、天度、山鎮、水道、鄉鎮、官職七項。全圖采用省圖每方百里，府、直隸州圖每方五十里，廳縣地圖每方十里的計里畫方繪圖法作爲控制。《廣東輿地全圖》各幅圖，地名注記極多，地形地貌和水系刻繪精細，尤其對海角、沙咀的標示形象準確，是本圖集的特點之一。

鈐印有“崔南山”、“崔南山圖志”、“崔圖志”、“敏事慎言”、“萬卷藏書宜子弟”、“萃樓書畫”、“修蘭外史”。

廣東全省圖目錄

廣東全省經緯度圖

廣東全省輿地總圖

廣州府附佛岡廳赤溪廳圖　南海縣圖　番禺縣圖　順德縣圖　東莞縣圖　從化縣圖　龍門縣圖

增城縣圖　新會縣圖　香山縣圖　三水縣圖　新寧縣圖　清遠縣圖　新安縣圖　花縣圖

佛岡直隸廳圖　赤溪直隸廳圖

韶州府圖　曲江縣圖　樂昌縣圖　仁化縣圖　乳源縣圖　翁源縣圖　英德縣圖

惠州府圖　歸善縣圖　博羅縣圖　長寧縣圖　永安縣圖　海豐縣圖　陸豐縣圖　龍川縣圖

連平州圖　河源縣圖　和平縣圖

潮州府附南澳廳圖　海陽縣圖　潮陽縣圖　揭陽縣圖　饒平縣圖　惠來縣圖　大埔縣圖　澄海縣圖

普寧縣圖　豐順縣圖　南澳直隸廳圖

肇慶府附陽江廳圖　高要縣圖　四會縣圖　新興縣圖　陽春縣圖　高明縣圖　恩平縣圖　廣寧縣圖

開平縣圖　鶴山縣圖　德慶州圖　封川縣圖　開建縣圖　陽江直隸廳圖

高州府圖　茂名縣圖　電白縣圖　信宜縣圖　化州圖　吳川縣圖　石城縣圖

廉州府圖　合浦總圖　合浦北圖　合浦南圖　靈山縣圖

雷州府圖　海康縣圖　遂溪縣圖　徐聞縣圖

瓊州府圖　瓊山縣圖　澄邁縣圖　定安縣圖　文昌縣圖　會同縣圖　樂會縣圖　臨高縣圖

儋州圖　昌化縣圖　萬州圖　陵水縣圖　崖州圖　感恩縣圖

羅定直隸州圖　羅定州圖　東安縣圖　西寧縣圖

連州直隸州附連山廳圖　連州圖　陽山縣圖　連山直隸廳圖

南雄直隸州圖　南雄州圖　始興縣圖

嘉應直隸州圖　嘉應州圖　興寧縣圖　長樂縣圖　平遠縣圖　鎮平縣圖

欽州直隸州圖　欽州總圖　欽州北圖　欽州南圖　防城縣圖

廣東全省經緯度圖

崔南山

廣東輿地全圖（2–1）

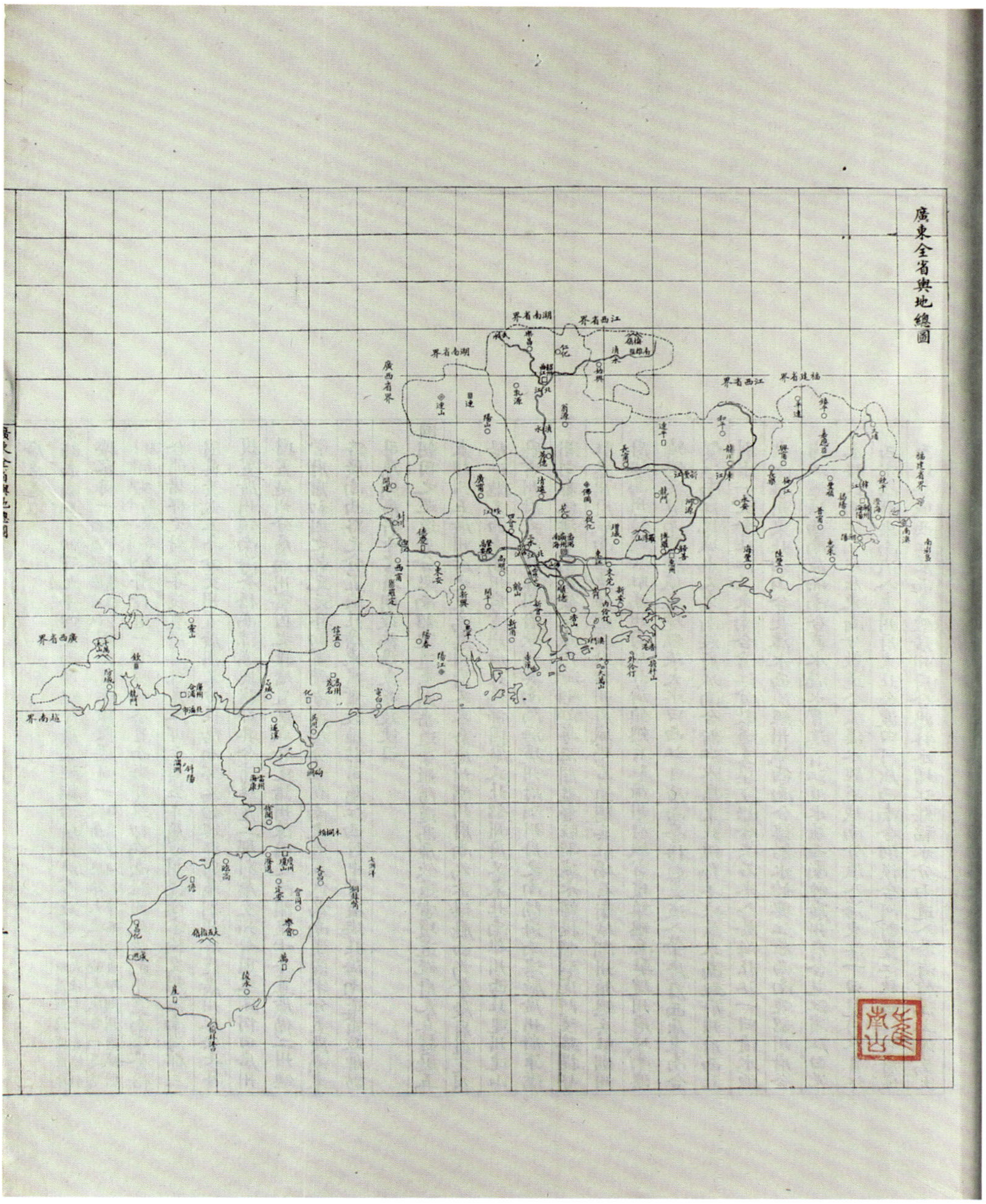

廣東輿地全圖（2-2）

0042 廣東圖 / 佚名製 . — 清光緒三十三年（1907）刻彩色套印本 . — 1 幅

四周雙邊，匡高 30.2 厘米，寬 42 厘米。

輿圖左側框外刊“光緒三十三年丁未二月輿地學會重刊”。

此圖爲光緒末年彩印廣東地圖，按照府來劃分行政區域。

鈐印有“楊跂雲章”。

廣東圖

0043 廣東省城圖 / 佚名製 . — 清光緒末至宣統（1905 ~ 1911）石印本 . — 1 幅

四周單邊框，匡高 19.2 厘米，寬 33.4 厘米。

是圖乃清末石印廣州市地圖，範圍僅爲當時的省城及周邊部分區域，北至五層樓，南至南番分界，東至育嬰堂，西至泮塘，圖幅以珠江以北爲主。是圖繪有“廣雅書院文大學堂”、“實業學堂”等地名，約出版於 1905 年之後。

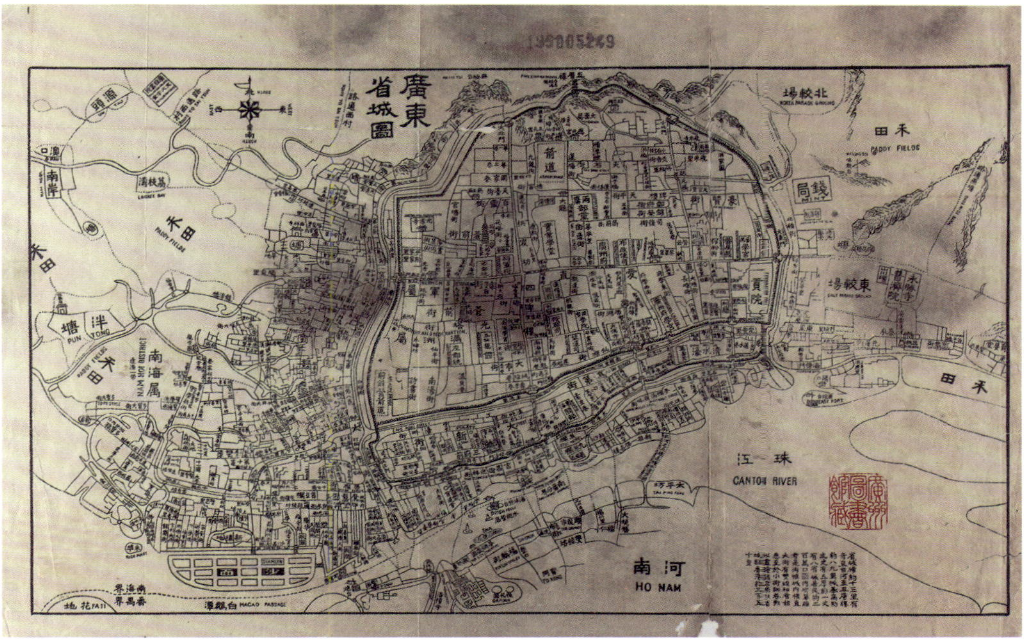

廣東省城圖

0044 ***A Perspective Viem of that great City,CANTON,IN CHINA*** **/(英)Heckel Delin 繪製;(英)J. Couse Jculp 刻.— 清道光(1821 ~ 1850)倫敦銅版印本.— 1 幅**

中文譯名:廣州城市全景圖。圖幅下端印信息:"A Perspective Viem of that great City, CANTON,IN CHINA.(中國廣州,一個偉大城市的全景圖)"、"London Printed for C. Diceyand Co. in Aldermary Church Yard.(在倫敦爲位於教堂院子的某公司印刷)"。圖幅左下端印"Heckel Delin.",右下端印"J. Couse Jculp."。

銅版畫手工套色。此圖後用木製玻璃相框封裝。

是圖所繪廣州城十分優美,畫工細膩,可以清晰見到遠處越秀山上的五層樓和觀音廟,城中心處的光塔及六榕寺塔,城墻和城門,珠江中的海珠炮臺,城外碼頭的洋行等建築物,故此圖繪製時間應該不晚於第一次鴉片戰爭時期。

廣州城市全景圖

0045 *THE CANTON RIVER OR CHU–KIANG from Macao and HongKong to Pottinger Island* /（英）Weller Duke 刻畫．— 清咸豐至宣統（1851 ～ 1911）銅版印本．— 1 幅

四周雙邊，匡高 30.7 厘米，寬 43.4 厘米。

中文譯名：香港澳門至廣東珠江水道圖。英文題名處有飛人及飛球標志和“THE DISPATH ATLAS”（阿特拉斯的調度）字樣。

是圖由英國人繪製，黑白套緑三色印刷，無年代記録，根據圖上的英文標記，可以看到九龍及大嶼山一帶均已割讓給英國，以及廣州城附近的炮臺布防，故此圖應該在第二次鴉片戰爭之後所繪製。尤爲重要者，此圖有標志十三行地區英國商館（English Factory）的位置，在近代廣州地圖中極爲罕見。

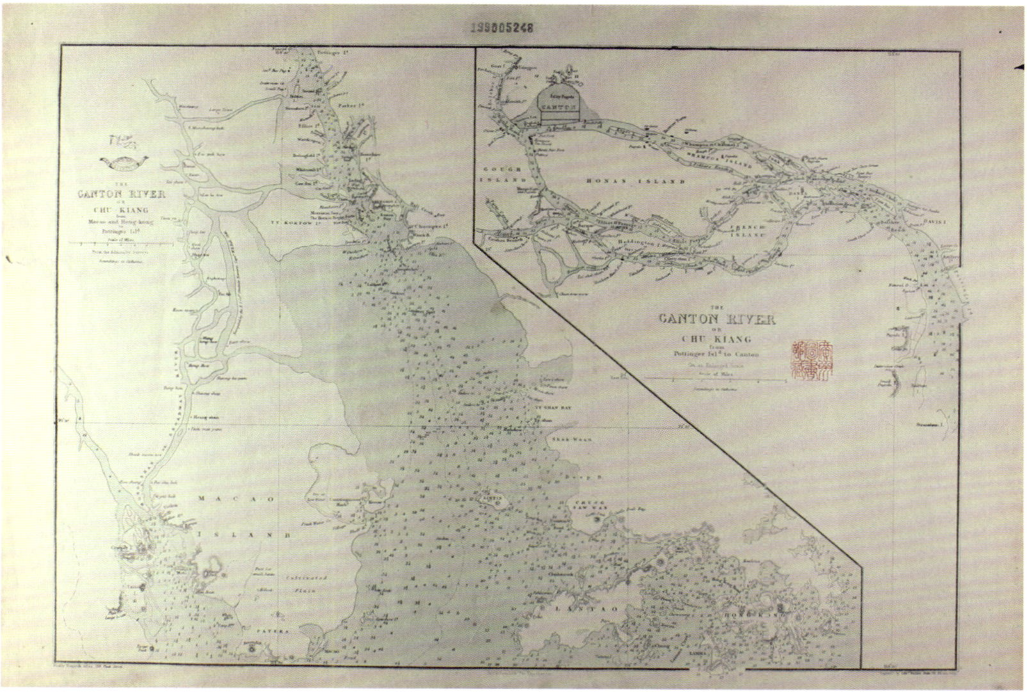

香港澳門至廣州珠江水道圖

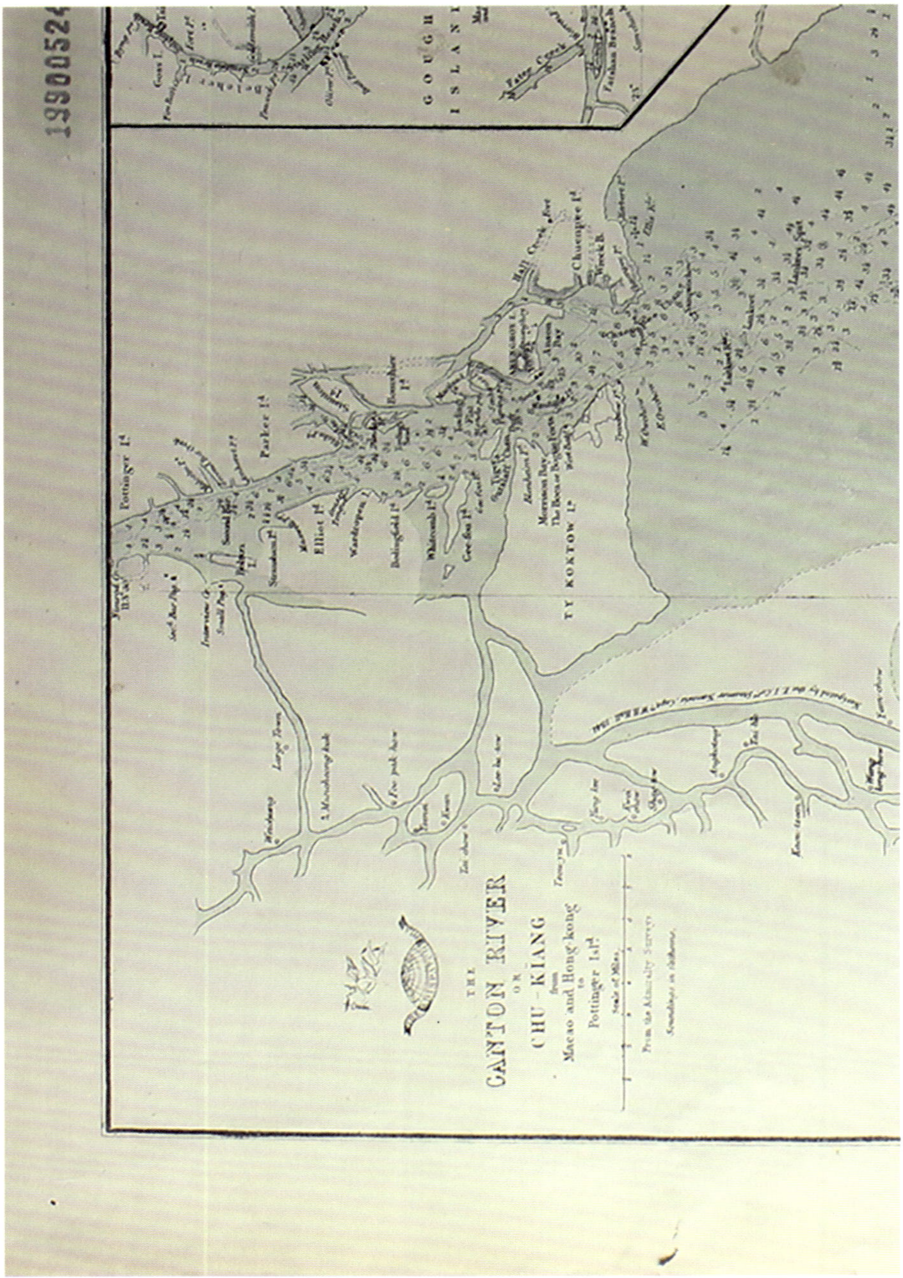
THE
CANTON RIVER
OR
CHU-KIANG
from
Macao and Hong-kong
to
Pottinger Isld.
Scale of Miles.
From the Admiralty Surveys
Soundings in fathoms.
Pottinger Id.
Parker Id.
Elliot Id.
Chuenpee Id.
TY KOKTOW Id.
GOUGH ISLAND
1990052

（局部圖1）

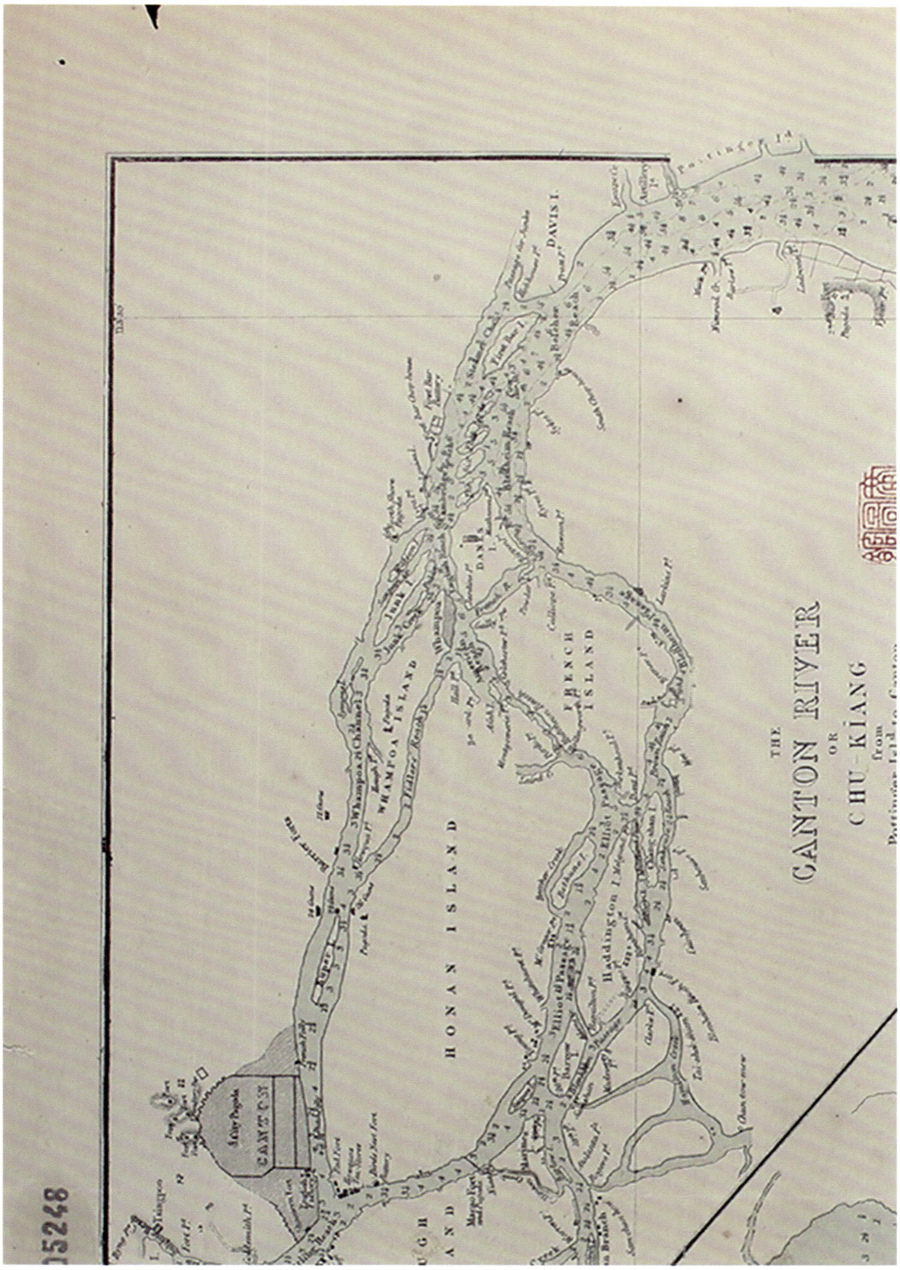
THE
CANTON RIVER
OR
CHU-KIANG
from
HONAN ISLAND
WHAMPOA ISLAND
FRENCH ISLAND
DAVIS I.
CANTON
05248

（局部圖2）

（局部圖3）

CHU-KIANG
from
Pottinger Isld. to Canton.
On an Enlarged Scale
Scale of Miles
Soundings in fathoms
TY-SHAN BAY
Shak Waan
Deep B.
CHUNG SAN WAN
LANTAO
HONGKONG
LAMMA
Strawshan I.

（局部圖 4）

0046 新增帖式備要：二卷 /（清）樂道軒居士輯．— 清光緒二十八年（1902）美國金山華洋日報活字本．— 1 冊：插圖

14 行，字數不等，白口，四周雙邊，雙對黑魚尾，匡高 18.5 厘米，寬 10.9 厘米。

書名取自扉頁、版心。各卷端前有扉頁，刊“光緒廿八年歲在壬寅花朝節 卷上（下）新增帖式備要 字用活板 恐有錯誤閱者諒之 美國金山華洋日報余俞階印”。前有光緒二十八年樂道軒居士“帖式備要序”。

民間風俗習慣中，往往以送帖的方式來解决人際間的關係，故有各式各樣的“帖式”出現。是書將日用之帖式以圖表形式進行展示，既不過於枯燥繁瑣，亦可讓閱者一目了然。

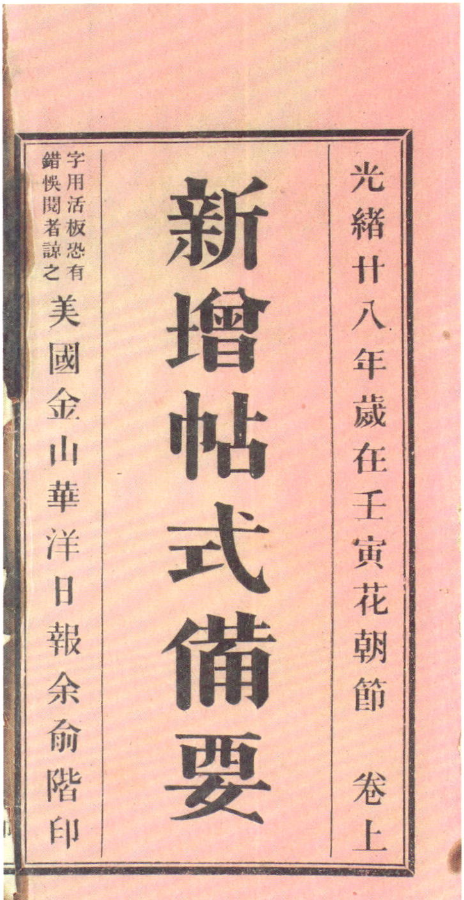

新增帖式備要（2–1）

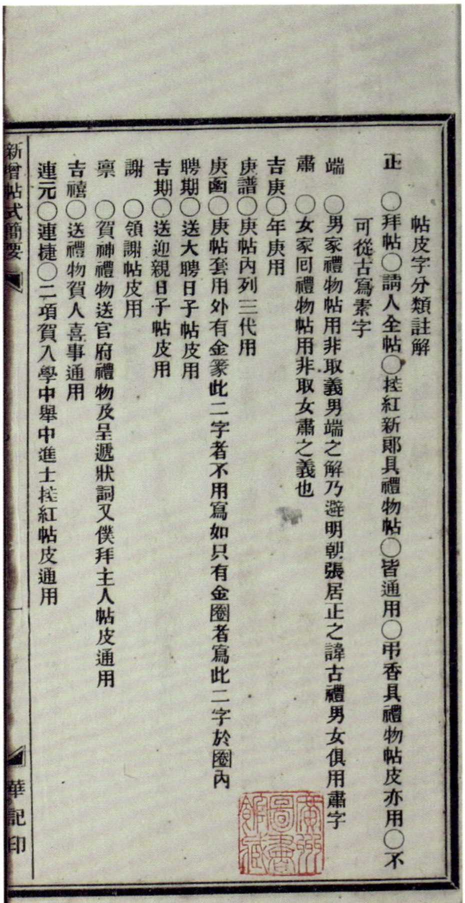

新增帖式備要（2–2）

0047 新增帖式備要：二卷 /（清）樂道軒居士輯 . — 清光緒三十四年（1908）抄本 . — 1 册：插圖

10 行，字數不等，白口，四周單邊，匡高 20.8 厘米，寬 10.7 厘米。

書名取自扉頁，扉頁題“光緒三十四年歲在戊申□□□ 新增帖式備要 字恐有錯誤請閱者諒之 卷上”。有句讀。

存 1 卷：卷上。

是書手抄擇録樂道軒居士輯《新增帖式備要》，存卷内容有“帖皮字分類注解”、“稱呼問答”、“人物稱謂”、“帖式範例”、“簡帖樣式”等。

鈐印有“陳孔德書柬”、“陳達志印”、“陳印”、“達志”。

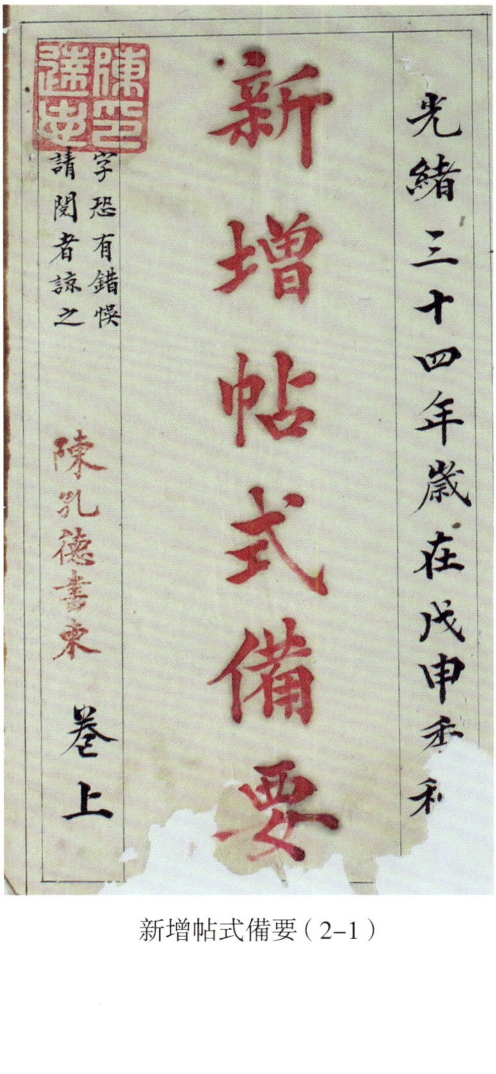
光緒三十四年歲在戊申
新增帖式備要
字恐有錯悮
請閱者諒之
陳孔德書柬
卷上

新增帖式備要（2-1）

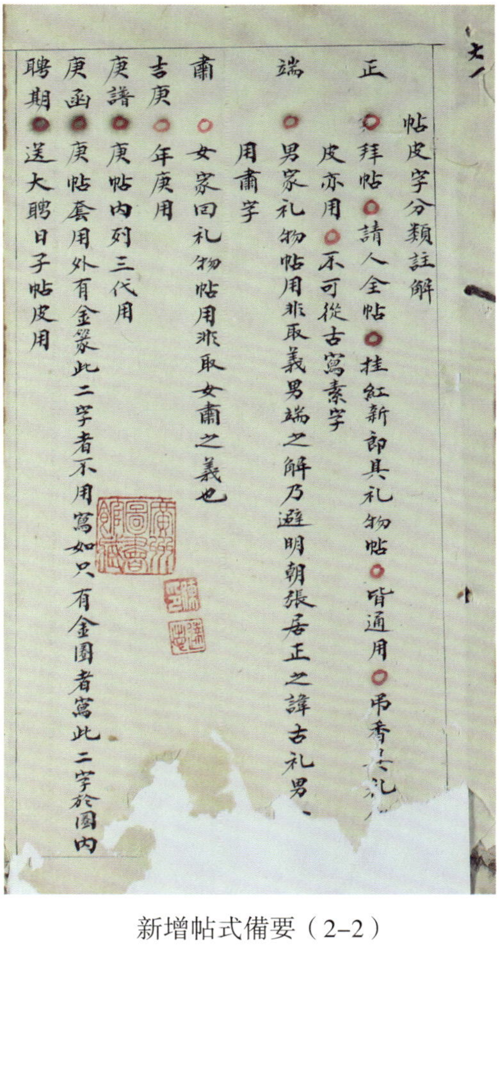
帖皮字分類註解
正 ○拜帖○請人全帖○挂紅新郎具礼物帖○皆通用○吊香
皮亦用○不可從古寫素字
端 ○男家礼物帖用非取義男端之解乃避明朝張居正之諱古礼男
用肅字
肅 ○女家回礼物帖用非取女肅之義也
吉庚 ○年庚用
庚譜 ○庚帖内列三代用
庚函 ○庚帖套用外有金彖此二字者不用寫如只有金圈者寫此二字於圈内
聘期 ○送大聘日子帖皮用

新增帖式備要（2-2）

0048 籌海圖編：十三卷 /（明）胡宗憲輯議；（明）胡維極重校．— 明天啓四年（1624）本衙刻本．— 2 册：地圖，疆域圖

12 行，22 字，小字雙行同，白口，四周單邊，單白魚尾，匡高 20.2 厘米，寬 14.8 厘米。

卷端下還刊有著者項：孫舉人胡燈、舉人胡鳴岡、胡階慶仝删。扉頁刊“新安少保胡宗憲編輯 茅鹿門先生鑒定 籌海圖編 本衙藏板”。前有明嘉靖壬戌（四十一年，1562）茅坤“刻籌海圖編序”，卷一末有天啓甲子（四年）胡思伸“籌海圖編叙”。

存 1 卷：卷 1。

胡宗憲（？ ~ 1565），明徽州府績溪人，字汝貞，號梅林。嘉靖十七年（1538）進士。歷知益都、餘姚二縣，擢御史。明朝抗倭名將，積功進右都御史，加太子太保。威權震東南，招致東南士大夫參預謀議，頗有聲譽。四十一年，以屬嚴嵩黨革職。四十五年（1566），終以嚴黨下獄死。萬曆初，復官，謚襄懋。有幕僚鄭若曾所輯《籌海圖編》。

籌海圖編（3–1）

胡維極，胡宗憲曾孫。

是書爲明嘉靖三十五年（1556）胡宗憲總督浙江軍務時，爲防禦倭寇，聘請鄭若曾等人收集海防有關資料編輯而成的一部沿海軍事圖籍，初刻於嘉靖四十一年。包括“輿地全圖”、“沿海山沙圖”、“沿海郡縣圖”、“日本島夷入寇之圖”等。由 72 幅地圖組成的“沿海山沙圖”，繪有島、山、海、河流、沙灘、海岸綫、城鎮、烽堠等地物符號的沿海地形圖。其中廣東 11 幅，福建 9 幅，浙江 21 幅，南直隸 8 幅，山東 18 幅，遼東 5 幅。該圖是明朝府經營管轄沿海島嶼的最原始的地圖記録，其中明確地記入了雞籠山、花瓶山、彭加山、釣魚嶼、橄欖山、黄毛山、赤嶼等島嶼。

鈐印有“泉唐戴兆春印”、“禮堂梁基永印”、“禮堂之印”、“西關梁氏”、“禮堂長物”、“豈堂”、“基永”。

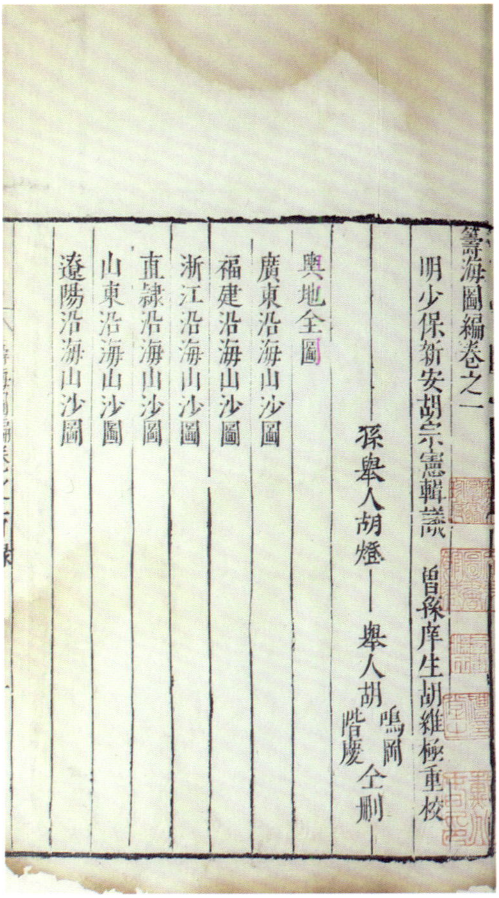
籌海圖編卷之一

明少保新安胡宗憲輯議

曾孫庠生胡維極重校

孫舉人胡燈——舉人胡鳴岡 階慶 仝刪

輿地全圖

廣東沿海山沙圖

福建沿海山沙圖

浙江沿海山沙圖

直隸沿海山沙圖

山東沿海山沙圖

遼陽沿海山沙圖

籌海圖編（3–2）

籌海圖編（3–3）

0049　戊戌奏稿：不分卷 / 康有爲輯．— 清宣統三年（1911）鉛印本．— 1 册

11 行，23 字，白口，四周單邊，匡高 16.9 厘米，寬 13.3 厘米。

書名取自封面，封面印“辛亥五月印存 戊戌奏稿”。前有清宣統三年徐勤序。

康有爲（1858 ~ 1927），清廣東南海人，初名祖詒，字廣廈，號長素，又號更生、更甡，别署西樵山人、天游化人。光緒二十一年（1895）進士，授工部主事，不就。十四年（1888），首次上書光緒帝，建議變法。後在廣州萬木草堂講學，倡今文經學，借鼓吹孔子托古改制，言變法改良。二十一年《馬關條約》簽訂，有爲聯合在京會試舉人一千三百餘人上書清帝，要求拒簽和約、遷都抗戰、變法圖强。二十四年（1898），得光緒帝召見，促成“百日維新”。戊戌政變起，逃亡國外。後持保皇立場，反對民主革命。辛亥革命後，曾與張勛共謀復辟帝制。組織“强學會”，編印《中外紀聞》等，鼓吹變法維新。有《新學僞經考》、《孔子改制考》等。

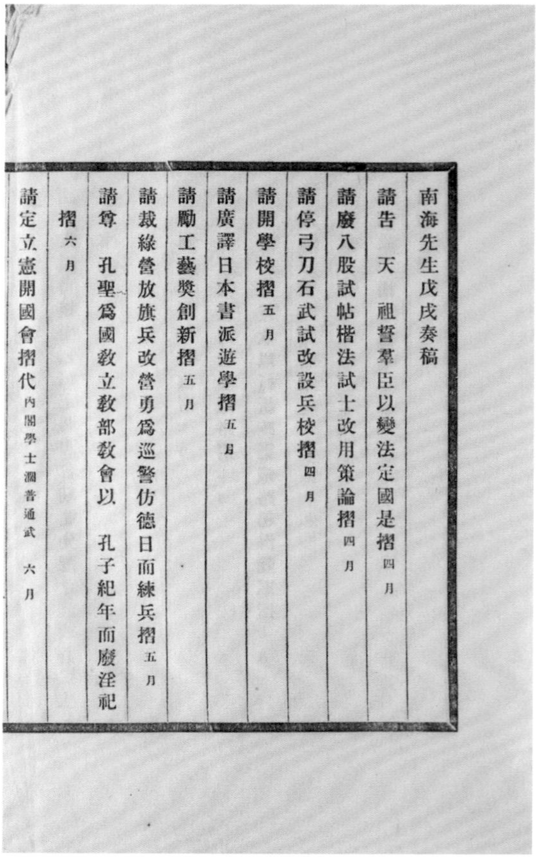

南海先生戊戌奏稿
請告 天 祖誓羣臣以變法定國是摺 四月
請廢八股試帖楷法試士改用策論摺 四月
請停弓刀石武試改設兵校摺 四月
請開學校摺 五月
請廣譯日本書派遊學摺 五月
請勵工藝奬創新摺 五月
請裁綠營放旗兵改營勇爲巡警倣德日而練兵摺 五月
請尊 孔聖爲國教立教部教會以 孔子紀年而廢淫祀
摺 六月
請定立憲開國會摺代內閣學士闊普通武 六月

戊戌奏稿（3–1）

是書於清宣統三年出版，内收康有爲戊戌年間（1898）所上奏摺二十篇，編書序文五篇，歷來被作爲研究康有爲及維新派變法思想、綱領和主張的基本依據。

鈐印有“禮堂梁基永印”、“儀清室”。

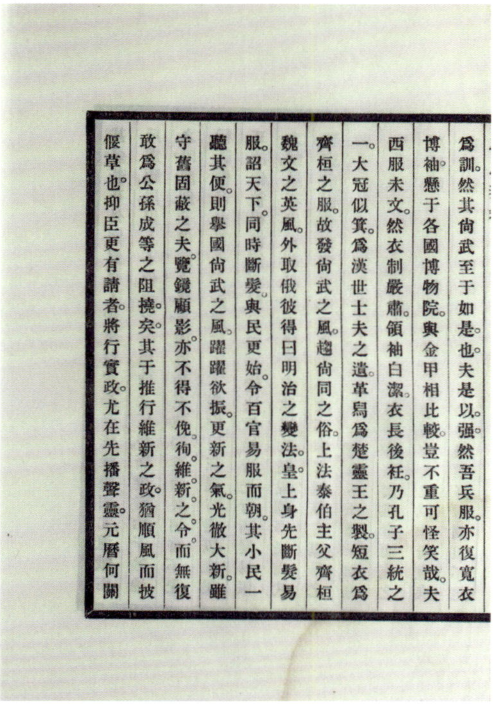
爲訓。然其尙武至于如是。也。夫是以。强。然吾兵服。亦復寬衣
博袖。懸于各國博物院。與金甲相比較。豈不重可怪笑哉。夫
西服未文。然衣制嚴肅。領袖白潔。衣長後衽。乃孔子三統之
一。大冠似箕。爲漢世士夫之遺。革舃爲楚靈王之製。短衣爲
齊桓之服。故發尙武之風。趨尙同之俗。上法泰伯主父齊桓
魏文之英風。外取俄彼得曰明治之變法。皇上身先斷髮易
服。詔天下。同時斷髮。與民更始。令百官易服而朝。其小民一
聽其便。則擧國尙武之風。躍躍欲振。更新之氣。光徹大新。雖
守舊固蔽之夫。覽鏡顧影。亦不得不俛。徇。維。新。之。令。而無復
敢爲公孫成等之阻撓。矣。其于推行維新之政。猶順風而披
偃草也。抑臣更有請者。將行實政。尤在先播聲靈。元曆何關

戊戌奏稿（3–2）

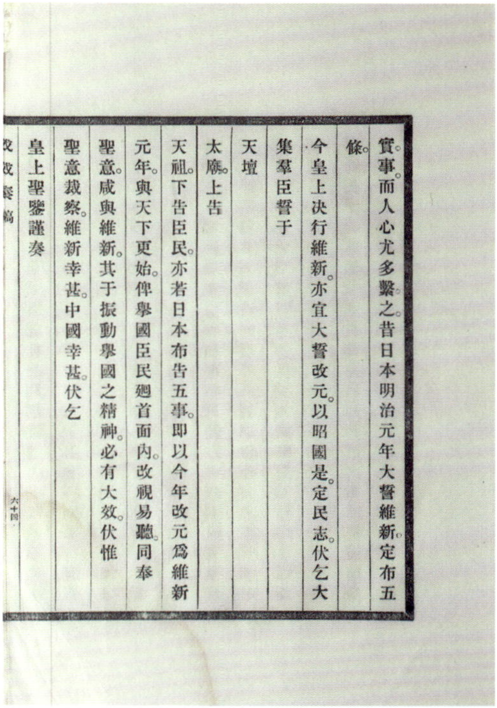
實。事。而人心尤多繫。之。昔日本明治元年大誓維新。定布五
條。
今皇上決行維新。亦宜大誓改元。以昭國是。定民志。伏乞大
集羣臣誓于
天壇
太廟。上告
天祖。下告臣民。亦若日本布告五事。即以今年改元爲維新
元年。與天下更始。俾擧國臣民廻首面內。改視易聽。同奉
聖意。咸與維新。其于振動擧國之精神。必有大效。伏惟
聖意裁察。維新幸甚。中國幸甚。伏乞
皇上聖鑒謹奏

戊戌奏稿 六十四

戊戌奏稿（3–3）

0050 婦孺信札：不分卷 /（清）華文局編輯 . — 清宣統元年（1909）粵東福禄大街華文局刻本 . — 1 册：插圖

9 行，22 字，白口，四周雙邊，單黑魚尾，匡高 14.8 厘米，寬 11.2 厘米。

書名取自封面，封面刊：機器改良 婦孺信札 福禄大街華文局印。扉頁印“宣統元年改良婦孺信札上編 粵東福禄大街華文局編輯”。前有“婦孺信札例言”七則。

是書專爲初學書信者而編，多用散體，務求淺白，輯有多種書信模板、稱謂、别字等，并附有信札辨謬數則，是入門信札書寫的參考用書。

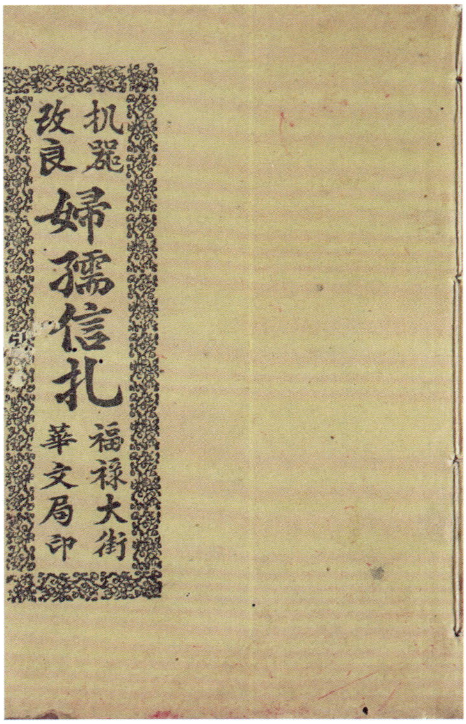

婦孺信札（3–1）

婦孺信札（3–2）

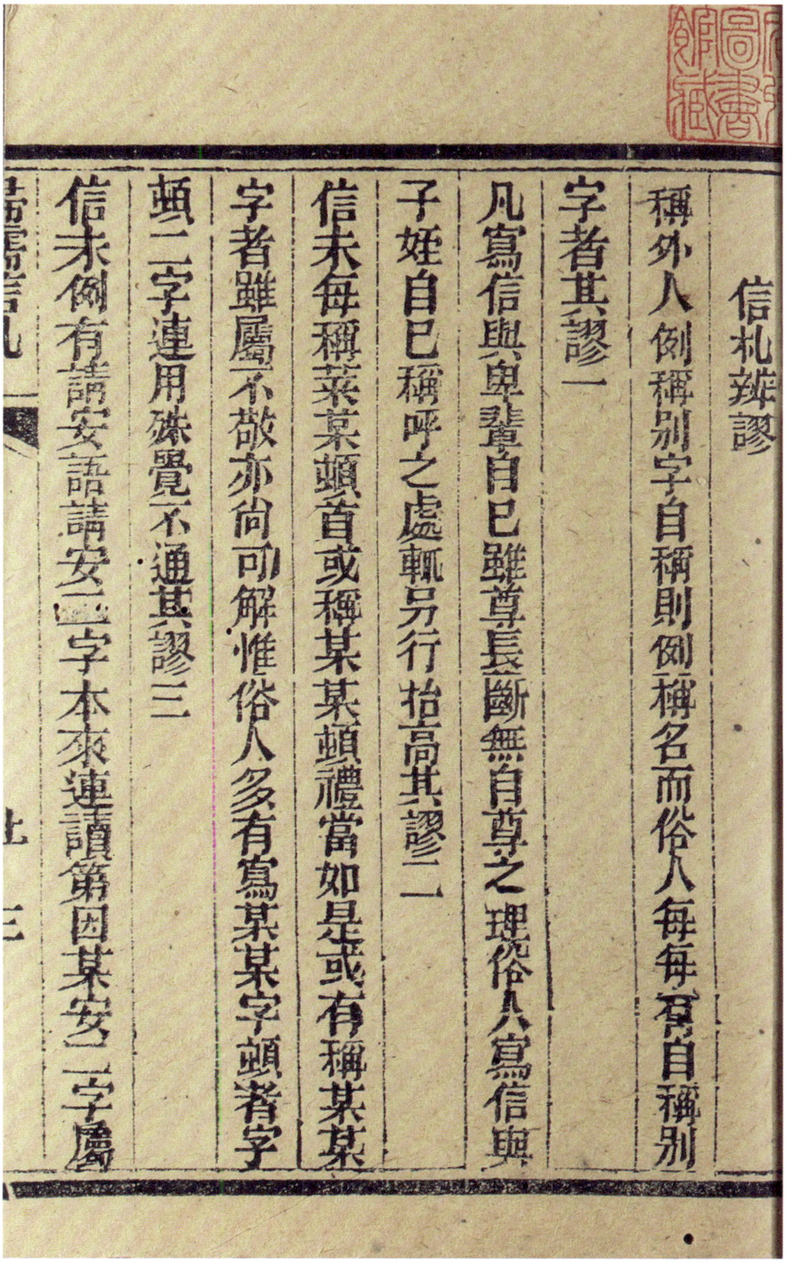
信札辨謬
稱外人俱稱別字自稱則俱稱名而俗人每每自稱別
字者其謬一
凡寫信與卑輩自己雖尊長斷無自尊之理俗人寫信與
子姪自己稱呼之處輒另行抬高其謬二
信末每稱某某頓首或稱某某頓禮當如是或有稱某某
字者雖屬不敬亦尚可解惟俗人多有寫某某字頓著字
頓二字連用殊覺不通其謬三
信末俱有請安語請安二字本來連讀第因某安二字屬

婦孺信札（3–3）

0051　重刊補注洗冤録集證：六卷 /（宋）宋慈撰；（清）王又槐增輯；（清）李觀瀾補輯；（清）阮其新補注 . — 清道光二十四年（1844）刻四色套印本 . — 5 册：插圖

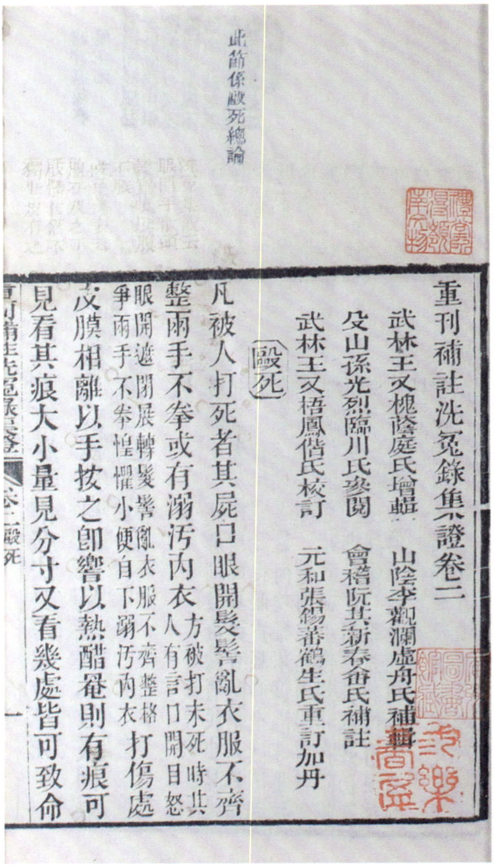
重刊補註洗冤錄集證卷二
武林王又槐蔭庭氏增輯　山陰李觀瀾虛舟氏補輯
及山孫光烈臨川氏參閱　會稽阮其新春畬氏補註
武林王又梧鳳偕氏校訂　元和張錫蕃鶴生氏重訂加丹
毆死
凡被人打死者其屍口眼開髮髻亂衣服不齊整兩手不拳或有溺污內衣方被打未死時其人有言口開目怒眼開遮閉展轉髮髻亂衣服不齊整格爭兩手不拳惶懼小便自下溺污內衣打傷處皮膜相離以手按之即響以熱醋罨則有痕可見看其痕大小量見分寸又看幾處皆可致命
此節係毆死總論
重刊補註洗冤錄集證　卷二　毆死　一

重刊補注洗冤録集證（3–1）

10 行，18 字，小字雙行同，白口，左右雙邊，單黑魚尾，匡高 15.4 厘米，寬 12.9 厘米。

書名取自卷二卷端。前有李璋煜“洗冤録辨正原敘”，瞿中溶“洗冤録辨正自叙”、瞿中溶戊戌（道光三十八年，1838）又識；後有清道光甲辰（二十四年）劉開域跋，文晟跋。册 5 後有是書原收藏者梁基永題記。

全書 6 卷，存 5 卷：卷 2 ~ 5、卷 6 上、卷 6 中。

卷五附檢骨圖格、寶鑒編、急救方、石香秘録 / 佚名撰；仲振履校訂。卷六含：1. 洗冤録辨正 /（清）瞿中溶撰；（清）李璋煜重訂。2. 檢驗合參 / 郎錦麒輯；（清）李璋煜重訂。3. 洗冤録解 /（清）姚德豫撰；（清）李璋煜重訂。

宋慈（1186 ~ 1249），宋建寧建陽（今屬福建南平）人，字惠父。寧宗嘉定十年（1218）進士。爲信豐縣主簿。參與鎮壓南安峒民及福建農民起義，平定汀州兵變。歷任廣東、江西、湖南提刑，多有能政。先後入參魏了翁、陳韡幕，頗多建樹。理宗淳祐八年（1248），爲廣東經略安撫使、知廣州，卒於任。曾總結宋及前代法醫經驗，著成《洗冤集録》。

王又槐，清人，輯注《重刊補注洗冤録集證》六卷，爲後世法醫學發展作出了貢獻。

四色套印本（朱墨藍橙）《重刊補注洗冤録集證》一書，是清人增補考訂《洗冤集録》的法醫學著作，彙集了多位清代學者官員聽訟斷獄、瞻傷察創的辦案經驗，體現了清代法醫驗屍技術的總體成就，也是了解清代刑律制度的一本重要參考書。

鈐印有“弌樂書屋”、“禮堂所得嶺南文物”、“儀清室”、“永”等。

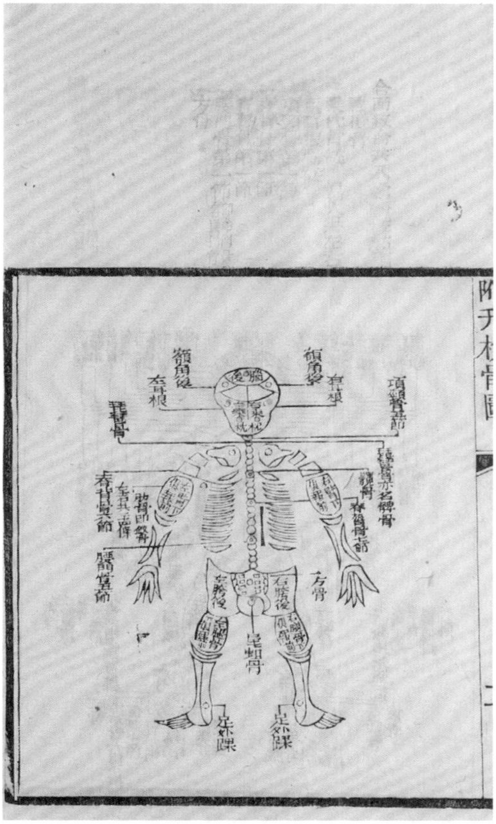

重刊補注洗冤録集證（3-2）

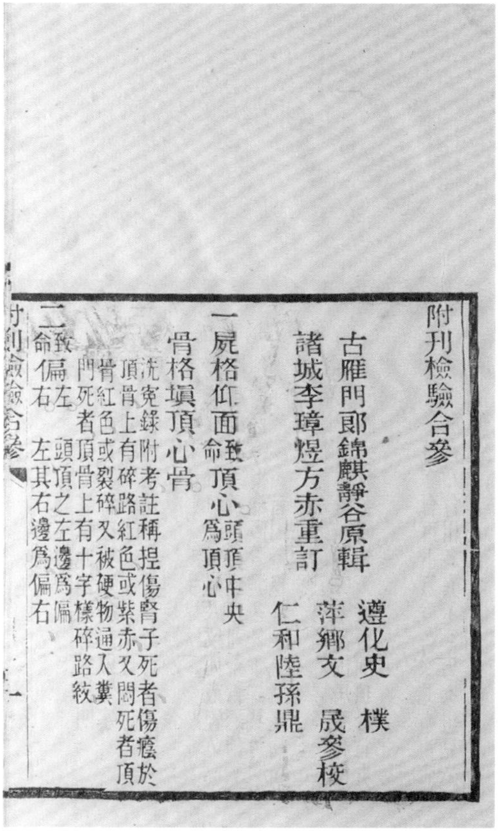

附刊檢驗合參

古雁門郎錦麒靜谷原輯　遵化史　樸

諸城李璋煜方赤重訂　萍鄉文　晟參校

仁和陸孫鼎

一屍格仰面致命頂心頭頂中央爲頂心

骨格塡頂心骨

洗冤録附考註稱捏傷腎子死者傷痕於頂骨上有碎路紅色或紫赤又悶死者頂骨紅色或裂碎又被硬物通入糞門死者頂骨上有十字樣碎路紋

二致命偏左偏右　頭頂之左邊爲偏左其右邊爲偏右

重刊補注洗冤録集證（3-3）

0052 何鴛侶祖均益會簿：不分卷 / 何錫類堂立．— 清光緒二十二年（1896）何錫類堂刻本．— 1 册

11 行，27 字，白口，四周單邊，單黑魚尾，匡高 17.7 厘米，寬 10 厘米。

書名取自封面。

會簿（亦稱會部）爲群衆性團體組織的規則類文件，多爲閩廣地區結會時使用。是書爲設立均益會的規則和名册。

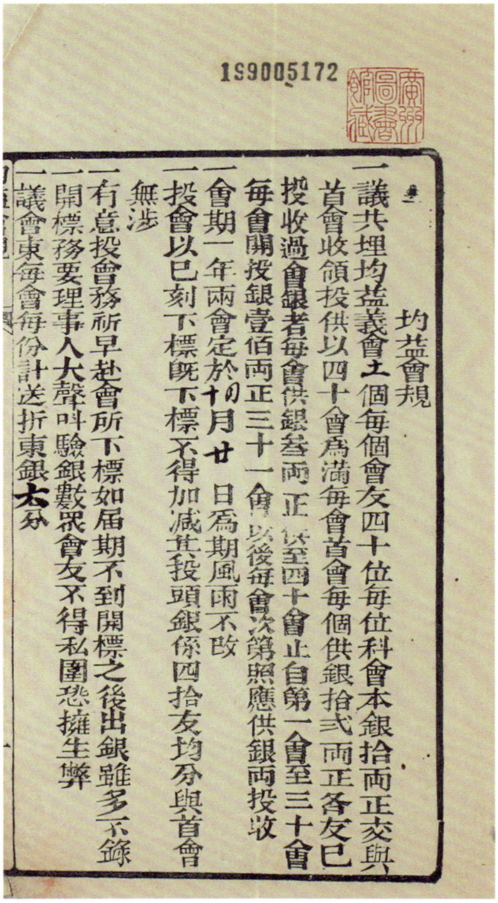

均益會規

一議共埋均益義會土個每個會友四十位每位科會本銀拾両正交與首會收領投供以四十會爲滿每會首會每個供銀拾弍両正各友已投收過會銀者每會供銀叁両正供至四十會止自第一會至三十會每會開投銀壹佰両正三十一會以後每會次第照應供銀両投收

一會期一年兩會定於四月十月廿日爲期風雨不改

一投會以巳刻下標既下標不得加減其投頭銀係四拾友均分與首會無涉

一有意投會務祈早赴會所下標如屆期不到開標之後出銀雖多不錄

一開標務要理事人大聲叫驗銀數衆會友不得私圑恐滋生弊

一議會東每會每份計送折東銀太分

何鴛侶祖均益會簿（2–1）

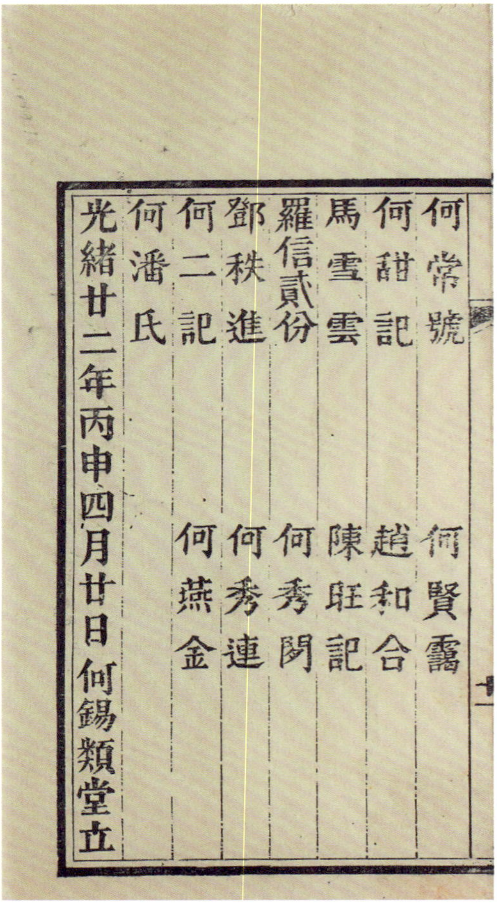
何常號　何賢靄

何甜記　趙和合

馬雲雲　陳旺記

羅信貳份　何秀閔

鄧秩進　何秀連

何二記　何燕金

何潘氏

光緒廿二年丙申四月廿日何錫類堂立

何鴛侶祖均益會簿（2–2）

0053 任千億堂會簿：不分卷 / 任千億堂立 . — 清光緒二十六年（1900）任千億堂刻本 . — 1 册

8 行，24 字，白口，四周雙邊，單黑魚尾，匡高 19.5 厘米，寬 11.5 厘米。

書名取自封面，封面題簽：任千億堂會簿。并手書有“景熙弍份”字樣。

任千億堂爲民間借貸機構，是書爲任千億堂的會規及股東認購股份簿，存册爲景熙先生認購憑證。後有“庚子至乙巳”供銀年表。

鈐印有“任千億堂圖章”、“任千億堂”、“供”。

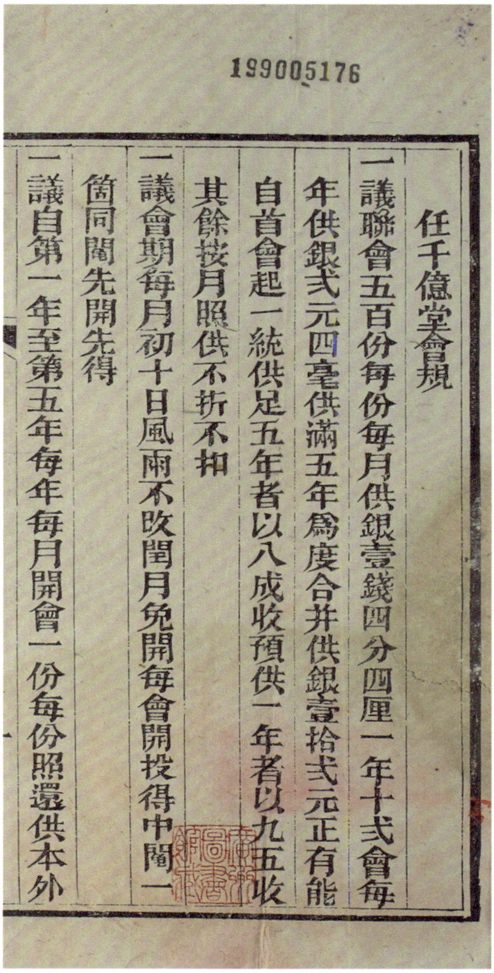

任千億堂會規
一議聯會五百份每份每月供銀壹錢四分四厘一年十弍會每年供銀弍元四毫供滿五年爲度合并供銀壹拾弍元正有能自首會起一統供足五年者以八成收預供一年者以九五收其餘按月照供不折不扣
一議會期每月初十日風雨不改閏月免開每會開投得中鬮一箇同鬮先開先得
一議自第一年至第五年每年每月開會一份每份照還供本外

任千億堂會簿（3–1）

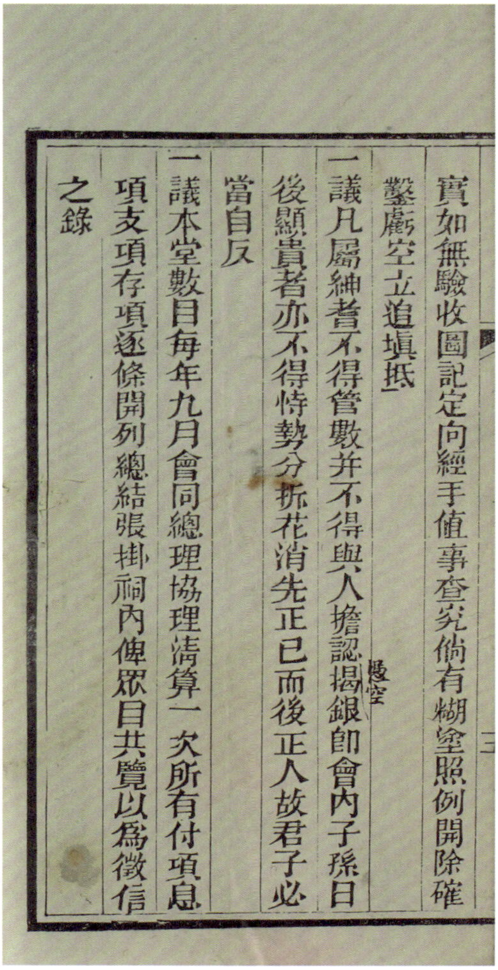
實如無驗收圖記定向經手值事查究倘有糊塗照例開除確鑿虧空立追塡抵
一議凡屬紳耆不得管數并不得與人擔認揭銀卽會內子孫日後顯貴者亦不得恃勢分拆花消先正已而後正人故君子必當自反
一議本堂數目每年九月會同總理協理清算一次所有付項息項支項存項逐條開列總結張掛祠內俾衆目共覽以爲徵信之錄

任千億堂會簿（3–2）

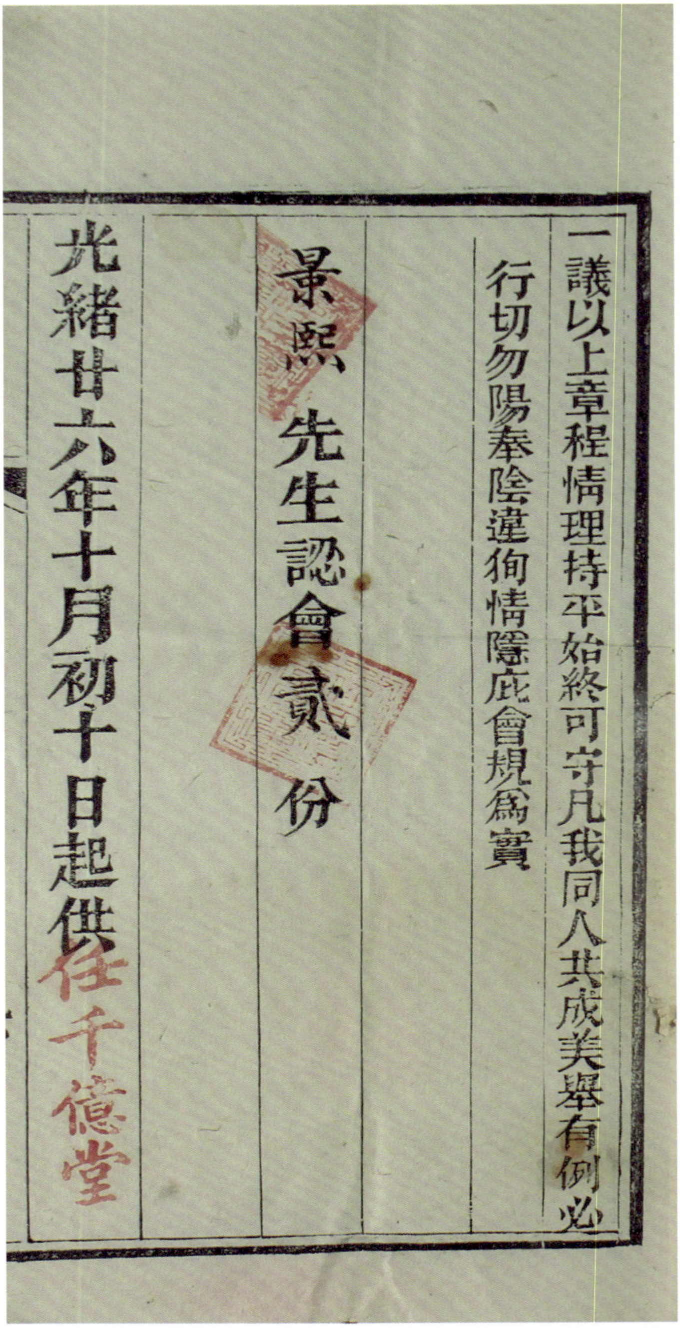

一議以上章程情理持平始終可守凡我同人共成美舉有例必
行切勿陽奉陰違徇情隱庇會規爲實

景熙 先生認會貳份

光緒廿六年十月初十日起供 任千億堂

任千億堂會簿（3-3）

0054 誠齋太祖新科誠益會會規：不分卷 / 誠益會訂 . — 清光緒二十八年（1902）刻本 . — 1 册

9 行，19 字，白口，四周單邊，雙對黑魚尾，匡高 18.3 厘米，寬 10.6 厘米。

書名取自封面，封面題簽刊：誠齋太祖新科誠益會會規；并手書有“瀾月房良有 重字號 四十三篇”字樣。前有“新科扶嘗誠益會叙”及“始創值事”。版心下端刊“十七甫翰章承刊”。

此爲誠齋太祖祠翻修後成立“誠益會”、規定族人每年需要繳納養銀情況的會簿，有“會規”、“收養銀數開列”等內容。

鈐印有“交籌”、“收養”、“份銀”等字樣。

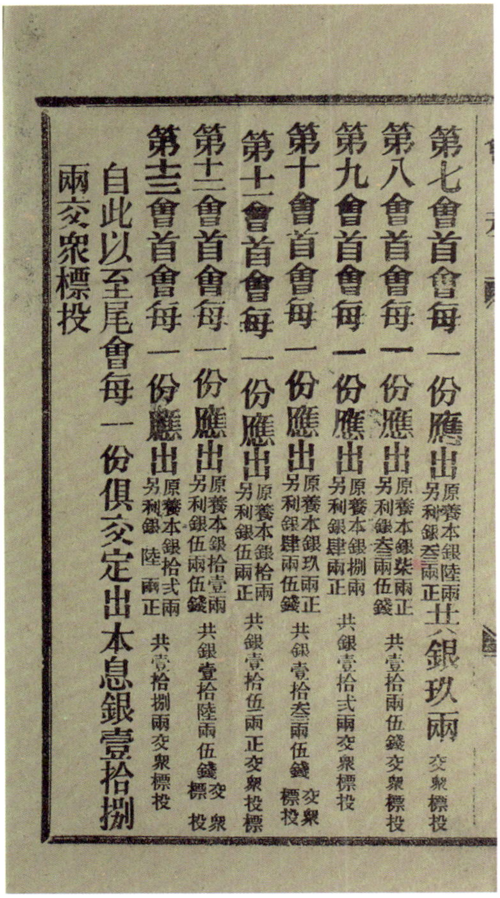

第七會首會每一份應出原養本銀陸兩另利銀叁兩正共銀玖兩交衆標投
第八會首會每一份應出原養本銀柒兩另利銀叁兩伍錢共壹拾兩伍錢交衆標投
第九會首會每一份應出原養本銀捌兩另利銀肆兩正共銀壹拾式兩交衆標投
第十會首會每一份應出原養本銀玖兩另利銀肆兩伍錢共銀壹拾叁兩伍錢交衆標投
第十一會首會每一份應出原養本銀拾兩另利銀伍兩正共銀壹拾伍兩正交衆投標
第十二會首會每一份應出原養本銀拾壹兩另利銀伍兩伍錢共銀壹拾陸兩伍錢交衆標投
第十三會首會每一份應出原養本銀拾式兩另利銀陸兩正共壹拾捌兩交衆標投
自此以至尾會每一份俱交定出本息銀壹拾捌兩交衆標投

誠齋太祖新科誠益會會規（2–1）

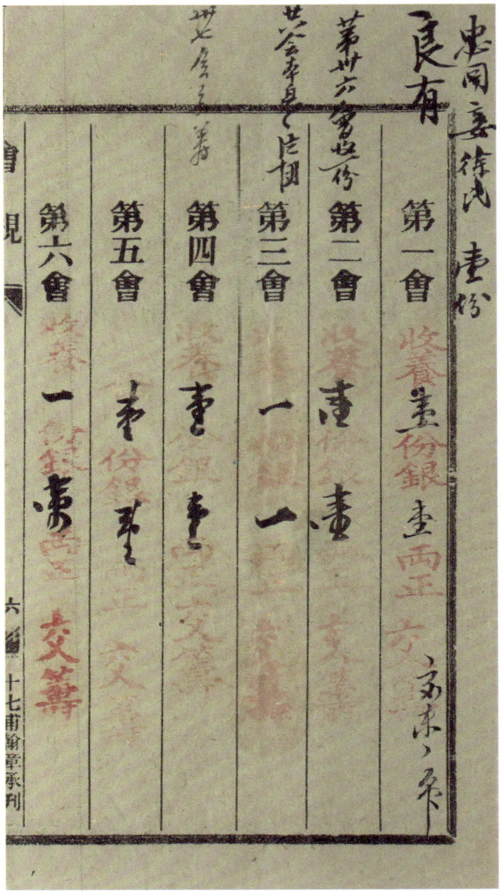

會規
第一會
第二會
第三會
第四會
第五會
第六會
十七甫翰章承刊

誠齋太祖新科誠益會會規（2–2）

0055 方慵怡祖公益鋪會簿：不分卷 / 方富浩、方文敦、方澤壽訂．— 清光緒三十一年（1905）新寧圖書印務局刻本．— 1 册

11 行，23 字，白口，四周雙邊，雙對黑魚尾，匡高 18.8 厘米，寬 12 厘米。

書名取自封面。前有清光緒三十一年方學文“慵怡祖集會建塘口墟鋪叙”。

是册所載爲塘口橋村民自發募集資金興建市場一事之規例，按方慵怡祖公所遺之税畝規定村民按比例繳納市場建設費用，市場建成後收取分紅，股東可以用優惠的租價租得鋪位的使用權等。包括“規例”、“鋪會芳名列”等内容。

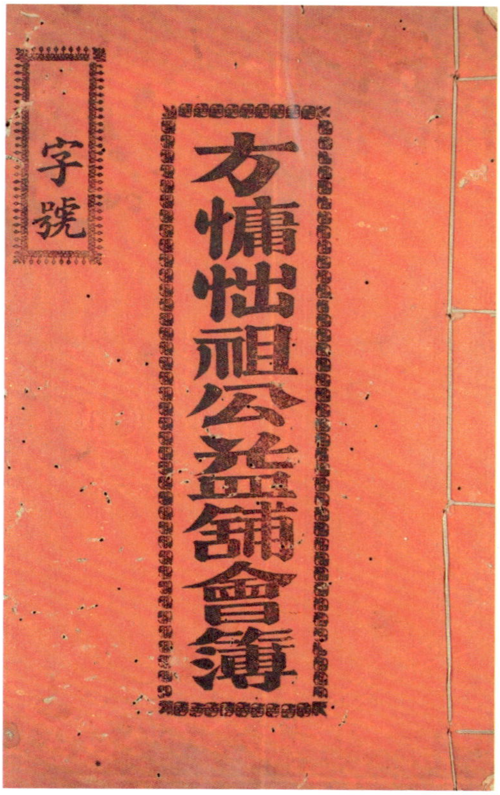
字號
方慵怡祖公益鋪會簿

方慵怡祖公益鋪會簿（3-1）

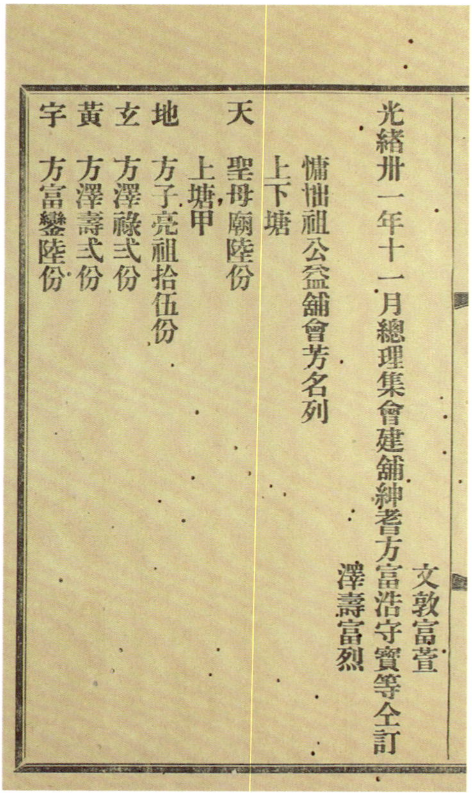
光緒卅一年十一月總理集會建鋪紳耆方富浩文敦富萱守實等仝訂澤壽富烈
慵怡祖公益鋪會芳名列
上下塘
天 聖母廟陸份
地 上塘甲方子亮祖拾伍份
玄 方澤祿弍份
黃 方澤壽弍份
宇 方富鑾陸份

方慵怡祖公益鋪會簿（3-2）

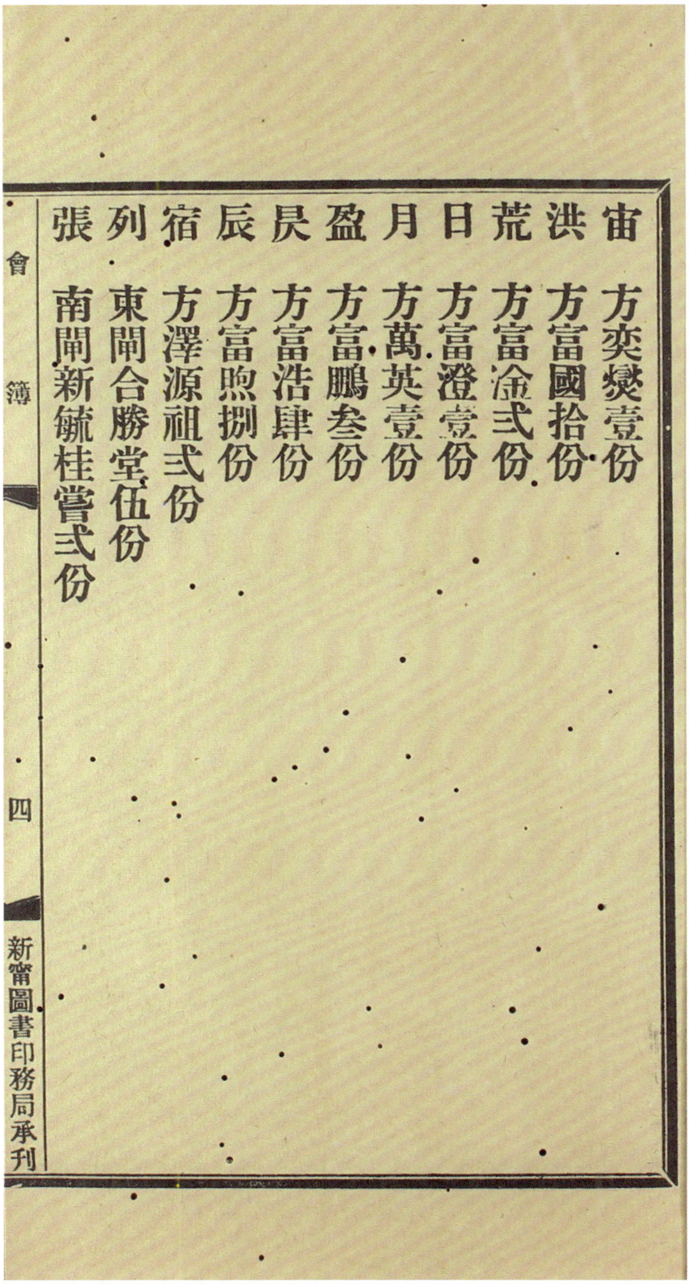

宙　方奕燮壹份
洪　方富國拾份
荒　方富淦弍份
日　方富澄壹份
月　方萬英壹份
盈　方富鵬叄份
昃　方富浩肆份
辰　方富煦捌份
宿　方澤源祖弍份
列　東閘合勝堂伍份
張　南閘新毓桂嘗弍份

會簿　四　新甯圖書印務局承刊

方慵怡祖公益鋪會簿（3-3）

0056 兩粵廣仁善堂萬善會胙金簿：不分卷 / 兩粵廣仁善堂立．— 清光緒三十二年（1906）刻本．— 1 册

10 行，25 字，白口，四周雙邊，單黑魚尾，匡高 16 厘米，寬 11.5 厘米。

書名取自封面，封面刊“兩粵廣仁善堂萬善會胙金簿廣字第叁佰叁號至叁佰四拾號連興號收存”，其中某號爲手書。前有清光緒三十二年區贊森“廣仁善堂會緣起”，光緒二十七年（1901）“兩粵廣仁善堂萬善會小啓”。

是書爲廣仁善堂募集善款的册子，規定衹要善款按期繳納完畢，日後可以憑着册子領取胙金。有“會規條”、“認購者”芳名。是册爲連興號收存本。

鈐印有“福禄”、“廣仁善堂”。

光緒三十二年丙午歲孟冬吉日南海區贊森謹序

廣仁善堂

兩粵廣仁堂萬善會胙金簿（2–1）

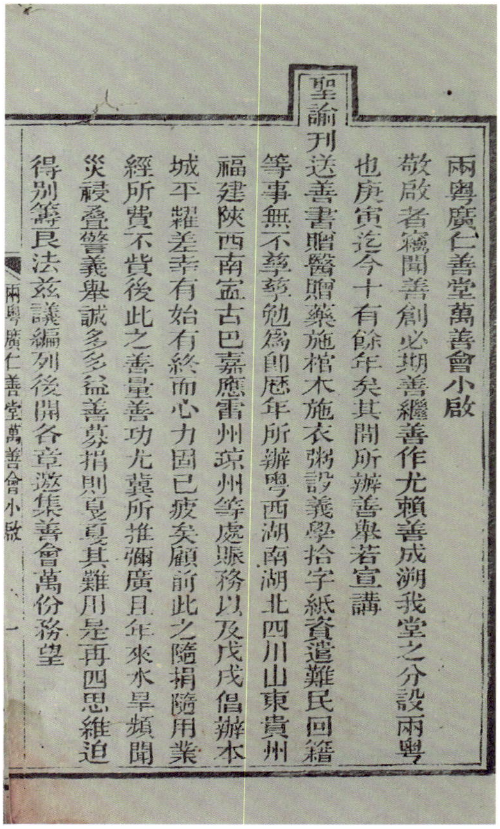
兩粵廣仁善堂萬善會小啟

敬啟者竊聞善創必期善繼善作尤賴善成溯我堂之分設兩粵

也庚寅迄今十有餘年矣其間所辦善舉若宣講

聖諭刊送善書贈醫贈藥施棺木施衣粥設義學拾字紙資遣難民回籍

等事無不孳孳勉爲即歷年所辦粵西湖南湖北四川山東貴州

福建陝西南寧古巴嘉應雷州瓊州等處賑務以及戊戌倡辦本

城平糶差幸有始有終而心力固已疲矣顧前此之隨捐隨用業

經所費不貲後此之善量善功尤冀所推彌廣且年來水旱頻聞

災祲疊警義舉誠多多益善募捐則戛戛其難用是再四思維迫

得別籌良法茲議編列後開各章邀集善會萬份務望

兩粵廣仁善堂萬善會小啟

兩粵廣仁堂萬善會胙金簿（2–2）

0057 奇槎同志堂保境會簿：不分卷 / 同志堂保境會立 . — 光緒三十四年（1908）佛鎮水巷廣文書局鉛印本 . — 1 册

9 行，20 字，白口，四周花邊，雙對黑魚尾，匡高 19.9 厘米，寬 10.8 厘米。

書名取自封面，封面有手書“麥富芳 貳”字樣。前有“保境會序”。版心下端印“佛鎮水巷廣文書局承印”。

本册爲奇槎同志堂保境會的規例，因該村産業無多，負債逐年增加，於是設立保境會，召集該村族人集資，通過經營村産業的利潤來還債，以孳息來償還村民的本金，所以立此爲據。存册爲麥富芳收存本。

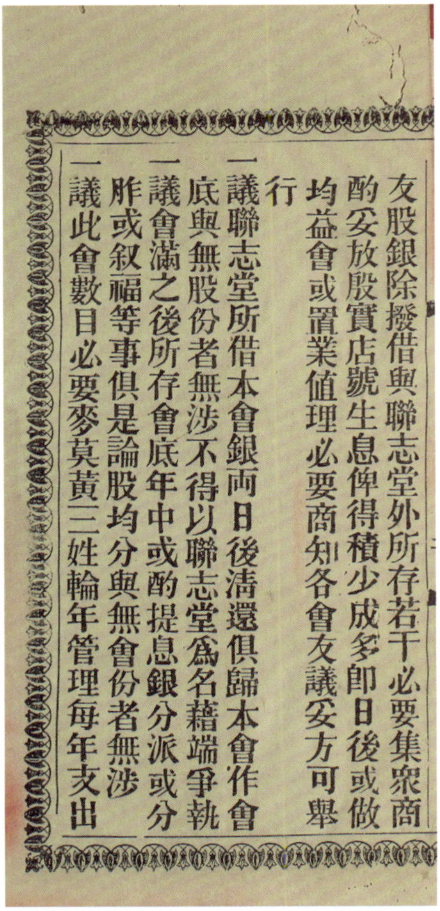
友股銀除撥借與聯志堂外所存若干必要集衆商酌妥放殷實店號生息俾得積少成多即日後或做均益會或置業値理必要商知各會友議妥方可舉行
一議聯志堂所借本會銀両日後淸還俱歸本會作會底與無股份者無涉不得以聯志堂爲名藉端爭執
一議會滿之後所存會底年中或酌提息銀分派或分胙或叙福等事俱是論股均分與無會份者無涉
一議此會數目必要麥莫黃三姓輪年管理每年支出

奇槎同志堂保境會簿（2–1）

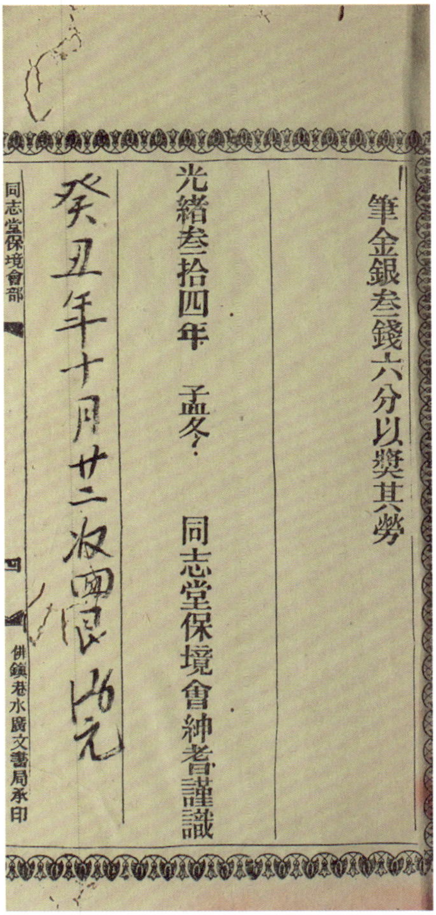
筆金銀叁錢六分以奬其勞
光緒叁拾四年　孟冬　同志堂保境會紳耆謹識
癸丑年十月廿二收回艮訖
同志堂保境會部
佛鎮巷水廣文書局承印

奇槎同志堂保境會簿（2–2）

0058 周詒燕堂均益會部：不分卷 / 周詒燕堂立．— 清宣統元年（1909）周詒燕堂刻本．— 1 册

10 行，23 字，白口，四周花邊，單黑魚尾，匡高 23 厘米，寬 12 厘米。

書名取自封面，封面有“才照會長壹份”等字樣，其中人名爲手書。

本會設立的目的爲共扶公益和方便本村族人生活，立此議例爲預修建家廟或作蒸嘗。有“均益會規例”、“養銀表”。

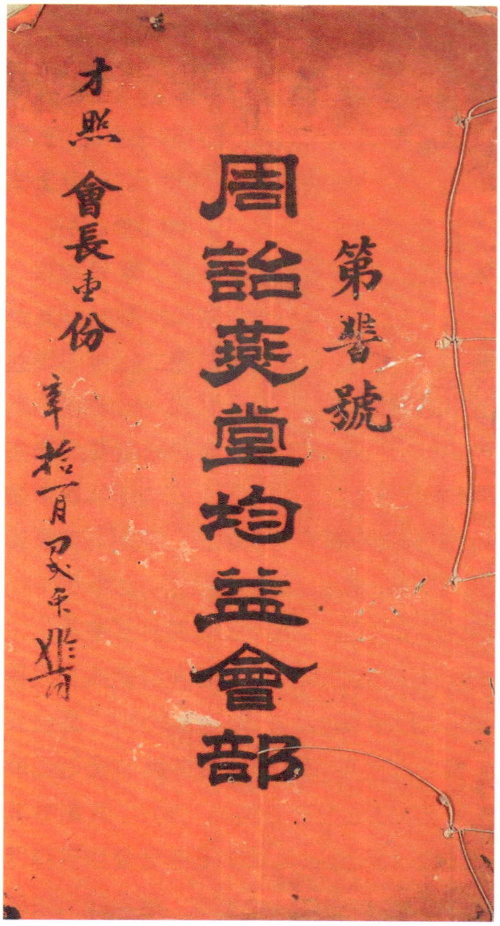

周詒燕堂均益會部（3–1）

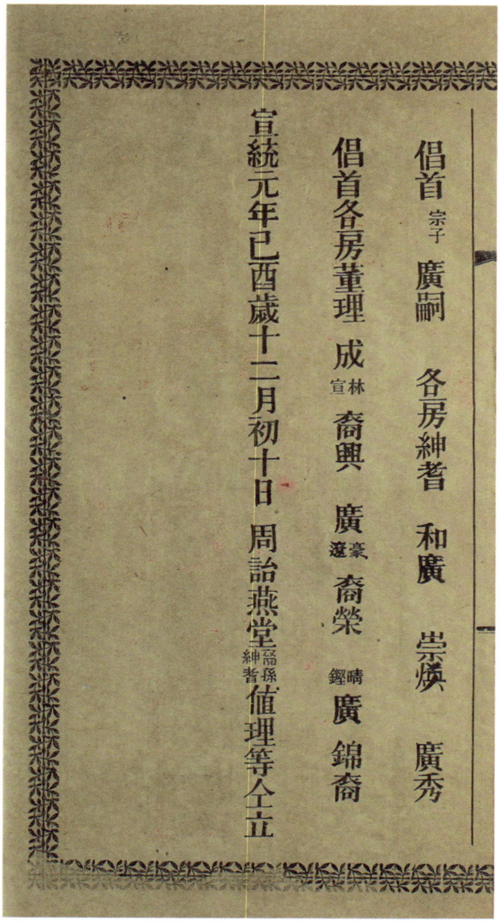

倡首宗子廣嗣　各房紳耆　和廣　崇煥　廣秀

倡首各房董理　成宣林　裔興　廣遵豪　裔榮　鏗晴　廣　錦裔

宣統元年己酉歲十二月初十日　周詒燕堂裔孫紳耆值理等仝立

周詒燕堂均益會部（3–2）

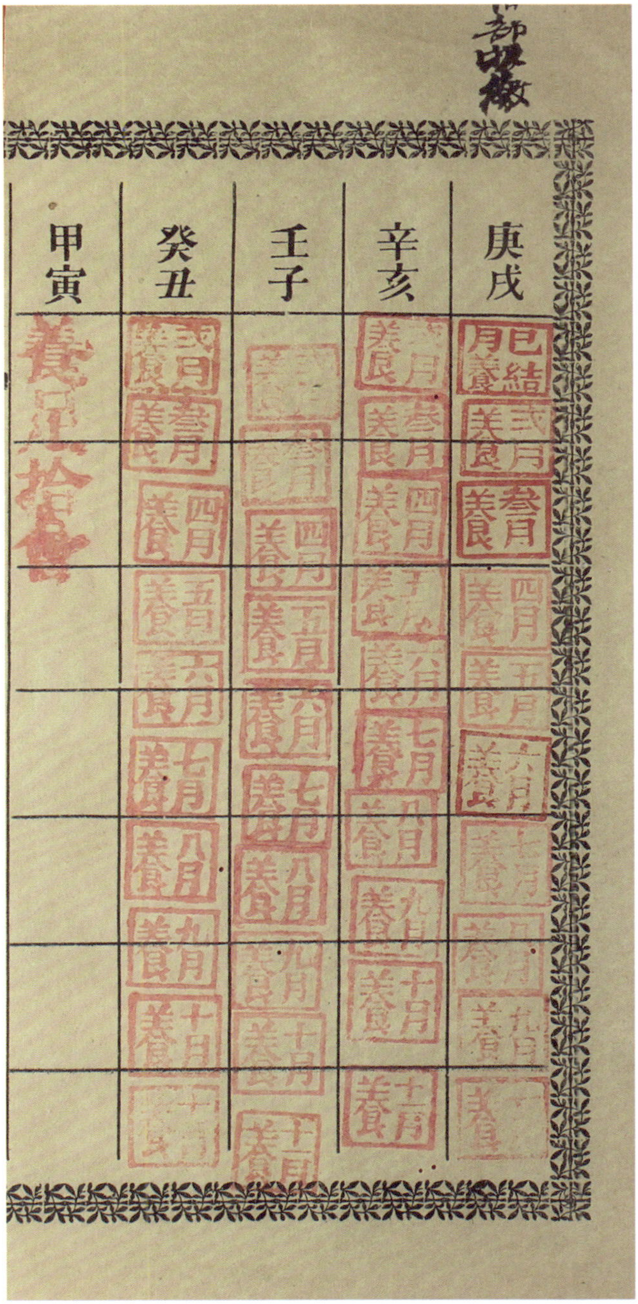

周詒燕堂均益會部（3–3）

0059　宣統元年天成墟建立各鋪户規例：不分卷 / 天成墟各股東立．— 清宣統元年（1909）會城大新街藝新印務所鉛印本．— 1 册

11 行，22 字，白口，四周單邊，雙對黑魚尾，匡高 18 厘米，寬 10.5 厘米。

書名取自封面，封面有手書“趙寒鋭壹股”字樣。版心下端印“會城大新街藝新印務所承印”。

是書爲保良堂鄉新建天成墟所立規例。有“公立霞路天成墟會訂各項規條開列并序”、“統將天成墟各股東芳名開列”。

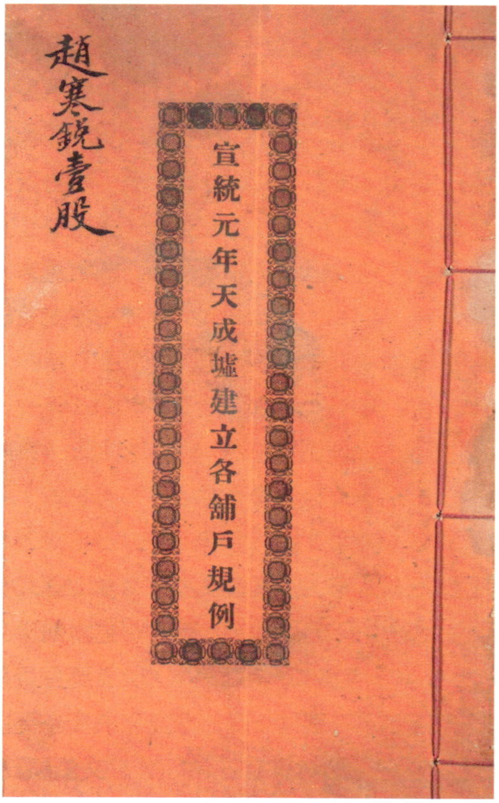

宣統元年天成虚建立各鋪户規例（3-1）

宣統元年天成虚建立各鋪户規例（3-2）

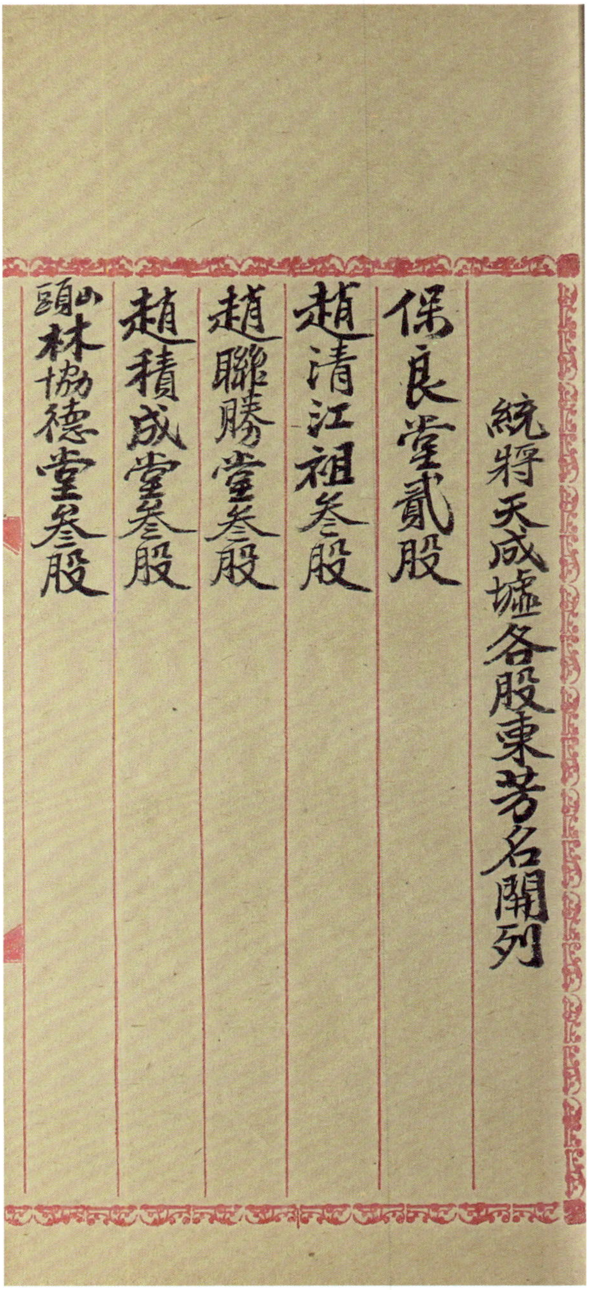
統將天成墟各股東芳名開列
保良堂貳股
趙清江祖叁股
趙聯勝堂叁股
趙積成堂叁股
頭山林協德堂叁股

宣統元年天成虚建立各鋪户規例（3–3）

0060 商辦廣東新寧鐵路股份簿：不分卷．— 清宣統元年（1909）新寧鐵路公司鉛印本．— 1 册

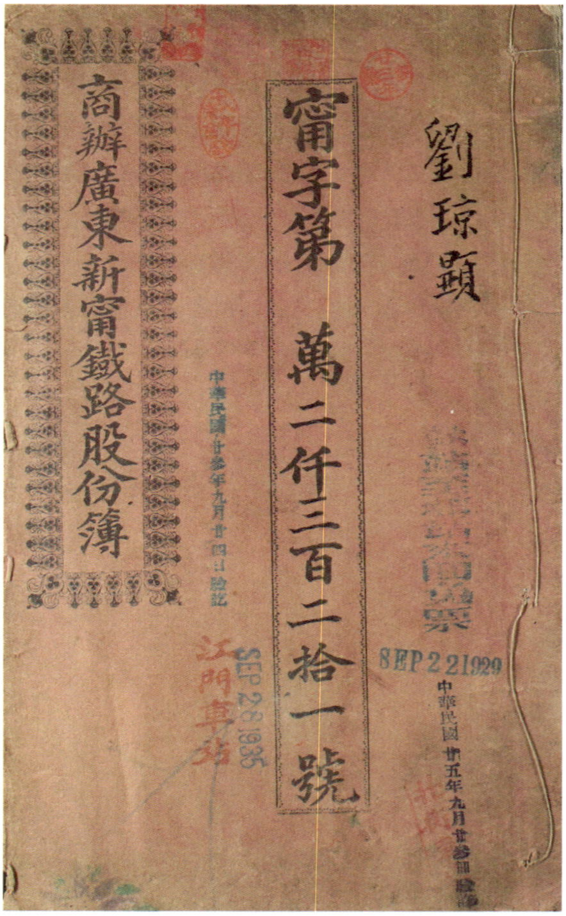

商辦廣東新寧鐵路股份簿（3–1）

行數、字數不等，白口，四周單邊，雙對黑魚尾，匡高 19.9 厘米，寬 12.5 厘米。

書名取自封面，封面印有“寧字第 萬二仟三百二拾一號”，手書人名“劉琼顯”。版心印“新寧鐵路股份部 新寧鐵路公司自刊”，書後有落款時間“宣統元年十一月初五日”。

股份簿（部），一種用於證明股東持有股權數額的文本，各通商口岸使用較多，如廣東等地。是書爲寧字第二仟三百二拾一號，爲股東劉琼顯入股新寧鐵路所得。主要録有光緒三十二年（1906）正月“商部奏紳商籌辦新寧鐵路擬准先行立案摺”、光緒三十二年四月“商部奏核訂新寧鐵路章程摺”、時任總經理陳宜禧所撰“新寧鐵路章程經蒙”、劉琼顯認股憑證四部分。新寧鐵路（Sunning Railway），又名寧陽鐵路，曾是位於中國廣東省新寧和新會境内的一條鐵路。建於清光緒年間，由廣東新寧（今台山）旅美華僑陳宜禧主持建造，1909 年通車。此路是繼潮汕鐵路之後，中國第二條商辦鐵路。它亦是全部不用外國資本和技術人員建造的鐵路。籌建之時，陳宜禧向美國華僑集資，曾是華僑在中國最成功的投資事業。1939 年日本入侵廣東時，該鐵路由國民政府下令拆毁。

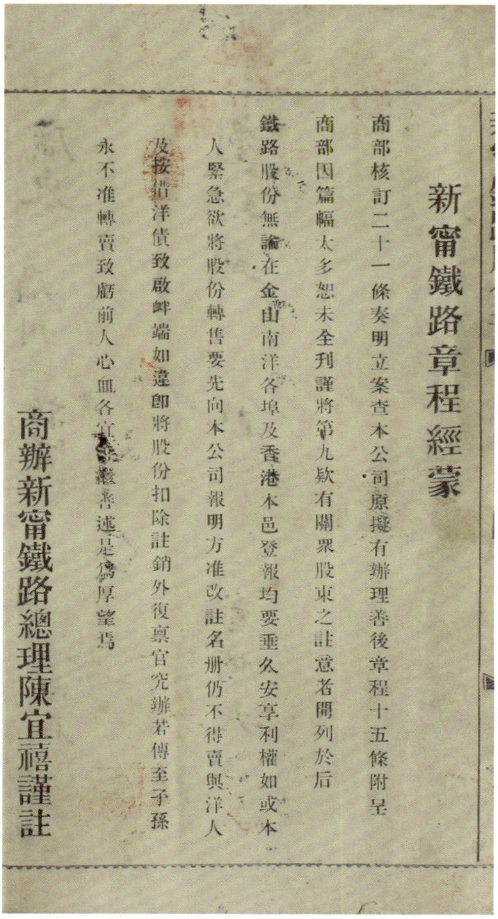

新甯鐵路章程經蒙

商部核訂二十一條奏明立案查本公司原擬有辦理善後章程十五條附呈

商部因篇幅太多恕未全刊謹將第九欵有關衆股東之註意者開列於后

鐵路股份無論在金山南洋各埠及香港本邑登報均要垂久安享利權如或本人緊急欲將股份轉售要先向本公司報明方准改註名册仍不得賣與洋人及按借洋債致啟衅端如違即將股份扣除註銷外復稟官究辦若傳至子孫永不准轉賣致磨前人心血各宜[illegible]繼善述是爲厚望焉

商辦新甯鐵路總理陳宜禧謹註

商辦廣東新寧鐵路股份簿（3-2）

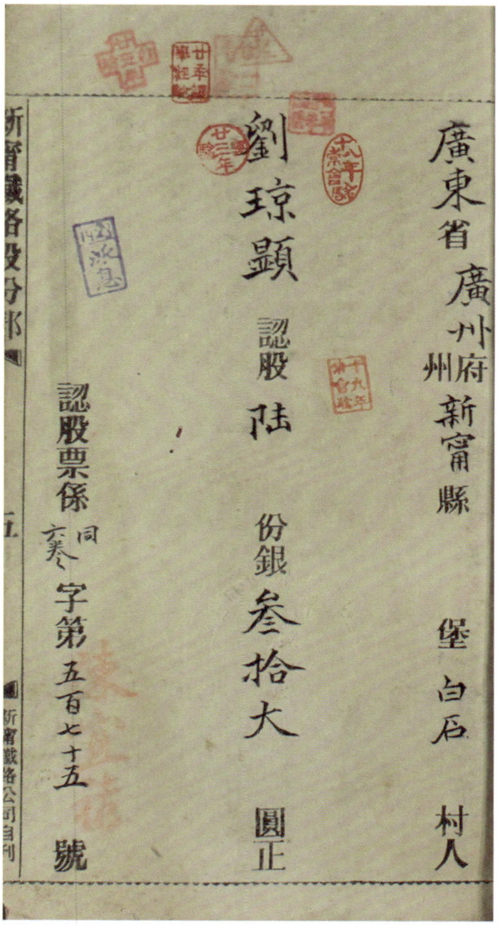

廣東省廣州府新甯縣　堡　白石　村人

劉琼顯　認股　陸　份銀　叁拾大　圓正

認股票係　同叁　字第五百七十五　號

新甯鐵路股份簿

新甯鐵路公司自刊

商辦廣東新寧鐵路股份簿（3-3）

0061　商辦廣東新寧鐵路公司息摺：不分卷．— 清宣統元年（1909）新寧鐵路公司鉛印本．— 2 册

6 行，字數不等，白口，四周單邊，雙對花魚尾，匡高 15.2 厘米，寬 9 厘米。

書名取自封面。

是册爲劉琼顯認股新寧鐵路所得股份簿之附件，用於每届派息時作收領依據，僅填有兩頁，後有多頁未填。

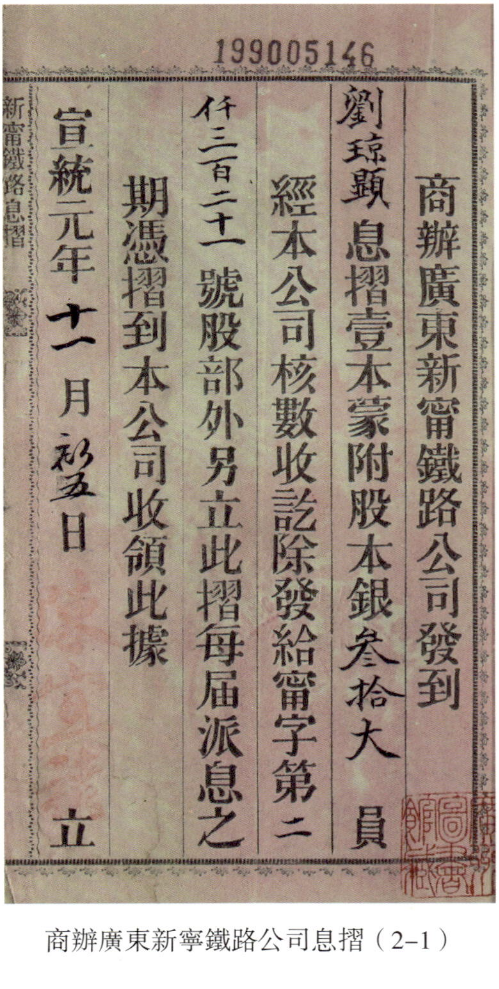
199005146
新甯鐵路息摺
商辦廣東新甯鐵路公司發到
劉琼顯息摺壹本豪附股本銀叁拾大員
經本公司核數收訖除發給甯字第二仟三百二十一號股部外另立此摺每届派息之
期憑摺到本公司收領此據
宣統元年十一月初五日立

商辦廣東新寧鐵路公司息摺（2–1）

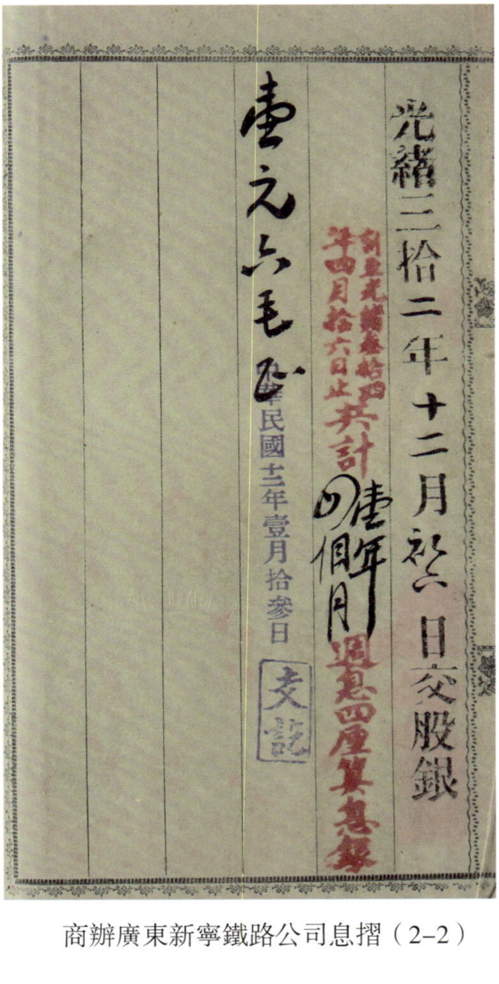

商辦廣東新寧鐵路公司息摺（2–2）

0062 南圍新科南益會會規：不分卷 / 南益會訂 . — 清宣統元年（1909）省城大新街光華鉛印本 . — 1 册

11 行，字數不等，白口，四周單邊，雙對黑魚尾，匡高 17.8 厘米，寬 10.9 厘米。

書名取自封面，封面有手書“五、十一月初式期 第三號 埠成圍 五份 不得典押 如有典押 是爲放棄”字樣。前有“新科養圍南益會叙”，《會規》落款“宣統元年歲次己酉五月吉日 闔南紳耆公啓”。版心下端印“省城大新街光華承印”。

南圍之設始爲保衛桑基魚塘住宅一切物業，此爲重新興修所立會規，内容有“首創值事”、“會規”、“股東名册”、“每會收養銀數”等。

鈐印有“南益會份圖章”、“南益會”、“創始值事 會滿之後 長胙不領”、“交籌”。

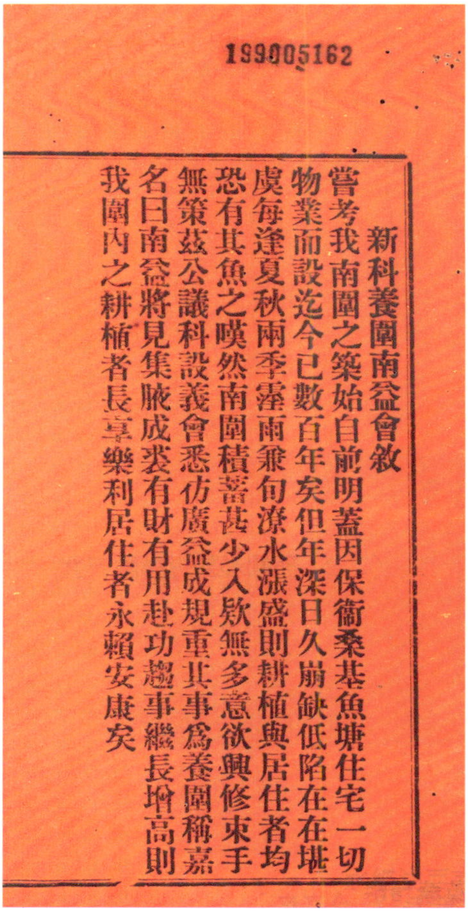
199005162
新科養圍南益會敘
嘗考我南圍之築始自前明蓋因保衛桑基魚塘住宅一切物業而設迄今已數百年矣但年深日久崩缺低陷在在堪虞每逢夏秋兩季霪雨霏甸潦水漲盛則耕植與居住者均恐有其魚之嘆然南圍積蓄甚少入欵無多意欲興修束手無策茲公議科設義會悉仿廣益成規重其事爲養圍稱嘉名曰南益將見集腋成裘有財有用赴功趨事繼長增高則我圍內之耕植者長享樂利居住者永賴安康矣

南圍新科南益會會規（3-1）

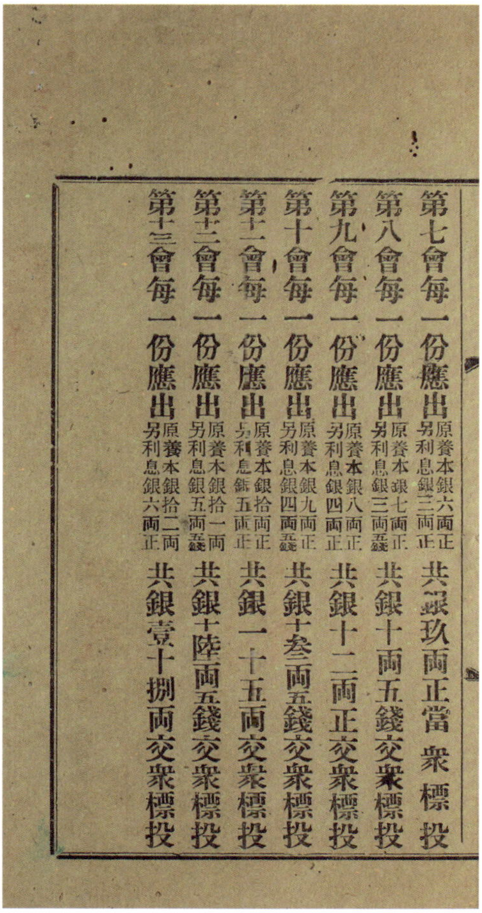
第七會每一份應出原養本銀六兩正 另利息銀三兩正 共銀玖兩正當衆標投
第八會每一份應出原養本銀七兩正 另利息銀三兩五錢 共銀十兩五錢交衆標投
第九會每一份應出原養本銀八兩正 另利息銀四兩正 共銀十二兩正交衆標投
第十會每一份應出原養本銀九兩正 另利息銀四兩五錢 共銀十叁兩五錢交衆標投
第十一會每一份應出原養本銀拾兩正 另利息銀五兩正 共銀一十五兩交衆標投
第十二會每一份應出原養本銀拾一兩 另利息銀五兩五錢 共銀十陸兩五錢交衆標投
第十三會每一份應出原養本銀拾二兩 另利息銀六兩正 共銀壹十捌兩交衆標投

南圍新科南益會會規（3-2）

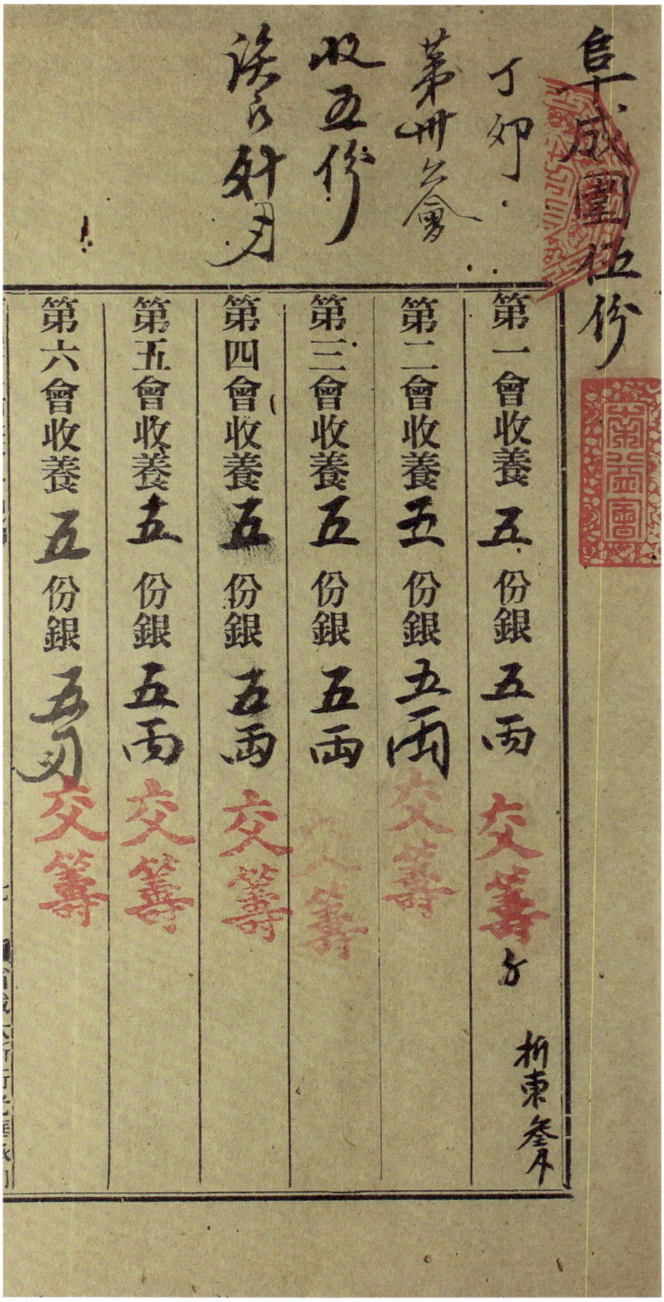
第一會收養五份銀五兩　交籌
第二會收養五份銀五兩　交籌
第三會收養五份銀五兩　交籌
第四會收養五份銀五兩　交籌
第五會收養五份銀五兩　交籌
第六會收養五份銀五兩　交籌

南圍新科南益會會規（3–3）

0063 茂遠堂合益會部：不分卷 / 茂遠堂紳耆立 . — 清宣統三年（1911）廣州拱日門東華印務局鉛印本 . — 2 册

10 行，26 字，白口，四周雙邊，雙順黑魚尾，匡高 19.8 厘米，寬 12.1 厘米。

書名取自封面。版心下端印“廣州拱日門東華印務局承刊”；《會章》落款“宣統三年二月十六日 茂遠堂紳耆仝立”。前有序。

茂遠堂合益會“原爲籌助嘗費而設”，立此會部，列有會章十三則，後有空格，墨筆填有名册，并有朱印注明收訖情况。

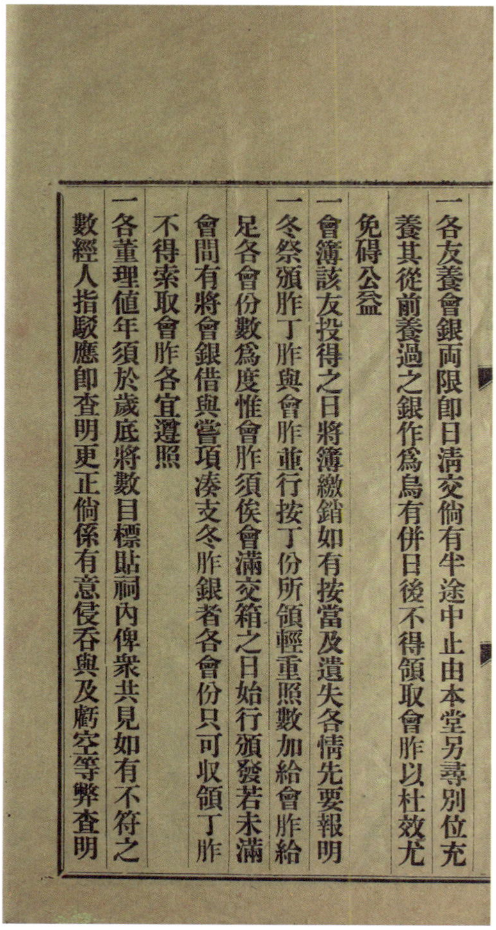

一各友養會銀両限即日清交倘有半途中止由本堂另尋別位充
養其從前養過之銀作爲烏有併日後不得領取會胙以杜效尤
免碍公益
一會簿該友投得之日將簿繳銷如有按當及遺失各情先要報明
一冬祭頒胙丁胙與會胙並行按丁份所領輕重照數加給會胙給
足各會份數爲度惟會胙須俟會滿交箱之日始行頒發若未滿
會間有將會銀借與嘗項凑支冬胙銀者各會份只可收領丁胙
不得索取會胙各宜遵照
一各董理值年須於歲底將數目標貼祠內俾衆共見如有不符之
數經人指駁應即查明更正倘係有意侵吞與及虧空等弊查明

茂遠堂合益會部（4-1）

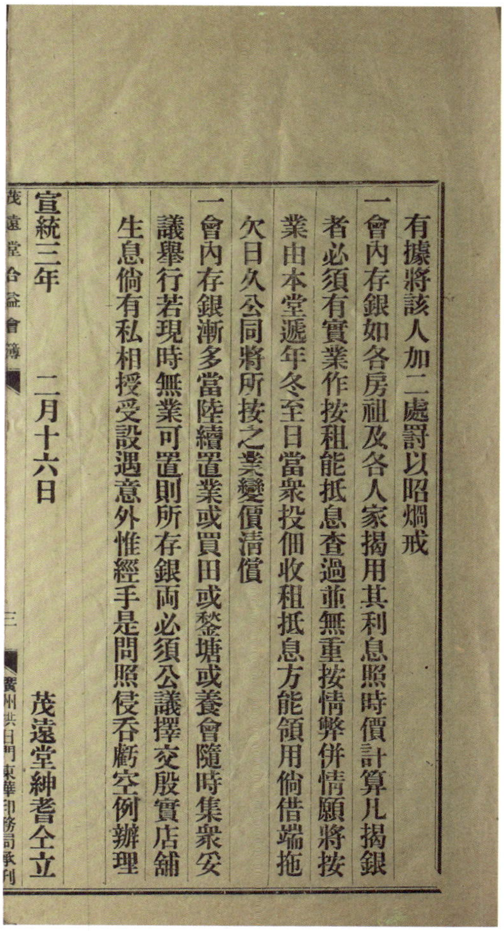

有據將該人加二處罰以昭炯戒
一會內存銀如各房祖及各人家揭用其利息照時價計算凡揭銀
者必須有實業作按租能抵息查過並無重按情弊併情願將按
業由本堂遞年冬至日當衆投佃收租抵息方能領用倘借端拖
欠日久公同將所按之業變價清償
一會內存銀漸多當陸續置業或買田或鑗塘或養會隨時集衆妥
議舉行若現時無業可置則所存銀両必須公議擇交殷實店舖
生息倘有私相授受設遇意外惟經手是問照侵吞虧空例辦理
宣統三年　二月十六日　茂遠堂紳耆仝立

茂遠堂合益會簿　三　廣州拱日門東華印務局承刊

茂遠堂合益會部（4-2）

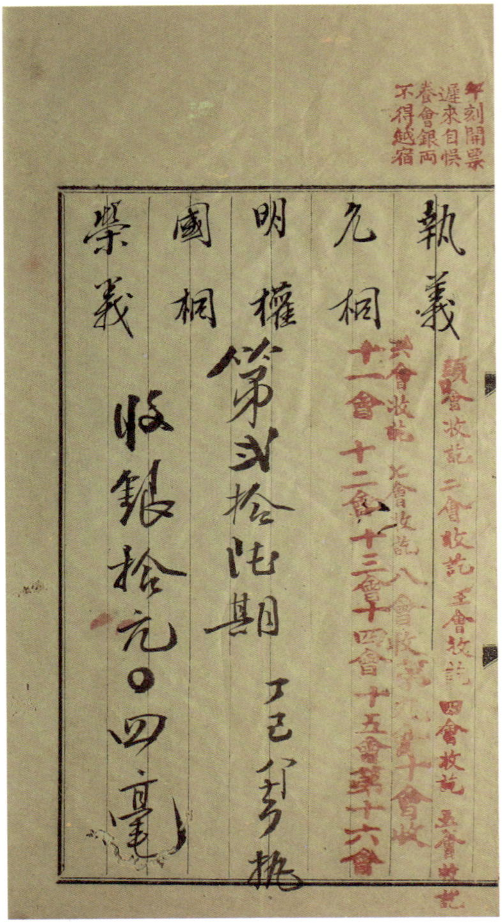

茂遠堂合益會部（4–3）

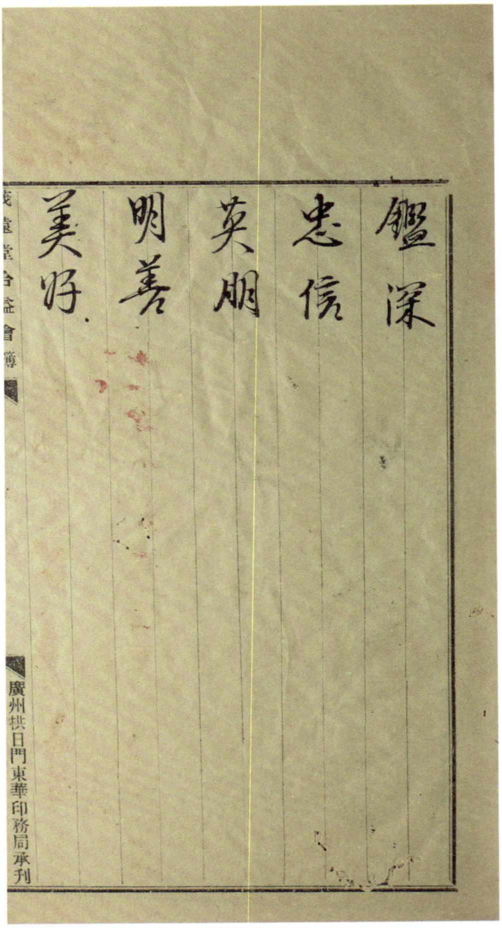

茂遠堂合益會部（4–4）

0064 金山衣裳館股份簿：不分卷．— 清光緒四年（1878）抄本．— 1 册

6 行，字數不等，白口，無邊框。

書名取自首頁背面正文開頭五字。

是書記録潮溪村（今廣東雷州）青磚屋六座的分配情况，以及金山衣裳館的經營事務，并各兄弟名下所占田産份額和位置。

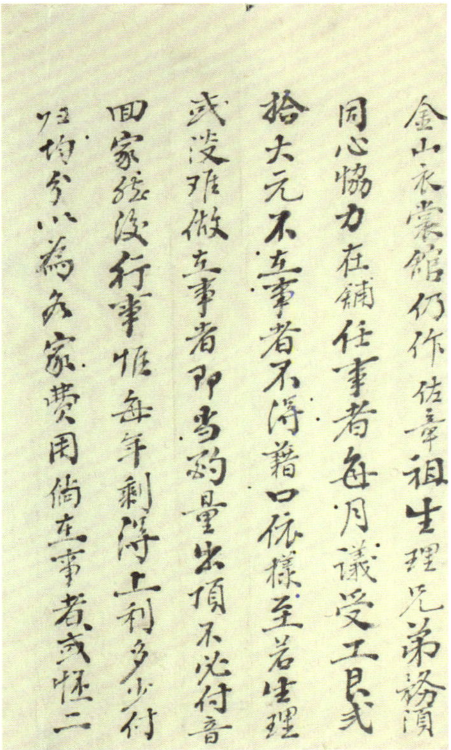
金山衣裳館仍作佐章祖生理兄弟務須
同心協力在鋪任事者每月議受工艮弍
拾大元不在事者不得藉口依樣至若生理
或淡難做在事者即当酌量出項不必付音
回家経後行事惟每年剩得上利多少付
归均分以為各家費用倘在事者或怪二

金山衣裳館股份簿（4–1）

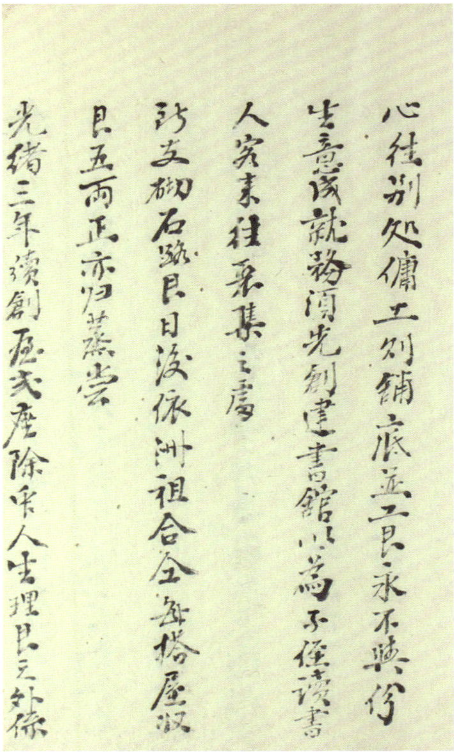
心住別処傭工刈鋪底並工艮永不與份
生意後就務須先創建書館以為子侄讀書
人家來往聚集之處
該支柳石路艮日後依仰祖合今每擔屋叔
艮五両正亦归蒸嘗
光緒三年續創屋弍座除卑人生理艮元外係

金山衣裳館股份簿（4–2）

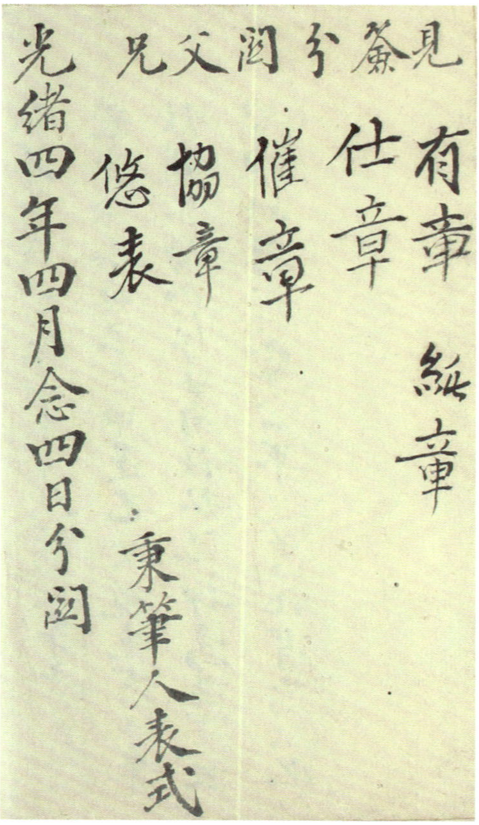

金山衣裳館股份簿（4–3）

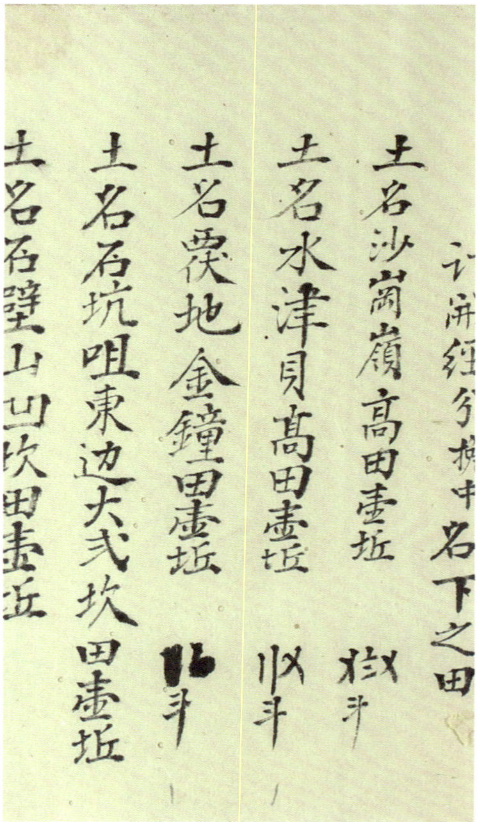

金山衣裳館股份簿（4–4）

0065 砵崙寳綸號股份簿：不分卷 / 砵崙寳綸號立 . — 清光緒十九年（1893）抄本 . — 1 册

7 行，字數不等，白口，無邊框。

書名取自封面，封面題“砵崙寳綸號股份簿 李奕惠叔”。文末題“光緒十九年八月初一日立”。

寳綸號是做“蘇杭雜貨挑公煙收白鴿票等生意”的商鋪，是書爲寳綸號開業時爲明確李奕惠、李世沾、李世洋、李奕椒四人所占股份情況所立章程。

鈐印有“金山砵崙寳綸號書章柬”等。

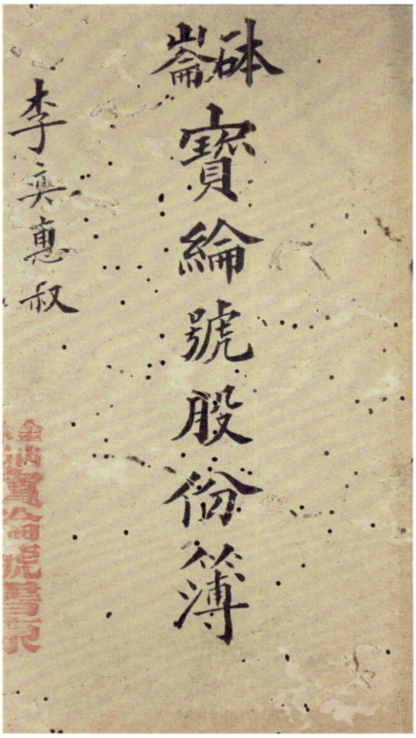

砵崙寳綸號股份簿（4–1）

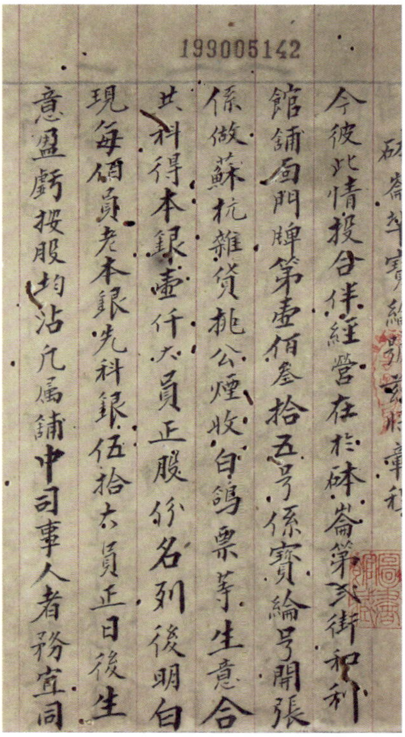
199005142
今彼此情投合伴經營在於砵崙第弍街和利
館鋪面門牌第壹佰叁拾五号係寳綸号開張
係做蘇杭雜貨挑公煙收白鴿票等生意合
共科得本銀壹仟大員正股份名列後明白
現每個員老本銀先科銀伍拾大員正日後生
意盈虧按股均沾凡屆鋪中司事人者務宜同

砵崙寳綸號股份簿（4–2）

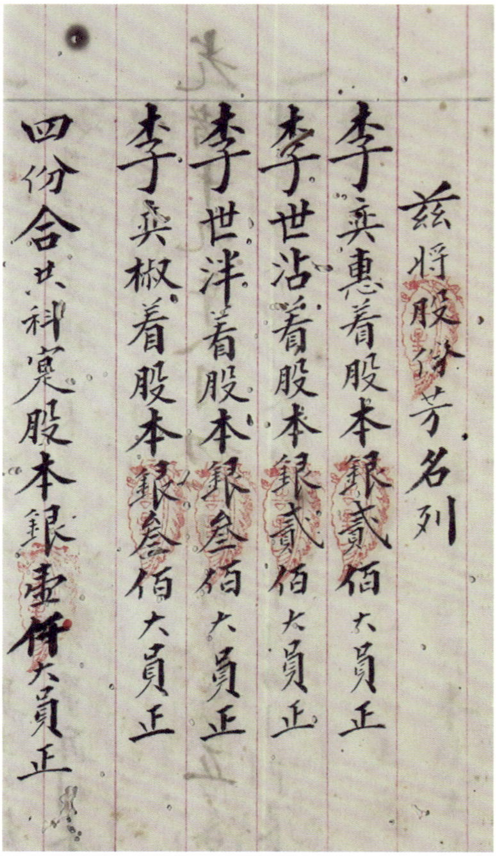

砵崙寳綸號股份簿（4–3）

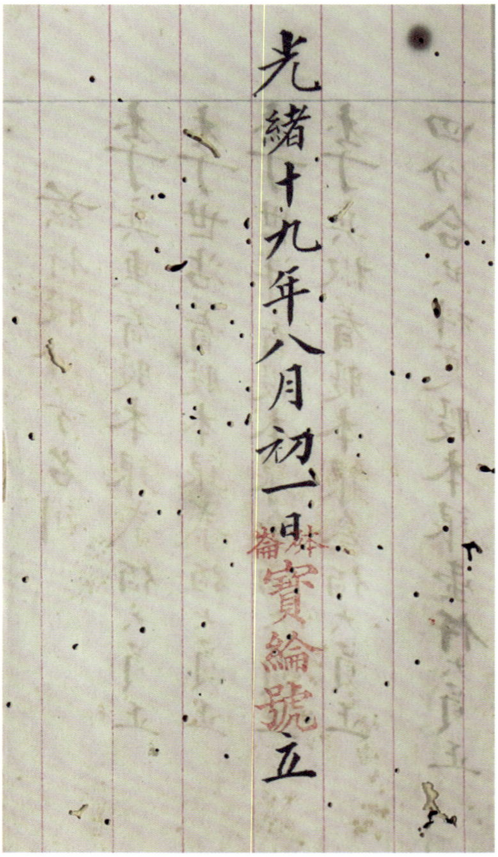

砵崙寳綸號股份簿（4–4）

0066 永福堂猪會股份簿：不分卷 / 永福堂立 . — 清宣統二年（1910）抄本 . — 1 册

8 行，字數不等，白口，四周花邊，單黑魚尾，匡高 19.3 厘米，寬 12.7 厘米。

書名取自封面，封面有手書“大嶺厚村譚開慈收執”字樣。版心下端印“羊城桂香街粵華興印局承刷”。前有“永福堂猪會小引”；末有落款“宣統二年歲次庚戌十二月吉日 永福堂立”。

是會之設立爲購買不動之産，定遞年結月，收餘息宰牲以分占，使得飲食祭祀各有所賴，立條設簿，以期長久。有條規并産業情況，并有“永福堂段份芳名録”。

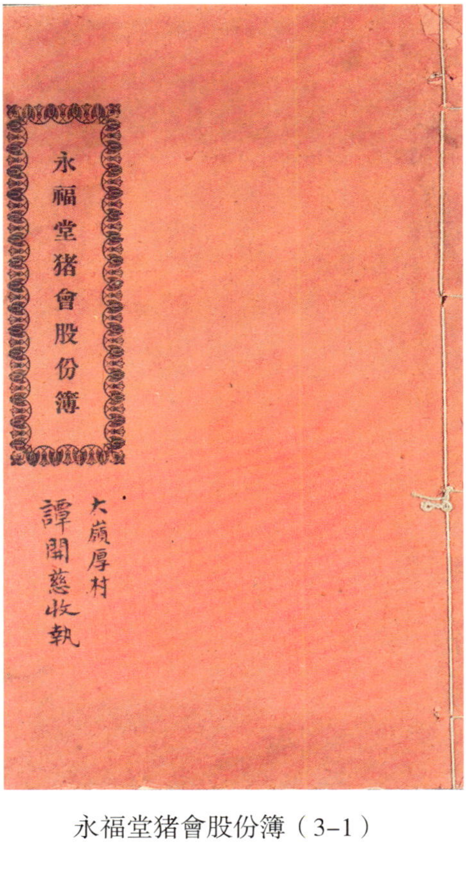

永福堂猪會股份簿（3–1）

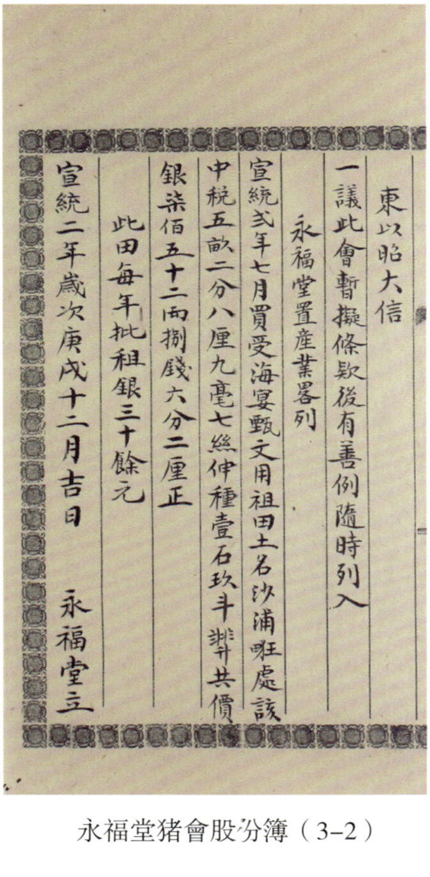
東以昭大信
一議此會暫擬條欵後有善例隨時列入
永福堂置產業畧列
宣統弍年七月買受海宴甄文用祖田土名沙浦旺處該
中稅五畝二分八厘九毫七絲伸種壹石玖斗共價
銀柒佰五十二両捌錢六分二厘正
此田每年批租銀三十餘元
宣統二年歲次庚戌十二月吉日　永福堂立

永福堂猪會股分簿（3–2）

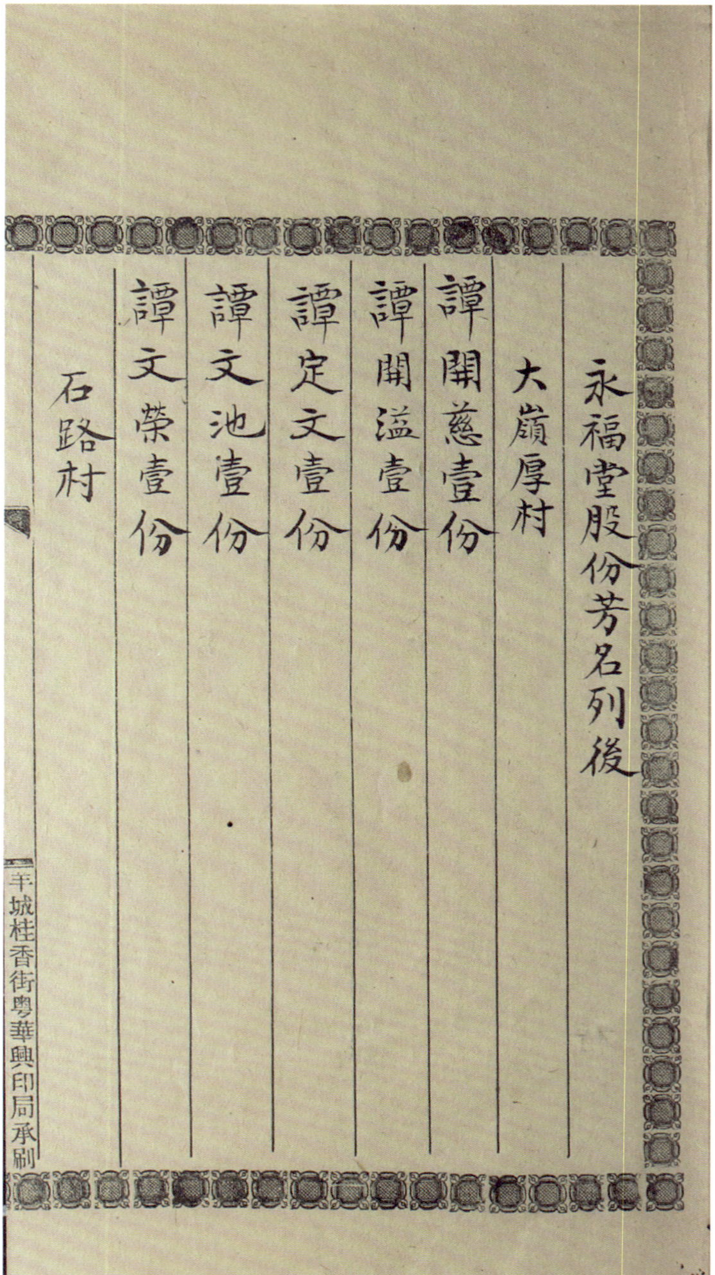

永福堂股份芳名列後

大嶺厚村

譚開慈壹份

譚開溢壹份

譚定文壹份

譚文池壹份

譚文榮壹份

石路村

羊城桂香街粵華興印局承刷

永福堂猪會股份簿（3–3）

0067 嗚冤詞 /（清）區陳氏、（清）區吴氏訴．— 清光緒二十五年（1899）鉛印本．— 2 頁

書名取自題端，現存兩副本各一頁。一副本爲紅底，另一副本爲白底印刷，均無框。

區天民，清代官員，初爲大挑知縣（疑爲“大田縣”，在福建省中部），後官至福建督糧道加布政使司。

本狀詞爲廣東新會縣潮連鄉清朝官員區天民後人爲争家族産業而發生的寃狀訴詞。有兩狀，首狀末印“光緒二十五年六月吉日 區方伯祖七十三齡貞婦區陳氏、六十二齡貞婦區吴氏等謹訴”；次狀末印“區陳氏、區吴氏 等再訴”。兩頁用紙及版式略有不同。

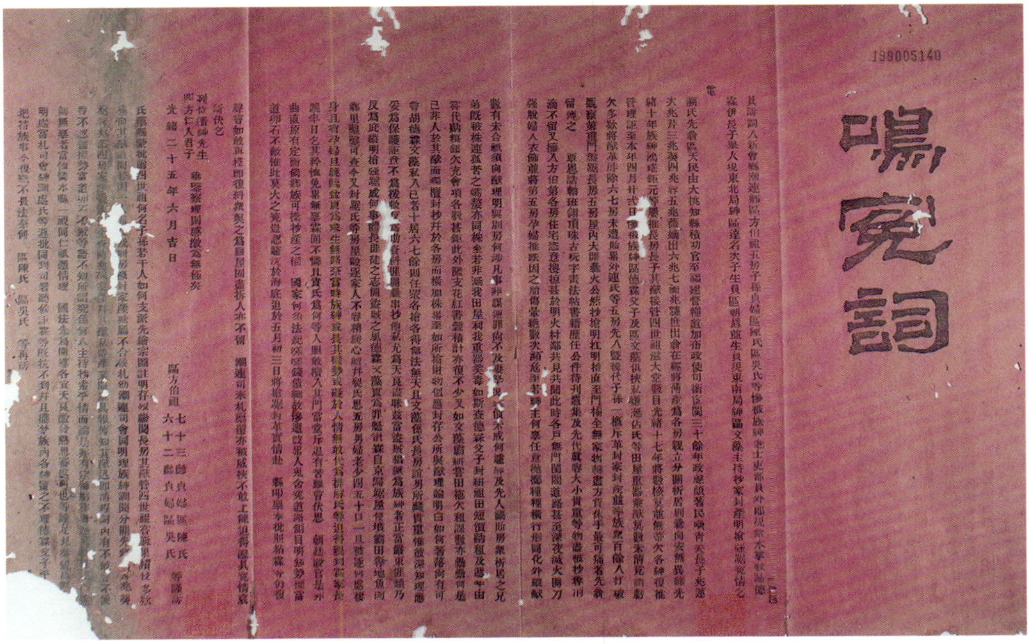
199005140

嗚冤詞

光緒二十五年六月吉日

區方伯祖 七十三齡貞婦區陳氏 六十二齡貞婦區吳氏 等謹訴

嗚冤詞（2–1）

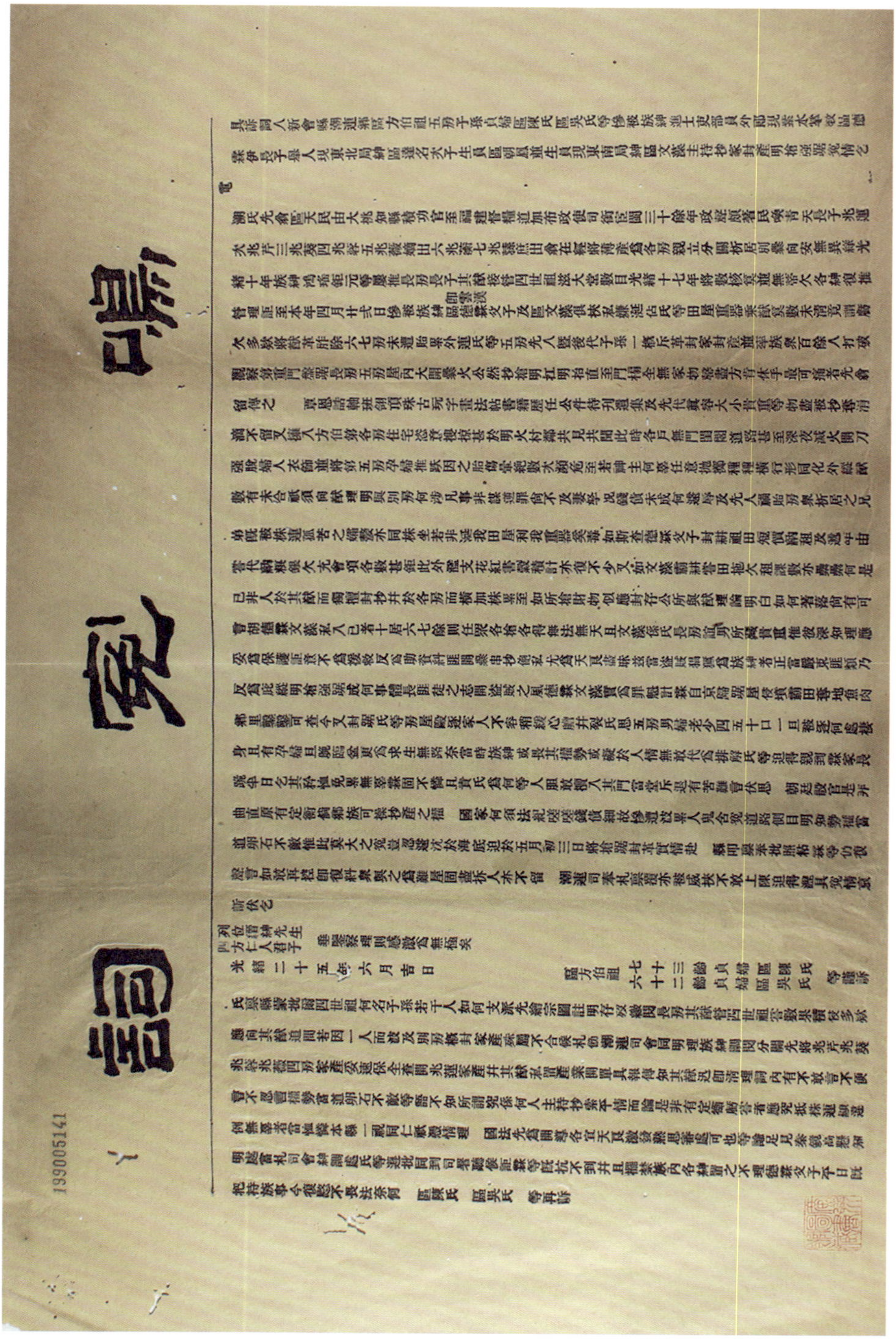

鳴冤詞（2-2）

0068 李文田先生書白鹿洞學規碑：不分卷 /（宋）朱熹訂；（清）李文田書．— 清光緒十四年（1888）拓本．— 1 册

篆書，3 行，3 字，共 151 行，439 字，着墨拓頁共 27 張（26 整張，首尾各半頁），着墨處高 28.8 厘米，寬 18.5 厘米。

前後有木板夾。書名取自封面題簽，封面墨筆題簽：李文田先生書白鹿洞學規碑 王貴忱謹題。書後有是書原收藏者梁基永先生墨筆題跋。着墨拓頁首頁爲：朱子白鹿洞書院學規。正文後有楷書拓頁：光緒十四年七月 日講起居注官 南書房行走翰林院侍讀學士順德李文田書。

朱熹（1130 ~ 1200），宋徽州婺源人，徙居建陽考亭，字元晦，一字仲晦，號晦庵、晦翁、遯翁、滄洲病叟，别號紫陽、雲谷老人。朱松子。高宗紹興十八年（1148）進士，爲同安主簿。孝宗淳熙中，知南康軍，改提舉浙東茶鹽公事。時浙東大飢，乃單車按行境内，救荒革弊。光宗時歷知漳州，任秘閣修撰等。寧宗初，以焕章閣待制提舉南京鴻慶宫。慶元二年，落職罷祠。卒後追謚文。受業於李侗，得程顥、程頤之傳，兼采周敦頤、張載等人學説，集北宋以來理學之大成。主持白鹿洞、岳麓書院，講學五十餘年，弟子衆多。其學派被稱爲閩學，或考亭學派、程朱學派。曾被韓侂胄視爲僞學，加以禁止。有《四書章句集注》、《伊洛淵源録》、《名臣言行録》、《資治通鑒綱目》、《詩集傳》、《楚辭集注》，及後人編纂的《朱子語類》、《朱文公文集》等。

李文田簡介見第 0017 條《元朝秘史》。

是帖拓自廣雅書院所立石碑，順德李文田篆書於清光緒十四年（1888），初拓本。《白鹿洞書院學規》是朱熹爲了培養人才而制定的教育方針和學生守則，集儒家經典語句而成，便於記誦。

鈐印有“徐續”、“王貴忱印”、“可居室印”、“鐵嶺王貴忱印”、“疏影小閣”、“南海梁基永印”等。

李文田先生書白鹿洞學規碑（4–1）

李文田先生書白鹿洞學規碑（4–2）

李文田先生書白鹿洞學規碑（4–3）

李文田先生書白鹿洞學規碑（4–4）

0069 粵東金石略：九卷，卷首一卷，附二卷 /（清）翁方綱撰．— 清光緒十七年（1891）廣州石經堂書局據清乾隆三十六年（1771）石洲艸堂刻本影印本．— 4 册

粵東金石略（3–1）

10 行，22 字，小字雙行同，白口，左右雙邊，單黑魚尾，匡高 13.8 厘米，寬 10 厘米。

扉頁印“北平翁覃溪著 粵東金石略 石洲艸堂梓”。扉頁背面牌記印“光緒歲在辛卯秋七月 廣州石經堂書局影印”。卷三末有是書原收藏者梁基永先生墨筆題記。前有清乾隆三十六年翁方綱“粵東金石略自序”。

翁方綱（1733 ~ 1818），清順天大興人，字正三，號覃溪。乾隆十七年（1752）進士，授編修。歷督廣東、江西、山東三省學政，官至内閣學士。好獎掖後進。精通金石、譜録、書畫、詞章之學，書法尤冠絶一時。詩宗江西派，論詩拈“肌理”二字，然所作每嫌太實，有以學爲詩之嫌。有《粵東金石略》、《蘇米齋蘭亭考》、《小石帆亭著録》、《復初齋詩文集》等。

是書共收録粵東金石五百六十二種，附九曜石諸刻二十八種。

鈐印有“拾清樓主”、“禮堂梁基永印”、“禮堂所得嶺南文物”、“禮堂”等。

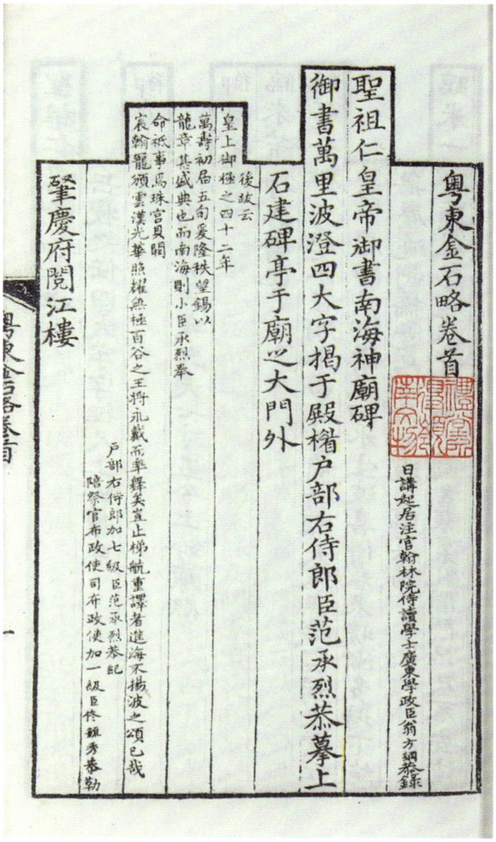
粵東金石略卷首
日講起居注官翰林院侍讀學士廣東學政臣翁方綱恭録
聖祖仁皇帝御書南海神廟碑
御書萬里波澄四大字揭于殿楣户部右侍郎臣范承烈恭摹上石建碑亭于廟之大門外
後跋云
皇上御極之四十二年
萬壽初屆五旬爰隆秩望錫以
龍章甚盛典也而南海則小臣承烈奉
命衹事焉珠宫貝闕
宸翰寵頒雲漢光華照耀無極百谷之王將永戴而畢羣矣豈止梯航重譯者進海不揚波之頌已哉
户部右侍郎加七級臣范承烈恭紀
陪祭官布政使司布政使加一級臣佟鎮秀恭勒
肇慶府閱江樓

粵東金石略（3-2）

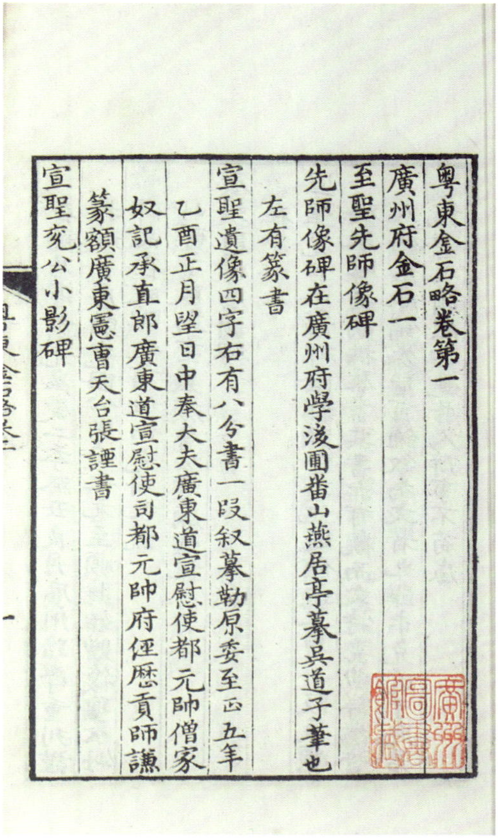
粵東金石略卷第一
廣州府金石一
至聖先師像碑
先師像碑在廣州府學後圃番山燕居亭摹吳道子筆也
左有篆書
宣聖遺像四字右有八分書一段叙摹勒原委至正五年
乙酉正月望日中奉大夫廣東道宣慰使都元帥僧家
奴記承直郎廣東道宣慰使司都元帥府經歷貢師讓
篆額廣東憲曹天台張譓書
宣聖兖公小影碑

粵東金石略（3-3）

0070 金石稱例：四卷，續一卷；碑文摘奇：一卷；書餘：一卷 /（清）梁廷枏撰 .— 清道光（1821 ~ 1850）刻本 .— 2 册 .—［藤花亭十七種：十七種九十五卷 /（清）梁廷枏撰］

8 行，18 字，小字雙行同，白口，四周雙邊，雙對黑魚尾，匡高 16.4 厘米，寬 12.3 厘米。

册 1 封面有是書原收藏者梁基永先生墨筆題簽。每種書前各有扉頁。《金石稱例》前有（清嘉慶）戊寅（二十三年，1818）梁廷枏自序，清道光戊子（八年，1828）温葆淳序，目録。《續金石稱例》前有（清嘉慶）己卯（二十四年，1819）梁廷枏"續金石稱例自序"，目録。《書餘》前有梁廷枏記，後有道光庚寅（十年，1830）梁廷枏跋。

著者簡介見第 0011 條《南漢文字略》。

鈐印有"儀清室"、"禮堂所得嶺南文物"、"禮堂梁基永印"。

據《中國叢書綜録》此書爲清道光年間刊本《藤花亭十七種》中的一種。

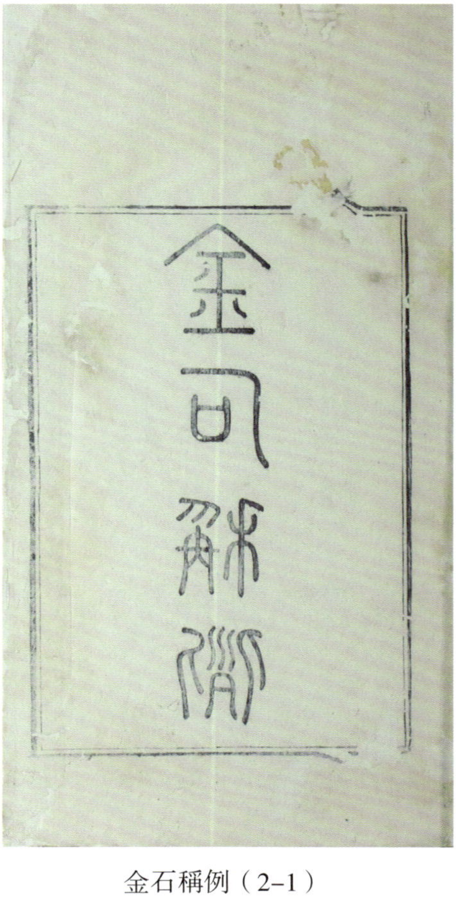

金石稱例（2–1）

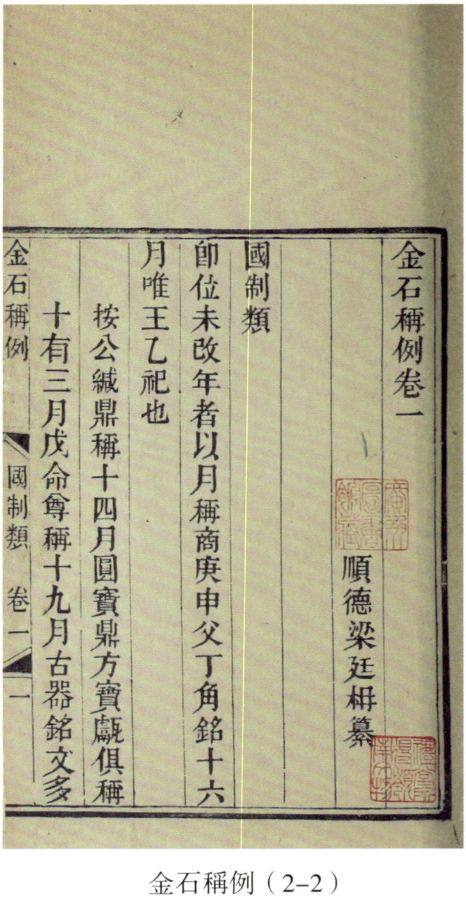

金石稱例卷一
順德梁廷枏纂
國制類
卽位未改年者以月稱商庚申父丁角銘十六
月唯王乙祀也
按公緘鼎稱十四月圓寶鼎方寶甗俱稱
十有三月戊命彝稱十九月古器銘文多
金石稱例 國制類 卷一 一

金石稱例（2–2）

碑文摘奇

碑文摘奇（2-1）

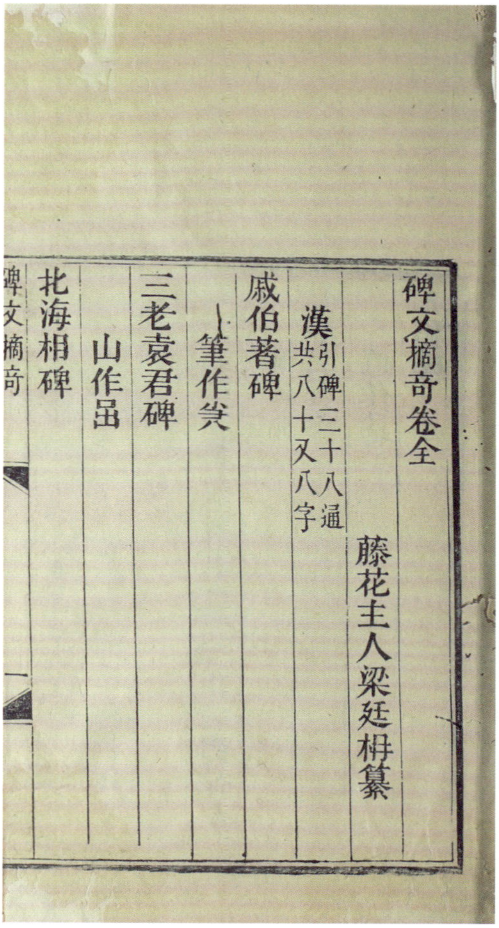
碑文摘奇卷全　　藤花主人梁廷枏纂

漢引碑三十八通共八十又八字

戚伯著碑

筆作笶

三老袁君碑

山作[illegible]

北海相碑

碑文摘奇

碑文摘奇（2-2）

書餘

書餘（2–1）

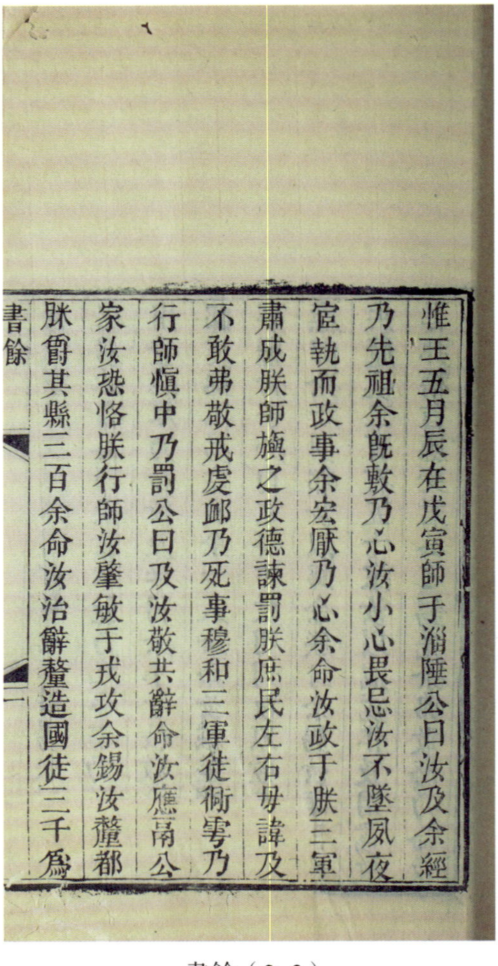
惟王五月辰在戊寅師于淄陲公曰汝及余經
乃先祖余既敷乃心汝小心畏忌汝不墜夙夜
宦執而政事余宏厭乃心余命汝政于朕三軍
肅成朕師旟之政德諫罰朕庶民左右毋諱及
不敢弗敬戒虔卹乃死事穆和三軍徒御雩乃
行師愼中乃罰公曰及汝敬共辭命汝應鬲公
家汝恐恪朕行師汝肇敏于戎攻余錫汝釐都
朕爵其縣三百余命汝治辭釐造國徒三千爲

書餘　一

書餘（2–2）

0071 史通削繁：四卷 /（唐）劉知幾編著；（清）紀昀削繁；（清）浦起龍注；（清）陳仕荃校．— 清道光十三年（1833）兩廣節署朱墨套印本．— 4 册

史通削繁（3–1）

10 行，21 字，小字雙行同，白口，四周單邊，單黑魚尾，匡高 18 厘米，寬 12.9 厘米。

牌記刊“道光十三年冬刊於兩廣節署 粵東省城翰墨園藏板”。天頭朱字刊點評，行間刊有朱色句讀。

劉知幾（661 ~ 721），唐徐州彭城人，字子玄。劉知柔弟。高宗永隆進士。調獲嘉主簿。武則天時累遷鳳閣舍人，兼修國史。中宗時，擢太子率更令，遷秘書少監，參與編修《則天皇后實録》。又著《史通》四十九篇，於景龍四年（710）成書。玄宗開元初遷左散騎常侍，仍領史事，坐事貶安州別駕。卒謚文。知幾前後修史近三十年，主張秉筆直書，以爲史家須具才、學、識三長。有集。

紀昀（1724 ~ 1805），清直隸獻縣人，字曉嵐，號石雲，又號春帆。乾隆十九年（1754）進士。自編修累官侍讀學士。以姻家盧見曾案漏言，戍烏魯木齊。釋還後再授編修。三十八年（1773），被舉爲四庫全書館總纂，在館十年，纂成全書，并撰《四庫全書總目提要》。嘉慶間官至協辦大學士，加太子太保。謚文達。另有《紀文達公集》、《閱微草堂筆記》。

浦起龍（1679 ~ 1762），清江蘇金匱人，字二田。雍正八年（1730）進士，官蘇州府學教授。通史學。有《史通通釋》、《讀杜心解》。

是書爲清代著名學者紀昀在唐代劉知幾《史通》的基礎上，批判繼承，提出史學批評理論，進行歸納總結，取其精華，細加評閱删訂所得，凡四卷。

鈐印有“儀清室”、“禮堂”、“禮堂所得嶺南文物”、“基永”等。

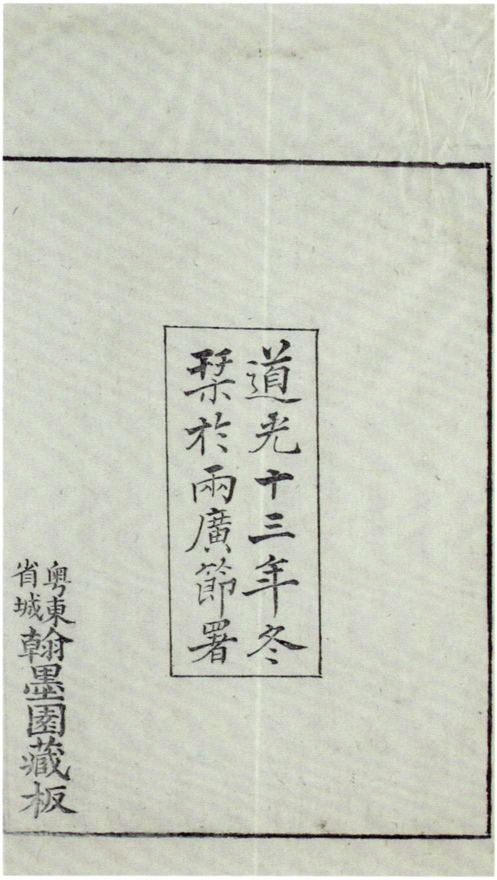

史通削繁（3-2）

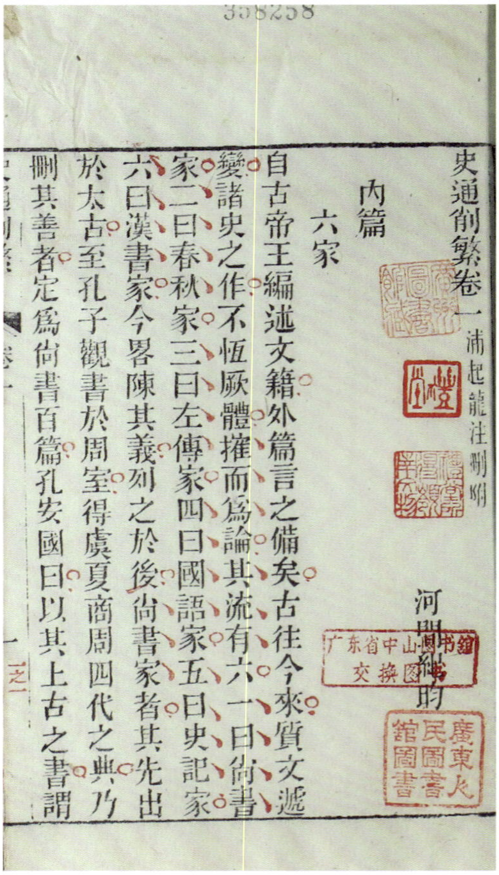

史通削繁（3-3）

圖録・子部

0072 朱子學的：二卷 /（明）邱濬輯；（清）翁方綱校．— 清乾隆三十六年（1771）刻本．— 4 册

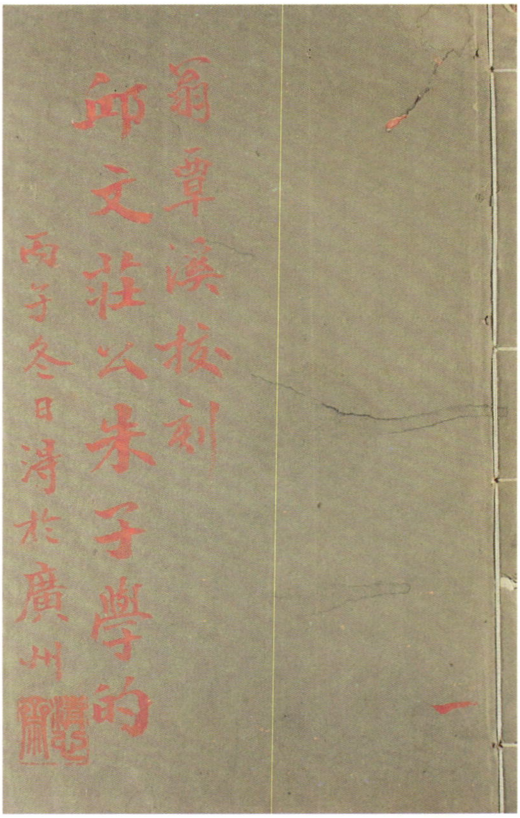

朱子學的（3–1）

10 行，21 字，白口，四周單邊，單黑魚尾，匡高 22 厘米，寬 15.5 厘米。

卷一封面朱筆題簽“翁覃溪校刻 邱文莊公朱子學的 丙子冬日得於廣州”；扉頁題朱字“朱子學的”，并有墨筆題記：“《朱子學的》十二卷，吾粤瓊山邱文莊公所集，此書未見明刻，此乾隆重刊本亦不多見也。前有翁學使序云：‘三莅海南’，可知覃溪游履之廣也。丙戌夏得自香海。丁亥李平記。”文中有朱筆句讀。前有乾隆三十六年翁方綱“朱子學的序”，葉向高“附録七則”，翁方綱“邱文莊公自識十五則”。

邱濬（1421 ~ 1495），又作邱浚。明廣東瓊山（今屬海南）人，字仲深，號瓊臺，謚號“文莊”。景泰五年（1454）進士。嘗采群書補宋真德秀《大學衍義》爲《大學衍義補》，所載均可見之行事。作有傳奇《吴綸全備忠孝記》等。亦工詩，有《瓊台集》。

翁方綱簡介見第 0070 條《粤東金石略》。

鈐印有“禮堂梁基永印”、“義清室”、“清心齋”。

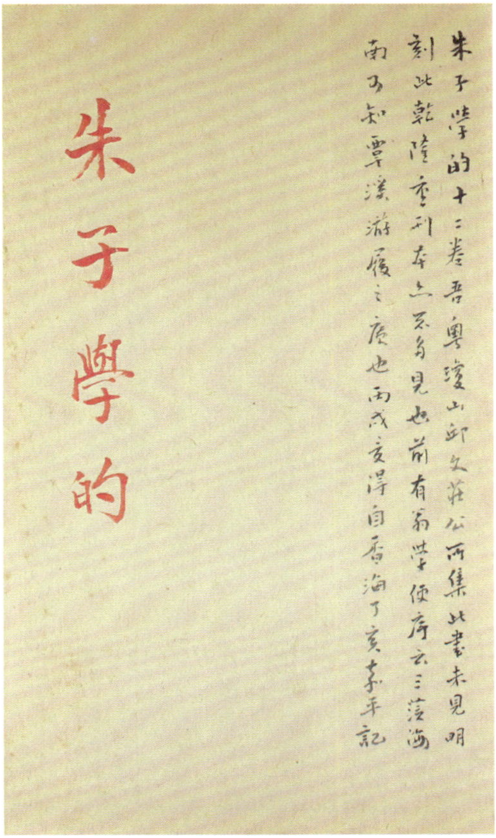

朱子學的

朱子學的十二卷吾粵瓊山邱文莊公所集此書未見明
刻此乾隆重刊本亦不多見也前有翁學使序云三蓬海
南不知粵漢游履之處也丙戌夏得自香海丁亥季平記

朱子學的（3–2）

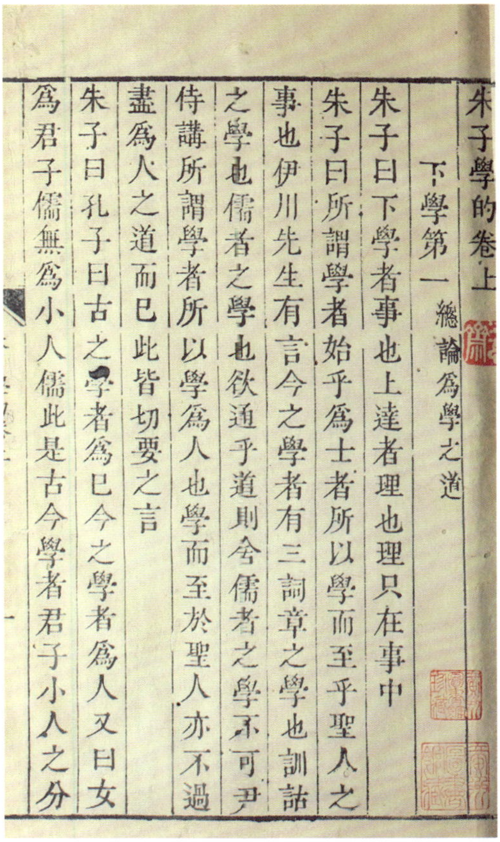

朱子學的卷上

下學第一 總論爲學之道

朱子曰下學者事也上達者理也理只在事中

朱子曰所謂學者始乎爲士者所以學而至乎聖人之事也伊川先生有言今之學者有三詞章之學也訓詁之學也儒者之學也欲通乎道則舍儒者之學不可尹侍講所謂學者所以學爲人也學而至於聖人亦不過盡爲人之道而已此皆切要之言

朱子曰孔子曰古之學者爲己今之學者爲人又曰女爲君子儒無爲小人儒此是古今學者君子小人之分

朱子學的（3–3）

0073 較正幼學須知成語考：二卷 /（明）邱文莊原本．— 清光緒八年（1882）粤東文林閣刻本．— 2 册

9 行，22 字，白口，左右雙邊，單黑魚尾，匡高 16 厘米，寬 11.4 厘米。

佚名朱墨筆批注，朱筆點讀。扉頁刊“光緒八年秋鐫 校訂點畫無訛 成語考 禪山文林閣藏板”。卷端下刊“粤東省文林閣校刻”，版心下端刊“文林閣”。

邱文莊，即邱濬，其簡介見 0072 條《朱子學的》。

鈐印有“儀清室”、“禮堂梁基永印”。

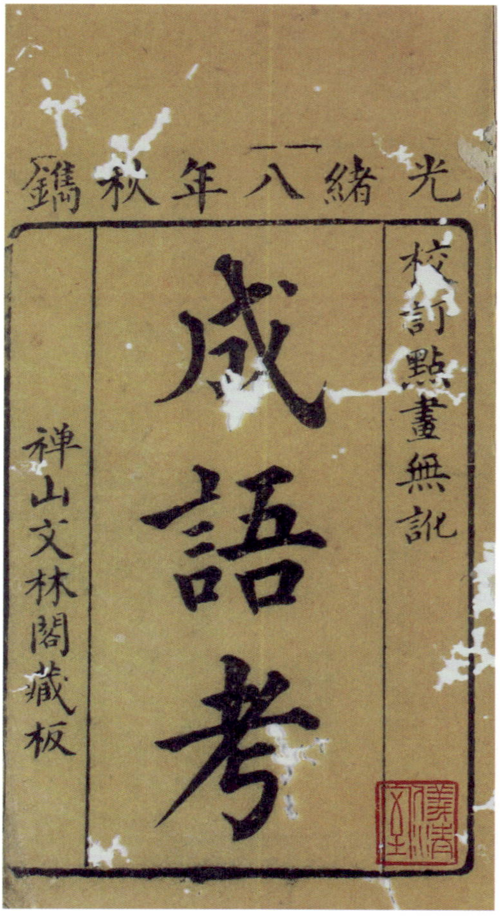

較正幼學須知成語考（2-1）

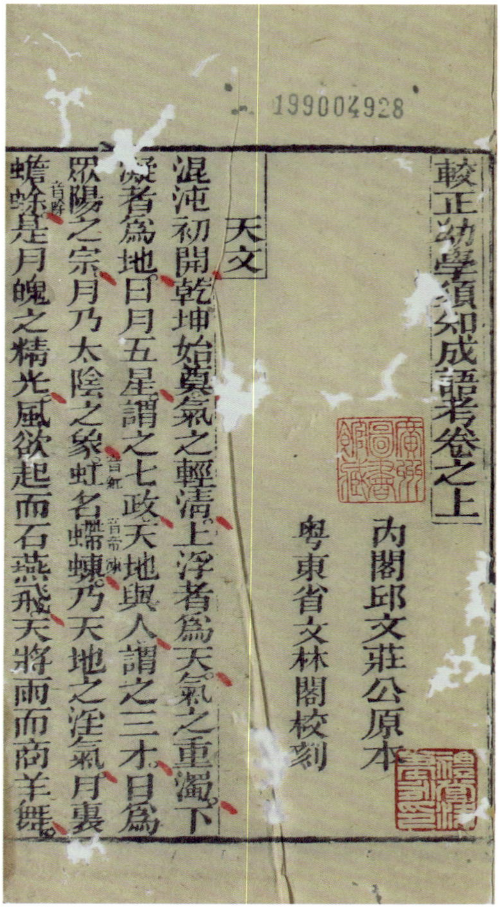

較正幼學須知成語考（2-2）

0074 新刻注釋孔子家語憲：四卷/（明）陳際泰釋；（明）劉舜臣梓. — 明（1368 ~ 1644）金閶書業堂刻本. — 2 册：圖

9行，21字，小字雙行同，白口，四周單邊，匡高19.7厘米，寬12.8厘米。

目録末有是書原收藏者梁基永先生朱筆題記。扉頁刊“汲古閣原本重訂 孔子家語 金閶書業堂梓”。前有陳際泰“家語憲叙”。

陳際泰，明末廣東番禺人，崇禎庚午（三年，1630）舉於鄉，十三年庚辰（1640）時由進士授本樂知縣，擢臨江知府，歷湖廣布政司參議兼僉事。會蘇觀生等擁立唐王抗永曆，以際泰知兵，授爲監軍道督軍，與永曆總督林佳鼎戰於三水，兵敗。復招海盜數萬，遣大將林察將，戰於河口，斬佳鼎大兵。入廣州，死於家。

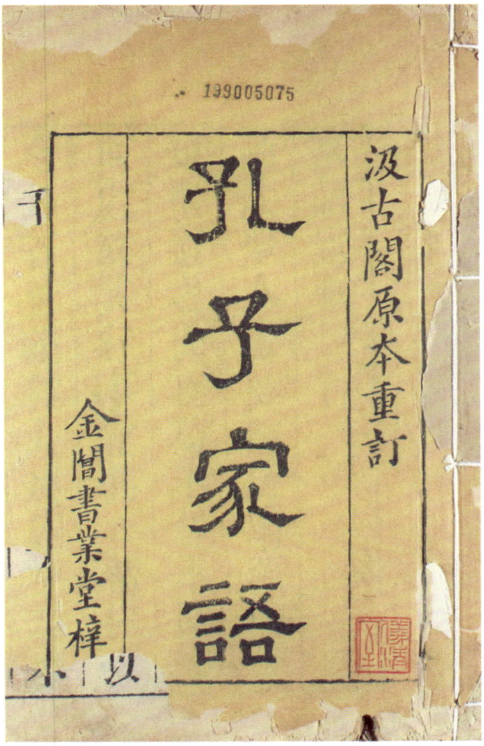

新刻注釋孔子家語憲（3–1）

《孔子家語》是一部記録孔子及孔門弟子思想言行的著作，此書是對《家語》的文字注釋。

鈐印有“鐵嶺王貴忱印”、“儀清室”、“西關梁氏”、“禮堂梁基永印”等。

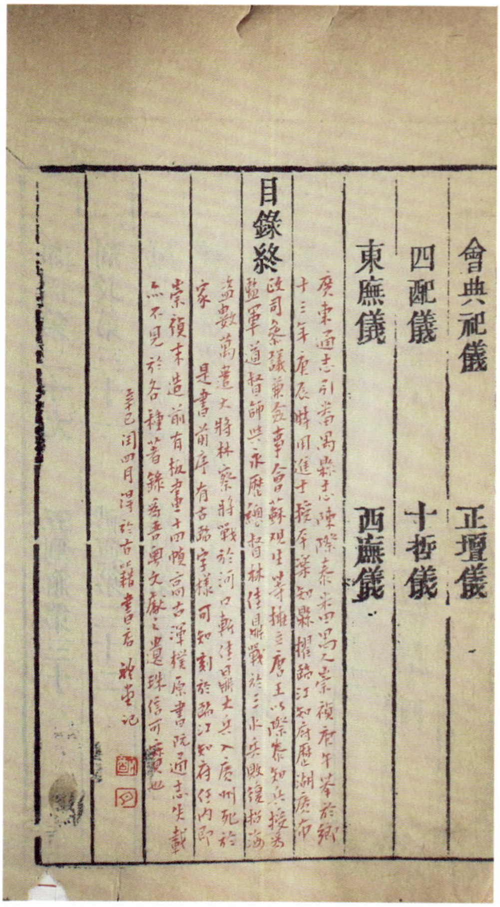

新刻注釋孔子家語憲（3-2）

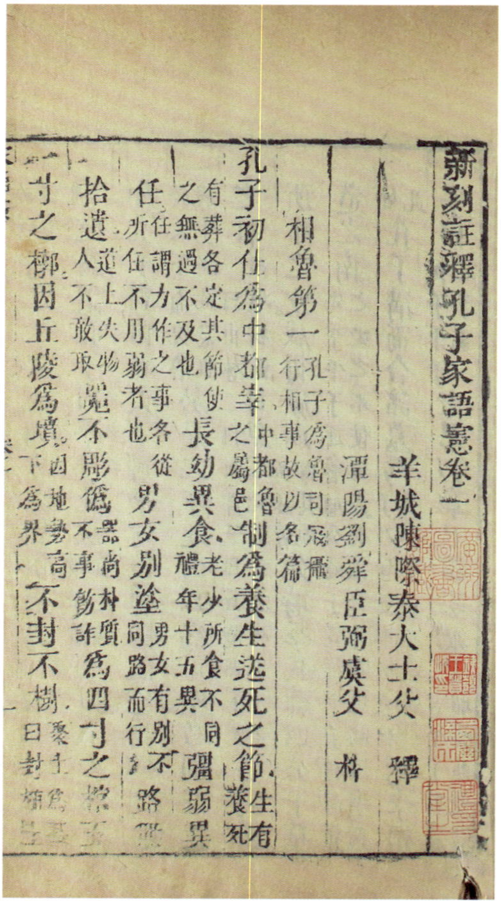

新刻注釋孔子家語憲（3-3）

0075 和樂堂家規：一卷 /（清）和樂堂記 . — 清光緒二年（1876）抄本 . — 1 册

6行，字數不等，白口，無邊框。

書名取自封面。封面墨筆題：和樂堂家規惠理收執。前有光緒二年劭理、豪理、旋理、華理、璧理序。

此爲梁氏一支，篤圃公生四子，其後家業興旺，後人訂立家規，以供遵守。前有“家規”，後有“十七世族至十九世族考”。

鈐印有“和樂堂”、“梁和樂堂記”。

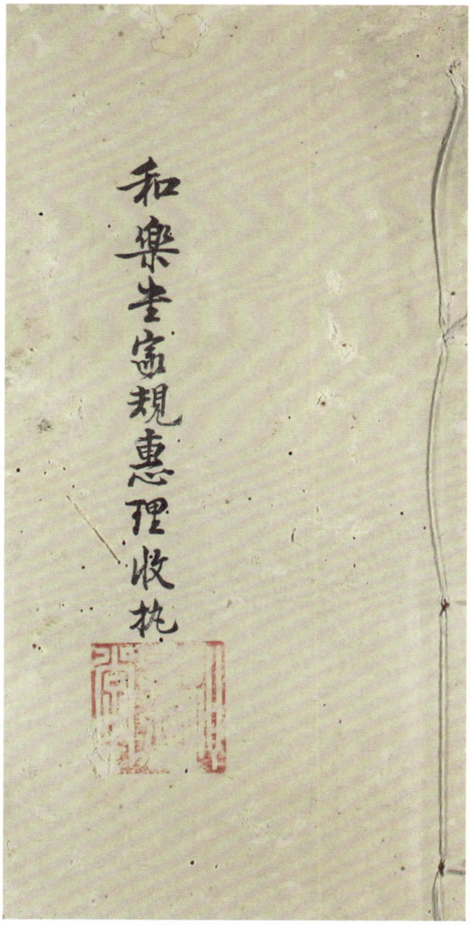

和樂堂家規（4–1）

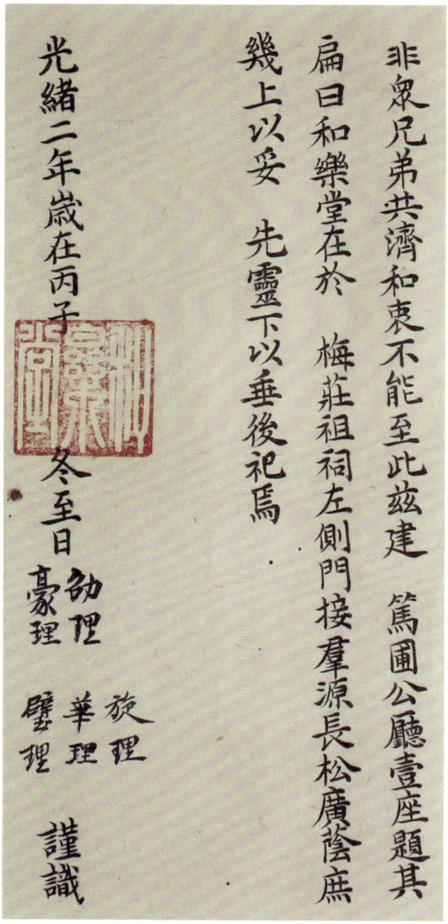

和樂堂家規（4–2）

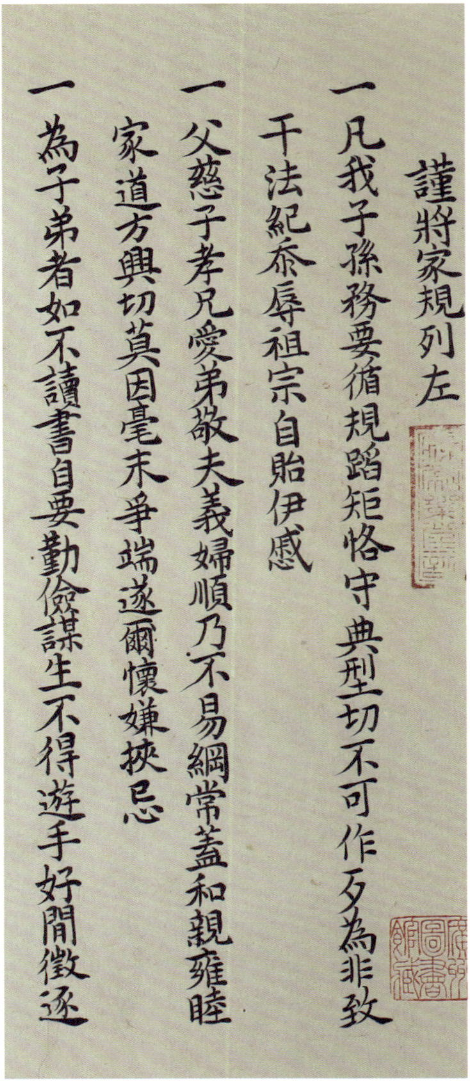
謹將家規列左
一凡我子孫務要循規蹈矩恪守典型切不可作歹為非致
干法紀忝辱祖宗自貽伊慼
一父慈子孝兄愛弟敬夫義婦順乃不易綱常蓋和親雍睦
家道方興切莫因毫末爭端遂爾懷嫌挾忌
一為子弟者如不讀書自要勤儉謀生不得遊手好閒徵逐

和樂堂家規（4–3）

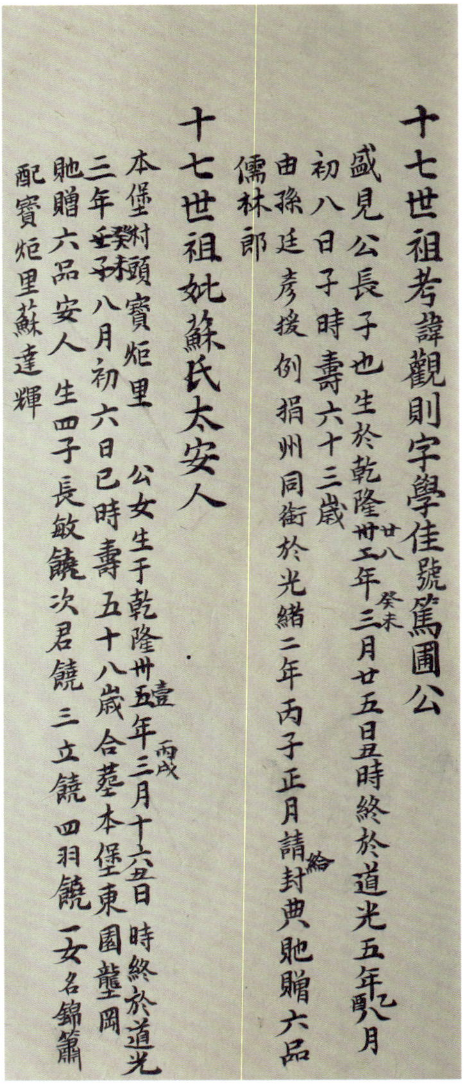
十七世祖考諱觀則字學佳號篤圃公
盛見公長子也生於乾隆廿八年癸未三月廿五日丑時終於道光五年乙酉八月
初八日子時壽六十三歲
由孫廷彥援例捐州同銜於光緒二年丙子正月請給封典貤贈六品
儒林郎
十七世祖妣蘇氏太安人
本堡村頭寶炬里　公女生于乾隆卅壹年丙戌三月十五日　時終於道光
三年癸未八月初六日巳時壽五十八歲合葬本堡東園壟岡
貤贈六品安人　生四子長敏鐃次君鐃三立鐃四羽鐃一女名錦簫
配寶炬里蘇達輝

和樂堂家規（4–4）

0076 聖諭廣訓疏議：一卷 / 兩粵廣仁善堂繹．— 清光緒十六年（1890）兩粵廣仁善堂刻本．— 1 冊

8行，21字，白口，四周雙邊，單黑魚尾（間單紅魚尾或雙對黑魚尾），匡高22厘米，寬13.4厘米。

扉頁朱字刊“聖諭廣訓”。扉頁背面朱字刊“兩粵廣仁善堂恭繹 第三條疏義 光緒十六年夏月鐫版 本堂總局設在廣東省城南關大巷口 本堂分局設在廣西省城西華門大街”。前有朱字刊《聖諭廣訓》第三條全文，後有時任廣東高廉欽道署理廣東按察使司王景賢、時任廣西按察使張聯桂、時任員外郎銜户部主事易學清等人跋。

《聖諭廣訓》爲雍正二年（1724）出版的官修典籍，清朝時期的國教，訓諭世人守法和應有的德行、道理，源於清康熙皇帝的《聖諭十六條》，雍正皇帝繼位後加以推衍解釋。清政府在各地推行宣講，并定爲考試内容。此書闡釋了《聖諭廣訓》第三條之内涵。

鈐印有“儀清室”、“禮堂梁基永印”。

聖諭廣訓疏議（3–1）

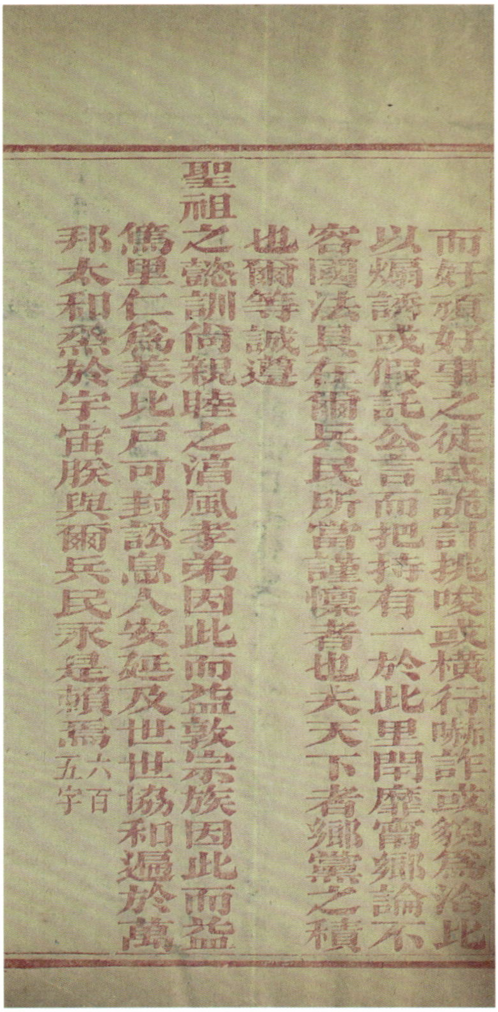

而奸頑好事之徒或詭計挑唆或橫行嚇詐或貌爲治比以煽誘或假託公言而把持有一於此里閈靡甯鄉論不容國法具在爾兵民所當謹懔者也夫天下者鄉黨之積也爾等誠遵
聖祖之懿訓尙親睦之淳風孝弟因此而益敦宗族因此而益篤里仁爲美比戶可封訟息人安延及世世協和遍於萬邦太和烝於宇宙朕與爾兵民永是賴焉六百五字

聖諭廣訓疏議（3–2）

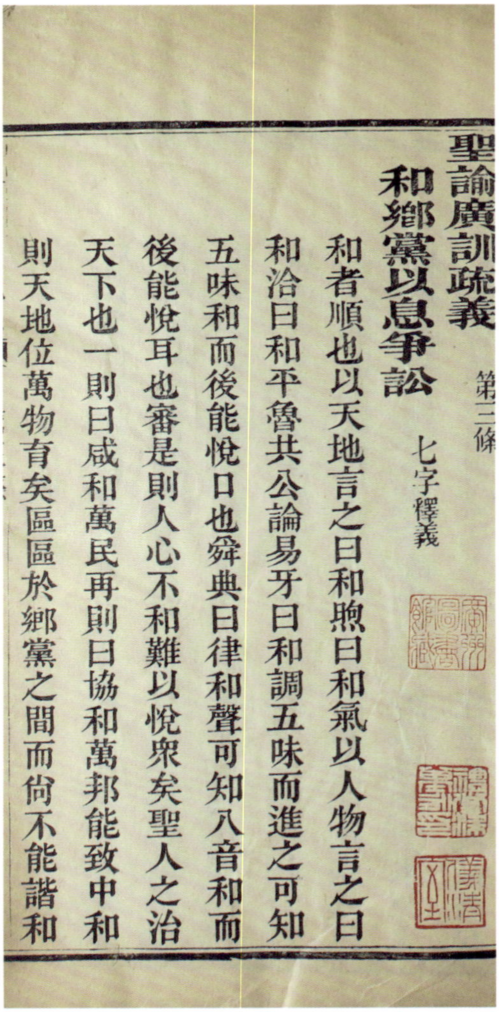

聖諭廣訓疏義 第三條

和鄉黨以息爭訟 七字釋義

和者順也以天地言之曰和煦曰和氣以人物言之曰和洽曰和平魯共公論易牙曰和調五味而進之可知五味和而後能悅口也舜典曰律和聲可知八音和而後能悅耳也審是則人心不和難以悅衆矣聖人之治天下也一則曰咸和萬民再則曰協和萬邦能致中和則天地位萬物育矣區區於鄉黨之間而尙不能諧和

聖諭廣訓疏議（3–3）

0077 御製勸善要言：一卷 /（清）清世祖福臨撰．— 清光緒十八年（1892）兩粵廣仁善堂刻本．— 1 册

8 行，22 字，白口，四周雙邊，單黑魚尾，匡高 19.8 厘米，寬 13 厘米。

扉頁題名背面有光緒十八年兩粵廣仁善堂重刊序，前有清順治帝序。

著者簡介見第 0005 條《御注孝經》。

鈐印有“張達藏印”、“張達之印”、“禮堂梁基永印”、“儀清室”。

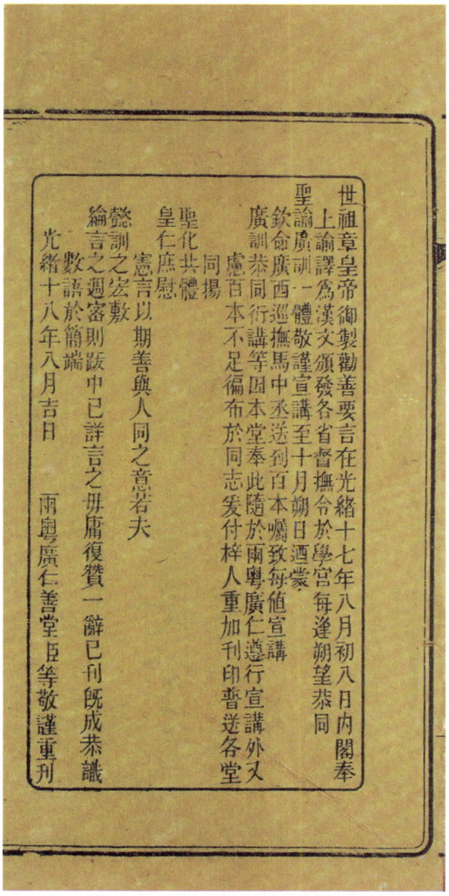
世祖章皇帝御製勸善要言在光緒十七年八月初八日內閣奉
上諭譯為漢文頒發各省督撫令於學宮每逢朔望恭同
聖諭廣訓一體敬謹宣講至十月朔日迺蒙
欽命廣西巡撫馬中丞迭到百本囑致每值宣講
廣訓恭同行講等因本堂奉此隨於兩粵廣仁遵行宣講外又
慮百本不足徧布於同志爰付梓人重加刊印普送各堂
同揚
聖化共體
皇仁庶慰
憲言以期善與人同之意若夫
發訓之宏敷
綸言之週密則跋中已詳言之毋庸復贅一辭已刊既成恭識
數語於簡端
光緒十八年八月吉日　兩粵廣仁善堂臣等敬謹重刊

御製勸善要言（3–1）

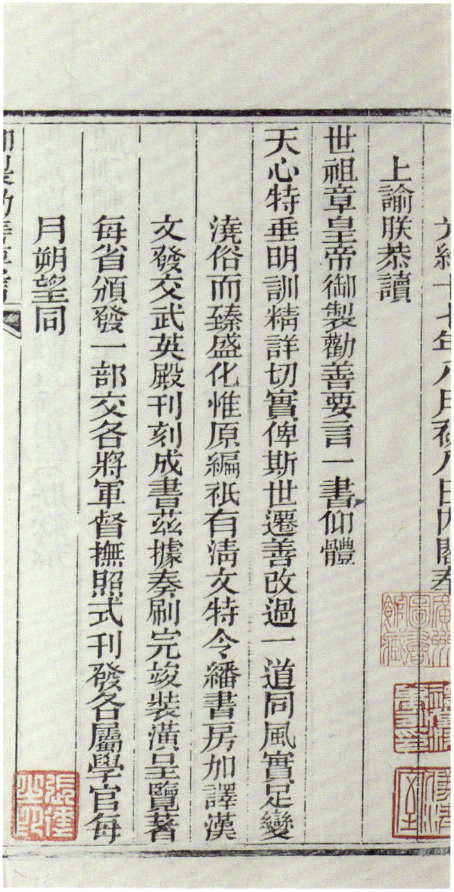
光緒十七年八月初八日內閣奉
上諭朕恭讀
世祖章皇帝御製勸善要言一書仰體
天心特垂明訓精詳切實俾斯世遷善改過一道同風實足變
澆俗而臻盛化惟原編祗有清文特令繙書房加譯漢
文發交武英殿刊刻成書茲據奏刷完竣裝潢呈覽著
每省頒發一部交各將軍督撫照式刊發各屬學官每
月朔望同

御製勸善要言（3–2）

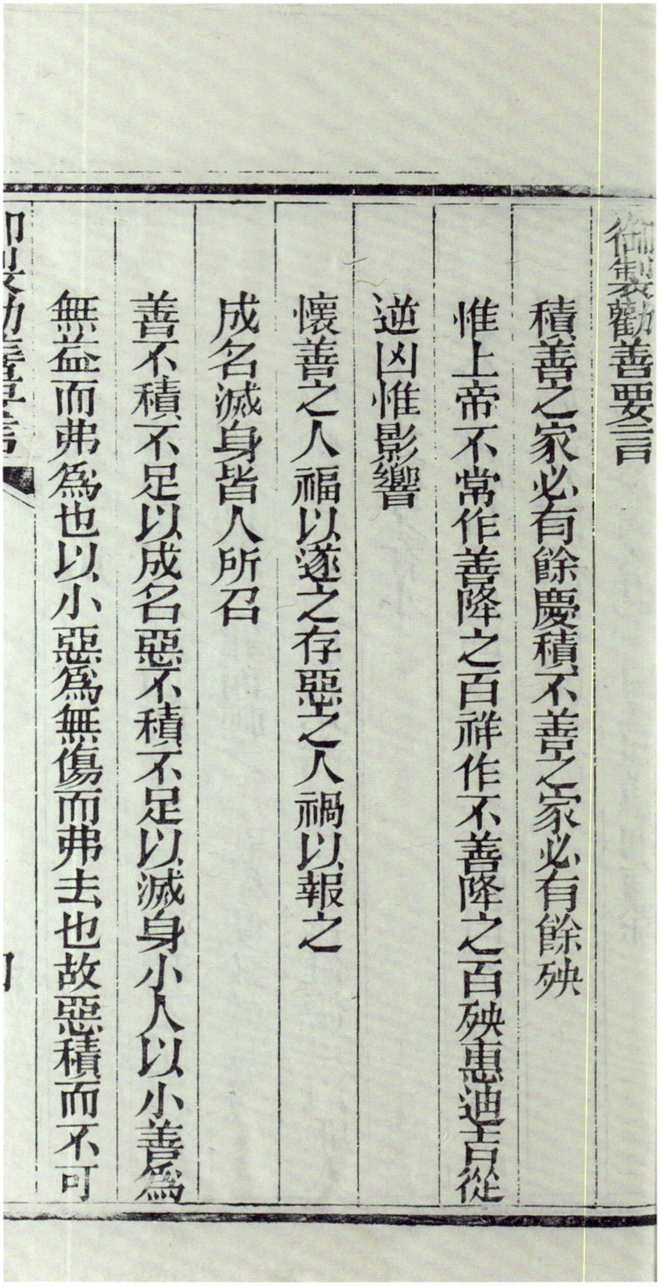
御製勸善要言
積善之家必有餘慶積不善之家必有餘殃
惟上帝不常作善降之百祥作不善降之百殃惠迪吉從
逆凶惟影響
懷善之人福以遂之存惡之人禍以報之
成名滅身皆人所召
善不積不足以成名惡不積不足以滅身小人以小善爲
無益而弗爲也以小惡爲無傷而弗去也故惡積而不可
御製勸善要言　一

御製勸善要言（3–3）

0078 新增幼學五字經句釋：一卷．— 清（1644 ~ 1911）刻本．— 1 册

上下二欄，各欄之下又分二欄，行數、字數不等，白口，四周單邊，單黑魚尾，版框通高 18 厘米（上欄高 8.9 厘米，下欄高 8.7 厘米），寬 13 厘米。

書名取自封面，封面刊“新增幼學五字經句釋 内附文武大小官員品級補服并十八省地輿 佛鎮福禄天寶樓板”。天頭有小字墨筆手書筆記。

是書爲清後期幼學教材，使用粵語粵音注解。記載有“幼學詩句釋”、“文武大小官員品級補服”、“十八省地輿”等内容。

新增幼學五字經句釋（2–1）

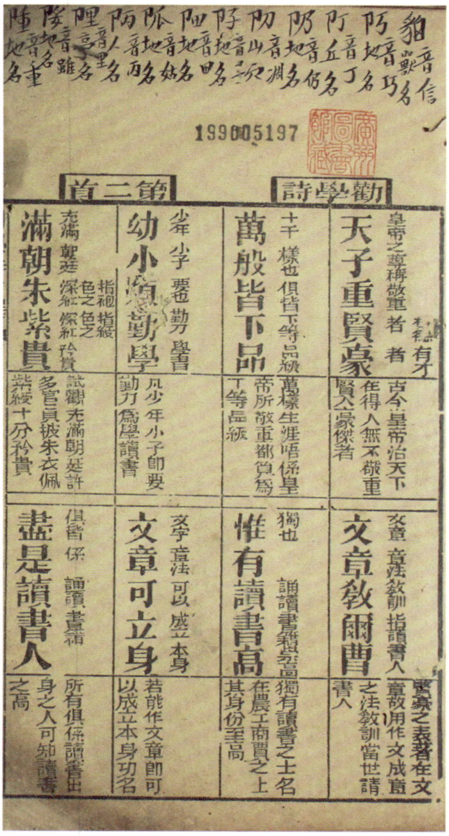

新增幼學五字經句釋（2–2）

0079 治瘋徵驗略紀：二卷 /（清）易賢啓著 . — 清光緒三十四年（1908）刻本 . — 1 册

10 行，22 字，白口，四周單邊，單黑魚尾，匡高 16.2 厘米，寬 11 厘米 .

書名取自封面。封面刊“治瘋徵驗略紀 鶴山易沃林著”。前有“易君沃林肖像”，清光緒三十四年易沃林自序。

存 1 卷：卷上。

易賢啓，清廣東鶴山人，號沃林，别字蔭亭，光禄寺署正。

此書爲治痳瘋病的小册子，分爲上下卷，現存上卷，記載内容包括：痳瘋略論、痳瘋源流精義、熄瘋醒謎語、痳瘋辯症、醫案略録、附録等。

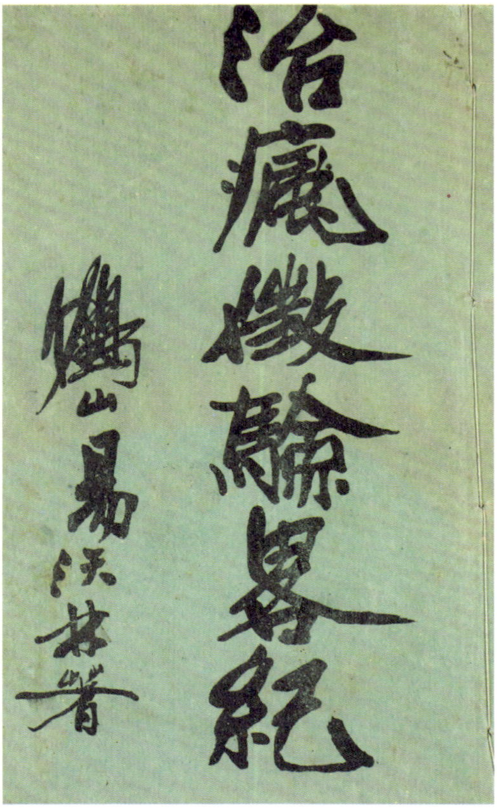

治瘋徵驗略紀（2–1）

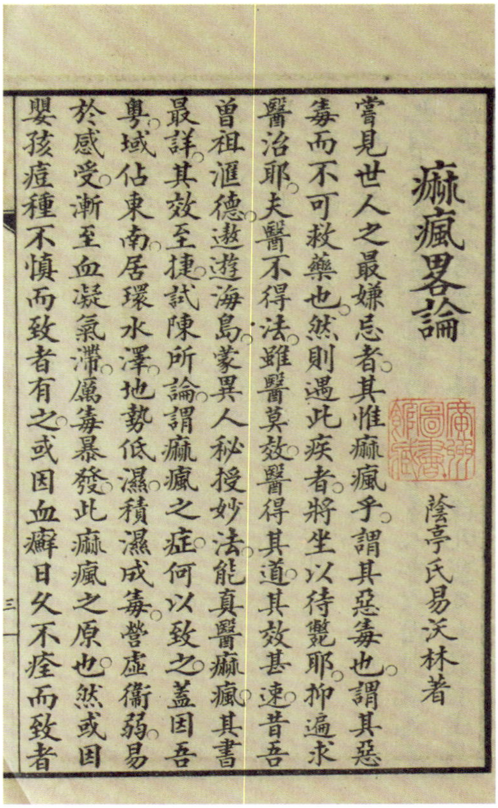
痳瘋畧論

蔭亭氏易沃林著

嘗見世人之最嫌忌者。其惟痳瘋乎。謂其惡毒也。謂其惡毒而不可救藥也。然則遇此疾者。將坐以待斃耶。抑遍求醫治耶。夫醫不得法。雖醫莫效。醫得其道。其效甚速。昔吾曾祖滙德遨遊海島。蒙異人秘授妙法。能真醫痳瘋。其書最詳。其效至捷。試陳所論。謂痳瘋之症。何以致之。蓋因吾粵域佔東南。居環水澤。地勢低濕。積濕成毒。營虛衛弱。易於感受。漸至血凝氣滯。厲毒暴發。此痳瘋之原也。然或因嬰孩痘種不慎而致者有之。或因血癖日久不痊而致者

治瘋徵驗略紀（2–2）

0080 醫方捷徑指南全書：二卷 /（元）李東垣撰；（明）王宗顯輯．— 光緒二十三年（1897）文發堂刻本．— 1 册

10 行，21 字，白口，四周雙邊，單黑魚尾，匡高 14.8 厘米，寬 10.6 厘米。

上卷卷端下著者項還刊有“吴郡錢尢治校，書林文發堂梓”。封面題簽：李氏醫方捷徑湯頭歌藥性歌。扉頁刊“增訂 醫方捷徑鑒本 省城學院前璧經堂藏版 光緒丁酉歲重刊 李東垣先生著”（省城指粤東省城，即廣州）。

李東垣（1180 ~ 1251），真定（今河北省正定）人，名李杲，字明之，晚年自號東垣老人。金醫學家。從張潔古學醫。認爲飲食不當、勞役所傷和情緒失常，易使脾胃受傷、正氣衰弱而致病；又提出熱病應分辨“外感”和“内傷”。治法上重視調理脾胃和培補元氣以扶正祛邪，豐富了内傷脾胃方面的理論和經驗。著有《脾胃論》、《内外傷辯惑論》、《蘭室秘藏》等。

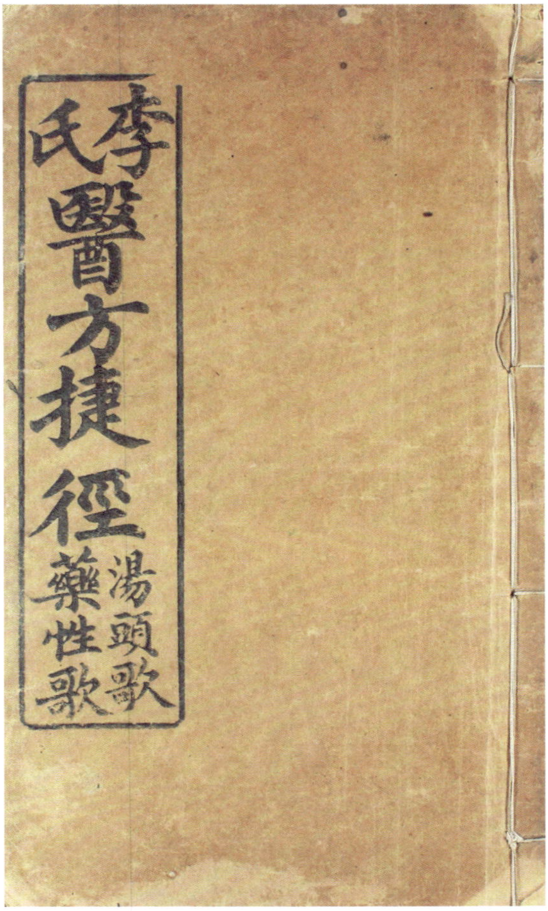

醫方捷徑指南仝書（3–1）

王宗顯，和州（元時屬廬州路）人，早年僑居嚴州。元末明初政治人物。助明太祖朱元璋攻下婺州，朱元璋改婺州爲寧越府，由王宗顯任寧越府知府。著有《醫方捷徑》，又名《醫方捷徑指南全書》，其中主要爲藥性、功用及救急方劑等。現有多種刊本。

是書上下二卷，是一部綜合性醫學方藥著作，包括有常用藥藥生及重要方劑歌訣。

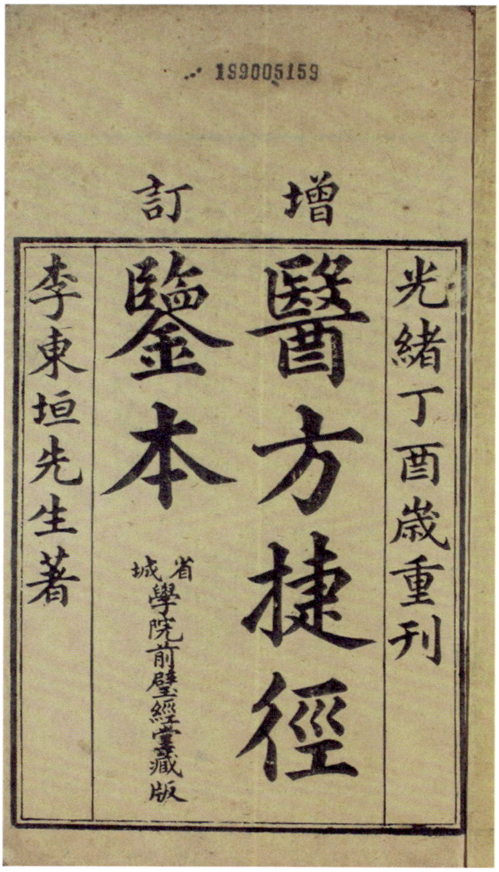

醫方捷徑指南全書(3–2)

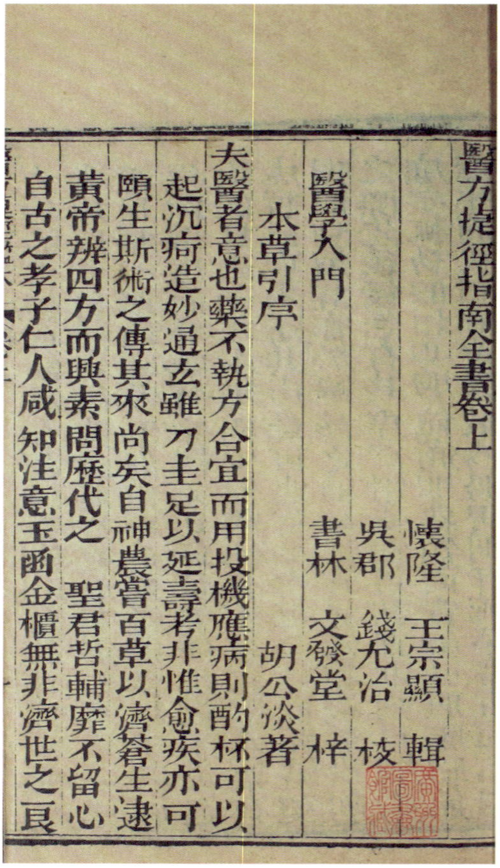

醫方捷徑指南全書（3–3）

0081 驗方新編全書：十八卷 /（清）鮑相璈編 . — 光緒二十四年（1898）廣州九曜坊麟書閣刻本 . — 1 册：插圖

19 行，48 字，白口，四周單邊，單黑魚尾，匡高 23.5 厘米，寬 13.3 厘米。

書名取自封面題簽。封面題簽：驗方新編全書 廣州市九曜 坊麟書閣印。封面手書“林緝”，扉頁左側墨筆手書“甲子歲 林緝”。扉頁刊“縮本增删驗方新編”。牌記刊“光緒乙丑年夏 廣州麟書閣版”。前有光緒二十四年李沅“重刻驗方新編叙”，光緒十五年（1889）碧琳琅館重刊凡例，驗方新編總目。版心題名：選録驗方新編。

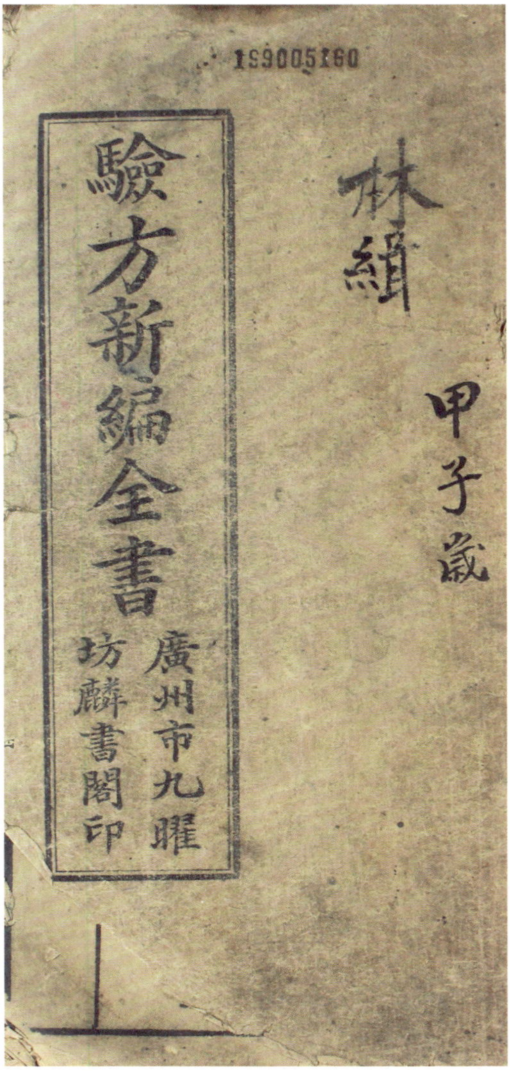

驗方新編全書（4–1）

鮑相璈，清代善化（今屬湖南長沙）人，字雲韶。約生活於道光至咸豐年間，曾任職廣西省武宣縣。自幼愛好醫藥之學，心存濟世救人之心，認爲單方最多，選方宜精，若能方與症對，則藥到病除，無醫亦可，乃輯《驗方新編》。

《驗方新編》涉及範圍非常廣泛，總計 120 多個門類病症，舉凡内科、外科、傷科、婦産科、小兒科、五官科、急救、食療無所不及。其收藏内容不僅包括民間流行的驗方、偏方、便方，也收集了古代醫學名家的各科名方，以及各種治法共 6000 餘條。是書爲後人於鮑氏《驗方新編》基礎上删繁就簡、縮本增删所得。

驗方新編全書（4–2）

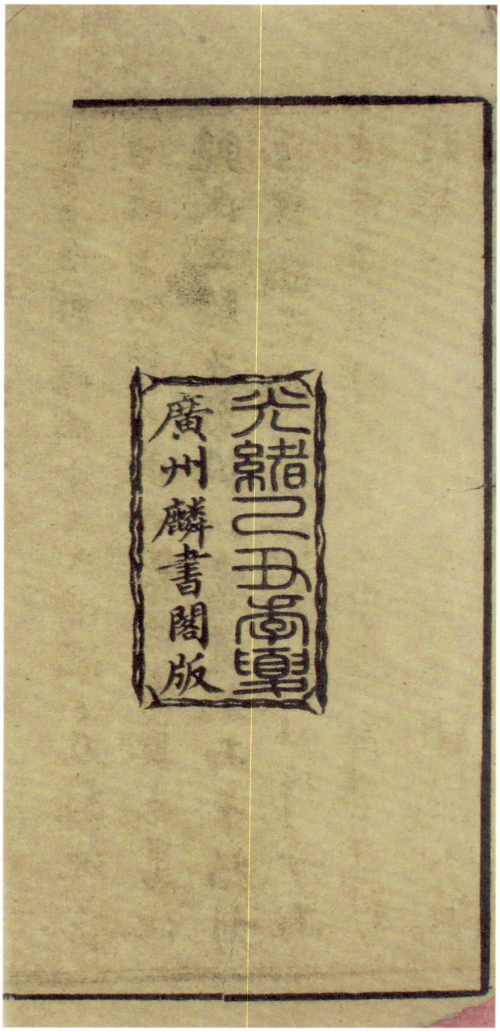

驗方新編全書（4–3）

頭部 一□偏正頭風　此症發時雖盛暑亦覺畏風痛不可忍用蕎麥粉炒熱加醋再炒乘熱敷上用布包緊勿令見風冷則隨換日夜不斷有人患頭風十年不愈照此治之其病若失愈後鼻流黃水數日從此斷根屢試神驗此治頭風第一方也並治尋常傷風頭痛惟氣虛及風火虫痛不效　又方生大烏頭去皮四兩南星泡一兩共為末每服二錢用薄荷七片鹽梅一個煎水臨睡調服雖二十年頭風亦效或用生南星生烏頭等分為末葱汁調貼太陽穴亦可　又方硫黃一錢川椒取紅色者去子為末三分二味和勻鎔成小餅左疼塞左鼻清涕從右鼻出右疼塞右鼻正疼左右俱塞清涕流盡即愈神驗　又方白芷二兩五錢真川芎甘草川烏頭半生半熟明天麻各一兩共為末每服一錢食後服細茶薄荷湯下百藥不效者一服即愈效驗甚速　□雷頭風痛　頭痛而起核塊或頭中如雷鳴者是也用川芎白芷防風羌活天麻甘菊薄荷甘草等味治之如不見效用天麻升麻各一錢新荷葉一大張煎服或不省人事用地膚子同生羌搗爛熱酒沖服取汗即愈　□熱痰頭痛瓜蔞一個牛子四兩焙共為末每用三錢食後酒沖服忌食動風發熱之物　□氣虛頭痛　春茶葉末水調成膏攤碗內覆轉用巴荳四十粒作兩次燒煙薰之曝乾研細每服二分滾水沖下食後服　又方照前烏頭南星方最效　□厥陰風火上衝頭痛　肝脈弦者是用消障救睛散見目部治之神效肝脈不弦者不效　□頭風目痛　製香附二兩藿香甘草各二錢共為末每服二錢淡鹽湯下　□終年頭似痛而非痛　此腎水不足而邪沖上作痛用熟地玉竹各一兩山茱肉四錢真山藥元參川芎當歸各三錢五味麥冬各二錢水煎服服後頭痛更甚至重二劑斷根屢試如神藥味不可加減稍有加減則不效有人患此數年百藥不愈二劑而安永不復發真奇方也　□腦後作痛　此風入腎經所致用熟地五錢真山藥炒雲苓當歸各三錢炒芍二錢川芎陳皮炙草各一錢天麻錢半麻黃三分水煎服　□頭腦鳴響　狀如虫蛀名天白蟻以春茶子為末別樣茶子亦可惟打油之茶子則不用吹入鼻中取效如不見效即照頭風各方治之　又方土茯苓煮豬肉食之神效前後忌茶十日　□頭腦暈眩　暈眩雖然小症然大病皆起於暈眩眼目一時昏花卒致猝倒而不可救者也宜早治之用台黨半夏各三錢白朮當歸熟地白芍各一兩川芎茱肉各五錢天麻一錢陳皮五分水煎服數劑見效此方名防眩湯專治

驗方新編全書（4–4）

0082 廣東人和堂膏丹丸散總彙：一卷．— 清光緒（1875 ~ 1908）石印本．— 1 册

行數、字數不等，黑口，四周雙邊，匡高 17.4 厘米，寬 11.4 厘米。

書名取自封面。封面刊：廣東人和堂膏丹丸散總彙 分鋪天津紫竹林法界估衣街西口。版心下端印“人和堂訂”。首有人和堂主人自序，清光緒癸卯（二十九年，1903）華俊聲序，馮咏蘅等題詞 14 則。

是書收録人和堂揀選上藥精製各項膏丹丸散 46 種。

鈐印有“儀清室”。

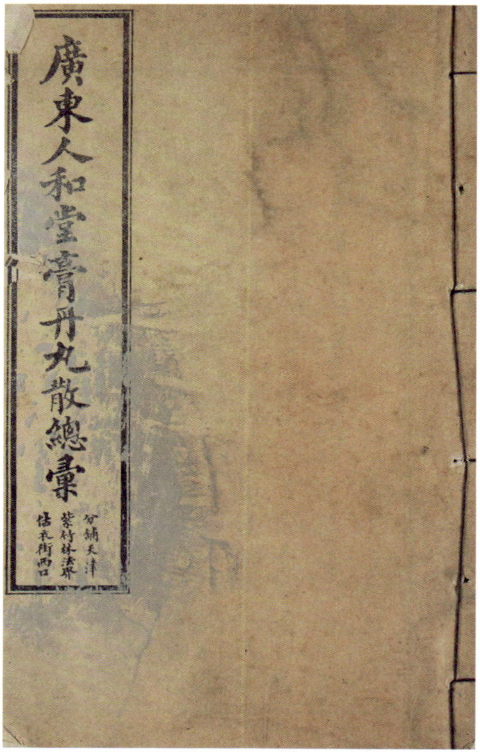

廣東人和堂膏丹丸散總彙（2–1）

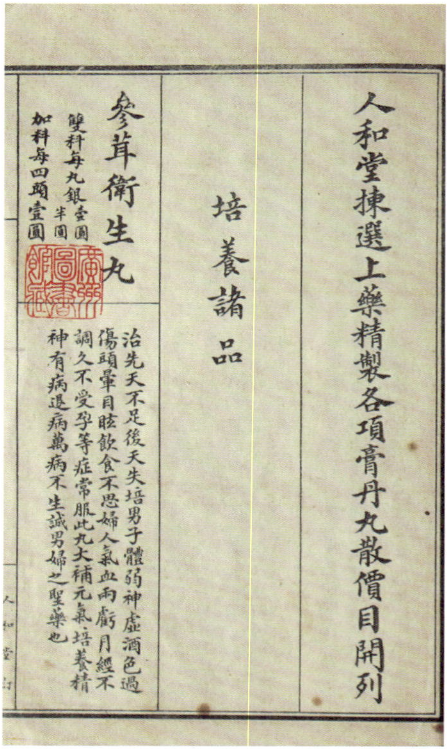

廣東人和堂膏丹丸散總彙（2–2）

0083 婦科精蘊：五卷 /（美）妥瑪氏撰；（清）孔慶高筆譯；（美）嘉約翰校正．— 清光緒十五年（1889）羊城博濟醫局刻本．— 1 册：圖

10 行，24 字，白口，四周雙邊，單黑魚尾，匡高 15.3 厘米，寬 11.7 厘米．

扉頁刊“光緒十五年新鐫 婦科精蘊圖説 羊城博濟醫局藏板”。

存 1 卷：卷 1。

孔慶高，清瀋陽人，字繼良。

嘉約翰（1824 ~ 1901），原名 John Glasgow Kerr，美國長老會教徒，最早來中國的著名傳教醫生之一。1859 年他在廣州創辦了中國最早的教會醫院博濟醫院。一生翻譯有 34 部西醫西藥書籍，培訓了 150 位西醫人才。

鈐印有“儀清室”、“禮堂所得嶺南文物”、“覃樹正”。

光緒十五年新鐫
婦科精蘊圖說
羊城博濟醫局藏版

婦科精蘊（2–1）

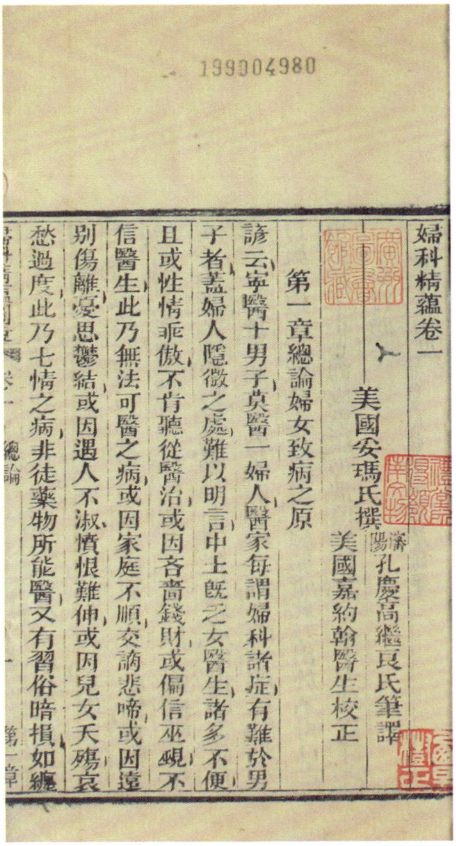
199004980
婦科精蘊卷一
美國妥瑪氏撰
瀋陽孔慶高繼良氏筆譯
美國嘉約翰醫生校正
第一章總論婦女致病之原
諺云寧醫十男子莫醫一婦人醫家每謂婦科諸症有難於男子者蓋婦人隱微之處難以明言中土既乏女醫生諸多不便且或性情乖傲不肯聽從醫治或因吝嗇錢財或偏信巫覡不信醫生此乃無法可醫之病或因家庭不順交謫悲啼或因遠別傷離憂思鬱結或因遇人不淑憤恨難伸或因兒女夭殤哀慼過度此乃七情之病非徒藥物所能醫又有習俗暗損如纏

婦科精蘊（2–2）

0084 衛生淺説：二卷；壽世真傳：一卷 /（清）梁鏡堂編 . — 清（1644 ~ 1911）刻本 . — 1 册

《衛生淺説》12 行，26 字，白口，四周單邊，單黑魚尾，匡高 17 厘米，寬 11 厘米；《壽世真傳》10 行，24 字，白口，四周單邊，單黑魚尾，匡高 15.5 厘米，寬 10.8 厘米。

《壽世真傳》書名取自版心。

梁鏡堂，清廣東香山（今中山）人。著有《衛生淺説》和《經驗良方》。

《衛生淺説》一書提出了衛生之法有五段之説："一曰飲食"、"二曰空氣"、"三曰日光"、"四曰運動"、"五曰休息"，從書中内容可見"架啡"（咖啡）等飲料，推斷此書大概成書於清中晚期，其後内容爲養生治病的藥方；《壽世真傳》的内容亦是治病養生的藥方。

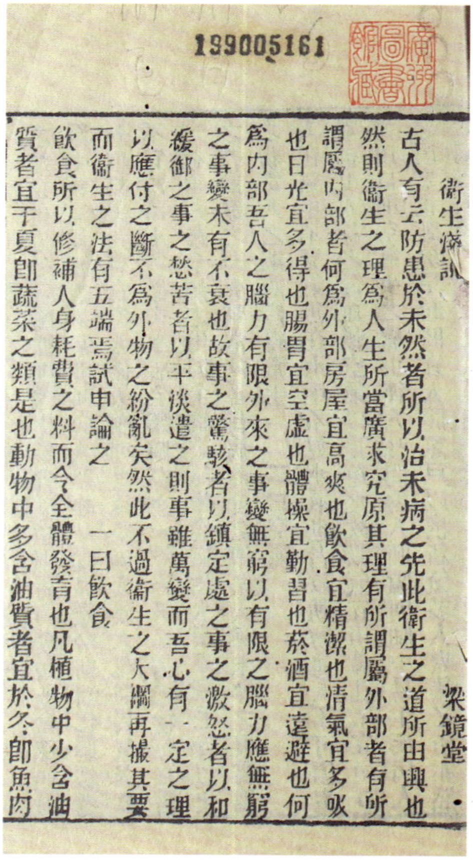

衛生淺說　梁鏡堂
古人有云防患於未然者所以治未病之先此衛生之道所由興也
然則衛生之理為人生所當廣求究原其理有所謂屬外部者有所
謂屬內部者何為外部房屋宜高爽也飲食宜精潔也清氣宜多吸
也日光宜多得也腸胃宜空虛也體操宜勤習也菸酒宜遠避也何
為內部吾人之腦力有限外來之事變無窮以有限之腦力應無窮
之事變未有不衰也故事之驚駭者以鎮定處之事之激怒者以和
緩御之事之愁苦者以平淡遣之則事雖萬變而吾心有一定之理
以應付之斷不為外物之紛亂矣然此不過衛生之大綱再據其要
而衛生之法有五端焉試申論之　一曰飲食
飲食所以修補人身耗費之料而令全體發育也凡植物中少含油
質者宜于夏即蔬菜之類是也動物中多含油質者宜於冬即魚肉

衛生淺説

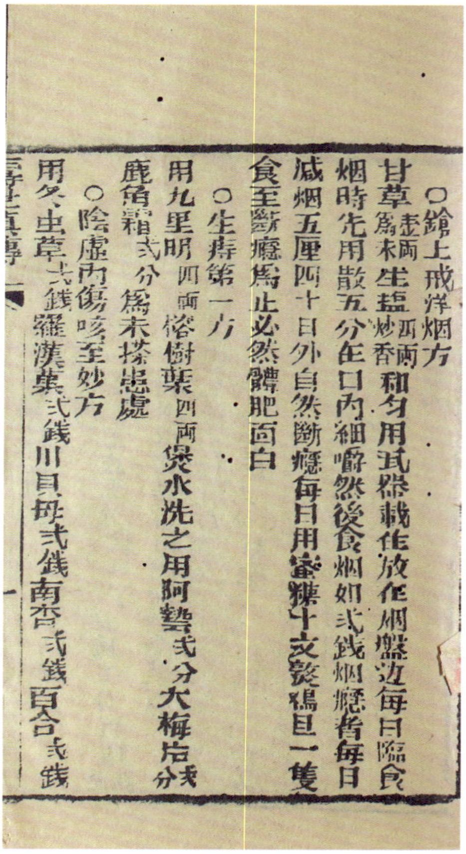
○鎗上戒洋烟方
甘草壹兩為末 生鹽四兩炒香 和勻用瓦罉載住放在烟盤邊每日臨食
烟時先用散五分在口內細嚼然後食烟如弍錢烟癮者每日
減烟五厘四十日外自然斷癮每日用蜜糖十文燉鴨旦一隻
食至斷癮為止必然體肥面白
○生痔第一方
用九里明四兩 榕樹葉四兩 煲水洗之用阿魏弍分大梅片弍分
鹿角霜弍分 為末搽患處
○陰虛內傷咳至妙方
用冬虫草弍錢 羅漢菓弍錢 川貝母弍錢 南杏弍錢 百合弍錢

壽世真傳

0085 同春堂趙宗濟揀選上藥精製各項丸：一卷 / 佚名撰 . — 清光緒十三年（1887）刻本 . — 1 册

上下二欄，行數、字數不等，白口，四周雙邊，單黑魚尾，匡高 17.8 厘米，寬 11.8 厘米。

封面題簽：同春堂藥丸彙集 丁亥孟夏 水堂主人箸籤。扉頁刊“光緒十三年孟夏新鐫耆史長春 廣東同春堂趙宗濟氏謹識”。前有上海趙同春堂序。

是書爲同春堂藥行成藥目録，共收録散膏丹、小丸膠丹藥酒 134 種。各成藥後標明單價及藥用。

鈐印有“宗濟氏製”、“趙同春堂”、“春滿杏林”、“贊化調元”、“禮堂所得嶺南文物”、“西關梁氏”等。

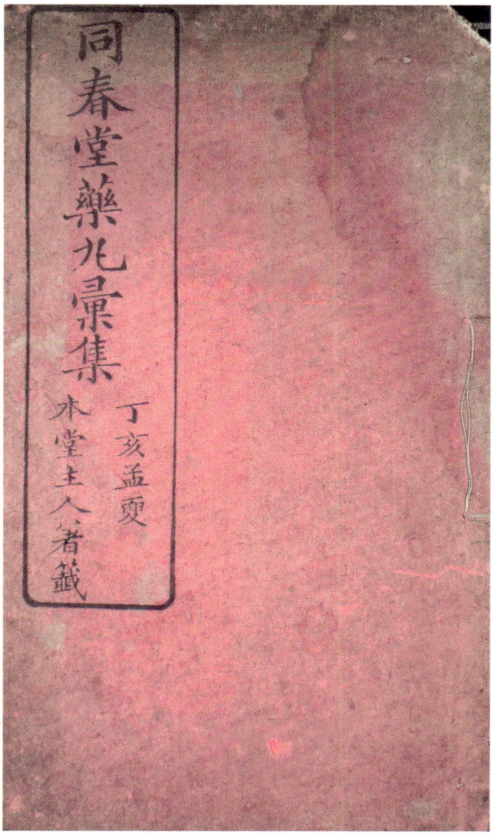

同春堂趙宗濟揀選上藥精製各項丸（3–1）

同春堂趙宗濟揀選上藥精製各項丸（3–2）

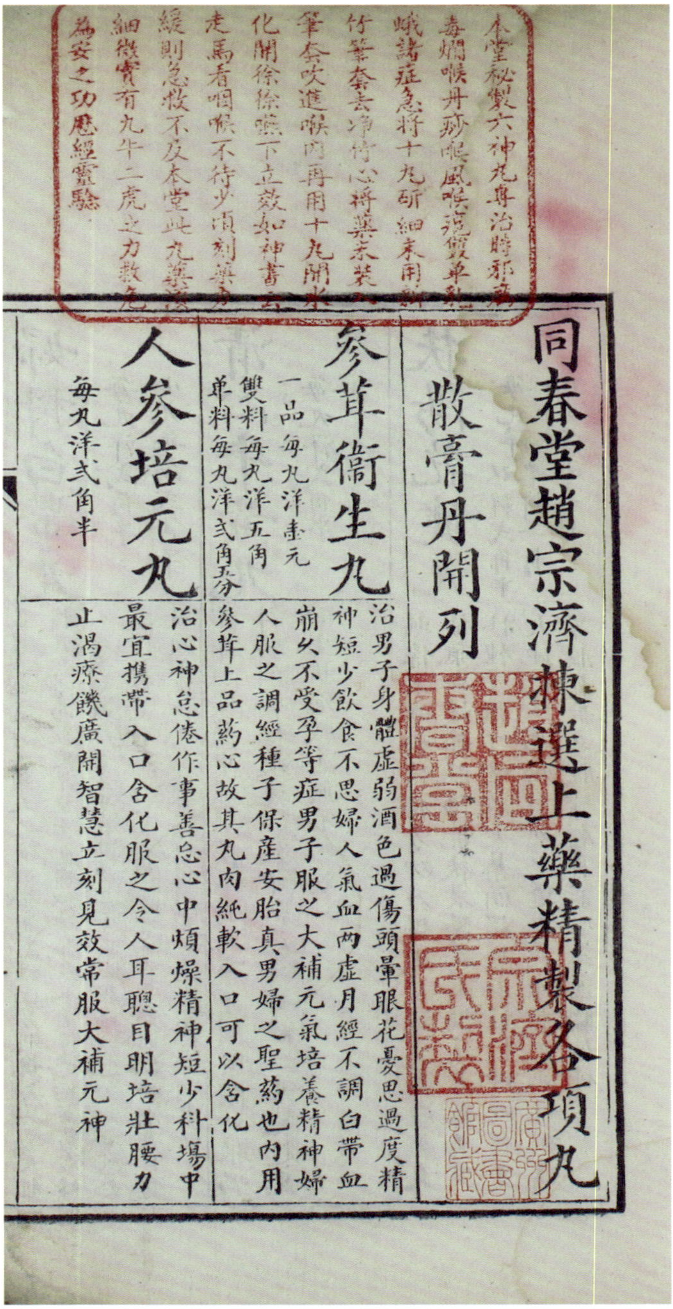

同春堂趙宗濟揀選上藥精製各項丸（3–3）

0086　鹿芝館陳家園揀選上藥精製各項大小丸散膏丹：一卷 / 佚名撰 . — 清光緒十七年（1891）刻本 . — 1 册

上下二欄，行數、字數不等，白口，左右雙邊，單黑魚尾，匡高 20.5 厘米，寬 13 厘米。

封面題簽：粵東鹿芝館藥丸總彙集 光緒辛卯年孟夏重鐫 勞肇光題。前有題詞三則，各則用紫、黄、紅三種不同顏色紙張刊印，分别爲光緒元年（1875）孟夏經筵講官禮部尚書正白旗漢軍都統全慶拜題“功同燮理”；光緒庚寅（十六年，1890）孟夏南書房行走翰林院修撰張建勛拜題“是乃仁術”；光緒戊子（十四年，1888）秋九月，癸未進士户部主政梁荃拜題“共登仁壽”。前有清道光辛巳（元年，1821）鹿芝館主人序。

是書爲廣州鹿芝館藥行成藥目録，共收録各項膏丹丸散 210 種。各成藥後標明單價及藥用。

鈐印有“儀清室”、“禮堂所得嶺南文物”、“西關梁氏”。

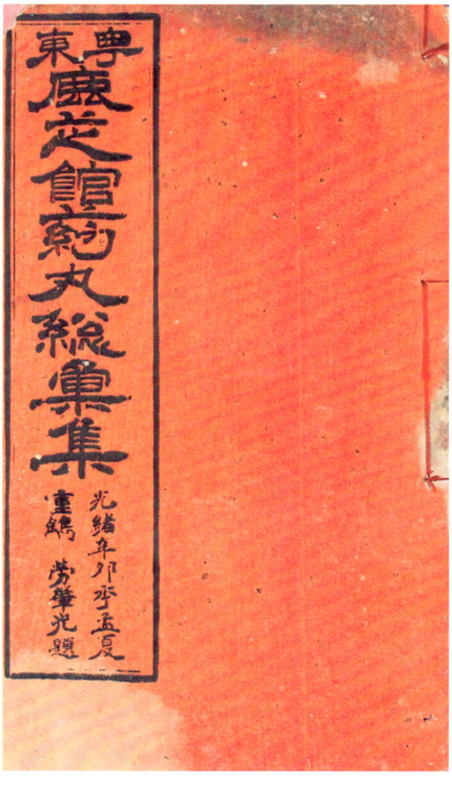

粵東鹿芝館葯丸總彙集

光緒辛卯年孟夏重鐫　勞肇光題

鹿芝館陳家園揀選上藥精製各項大小丸散膏丹（2–1）

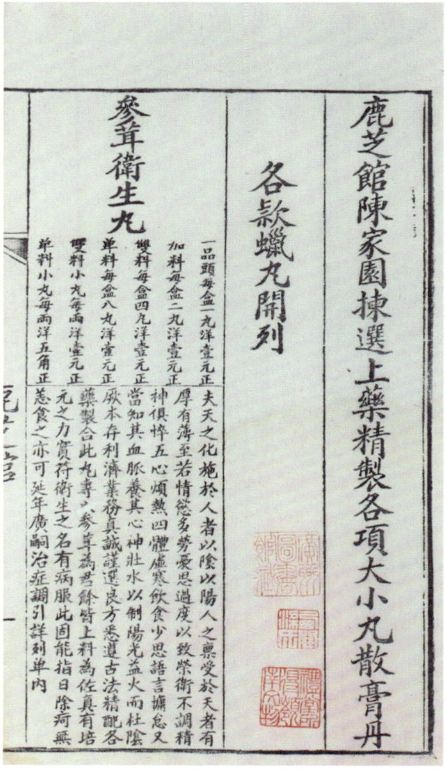

鹿芝館陳家園揀選上藥精製各項大小丸散膏丹

各款蠟丸開列

參茸衛生丸

一品頭每盒一丸洋壹元正

加料每盒二丸洋壹元正

雙料每盒四丸洋壹元正

单料每盒八丸洋壹元正

雙料小丸每両洋壹元正

单料小丸每両洋五角正

夫天之化施於人者以陰以陽人之禀受於天者有厚有薄至若情慾多勞憂思過度以致榮衛不調精神俱悴五心煩熱四體虛寒飲食少思語言慵怠又當知其血脈養其心神壯水以制陽光益火而杜陰厥本存利濟業務真誠謹選良方悉遵古法精配各藥製合此丸專以參茸為君餘皆上料為佐真有培元之力實荷衛生之名有病服此固能指日除痾無恙食之亦可延年廣嗣治症調引詳列單內

鹿芝館陳家園揀選上藥精製各項大小丸散膏丹（2–2）

0087 福蘭堂鄭德軒精製揀選上藥各項丸散膏丹：一卷 / 鄭德軒撰．— 清光緒（1875 ~ 1908）刻本．— 1 册

上下二欄，行數、字數不等，白口，四周雙邊，單黑魚尾，匡高 19.7 厘米，寬 13.1 厘米。

封面題簽：鄭福蘭堂丸藥彙集 百年老鋪在粵東槳欄街兹 光緒辛巳年分設金陵水西門評事街開張。扉頁刊“光緒四年孟夏新鐫 寶餌留春 福蘭堂鄭德軒謹識”。前有清光緒五年（1879）劉瑞芬序，清光緒五年鄭藻如序，清光緒四年（1878）鄭德軒自序。

鄭德軒，字芸初。清光緒間任職廣州，對醫藥甚關心，設福蘭堂藥店。

本書爲是藥店成藥目録，共收録各項膏丹丸散 166 種。各成藥後標明單價及藥用。

鈐印有“禮堂所得嶺南文物”、“西關梁氏”。

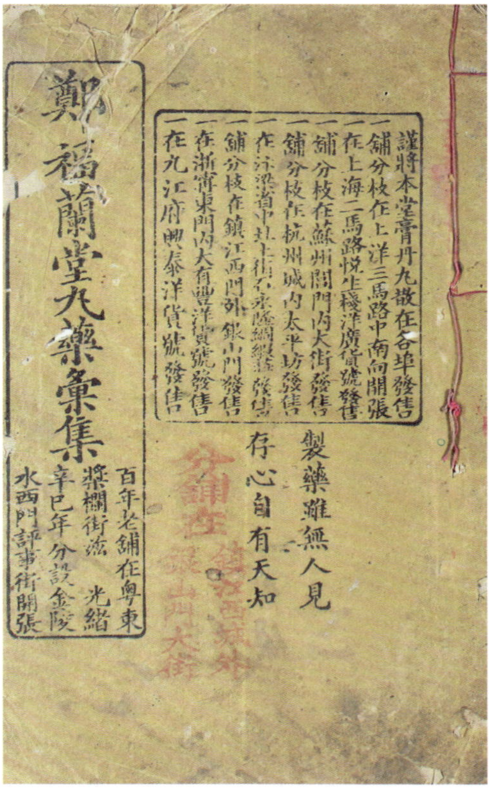
鄭福蘭堂丸藥彙集
百年老鋪在粵東槳欄街兹 光緒辛巳年分設金陵水西門評事街開張
謹將本堂膏丹丸散在各埠發售
一鋪分枝在上洋三馬路中南向開張
一在上海二馬路悅生棧洋廣貨號發售
一鋪分枝在蘇州閶門内大街發售
一鋪分枝在杭州城内太平坊發售
一鋪分枝在鎮江西門外銀山門發售
一在浙甯東門内大有豐洋貨號發售
一在九江府興泰洋貨號發售
製藥雖無人見
存心自有天知

福蘭堂鄭德軒精製揀選上藥各項丸散膏丹（3-1）

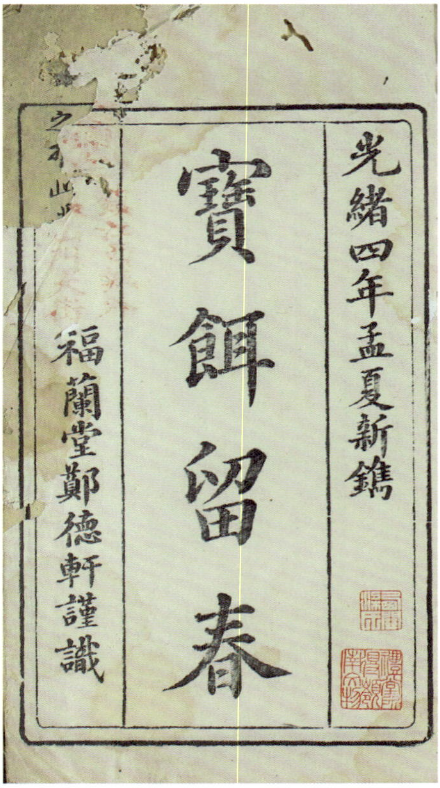
光緒四年孟夏新鐫
寶餌留春
福蘭堂鄭德軒謹識

福蘭堂鄭德軒精製揀選上藥各項丸散膏丹（3-2）

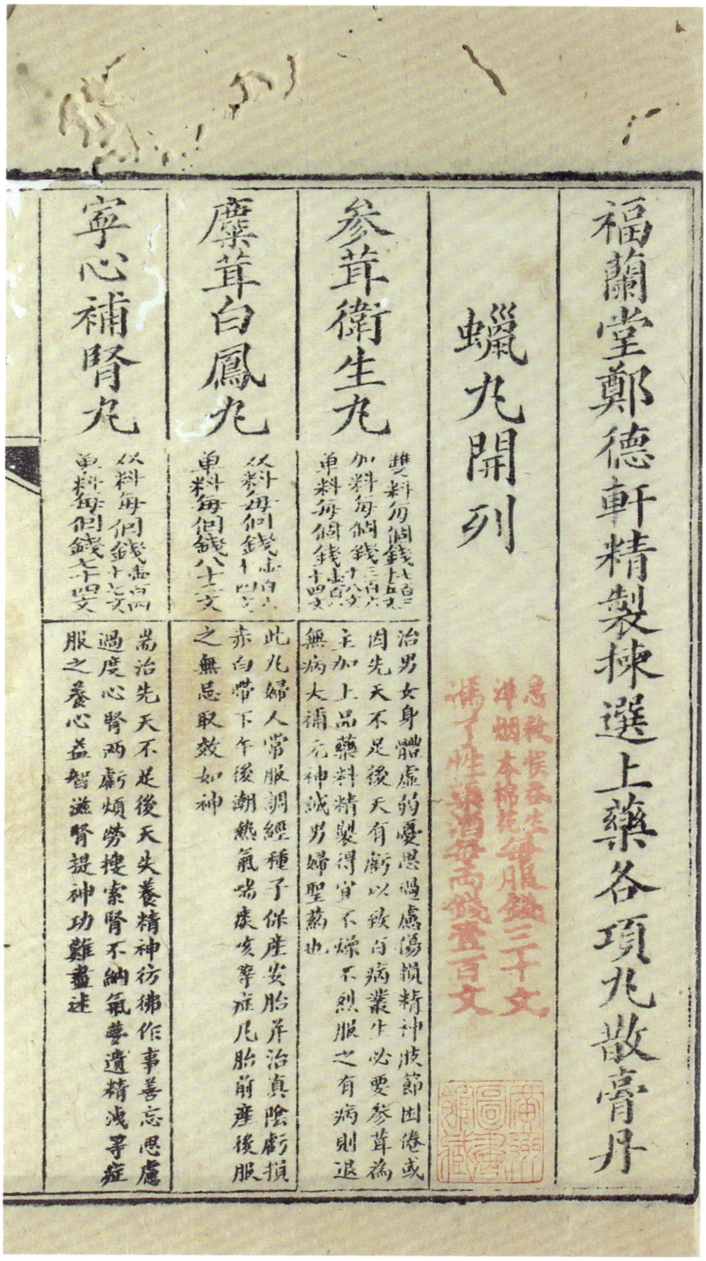

福蘭堂鄭德軒精製揀選上藥各項丸散膏丹

蠟丸開列

參茸衛生丸

雙料每個錢七百五十二文
加料每個錢三百六十八文
單料每個錢一百六十四文

治男女身體虛弱憂思過慮傷損精神肢節困倦或因先天不足後天有虧以致百病叢生必要參茸為主加上品藥料精製得宜不燥不烈服之有病則退無病大補元神誠男婦聖藥也

麋茸白鳳丸

双料每個錢一百六十四文
單料每個錢八十二文

此丸婦人常服調經種子保產安胎并治真陰虧損赤白帶下午後潮熱氣喘痰咳等症凡胎前產後服之無忌取效如神

寧心補腎丸

双料每個錢一百四十八文
單料每個錢七十四文

專治先天不足後天失養精神彷彿作事善忘思慮過度心腎兩虧煩勞搜索腎不納氣夢遺精滑等症服之養心益智滋腎提神功難盡述

福蘭堂鄭德軒精製揀選上藥各項丸散膏丹（3–3）

0088 圜天圖説：三卷 /（清）阮元鑒定；（清）李明徹著述．— 清嘉慶二十五年（1820）松梅軒刻本．— 3 册：插圖、地圖

9 行，19 字，白口，四周雙邊，匡高 19.8 厘米，寬 13.9 厘米。

扉頁刊“嘉慶己卯年鐫圜天圖説松梅軒藏板”。卷上末有是書原收藏者梁基永先生題記。前有清嘉慶己卯（二十四年，1819）阮元“圜天圖説序”，盧元偉“圜天圖説序”，清嘉慶己卯李明徹“自序”，清嘉慶庚辰（二十五年）劉彬華序。

阮元（1764 ~ 1849），清江蘇儀征（今屬揚州）人，字伯元，號雲台，謚“文達”。乾隆五十四年（1789）進士。官湖廣、兩廣、雲貴總督，體仁閣大學士。曾在杭州創立詁經精舍，在廣州創立學海堂，提倡樸學。羅致學者從事編書刊印工作，主編《經籍解詁》，校刻《十三經注疏》，彙刻《皇清經解》等。又由經籍訓詁，求證於古代吉金、石刻，并擴大到天文、曆算、地理。所著《疇人傳》、《積古齋鍾鼎彝器款識》，是研究中國歷代天文學家、數學家生平和古文字學的重要參考資料。論文重文筆之辨，以用韻對偶者爲文，無韻散行者爲筆，提倡駢偶，對桐城派“古文”的形式有所不滿。有《揅經室集》。

李明徹（1755 ~ 1832），祖籍江蘇松江（今屬上海市），出生於廣東番禺，字大綱，又字飛雲，號青來。年十二入羅浮冲虚觀爲黄冠，深悟道妙，兼通推步之術。曾至京師謁見欽天監監正，得其傳授。晚居越秀山龍王廟爲司祝。清道光四年（1824）於漱珠岡萬松山創純陽觀。十二年（1832）卒。著有《圜天圖説》、《大清一統經緯輿圖》、《渾天恒星全圖》、《道德經注》、《黄庭經注》一卷、《證道書》、《修真詩歌》。

是書收録了李明徹對地球、日月、星辰、雷雨、潮汐等天體及自然現象的論述，附有順天（今北京）、江寧（今南京）、蘇州等 16 個府的日出、日落和一年二十四個節令時刻的測定記録，并有全國地圖和華北、華中、華東、華南、西南、西北等大部分地區當時的分省地圖。

鈐印有“倫叙達如”、“禮堂所得嶺南文物”、“西關梁氏”、“梁”。

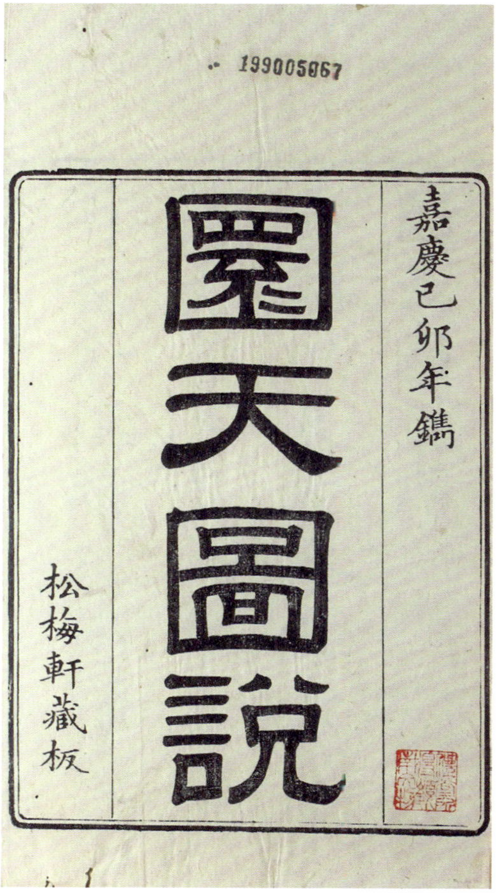

嘉慶己卯年鐫

圜天圖說

松梅軒藏板

圜天圖說（2–1）

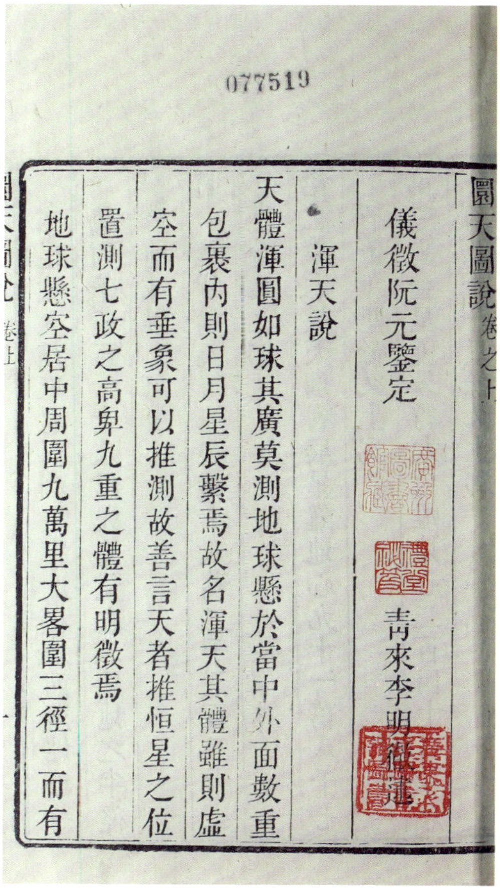

圜天圖說卷之上

儀徵阮元鑒定

青來李明徹撰

渾天說

天體渾圓如球其廣莫測地球懸於當中外面數重包裹內則日月星辰繫焉故名渾天其體雖則虛空而有垂象可以推測故善言天者推恒星之位置測七政之高卑九重之體有明徵焉

地球懸空居中周圍九萬里大畧圍三徑一而有

圜天圖說（2–2）

0089 圜天圖説續編：二卷，卷首一卷 /（清）阮元鑒定；（清）李明徹述 . — 清道光元年（1821）松海軒刻本 . — 2 册：插圖

9 行，19 字，白口，四周雙邊，匡高 20 厘米，寬 13.4 厘米。

扉頁刊“清道光元年鐫 圜天圖説續編 松海軒藏板”。前有陳鴻章“圜天圖説續編序”，清道光辛巳（元年）黄培芳序；後有黄一桂“圜天圖説跋”。

著者簡介見 0088 條《圜天圖説》。

是書收録了李明徹對地球、日月、星辰、雷雨、潮汐等天體及自然現象的論述，是對其《圜天圖説》一書的補充。

鈐印有“倫叙達如”、“禮堂所得嶺南文物”、“西關梁氏”、“禮堂秘笈”。

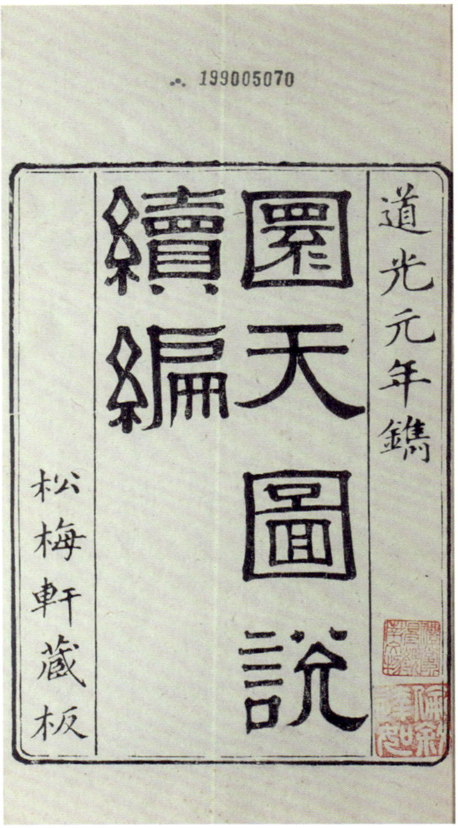

199005070

道光元年鐫

圜天圖説續編

松梅軒藏板

圜天圖説續編（2–1）

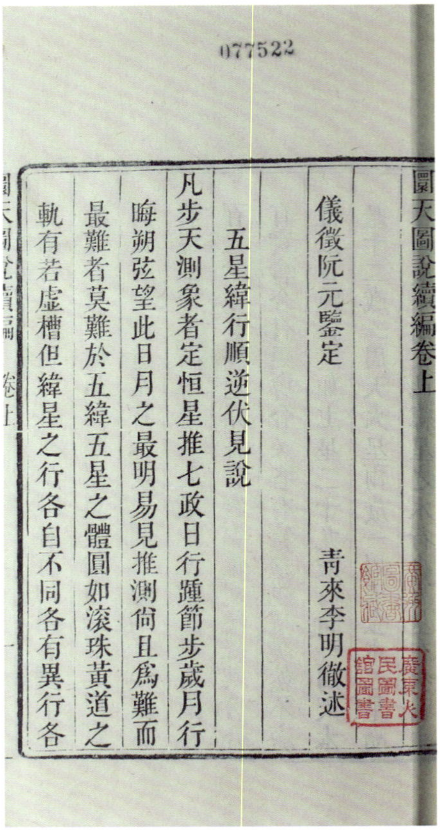

077522

圜天圖説續編卷上

儀徵阮元鑒定　　青來李明徹述

五星緯行順逆伏見説

凡步天測象者定恒星推七政日行躔節步歲月行晦朔弦望此日月之最明易見推測尚且爲難而最難者莫難於五緯五星之體圓如滚珠黄道之軌有若虚槽但緯星之行各自不同各有異行各

圜天圖説續編（2–2）

0090 春秋天文考：一卷 /（清）蔡綬緑著；蔡崇任參纂；馬殿邦校．— 清光緒二十五年（1899）龍江蔡真步堂刻本．— 1 册

9 行，20 字，白口，左右雙邊，單黑魚尾，匡高 18 厘米，寬 12.2 厘米．

扉頁刊“順邑最白蔡夫子著 春秋天文考 門人周廷勱恭題”。牌記刊“順德龍江蔡真步堂板”。前有清光緒己亥（二十五年）張伯熙序。

蔡綬緑，清廣東順德縣龍江人，字最白。諸生。清末天文學家，精於天文曆法，善研究堪輿擇日之學，是把古老的河洛天文曆學導向近代科學軌道的嶺南第一人，創立“真步堂”。著有《經緯曆書》一卷、《春秋天文考》一卷、《弧角七政圖算》一卷、《中西算學講義》四卷。

是書以《春秋》一書中提到的日食、月食等天文現象，推算出該次天象所發生的時間，分前論、日食考、歲星考、南至考、後論等部進行論述。

鈐印有“儀清室”、“禮堂梁基永印”。

春秋天文考（3–1）

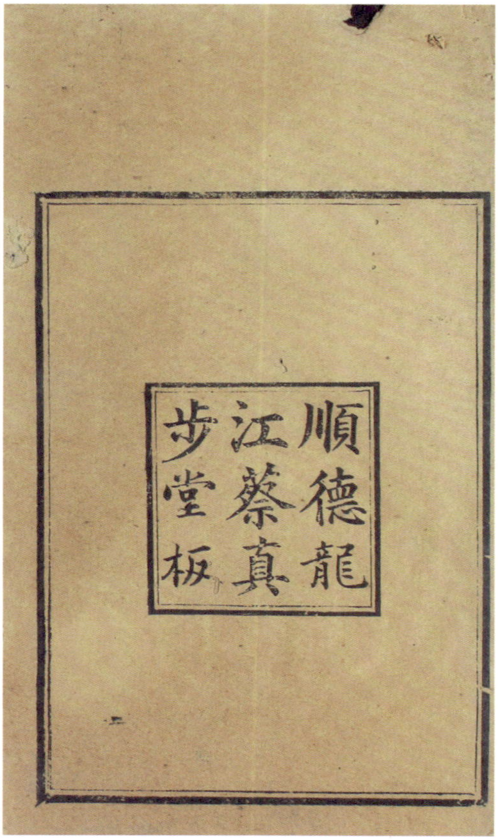
順德龍
江蔡真
步堂板

春秋天文考（3-2）

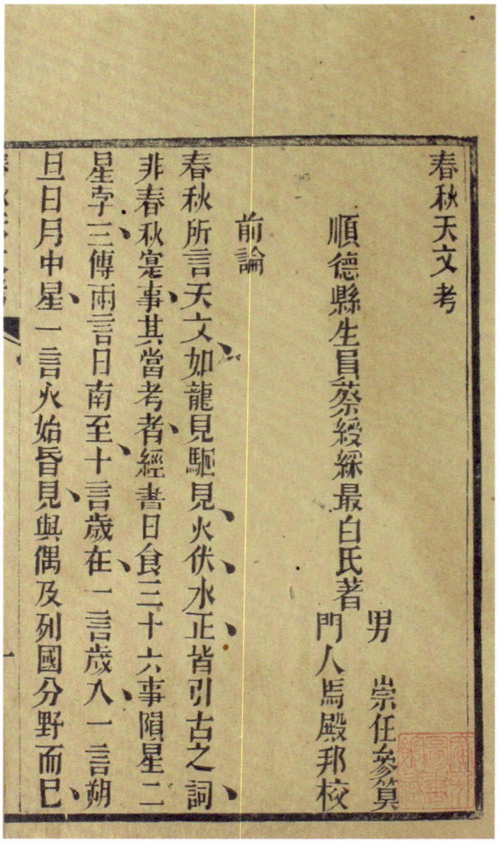
春秋天文考
順德縣生員蔡綬綵最白氏著　男　崇任參箕
門人馬殿邦校
前論
春秋所言天文、如龍見、駟見、火伏、水正、皆引古之詞、
非春秋䆠事、其當考者、經書日食三十六事、隕星二、
星孛三、傳兩言日南至、十言歲在、一言歲入、一言朔
旦日月中星、一言火始昏見、與偶及列國分野而已、

春秋天文考（3-3）

0091 庚子歲通書大成：一卷 — 清光緒二十五年（1899）石經堂書局石印本．— 1 册：圖、地圖

行數、字數不等，四周單邊，白口，單黑魚尾，匡高 16 厘米，寬 10 厘米。

書名取自封面。牌記印“羊城十八甫中約南向 新通書 石經堂書局石印”。

此書爲清光緒庚子年（二十六年，1900）通書，是集曆法、中醫藥療、物價介紹、電報編寫、法令等各類信息的日常生活百科全書。此書在廣州西關所印，書中之圖與廣州社會生活環境密切關聯，如羊城八景圖等。

鈐印有“儀清室”。

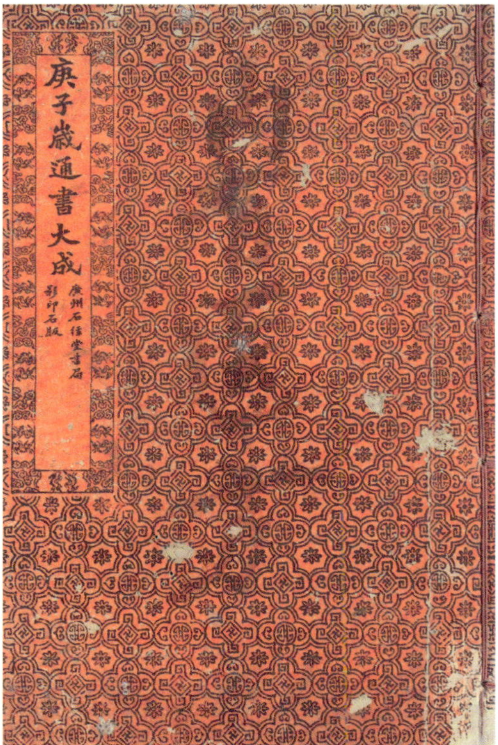

庚子歲通書大成（3–1）

庚子歲通書大成（3–2）

光緒庚子年流年事款大利東西不利南方

本書局日[illegible]通書[illegible]遵[illegible]書協紀及諸家斗首推算[illegible]玖四餘十二宮[illegible]五[illegible]流年月將每日吉凶神煞俱全並載有釐務税則以便客商檢查不誤至若一字一畫皆能手所為加以校對無訛影印精妙誠非他家所能及故客商定印者動逾萬數恐射利之徒假冒本書局字號以致魚目混珠諸尊賜顧請認本書局招牌影印款式庶不致悞

粵東省城十八甫石經堂書局謹識

本年太歲壓祭主巳酉戌午丁卯丙子乙酉甲午九六命生人下葬時宜避之則吉

通天竅云水之位煞在南方故巳丙午丁未五山皆忌用事北方雖向煞應遵協紀造葬充姑

二十四山方向

壬山　本年三煞造葬不利　忌向
子山　本年太歲造葬不利　忌修
癸山　本年三煞造葬不利　忌修
丑山　本年三煞造葬不利　忌修
艮山　造葬宜正三五七九　十一月
寅山　本年三煞造葬不利
甲山　造葬宜正三五七九　十一月
卯山　炙退造葬宜補龍則吉
乙山　造葬宜二四[illegible]七九　十一月
辰山　造葬宜正四五七九　十一月
巽山　造葬宜二四六八十　十二月
巳山　劫煞兼丙寅不利

丙山　造葬不利
午山　本年三煞造葬不利　忌修
丁山　本年三煞造葬不利　忌修
未山　歲煞造葬不利　忌修
坤山　造葬宜二四六八十　十二月
申山　造葬宜正三五七九　十一月
庚山　造葬宜正三四五六　八月
酉山　陰府造葬不利　忌修
辛山　造葬宜正三五八九　十二月
戌山　造葬宜正三五六八　十月
乾山　陰府造葬不利　忌修
亥山　宜[illegible]造推宜

庚子歲通書大成（3–3）

0092 算法撮要 : 一卷 . 一 清 (1644 ~ 1911) 石印本 . 一1 册 : 插圖

上下二欄,各 13 行,22 字,白口,四周單邊,單黑魚尾,匡高 14.5 厘米,寬 9.9 厘米。

封面題簽:簡易 算法撮要 廣州第八甫華興書局印。扉頁印"九九八十一度歸除 新增算法撮要 粵東學院前守經堂藏板";扉頁背面有"精教算盤"圖,有"粵東守經堂發行"字樣。

全書一卷,由"九歸歌"開始入門,逐步教授"撞歸歌法"、"校正算法"等口訣技巧。

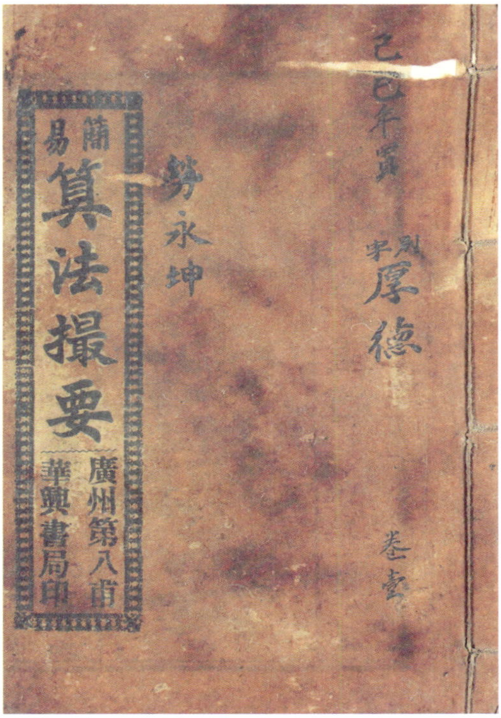

算法撮要(4–1)

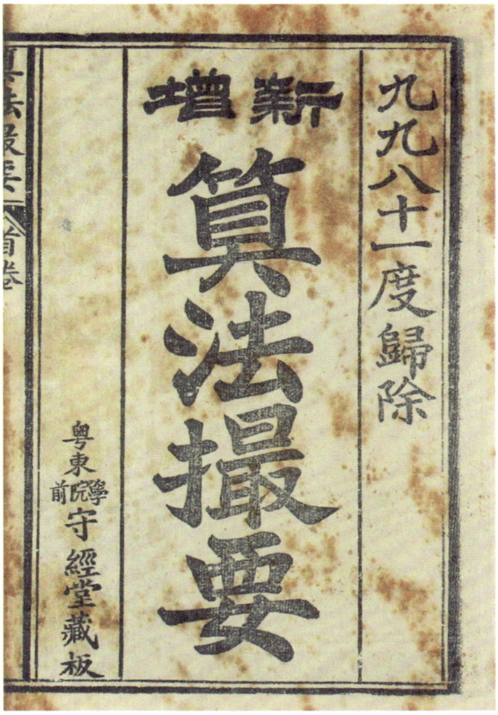

算法撮要(4–2)

算法撮要（4-3）

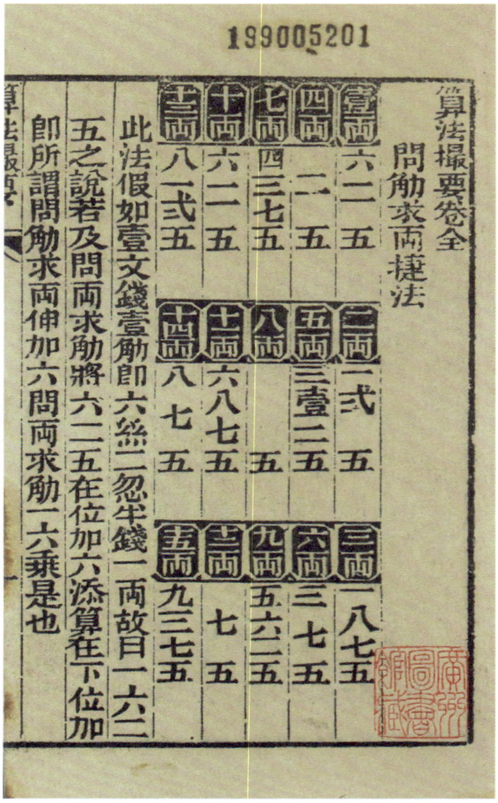

算法撮要卷全

問觔求兩捷法

壹両 六二五	四両 二五	七両 四三七五	十両 六二五	十三両 八一式五
二両 一式五	五両 三壹二五	八両 五	十一両 六八七五	十四両 八七五
三両 一八七五	六両 三七五	九両 五六二五	十二両 七五	十五両 九三七五

此法假如壹文錢壹觔即六絲二忽半錢一兩故曰一六二五之說若及問兩求觔將六二五在位加六添算在下位加即所謂問觔求兩伸加六問兩求觔一六乘是也

算法撮要　一

算法撮要（4-4）

0093 代數通藝録：十六卷 /（清）方愷撰 . — 清光緒十六年（1890）刻本 . — 4 册：圖

12 行，26 字，下黑口，四周單邊，單黑魚尾，匡高 21.7 厘米，寬 15 厘米。

正文首卷卷端殘破缺字，題名據扉頁題名。牌記刊“光緒庚寅十月刊梓”。卷十六卷末刊“西湖街成文堂承刊刷”。後有清光緒十五年（1889）徐國楝“代數通藝録原稿叙”，方賓穆（方愷之子）跋。

方愷（1839 ~ 1893），清江蘇陽湖（今屬武進）人，原名楷，字子可。方駿謨子。生有殘疾，閉門讀書。精輿地曆算之學，兼善詩古文及山水畫。曾任廣州實學館教習。有《新校晋書地理志》、《句婁詞》、《代數通藝録》等。

是書爲方愷於廣州實學館授課用的備課稿，後經其學生整理成書。主要爲當時西方傳入的代數知識，包括比例、方程式、平三角、弧三角等。是書現存版本多爲石印本，刻本極少。

鈐印有“儀清室”。

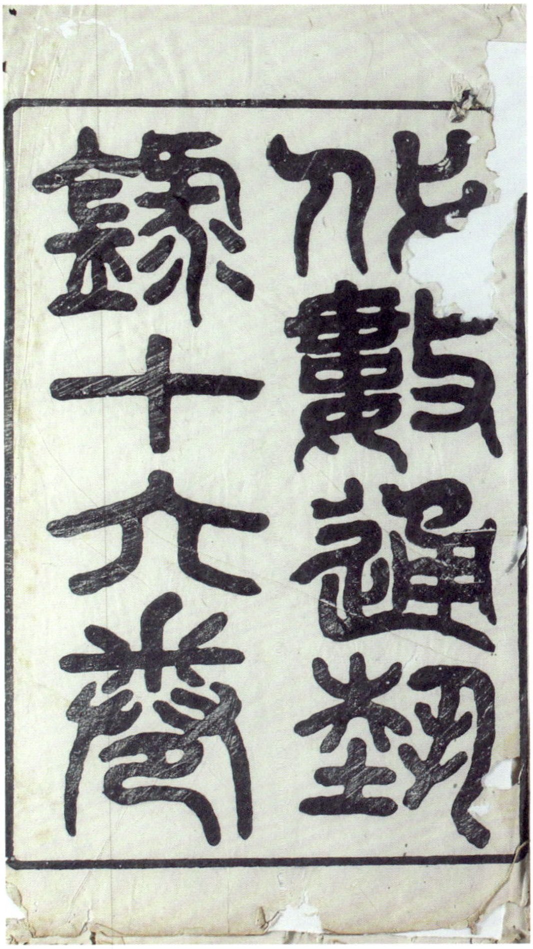

代數通藝録（3–1）

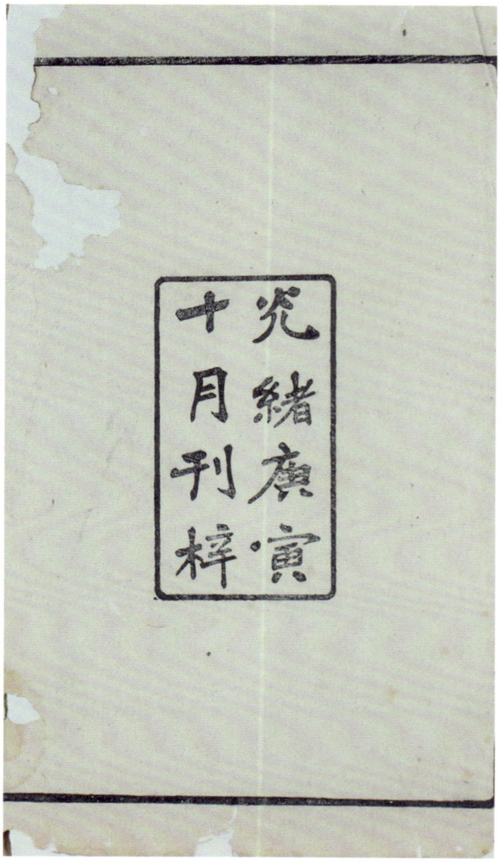

光緒庚寅
十月刊梓

代數通藝録（3–2）

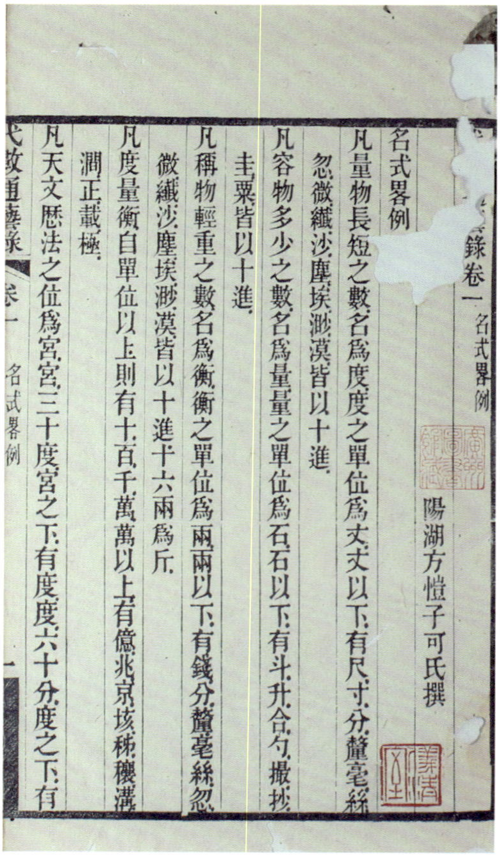

錄卷一　名式畧例

陽湖方愷子可氏撰

名式畧例

凡量物長短之數名爲度度之單位爲丈丈以下有尺寸分釐毫絲
忽微纖沙塵埃渺漠皆以十進

凡容物多少之數名爲量量之單位爲石石以下有斗升合勺撮抄
圭粟皆以十進

凡稱物輕重之數名爲衡衡之單位爲兩兩以下有錢分釐毫絲忽
微纖沙塵埃渺漠皆以十進十六兩爲斤

凡度量衡自單位以上則有十百千萬萬以上有億兆京垓秭穰溝
澗正載極

凡天文歷法之位爲宮宮三十度宮之下有度度六十分度之下有

代數通藝錄　卷一　名式畧例　一

代數通藝録（3–3）

0094 杜德美割圜捷術通義：二卷 /（清）凌步芳著 .— 清光緒二十八年（1902）凌百硯齋刻本 .— 2 册 .—［凌百硯齋算稿八種：八種十九卷 /（清）凌步芳著］

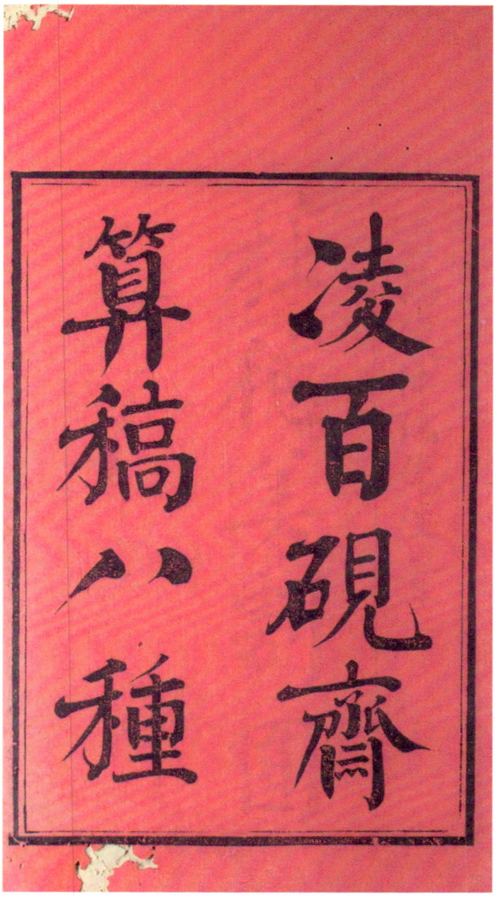

杜德美割圜捷術通義（5–1）

11 行，24 字，下黑口，四周雙邊，單黑魚尾，匡高 18.1 厘米，寬 13.5 厘米。

書名取自扉頁，叢書題名取自“百硯齋卷首綱目”。“百硯齋卷首附序”後有是書原收藏者梁基永先生朱筆手書題記。叢書扉頁刊“凌百硯齋算稿八種”；本書扉頁刊“番禺凌仲孺先生著 杜德美割圜捷術通義 書經存案翻刻必究”。牌記刊“光緒壬寅粤東番禺靈山凌百硯齋開雕”。前有“杜德美割圜捷術通義兩卷自序”，清光緒辛丑（二十七年，1901）凌步芳“百硯齋卷首自序”、清光緒二十八年吕調元“百硯齋卷首附序”。

凌步芳，清廣東番禺人，字仲孺。清光緒十七年（1891）辛卯科舉人，兩赴會試不第，遂絶意仕進。以授徒爲業，喜談中外政治。課餘治算學，未嘗求師教授，久之其術大通。生平措意尤在西人胡威立《重學》一編。年五十四卒。著有《割圜捷術通義》二卷、《衍粟布衍草》一卷、《算學答問》一卷、《指數變法》一卷、《重學詳説》六卷、《微分詳説》三卷、《積分詳説》四卷、《火器略説》一卷，共八種十九卷，并以自己的書齋命名爲《凌百硯齋算稿八種》。其中後五種未刊印。

鈐印有“禮堂所得嶺南文物”、“儀清室”、“禮堂”、“基永”。

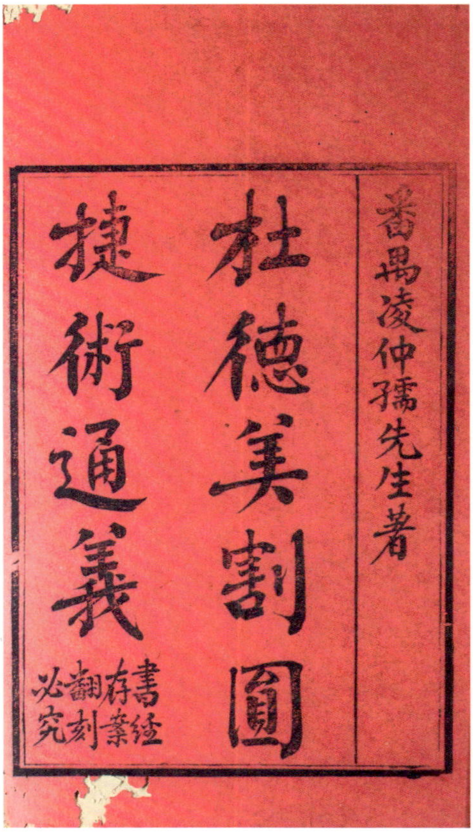

杜德美割圜捷術通義（5-2）

杜德美割圜捷術通義（5-3）

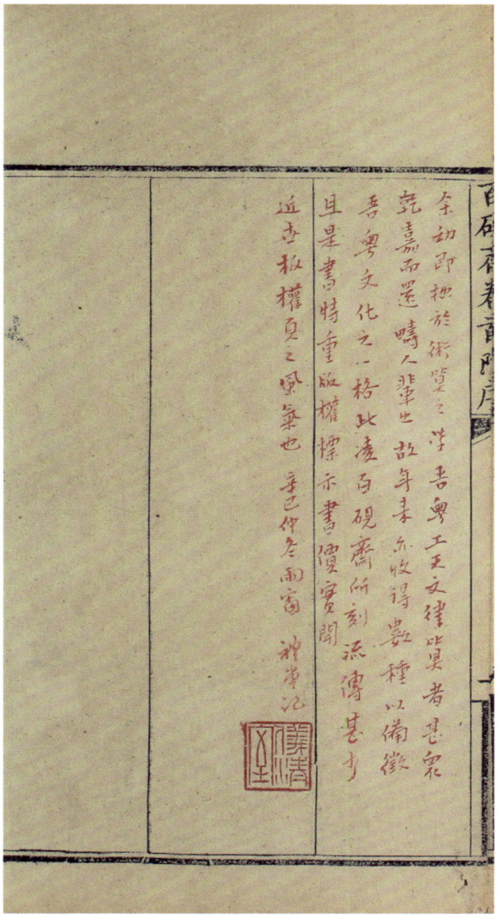
余幼即耽於術算之學吾粵工天文律算者甚衆
乾嘉而還疇人輩出 故年來亦收得數種以備徵
吾粵文化之一格 此凌石硯齋所刻流傳甚少
且是書特重版權標示書價實開
近世版權頁之風氣也 辛巳仲冬雨窗 禮堂記

杜德美割圜捷術通義（5-4）

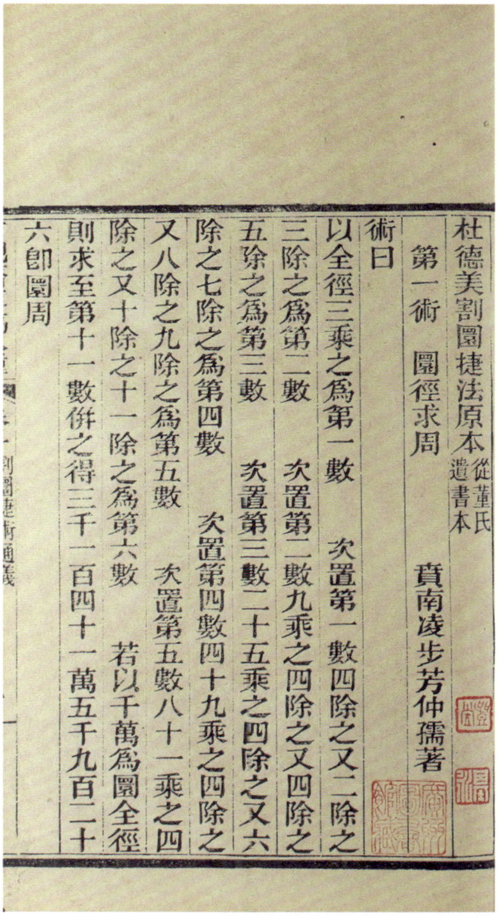
杜德美割圜捷法原本從董氏遺書本
第一術 圜徑求周
貢南凌步芳仲孺著
術曰
以全徑三乘之爲第一數 次置第一數四除之又二除之
三除之爲第二數 次置第二數九乘之四除之又四除之
五除之爲第三數 次置第三數二十五乘之四除之又六
除之七除之爲第四數 次置第四數四十九乘之四除之
又八除之九除之爲第五數 次置第五數八十一乘之四
除之又十除之十一除之爲第六數 若以千萬爲圜全徑
則求至第十一數併之得三千一百四十一萬五千九百二十
六卽圜周

杜德美割圜捷術通義（5-5）

0095 算術駕説：十一卷 /（清）潘應祺纂；羅樹勲、林廷錖參訂；林錫璜、傅學叢校算．— 清光緒三十三年（1907）潘氏皀籬館刻本．— 2 册

10 行，25 字，小字雙行同，白口，四周雙邊，雙對黑魚尾，匡高 19 厘米，寬 13.7 厘米。

首册封面缺，册 2 封面題簽：算術駕説 考伯署。扉頁刊 "算術駕説十一卷 順德蘇茗瑚署"；牌記刊"光緒丁未番禺潘氏皀籬館刊"。前有清光緒三十三年廣東高等學堂監督"照會"，光緒丁未（三十三年）吴道鎔序。

存 4 卷：卷 1~4。

潘應祺（1866 ~ 1926），廣州番禺人，字漱笙。清光緒二十七年（1901）辛丑科補行二十六年（1900）庚子科舉人。後爲廣東水師學堂第二期學生，受業於詹天佑。畢業後，在任教之餘，悉心研究數學。民國十三年（1924）值廣州商團之亂，舉家遷居香港，執教於香港聖保羅女書院。次年（1925）回穗，開設中英數專修科私塾，以疾病逝。曾參與編纂《番禺縣志》。著有《精算雜説》、《算術駕説》、《幾何贅説》、《代數課本》等。

鈐印有 "夏陽"、"基永之鉥"、"儀清室"、"版權所有每部定價洋銀壹圓式角"。

算術駕説（4–1）

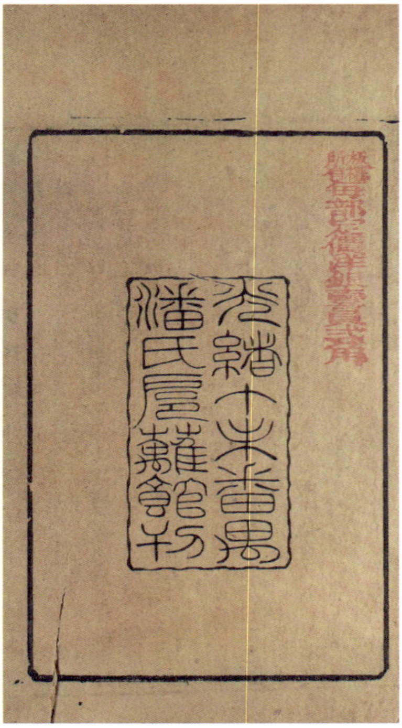

算術駕説（4–2）

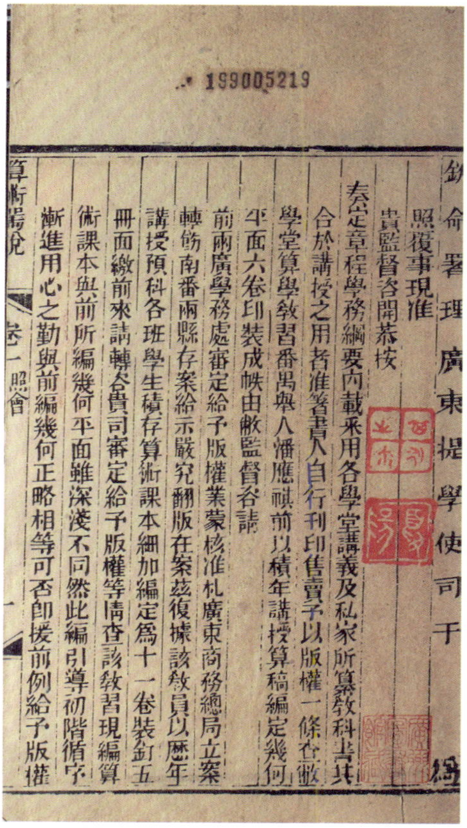
欽命署理廣東提學使司于　爲
照復事現准
貴監督咨開茶按
奏定章程學務綱要內載采用各學堂講義及私家所纂教科書其
合於講授之用者准著書人自行刊印售賣予以版權一條查敝
學堂算學教習番禺舉人潘應祺前以積年講授算稿編定幾何
平面六卷印裝成帙由敝監督咨請
前兩廣學務處審定給予版權業蒙核准札廣東商務總局立案
轉飭南番兩縣存案給示嚴究翻版在案茲復據該教員以歷年
講授預科各班學生積存算術課本細加編定爲十一卷裝訂五
冊面繳前來請轉咨貴司審定給予版權等情查該教習現編算
術課本與前所編幾何平面雖深淺不同然此編引導初階循字
漸進用心之勤與前編幾何正略相等可否即援前例給予版權

算術駕說　卷一　照會　一

算術駕說（4–3）

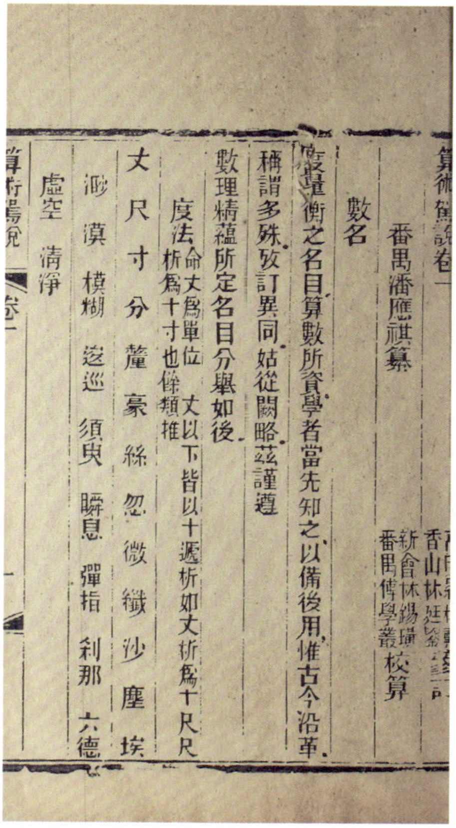
算術駕說卷一
番禺潘應祺纂
香山林廷鎣
新會林錫璜
番禺傅學叢　校算

數名
度量衡之名目算數所資學者當先知之以備後用惟古今沿革
稱謂多殊攷訂異同姑從闕略茲謹遵
數理精蘊所定名目分舉如後
度法命丈爲單位　丈以下皆以十遞析如丈析爲十尺尺析爲十寸也餘類推
丈　尺　寸　分　釐　毫　絲　忽　微　纖　沙　塵　埃
渺　漠　模糊　逡巡　須臾　瞬息　彈指　刹那　六德
虛空　清淨

算術駕說　卷一　一

算術駕說（4–4）

0096 闢徑集：二卷 /（明）李默齋著 . — 清道光十四年（1834）刻本 . — 3 册

9 行，18 字，白口，四周雙邊，單黑魚尾，匡高 16 厘米，寬 12.9 厘米。

正文有朱、墨筆標示、句讀，天頭有墨筆注釋。前有明嘉靖二十七年（1548）著者李墨齋自序，清道光十四年何太青序、馮之彦序、李海晏跋、李冠章跋。

李默齋，明廣東香山（今中山）小欖人，名秩，字叔典。擅長相墓術，生平博覽群書，遍游名岳。明嘉靖十五年（1536）發生饑荒，捨錢穀賑灾。著有《堪輿闢徑集》。

《闢徑集》二卷，在風水學上影響極深。卷一爲“五俗”、“三畏”、“暗中三寶”以及“千金四字訣”，論述龍穴的真假，是形巒學中形勢派的理論，爲李墨齋歷二十多年堪輿經驗所得。卷二之内容，多是集古而成，分七論：一論逆水、二論石、三論五星五行之説、四論天星地曜、五論騎龍、六論補山、七論點穴葬法。

鈐印有“斗墟氏”、“禮堂梁基永印”、“儀清室”。

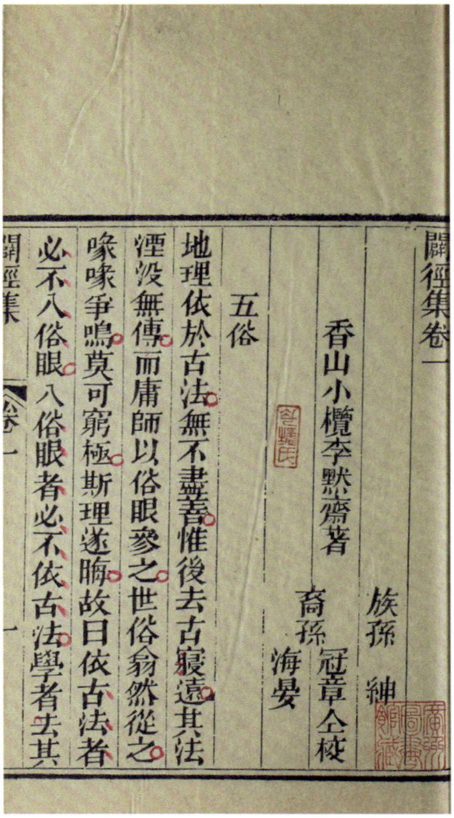

闢徑集（2–1）

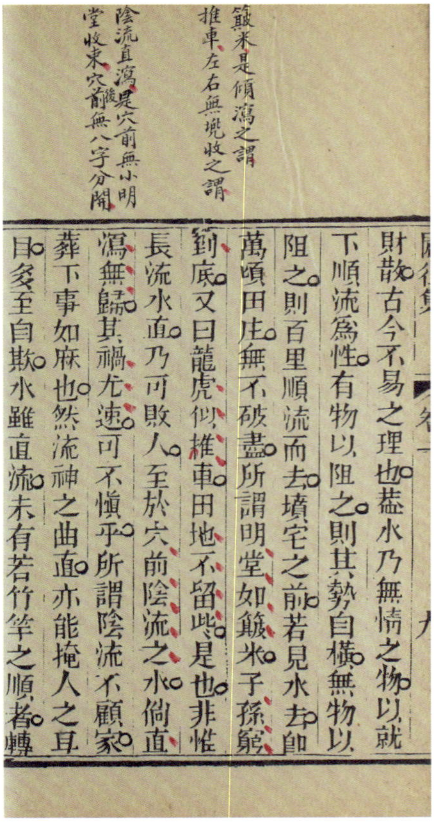

闢徑集（2–2）

0097 新刻訂正原板劉氏家藏二十四山造全書：八卷 /（清）劉春沂著．— 清康熙二十三年（1684）刻本．— 6 册：圖

15 行，29 字，小字雙行不等，白口，四周單邊，單黑魚尾，匡高 21.2 厘米，寬 14.6 厘米。

本書又一題名《新刻訂正原板劉氏家藏二十四山造葬全書》，扉頁、版心及序行文題名《劉氏家藏》。前有清康熙甲子（二十三年，1684）劉□序。護頁有是書原收藏者梁基永先生墨筆手書題記，并有對劉春沂生平著述的考略。

劉傑，清廣東東莞人，字春沂。精通天文、讖緯、周髀之學，能用勾股算學法推步曆元。明萬曆間（1573 ~ 1620）與西洋人龐迪莪辯論曆法。又創作百刻香、袖中日晷、馬上羅經。著有《曆考芻言》、《尺五談天》、《造葬全書》、《羅經解略》、《羅經圖》、《奇門指示》。

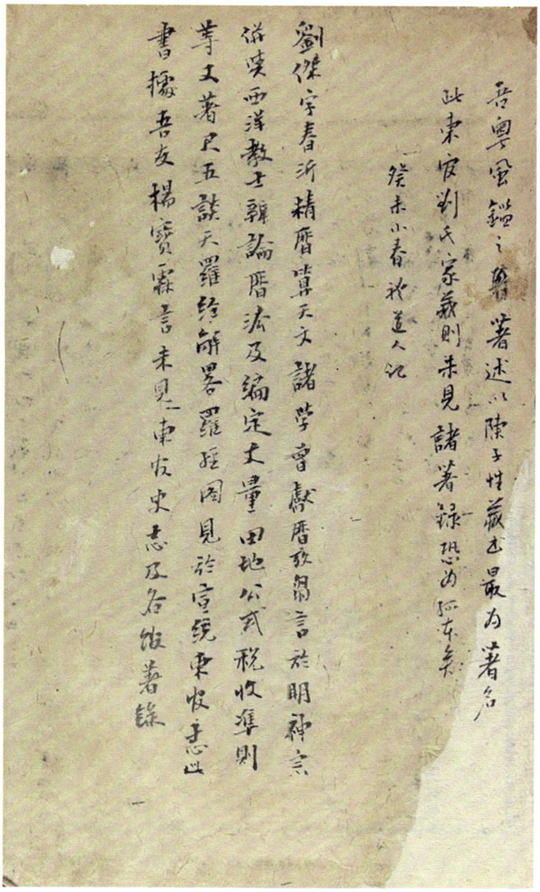
吾粵風鑑之籍著述以陳子性藏書最為著名
此東官劉氏家藏則未見諸著錄恐也孤本矣
癸未小春於道人記
劉傑字春沂精曆算天文諸學曾獻曆故芻言於明神宗
從與西洋教士辯論曆法及編定丈量田地公式稅收準則
等又著尺五談天羅經解略羅經圖見於宣統東莞志以
書據吾友楊寶霖言未見東莞史志及各種著錄

新刻訂正原板劉氏家藏二十四山造全書（3–1）

是書爲堪輿專著。主要內容有：六十年吉凶定局、原五行進呈表、造葬一覽、三家五行起運、諸公發明洪範五行之旨、山家困龍、冠婚類、造作門樓、胎養胎産類、求醫療病等。

鈐印有“禮堂梁基永印”、“禮堂所得嶺南文物”。

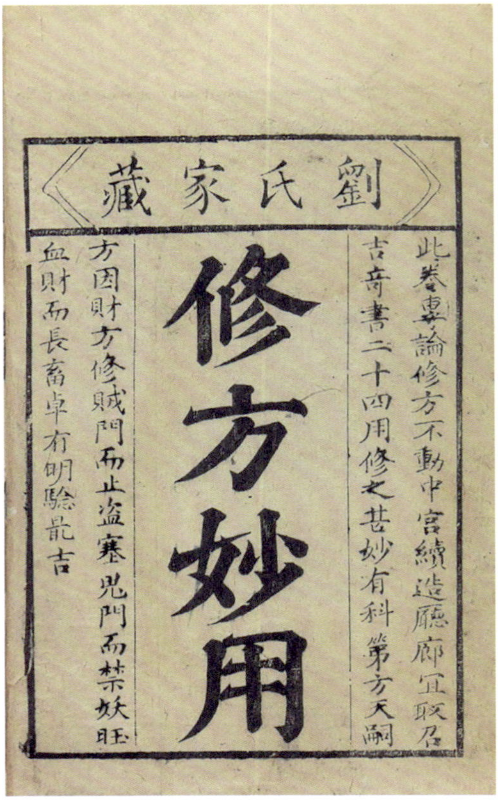

劉氏家藏

此卷專論修方不動中宮續造廳廊宜取居吉奇書二十四用修之甚妙有科第方天嗣方因財方修賊門而止盜塞兇門而禁妖旺血財而長畜卓有明驗乩吉

修方妙用

新刻訂正原板劉氏家藏二十四山造全書（3–2）

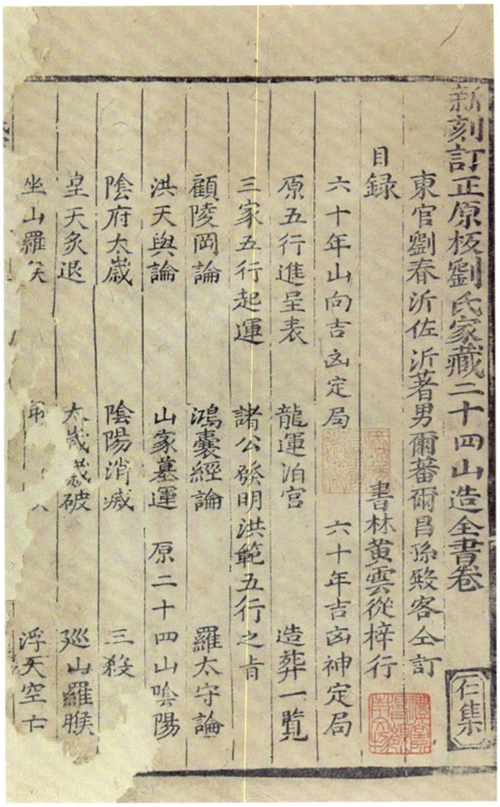

新刻訂正原板劉氏家藏二十四山造全書卷

東官劉春沂佐沂著男爾蕃爾昌孫駿客仝訂

書林黄雲從梓行

仁集

目録

六十年山向吉凶定局　六十年吉凶神定局

原五行進呈表　龍運泊宮　造葬一覽

三家五行起運　諸公發明洪範五行之旨

顧陵岡論　鴻囊經論　羅太守論

洪天與論　山家墓運　原二十四山陰陽

陰府太歲　陰陽消滅　三殺

皇天炙退　太歲歲破　巡山羅睺

坐山羅　浮天空亡

新刻訂正原板劉氏家藏二十四山造全書（3–3）

0098 陳氏家藏：十二卷，卷首一卷 /（清）陳子性闡述．— 清乾隆四十七年（1782）刻本．— 4 册

行數、字數不等，白口，四周單邊，單黑魚尾，匡高 18.9 厘米，寬 13.5 厘米。

書名取自封面，又名《陳子性藏書》。前有清乾隆四十七年邵泰衢序，清康熙二十三年（1684）陳應選“子性公家訓”。

存 9 卷：卷首 1 卷，卷 1 ～ 8。

陳應選，清廣東番禺人，字子性。康熙間（1662 ～ 1722）廣州諸生。任欽天監天文科靈臺郎。精通“日者家”言。著有《陳子性藏書》十二卷。

是書爲堪輿類著作，首册卷首、卷 1 ～ 2，記載開山立向、修方選擇年月日吉凶神煞論；第二册卷 3 ～ 6，記載五運六氣；第三册卷 7，記載造葬山方吉凶神煞要論；第四册卷 8，記載各項雜用、行喪出櫃。

鈐印有“張忠信堂”、“儀清室”、“禮堂梁基永印”、“禮堂所得嶺南文物”。

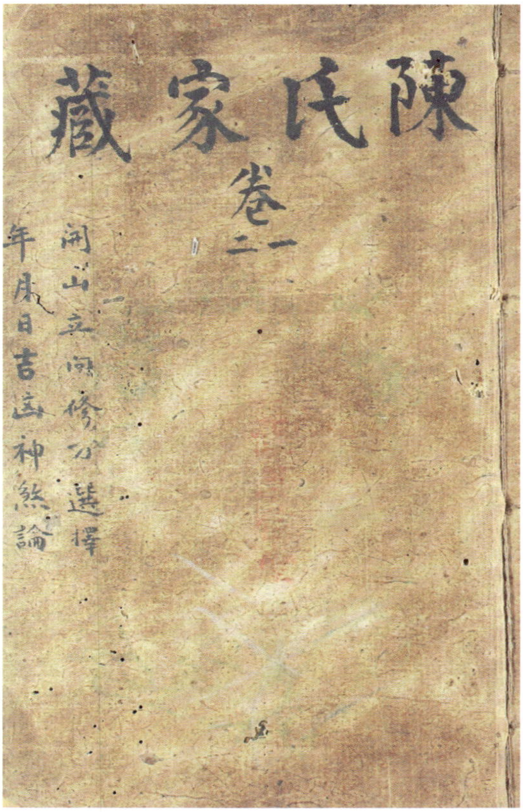

陳氏家藏（3–1）

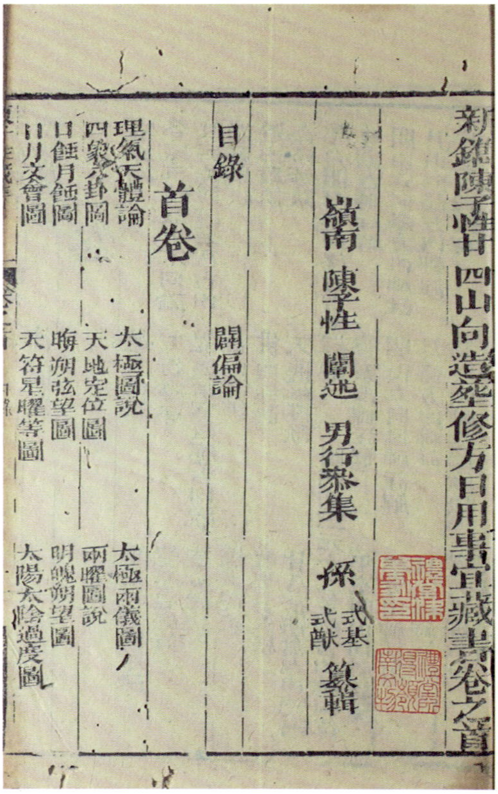

陳氏家藏（3–2）

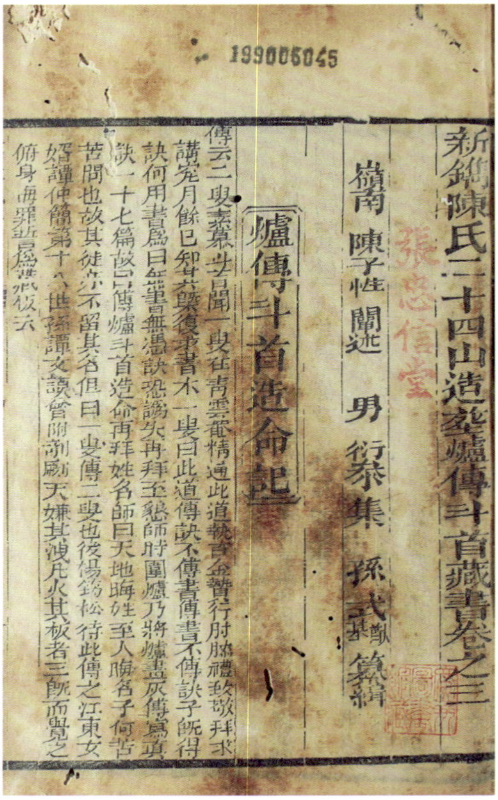

陳氏家藏（3–3）

0099 陽宅紫府寶鑑：三卷，卷首一卷 /（清）劉文瀾著 . — 清道光十二年（1832）刻本 . — 1 册：圖

9 行，20 字，小字雙行同，白口，四周雙邊，單黑魚尾，匡高 18.7 厘米，寬 13.7 厘米。

卷端下還題有其他著者：男伯陽復元校 門人張作哲珠崖刊。護頁有是書原收藏者梁基永先生墨筆題記。天頭有佚名墨筆注。扉頁刊“廣州雙門底大文堂板 陽宅紫府寶鑑 曾卓如題”。前有道光十二年劉文瀾自序，張作哲跋，凡例，總目。

劉文瀾，清廣東高明人，字墨池。

鈐印有“基永”、“禮堂所得嶺南文物”。

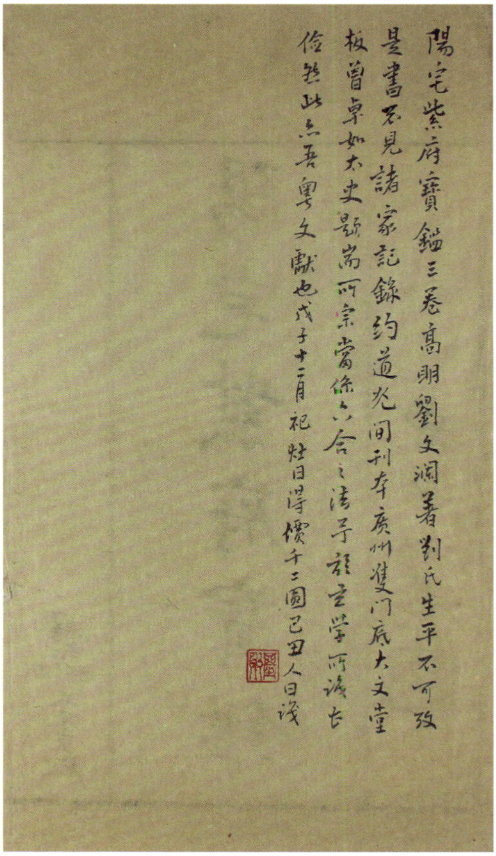
陽宅紫府寶鑑三卷高明劉文瀾著劉氏生平不可考
是書不見諸家記錄約道光間刊本廣州双门底大文堂
板曾卓如太史題端所宗嘗係六合之法予於玄學所識尤
僅然此亦吾粵文獻也戊子十二月祀灶日得價千二圓己丑人日識

陽宅紫府寶鑑（3-1）

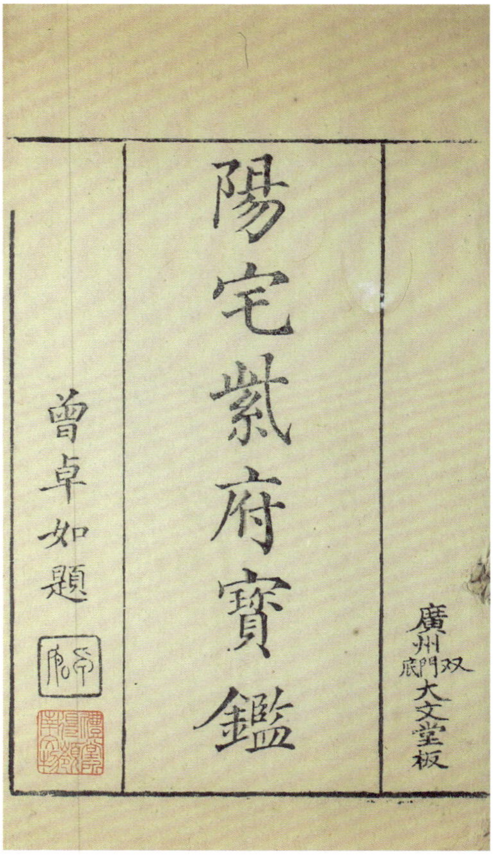

陽宅紫府寶鑑（3-2）

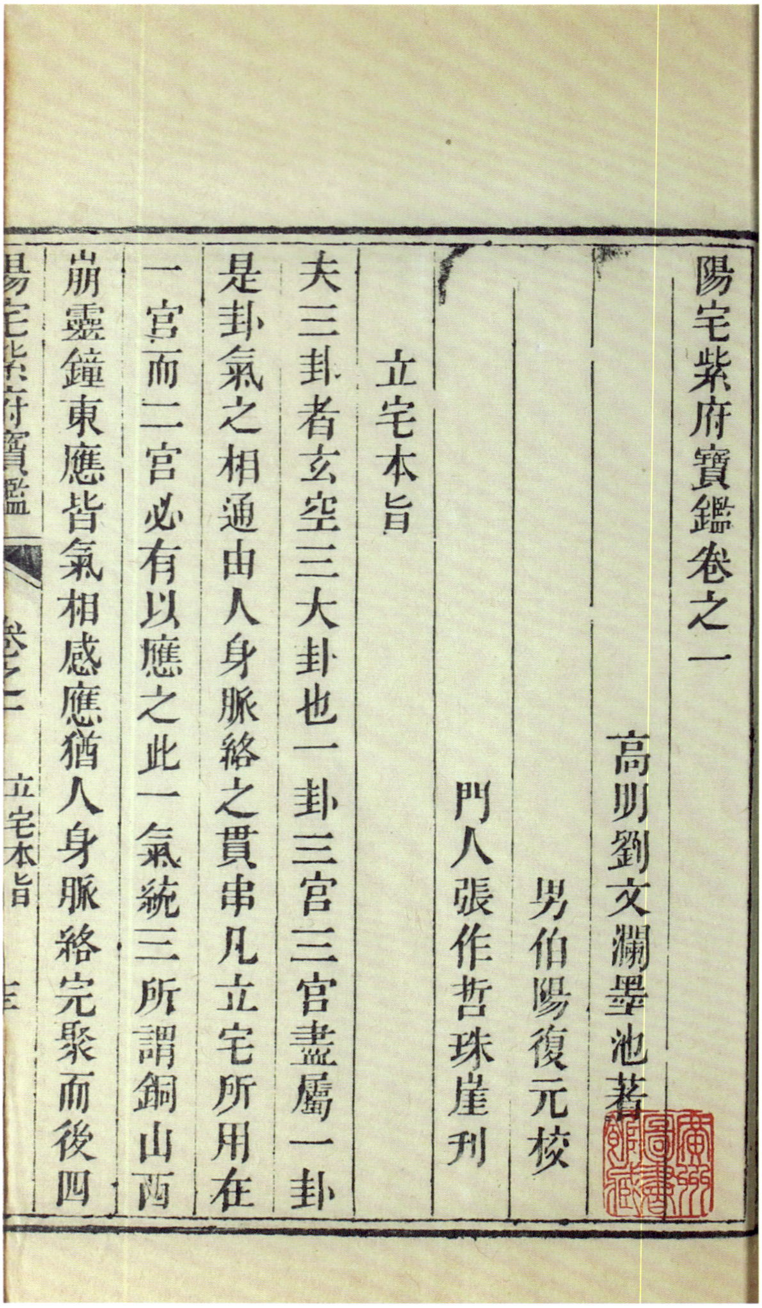
陽宅紫府寶鑑卷之一

高明劉文瀾墨池著

男伯陽復元校

門人張作哲珠崖刊

立宅本旨

夫三卦者玄空三大卦也一卦三宮三宮盡屬一卦是卦氣之相通由人身脈絡之貫串凡立宅所用在一宮而二宮必有以應之此一氣統三所謂銅山西崩靈鐘東應皆氣相感應猶人身脈絡完聚而後四

陽宅紫府寶鑑　卷之一　立宅本旨

陽宅紫府寶鑑（3-3）

0100 筠清館法帖：六卷 /（清）吴榮光摹 . — 六朝至元（220 ~ 1368）（吴榮光，清道光十年（1830）拓本 . — 3 册

行數、字數不等，字體不一，著墨部分高 33.5 厘米，寬 17.3 厘米。

是書多處有原收藏者梁基永先生朱筆題記。

吴榮光（1773 ~ 1843），清廣東南海人，原名燎光，字殿垣，一字荷屋，號伯榮，别署拜經老人、白雲山人。清嘉慶四年（1799）進士，道光元年（1821）官福建按察使，調湖南巡撫，擢湖廣總督。從學阮元嫡傳阮學。善書畫，精金石。有《筠清館金石録》、《吾學録》、《歷代名人年譜》、《石雲山人集》。

是帖六卷，卷一爲“晋梁人書”，其中收録有王羲之的《樂毅論》、王獻之等名家手筆；卷二爲“唐君臣書”，其中收録有唐太宗李世民《温泉铭》和《唐摹十七帖》片斷等；卷三爲“宋君臣書”，收録有宋太宗、宋徽宗等手筆；卷四爲“宋人書”，收録有黄庭堅、米芾等名家手筆；卷五、六爲“元人書”，收録有趙孟頫的《洛神賦》等名家手筆。

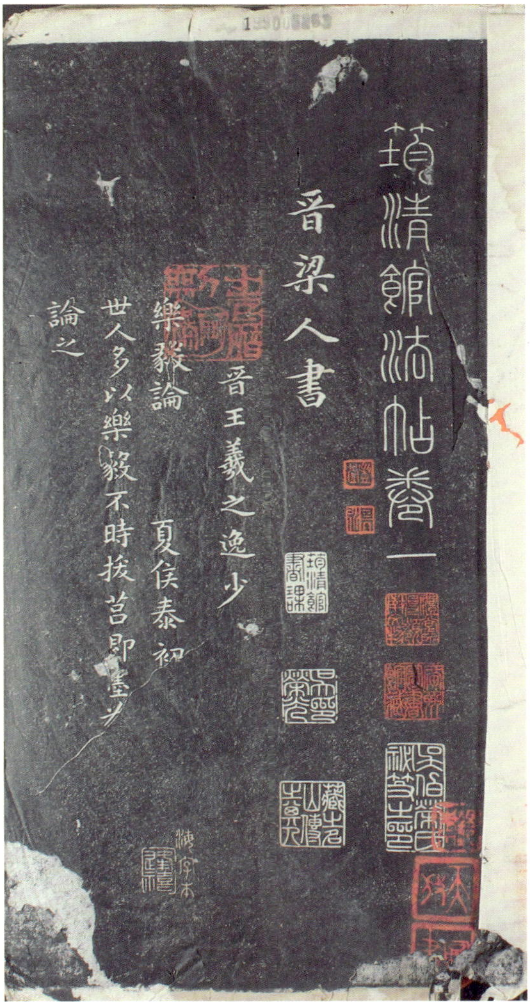

筠清館法帖（3–1）

鈐印有“基永”、“禮堂”、“禮堂所得嶺南文物”、“拾清樓藏”、“疏影小閣”、“天放”、“圖書”等。

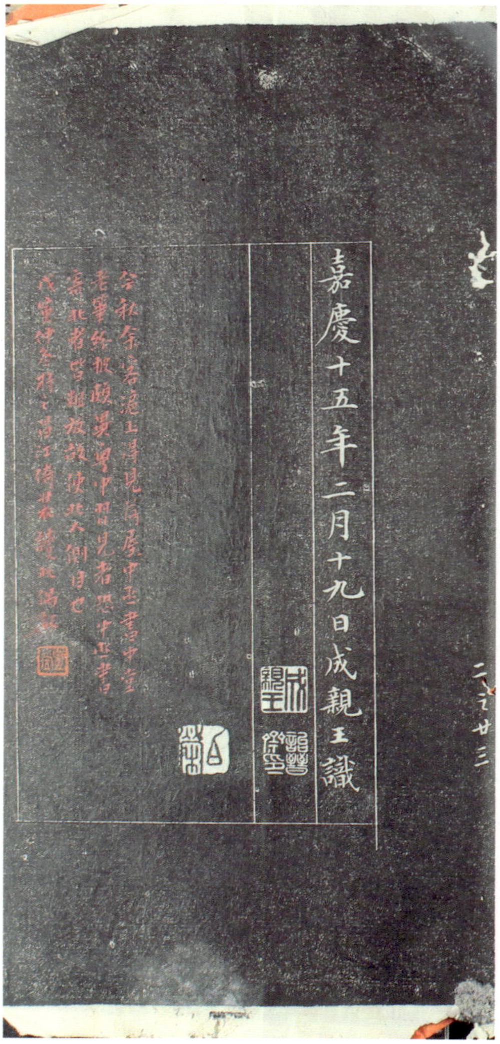

筠清館法帖（3-2）

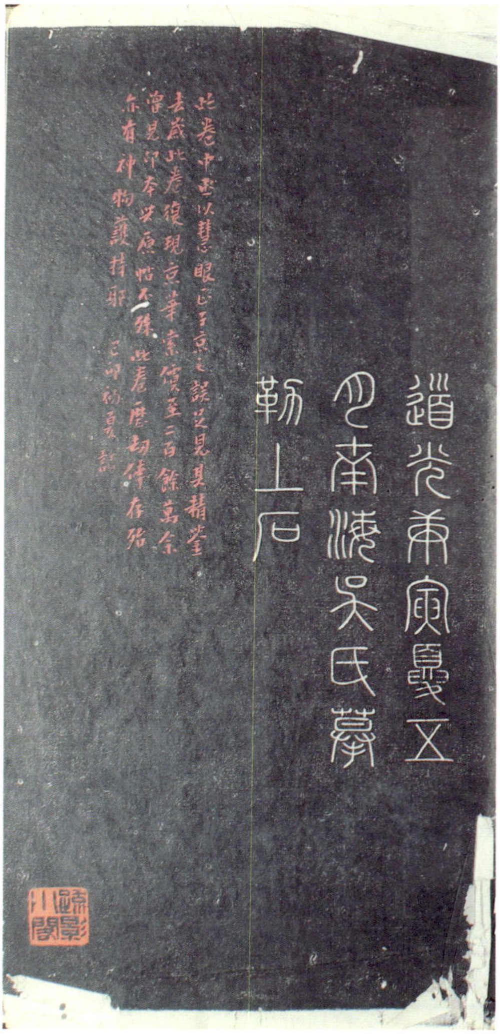

筠清館法帖（3-3）

0101 風滿樓集帖：二卷 /（清）葉夢龍編．— 清道光十年（1830）[清道光十年至宣統（1830 ~ 1911）] 拓本．— 1 册

行數、字數不等，字體不一。

據目録，卷二缺查聲山（查升）書、陳香泉（陳奕禧）書、徐壇長（徐用錫）書。

葉夢龍（1775 ~ 1832），清廣東南海人，字雲谷。葉廷勛之子。官户部郎中。歸里筑倚山樓，邀集文人，吟咏其中，著有《風滿樓書畫録》一卷。

是帖二卷，有名家書法作品十餘篇，卷一有成親王（愛新覺羅・永瑆）書、朱竹垞（朱彝尊）書、程周量（程可則）書、王阮亭（王士禎）書、梁藥亭（梁佩蘭）書、姜西溟（姜宸英）書、王蒲衣（王隼）書、何義門（何焯）書，卷二有汪退谷（汪士鋐）書、陳匏盧（陳邦彥）書等。

鈐印有“禮堂梁基永印”、“儀清室”。

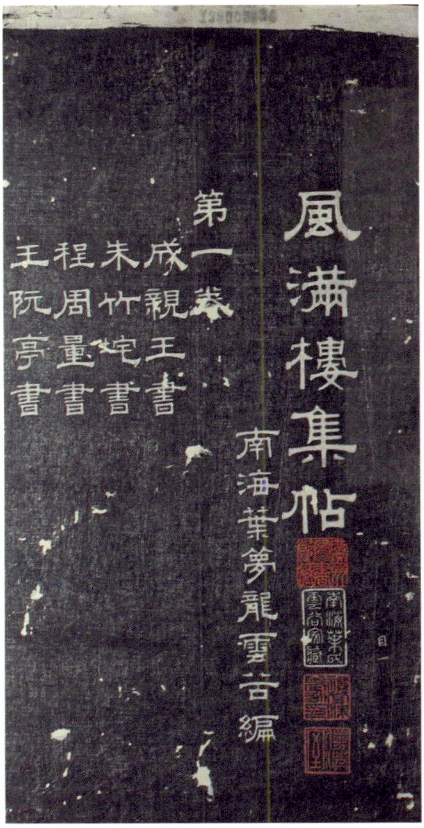

風滿樓集帖（3–1）

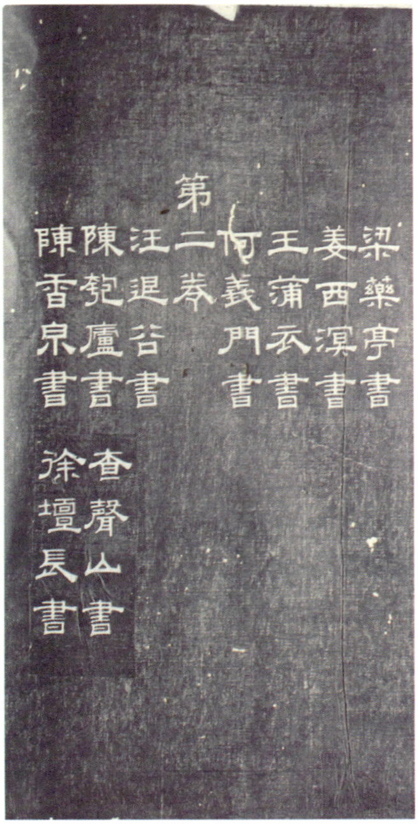

風滿樓集帖（3–2）

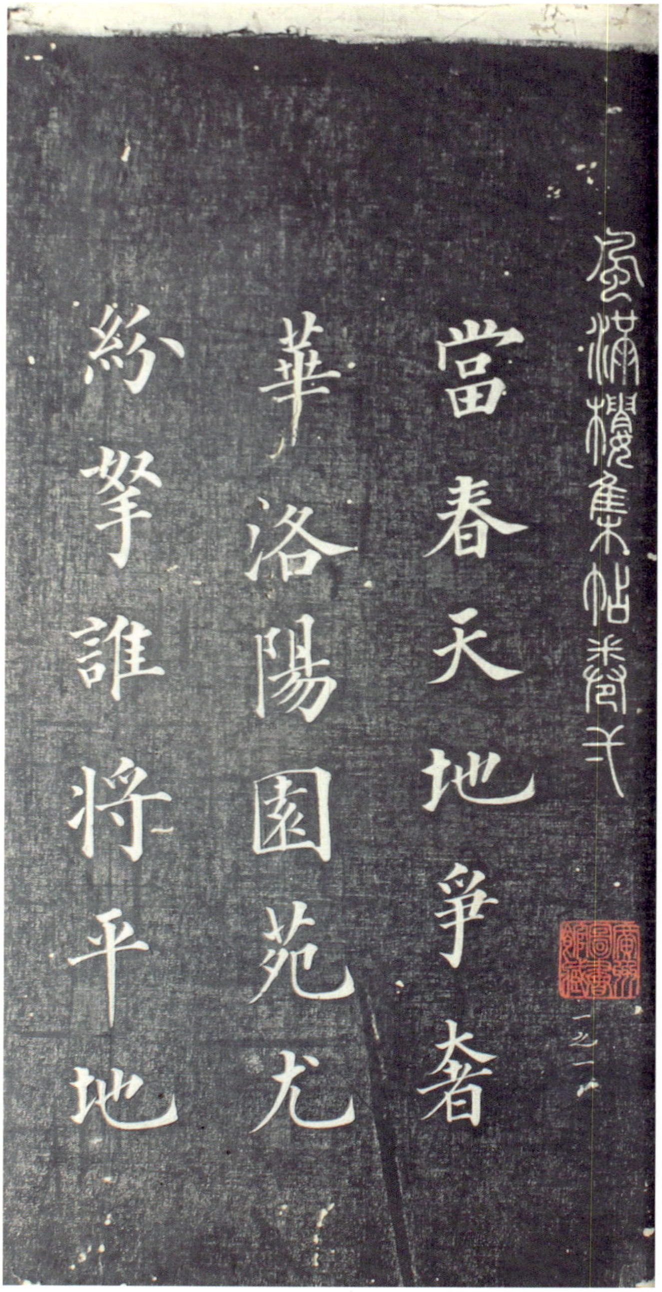

風滿樓集帖（3–3）

0102 寒香館藏真帖：六卷 /（清）梁九章編刻．— 清道光十六年（1836）[廣東佛山：梁九章，清道光十六年] 拓本．— 1 册

行數、字數不等，著墨處高 32.2 厘米，寬 18.3 厘米。

書名取自封面題簽。封面題簽破損，有梁九圖題字：寒香館藏真帖 福草題。

存 1 卷：卷 4。

梁九章，清廣東順德人，字雲裳。梁九圖從兄。官四川布政司經歷。善畫梅，嗜石，喜收藏書畫，嶺南名園"梁園"的創建者之一，著有《寒香館碑帖》六卷。

《寒香館藏真帖》全六卷，收自唐至清乾、嘉時二十二家真迹。是書卷四，爲明人書，包括方孝孺《離落隔煙火詩》、陳繼儒書《梁武帝書評》、王寵臨褚遂良《陰符經》、朱奄書陶廣文《石鼓歌》、金幼孜書《劉康民墓志銘》、鄧鍾嶽書《歸去來辭》。帖後有梁九章題識，述説刻石傳古人遺書碑垂永久之意。

鈐印有"儀清室"、"繼澤堂珍藏印"、"翰墨樓"。

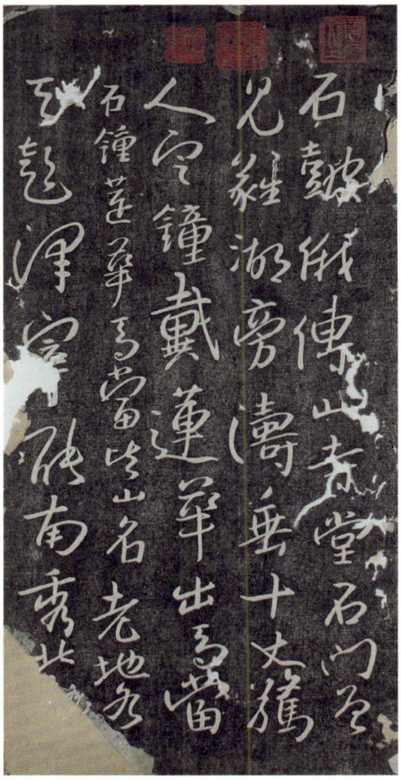

寒香館藏真帖（2–1）

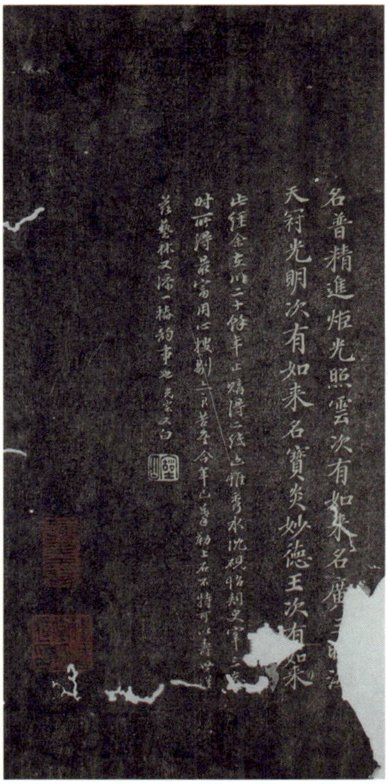

寒香館藏真帖（2–2）

0103 李若農唐碑十二則：一卷 /（清）李文田書．— 清光緒五年（1879）寫刻本．— 1 册

7 行，8 字，上下黑口，小方格四周單邊，匡高 18.4 厘米，寬 15.7 厘米。

書名取自封面題簽。封面書“秀波”字樣，封面頁背面有秀波作“柳溪亭子”圖。

著者簡介見第 0017 條《元朝秘史》。

是帖爲李若農（李文田）所臨摹唐碑所成，每碑後記録有其時的心情或對碑文的一些考究等，十二碑，碑碑如是。“曾觀唐碑十二則者，無人不知臨者爲李若農”（《嶺南書法叢譚》）。

鈐印有“霍繼棠章”、“儀清室”、“禮堂梁基永印”。

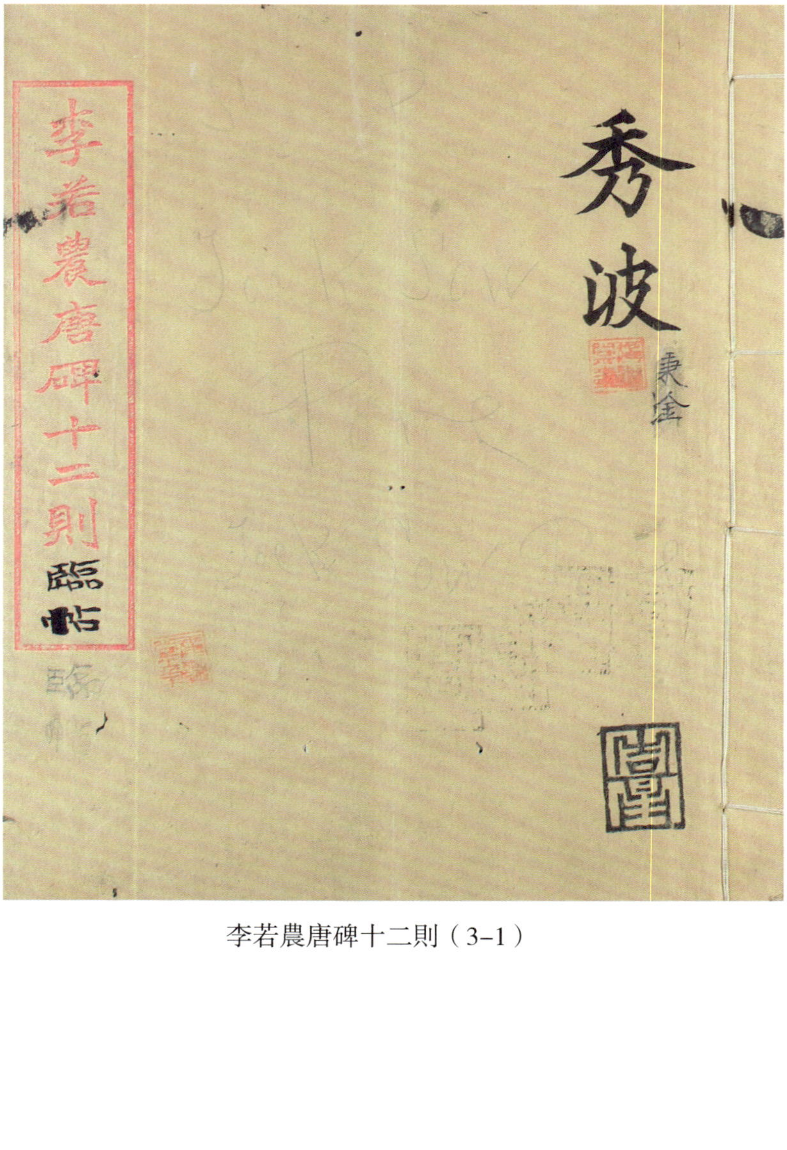

李若農唐碑十二則（3–1）

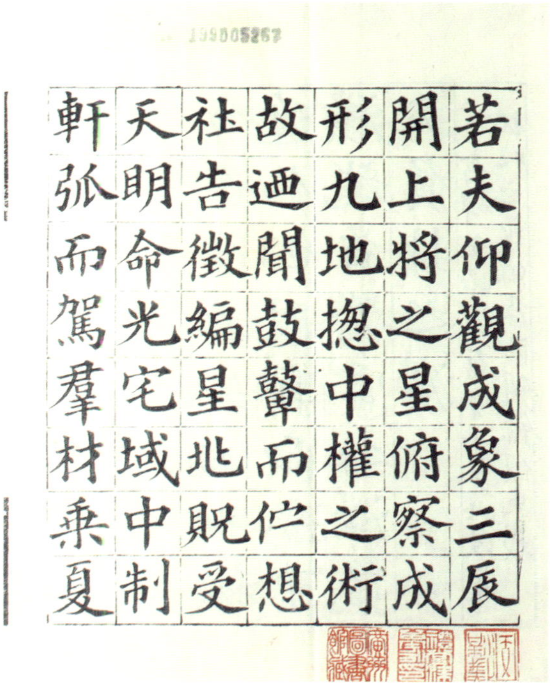

若夫仰觀成象三辰
開上將之星俯察成
形九地揔中權之術
故迺闓鼓鼙而佇想
社告徵編星兆貺受
天明命光宅域中制
軒弧而駕羣材乘夏

李若農唐碑十二則（3-2）

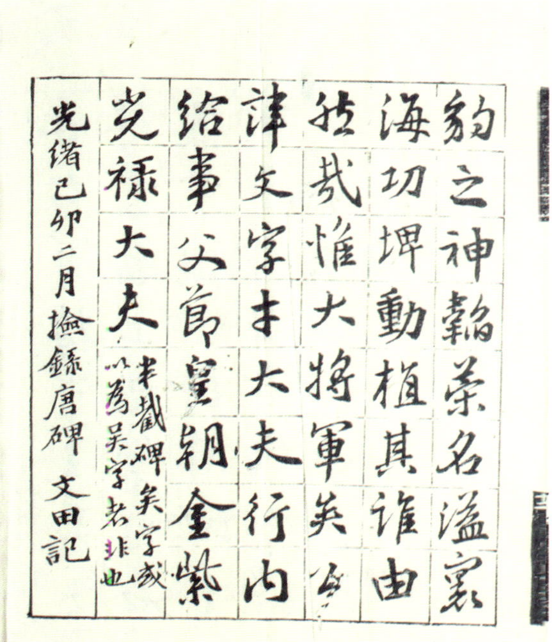

豹之神韜策名溢寰
海功埤動植其誰由
於哉惟大將軍矣公
諱文字未大夫行内
給事公節皇朝金紫
光祿大夫 半截碑矣字或以爲吴字者非也
光緒己卯二月撿錄唐碑 文田記

李若農唐碑十二則（3-3）

0104 蓼懷堂琴譜：不分卷 /（清）雲志高訂 . — 清康熙（1662 ~ 1722）刻本 . — 12 册（2 函）

6 行，12 字，小字雙行不等，白口，四周雙邊，匡高 22.6 厘米，寬 15.9 厘米。

前有陳恭尹叙，雲志高自序。版心下端刊“蓼懷堂”。首册末頁有是書原收藏者梁基永先生墨筆手書題跋。

此書爲清康熙白紙刊。金鑲玉改裝。

雲志高（約 1644~ 約 1715），清廣東文昌（今屬海南省）人，字載青，號逸亭，清初琴家。曾拜訪宫廷琴師金陶，并與金陶相處兩年，盡得金陶琴學之秘。《蓼懷堂琴譜》收曲三十支，爲雲志高與金陶二人的傳譜。

鈐印有“惜琴軒藏”、“枕雲閣印”、“景南父”、“岡州莫氏”、“鐵嶺王貴忱印”、“南海梁基永印”、“基永”、“禮堂所得嶺南文物”。

已入選《第一批廣東省珍貴古籍名録》。

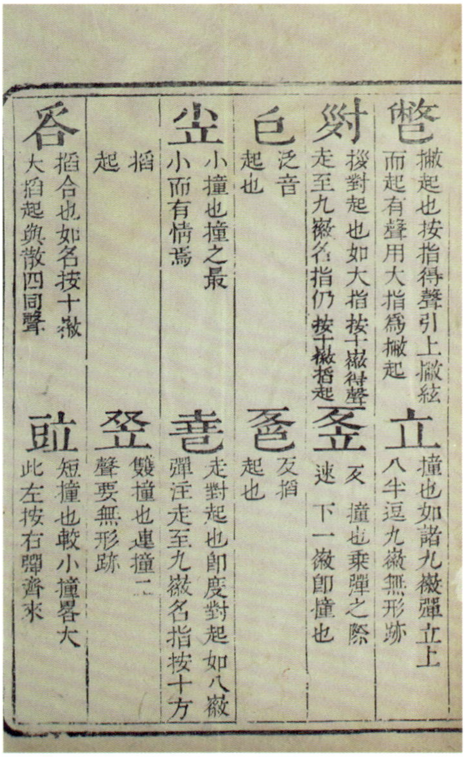
撇起也按指得聲引上撇絃而起有聲用大指爲撇起
立 擡也如諸九徽彈立上八半逗九徽無形跡
撥對起也如大指按十徽得聲走至九徽名指仍按十徽掐起
反 擡也乘彈之際迷下一徽即擡也
泛音起也
反掐起也
小撞也撞之最小而有情焉
走對起也即度對起如八徽彈泛走至九徽名指按十方
掐起
雙撞也連撞二聲要無形跡
掐合也如名按十徽大掐起與散四同聲
短撞也較小撞畧大此左按右彈齊來

蓼懷堂琴譜（3-1）

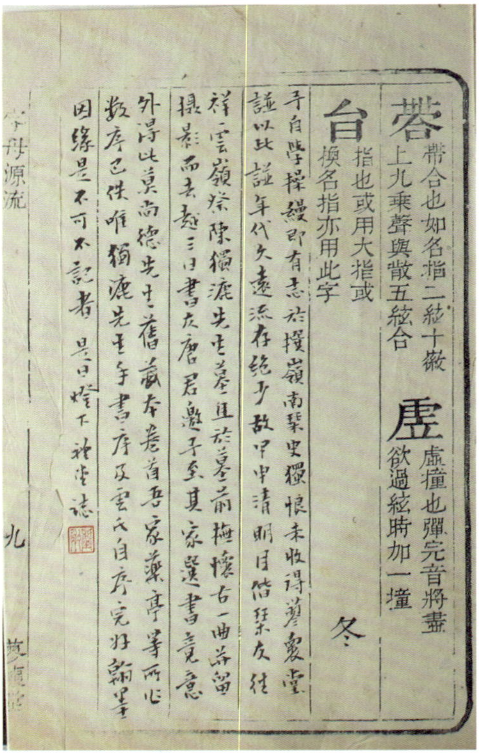
帶合也如名指二絃十徽上九乘聲與散五絃合
虛撞也彈完音將盡欲過絃時加一撞
指也或用大指或換名指亦用此字
冬
予自學操縵即有志於搜嶺南琴史獨恨未收得蓼懷堂譜以此譜年代久遠流存絕少故甲申清明日偕琴友往祥雲嶺祭陳獨漉先生墓且於墓前撫懷古一曲并留攝影而去越三日書友唐君邀予至其家選書竟意外得此真尚德先生舊藏本卷首吾家藥亭筆所作敘序已佚唯獨漉先生手書序及雲氏自序完好翁筆因緣是不可不記者 是日燈下

蓼懷堂琴譜（3-2）

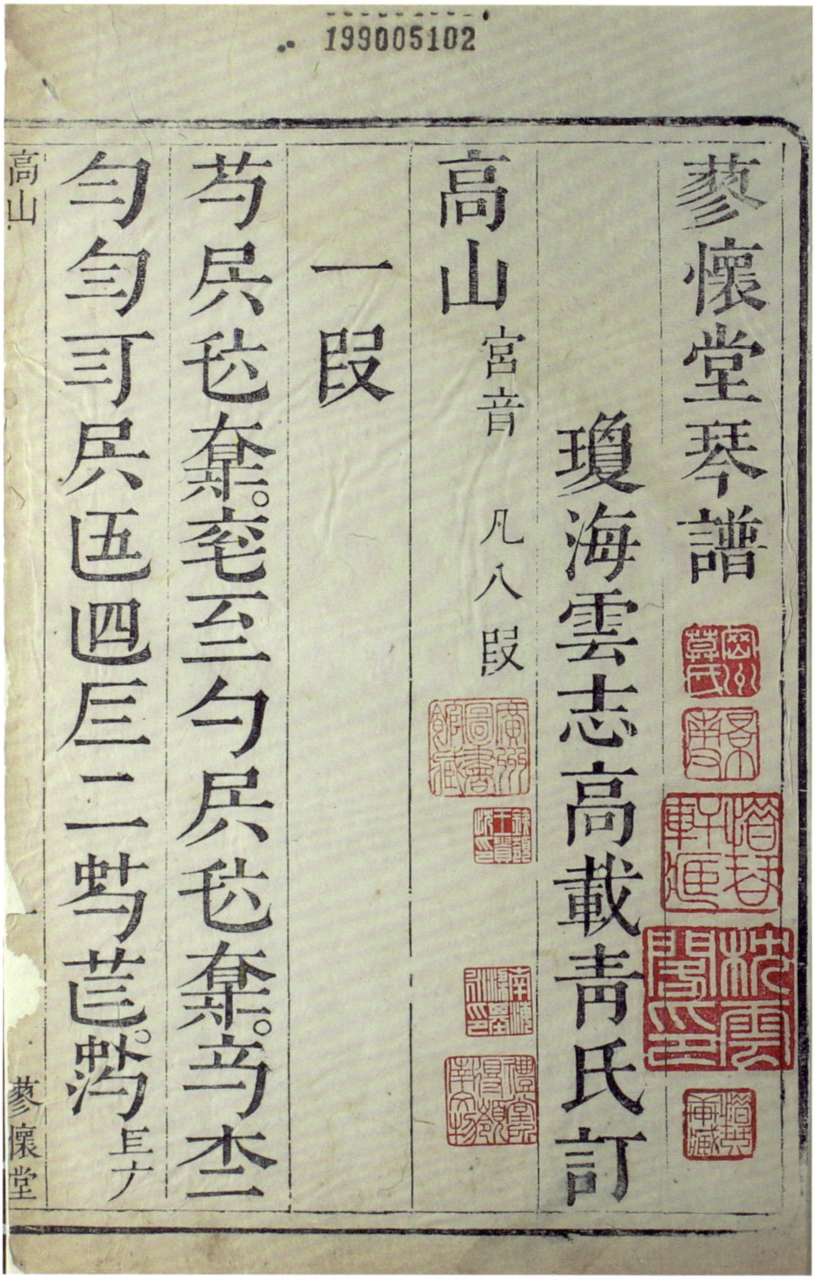

蓼懷堂琴譜

瓊海雲志高載青氏訂

高山 宮音 凡八段

一段

高山

蓼懷堂

蓼懷堂琴譜（3–3）

0105 五雲社録：一卷 / 佚名撰．— 清咸豐六年（1856）刻本．— 1 册

8 行，20 字，朱口，四周單邊，匡高 21.8 厘米，寬 13.7 厘米．

朱欄紙，序爲淺緑色花草紋邊框紙。題名據扉頁題名。扉頁刊“咸豐丙辰仲秋 五雲社録 鄭藻棻題”。前有清咸豐丙辰（六年）游岳序。

是書爲清順德五雲社社員録，共録 25 名社員，各社員記其字號、生年、住處及其曾祖、祖、父姓名。後附社規若干條。

鈐印有“儀清室”、“禮堂梁基永印”。

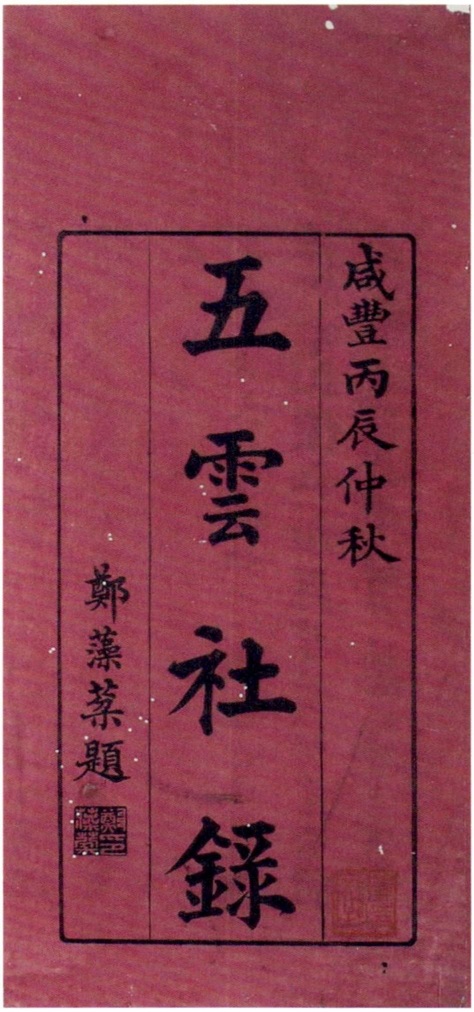

五雲社録（3–1）

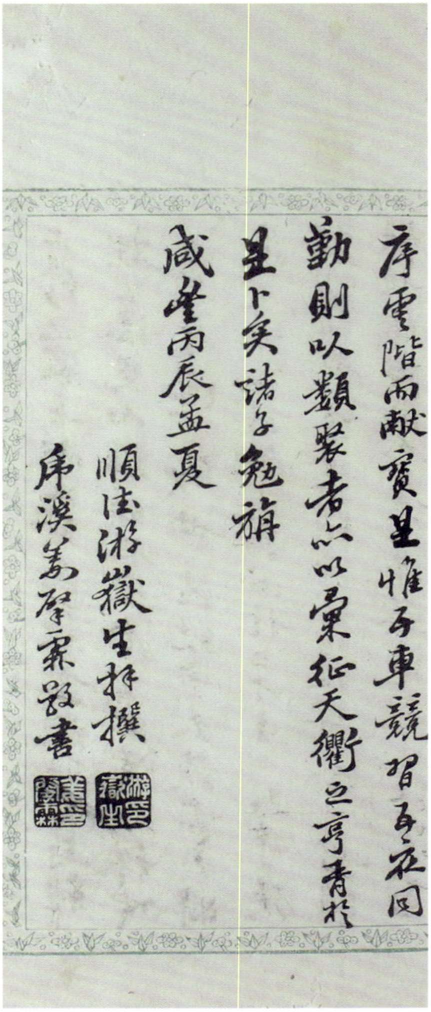

五雲社録（3–2）

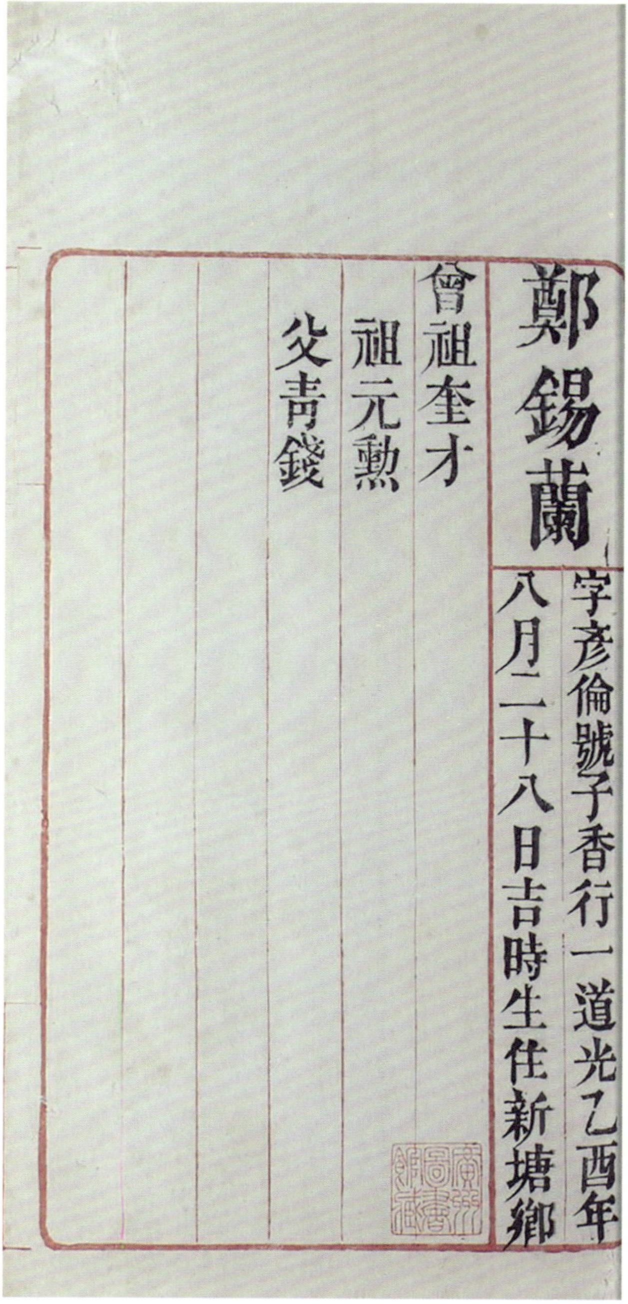

鄭錫蘭

字彥倫號子香行一道光乙酉年

八月二十八日吉時生住新塘鄉

曾祖奎才

祖元勲

父青錢

五雲社録（3-3）

0106 新刻全本明心：一卷 /（明）范立本輯．— 清末（1840 ~ 1911）廣文樓鉛印本：1 册

12 行，24 字，白口，左右單邊，上下花邊，單黑魚尾，匡高 10.6 厘米，寬 11.8 厘米。

封面紅色題簽：□心寶鑒 佛鎮大地。扉頁印“廣文樓機器印 明心寶鑒 鋪在香港深水埔大南街一五六號”。

范立本，明代人，生平不詳。

是書大約成書於元末明初，由 20 篇六七百段文字組成，内容雜糅儒、釋、道三教學説，薈萃明代之前中國先聖前賢有關個人品德修養、修身養性、安身立命的論述精華，曾多次重刊、重印。

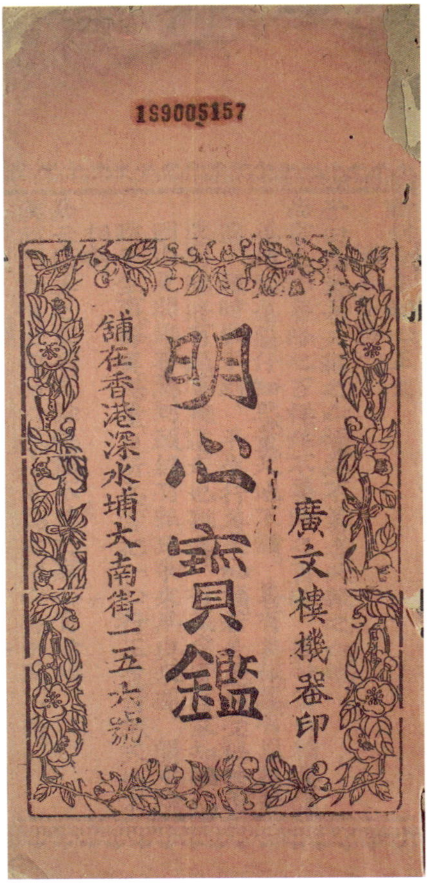
廣文樓機器印
明心寶鑑
鋪在香港深水埔大南街一五六號

新刻全本明心（2–1）

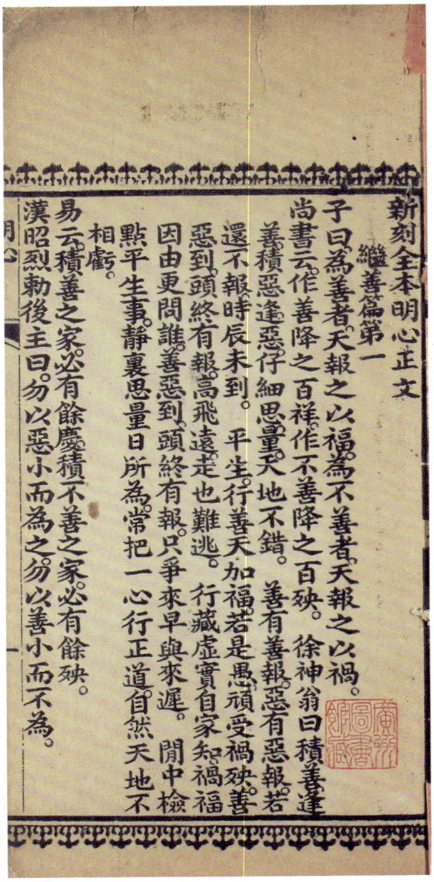
新刻全本明心正文
繼善篇第一
子曰為善者天報之以福為不善者天報之以禍
尚書云作善降之百祥作不善降之百殃 徐神翁曰積善逢
善積惡逢惡仔細思量天地不錯 善有善報惡有惡報若
還不報時辰未到 平生行善天加福若是愚頑受禍殃善
惡到頭終有報高飛遠走也難逃 行藏虛實自家知禍福
因由更問誰善惡到頭終有報只爭來早與來遲 閒中檢
點平生事靜裏思量日所為常把一心行正道自然天地不
相虧
易云積善之家必有餘慶積不善之家必有餘殃
漢昭烈勅後主曰勿以惡小而為之勿以善小而不為

新刻全本明心（2–2）

0107 *HARPER'S WEEKLY*：一期．— 清咸豐八年（1858）銅版印本．— 1 張：圖

題名翻譯中文爲“哈珀周報”，報紙左上角有“MARCH 13,1858”字樣，即爲“咸豐八年”。有“總督葉名琛”像，“廣東河”地圖。天頭有信息項“MARCH 13,1858 HARPER'S WEEKLY”。“廣東河”圖下有附注“CHART OF PEARL RIVER,SHOWING THE POSITION,AT LAST ACCOUNTS,OF THE BRITISH AND FRENCH ATTACKING FORCES.”大意爲“英法聯軍在珠江的最新位置圖”。

此册乃英國出版之報紙，文中分别報導“進入廣州的捷徑”、“文學”、“國内情報”、“外國新聞”等内容，其中更刊登了關於第二次鴉片戰争英法聯軍侵略廣州、占領廣州的據點圖和被俘虜的兩廣總督葉名琛畫像。

MARCH 13, 1858.] HARPER'S WEEKLY. 165

LITERARY.

THE APPROACH TO CANTON.

GOVERNOR YEH.—[FROM A PORTRAIT BY A CHINESE ARTIST.]

哈珀周報（2–1）

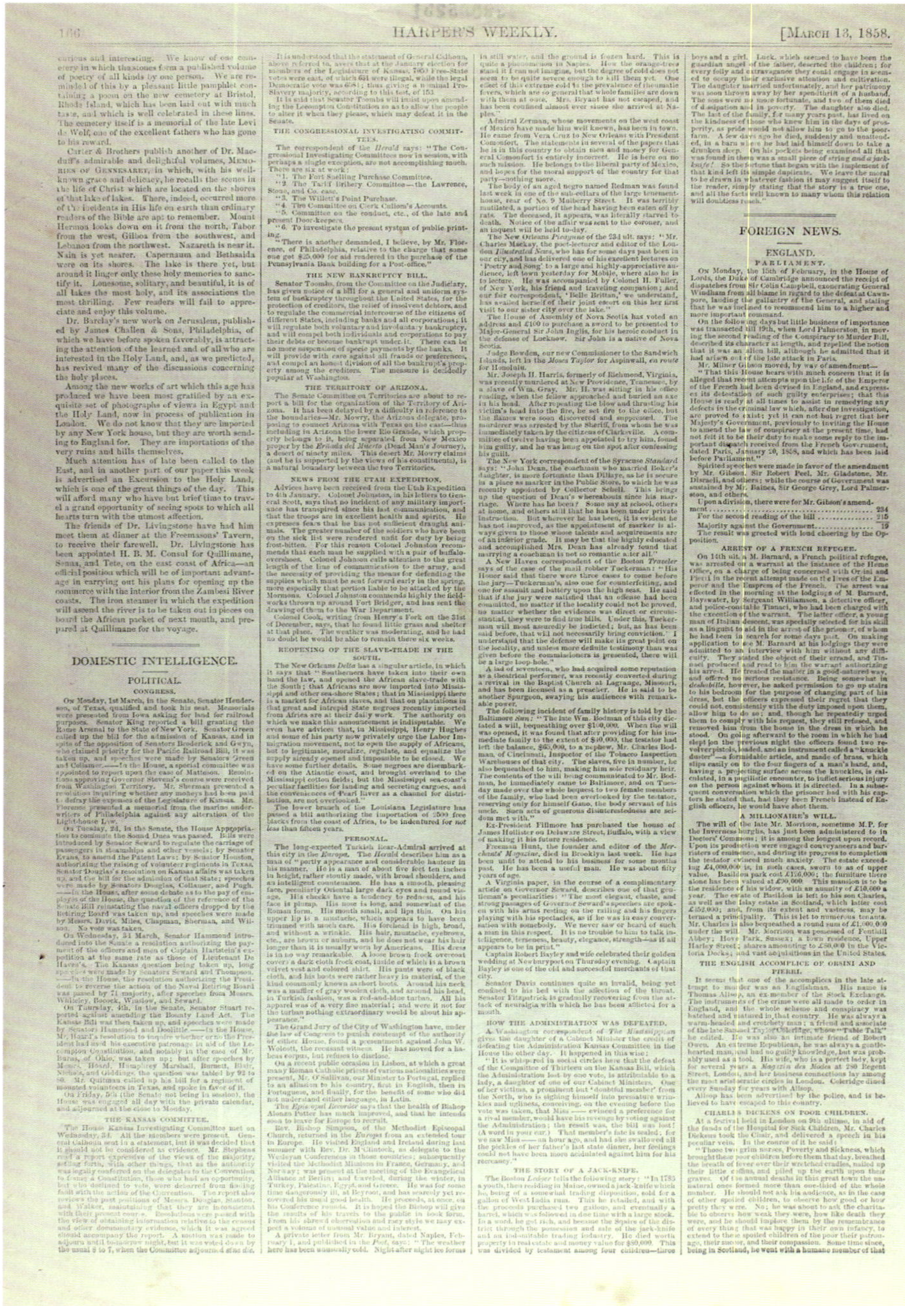

166 HARPER'S WEEKLY. [MARCH 13, 1858.

curious and interesting. We know of one cemetery in which the stones form a published volume of poetry of all kinds by one person. We are reminded of this by a pleasant little pamphlet containing a poem on the new cemetery at Bristol, Rhode Island, which has been laid out with much taste, and which is well celebrated in these lines. The cemetery itself is a memorial of the late Levi de Wolf, one of the excellent fathers who has gone to his reward.

Carter & Brothers publish another of Dr. Macduff's admirable and delightful volumes, MEMORIES OF GENNESARET, in which, with his well-known grace and delicacy, he recalls the scenes in the life of Christ which are located on the shores of that lake of lakes. There, indeed, occurred more of the incidents in His life on earth than ordinary readers of the Bible are apt to remember. Mount Hermon looks down on it from the north, Tabor from the west, Gilboa from the southwest, and Lebanon from the northwest. Nazareth is near it. Nain is yet nearer. Capernaum and Bethsaida were on its shores. The lake is there yet, but around it linger only these holy memories to sanctify it. Lonesome, solitary, and beautiful, it is of all lakes the most holy, and its associations the most thrilling. Few readers will fail to appreciate and enjoy this volume.

Dr. Barclay's new work on Jerusalem, published by James Challen & Sons, Philadelphia, of which we have before spoken favorably, is attracting the attention of the learned and of all who are interested in the Holy Land, and, as we predicted, has revived many of the discussions concerning the holy places.

Among the new works of art which this age has produced we have been most gratified by an exquisite set of photographs of views in Egypt and the Holy Land, now in process of publication in London. We do not know that they are imported by any New York house, but they are worth sending to England for. They are importations of the very ruins and hills themselves.

Much attention has of late been called to the East, and in another part of our paper this week is advertised an Excursion to the Holy Land, which is one of the great things of the day. This will afford many who have but brief time to travel a grand opportunity of seeing spots to which all hearts turn with the utmost affection.

The friends of Dr. Livingstone have had him meet them at dinner at the Freemasons' Tavern, to receive their farewell. Dr. Livingstone has been appointed H. B. M. Consul for Quillimane, Senna, and Tete, on the east coast of Africa—an official position which will be of important advantage in carrying out his plans for opening up the commerce with the interior from the Zambesi River coasts. The iron steamer in which the expedition will ascend the river is to be taken out in pieces on board the African packet of next month, and prepared at Quillimane for the voyage.

DOMESTIC INTELLIGENCE.

POLITICAL.

CONGRESS.

ON Monday, 1st March, in the Senate, Senator Henderson, of Texas, qualified and took his seat. Memorials were presented from Iowa asking for land for railroad purposes. Senator King reported a bill granting the Rome Arsenal to the State of New York. Senator Green called up the bill for the admission of Kansas, and in spite of the opposition of Senators Broderick and Gwyn, who claimed priority for the Pacific Railroad Bill, it was taken up, and speeches were made by Senators Green and Collamer.——In the House, a special committee was appointed to report upon the case of Matteson. Resolutions approving Governor Stevens's course were received from Washington Territory. Mr. Sherman presented a resolution inquiring whether any moneys had been paid to defray the expenses of the Legislature of Kansas. Mr. Florence presented a memorial from the marine underwriters of Philadelphia against any alteration of the Light-house Law.

On Tuesday, 2d, in the Senate, the House Appropriation to commute the Sound Dues was passed. Bills were introduced by Senator Seward to regulate the carriage of passengers in steamships and other vessels; by Senator Evans, to amend the Patent Laws; by Senator Houston, authorizing the raising of volunteer regiments in Texas. Senator Douglas's resolution on Kansas affairs was taken up, and the bill for the admission of that State; speeches were made by Senators Douglas, Collamer, and Pugh.——In the House, after some debate as to the pay of employés of the House, the question of the reference of the Senate Bill reinstating the naval officers dropped by the Retiring Board was taken up, and speeches were made by Messrs. Davis, Miles, Chapman, Sherman, and Wilson. No vote was taken.

On Wednesday, 3d March, Senator Hammond introduced into the Senate a resolution authorizing the payment of the officers and men of Captain Hartstein's expedition at the same rate as those of Lieutenant De Haven's. The Kansas question being taken up, long speeches were made by Senators Seward and Thompson.——In the House, the resolution authorizing the President to reverse the action of the Naval Retiring Board was passed by 71 majority, after speeches from Messrs. Whiteley, Bocock, Winslow, and Seward.

On Thursday, 4th, in the Senate, Senator Stuart reported against amending the Bounty Land Act. The Kansas Bill was then taken up, and speeches were made by Senators Hammond and Doolittle.——In the House, Mr. Hoard's resolution to inquire whether or no the President had used his executive patronage in aid of the Lecompton Constitution, and notably in the case of Mr. Burns, of Ohio, was taken up; but after speeches by Messrs. Hoard, Humphrey Marshall, Burnett, Blair, Nichols, and Giddings, the question was tabled by 92 to 80. Mr. Quitman called up his bill for a regiment of mounted volunteers in Texas, and spoke in favor of it.

On Friday, 5th (the Senate not being in session), the House was engaged all day with the private calendar, and adjourned at the close to Monday.

THE KANSAS COMMITTEE.

The House Kansas Investigating Committee met on Wednesday, 3d. All the members were present. General Calhoun sent in a statement, but it was decided that it should not be considered as evidence. Mr. Stephens read a report expressive of the views of the majority, setting forth, with other things, that as the authority was legally conferred on the delegates to the Convention to frame a Constitution, those who had an opportunity, but who declined to vote, were debarred from finding fault with the action of the Convention. The report also reviews the past positions of Messrs. Douglas, Stanton, and Walker, maintaining that they are inconsistent with their present course. Resolutions were passed with the view of obtaining information relative to the census and other documentary evidence, which it was agreed should accompany the report. A motion was made to adjourn until to-morrow night, but it was voted down by the usual 8 to 7, when the Committee adjourned *sine die*.

It is understood that the statement of General Calhoun, above referred to, avers that at the January election for members of the Legislature of Kansas, 7859 Free-State votes were cast, of which 651 were illegal, while the legal Democratic vote was 6081; thus giving a nominal Pro-Slavery majority, according to this test, of 153.

It is said that Senator Toombs will insist upon amending the Lecompton Constitution so as to allow the people to alter it when they please, which may defeat it in the Senate.

THE CONGRESSIONAL INVESTIGATING COMMITTEES.

The correspondent of the *Herald* says: "The Congressional Investigating Committees now in session, with perhaps a single exception, are not accomplishing much. There are six at work:

"1. The Fort Snelling Purchase Committee.

"2. The Tariff Bribery Committee—the Lawrence, Stone, and Co. case.

"3. The Willett's Point Purchase.

"4. The Committee on Clerk Cullom's Accounts.

"5. Committee on the conduct, etc., of the late and present Door-keepers.

"6. To investigate the present system of public printing.

"There is another demanded, I believe, by Mr. Florence, of Philadelphia, relative to the charge that some one got $25,000 for aid rendered in the purchase of the Pennsylvania Bank building for a Post-office."

THE NEW BANKRUPTCY BILL.

Senator Toombs, from the Committee on the Judiciary, has given notice of a bill for a general and uniform system of bankruptcy throughout the United States, for the protection of creditors, the relief of insolvent debtors, and to regulate the commercial intercourse of the citizens of different States, including banks and all corporations; it will regulate both voluntary and involuntary bankruptcy, and will compel both individuals and corporations to pay their debts or become bankrupt under it. There can be no more suspension of specie payments by the banks. It will provide with care against all frauds or preferences, and compel an honest division of all the bankrupt's property among the creditors. The measure is decidedly popular at Washington.

THE TERRITORY OF ARIZONA.

The Senate Committee on Territories are about to report a bill for the organization of the Territory of Arizona. It has been delayed by a difficulty in reference to the boundaries—Mr. Mowry, the Arizona delegate, proposing to connect Arizona with Texas on the east—thus including in Arizona the lower Rio Grande, which properly belongs to it, being separated from New Mexico proper by the *Ernada del Muerto* (Dead Man's Journey), a desert of ninety miles. This desert Mr. Mowry claims (and he is supported by the views of his constituents), is a natural boundary between the two Territories.

NEWS FROM THE UTAH EXPEDITION.

Advices have been received from the Utah Expedition to 4th January. Colonel Johnston, in his letters to General Scott, says that no incident of any military importance has transpired since his last communication, and that the troops are in excellent health and spirits. He expresses fears that he has not sufficient draught animals. The greater number of the soldiers who have been on the sick list were rendered unfit for duty by being frost-bitten. For this reason Colonel Johnston recommends that each man be supplied with a pair of buffalo-overshoes. Colonel Johnson calls attention to the great length of the line of communication to the army, and the necessity of providing the means for defending the supplies which must be sent forward early in the spring, more especially that portion liable to be attacked by the Mormons. Colonel Johnston commends highly the field-works thrown up around Fort Bridger, and has sent the drawing of them to the War Department.

Colonel Cook, writing from Henry's Fork on the 31st of December, says, that he found little grass and shelter at that place. The weather was moderating, and he had no doubt he would be able to remain there six weeks.

REOPENING OF THE SLAVE-TRADE IN THE SOUTH.

The New Orleans *Delta* has a singular article, in which it says that "Southerners have taken into their own hand the law, and opened the African slave-trade with the South; that Africans are now imported into Mississippi and other sea-shore States; that in Mississippi there is a market for African slaves, and that on plantations in that great and intrepid State negroes recently imported from Africa are at their daily work. The authority on which we make this announcement is indisputable. We even have advices that, in Mississippi, Henry Hughes and some of his party now privately urge the Labor Immigration movement, not to open the supply of Africans, but to legitimate, moralize, regulate, and equalize the supply already opened and impossible to be closed. We have some farther details. Some negroes are disembarked on the Atlantic coast, and brought overland to the Mississippi cotton fields; but the Mississippi sea-coast's peculiar facilities for landing and secreting cargoes, and the conveniences of Pearl River as a channel for distribution, are not overlooked."

The lower branch of the Louisiana Legislature has passed a bill authorizing the importation of 2500 free blacks from the coast of Africa, to be indentured for *not less* than fifteen years.

PERSONAL.

The long-expected Turkish Rear-Admiral arrived at this city in the *Europa*. The *Herald* describes him as a man of "portly appearance and considerable hauteur in his manner. He is a man of about five feet ten inches in height, rather stoutly made, with broad shoulders, and an intelligent countenance. He has a smooth, pleasing face, peculiarly Oriental large dark eyes and round visage. His cheeks have a tendency to redness, and his face is plump. His nose is long, and somewhat of the Roman form. His mouth small, and lips thin. On his upper lip is a mustache, which appears to have been trimmed with much care. His forehead is high, broad, and without a wrinkle. His hair, mustache, eyebrows, etc., are brown or auburn, and he does not wear his hair longer than it is usually worn by Americans. His dress is in no way remarkable. A loose brown frock overcoat covers a dark cloth frock coat, inside of which is a brown velvet vest and colored shirt. His pants were of black cloth, and his boots were rather heavy in material, of the kind commonly known as short boots. Around his neck was a muffler of gray woolen cloth, and around his head, in Turkish fashion, was a red-and-blue turban. All his apparel was of a very fine material; and were it not for the turban nothing extraordinary would be about his appearance."

The Grand Jury of the City of Washington have, under the law of Congress to punish contempt of the authority of either House, found a presentment against John W. Wolcott, the recusant witness. He has moved for a habeas corpus, but refuses to disclose.

On a recent public occasion in Lisbon, at which a great many Roman Catholic priests of various nationalities were present, Mr. O'Sullivan, our Minister to Portugal, replied to an allusion to his country, first in English, then in Portuguese, and finally, for the benefit of some who did not understand either language, in Latin.

The *Episcopal Recorder* says that the health of Bishop Alonzo Potter has much improved, and that he intends soon to leave for Europe to recruit.

Rev. Bishop Simpson, of the Methodist Episcopal Church, returned in the *Europa* from an extended tour in Europe. He visited England and Ireland during last summer with Rev. Dr. M'Clintock, as delegate to the Wesleyan Conferences in those countries; subsequently visited the Methodist Missions in France, Germany, and Norway; was present at the meeting of the Evangelical Alliance at Berlin; and traveled, during the winter, in Turkey, Palestine, Egypt, and Greece. He was for some time dangerously ill, at Beyroot, and has scarcely yet recovered his usual good health. He proceeds, at once, on his Conference rounds. It is hoped the Bishop will give the results of his travels to the public in book form. From his shrewd observation and racy style we may expect a volume of unusual value and interest.

A private letter from Mr. Bryant, dated Naples, February 1, and published in the *Post*, says: "The weather here has been unusually cold. Night after night ice forms in still water, and the ground is frozen hard. This is quite a phenomenon in Naples. How the orange-trees stand it I can not imagine, but the degree of cold does not seem to be quite severe enough to kill them yet. One effect of this extreme cold is the prevalence of rheumatic fevers, which are so general that whole families are down with them at once. Mrs. Bryant has not escaped, and has been confined almost ever since she arrived at Naples."

Admiral Zerman, whose movements on the west coast of Mexico have made him well known, has been in town. He came from Vera Cruz to New Orleans with President Comonfort. The statements in several of the papers that he is in this country to obtain men and money for General Comonfort is entirely incorrect. He is here on no such mission. He belongs to the liberal party of Mexico, and hopes for the moral support of the country for that party—nothing more.

The body of an aged negro named Redman was found last week in one of the sub-cellars of the large tenement-house, rear of No. 9 Mulberry Street. It was terribly mutilated, a portion of the head having been eaten off by rats. The deceased, it appears, was literally starved to death. Notice of the affair was sent to the coroner, and an inquest will be held to-day.

The New Orleans *Picayune* of the 23d ult. says: "Mr. Charles Mackay, the poet-lecturer and editor of the London *Illustrated News*, who has for some days past been in our city, and has delivered one of his excellent lectures on 'Poetry and Song' to a large and highly-appreciative audience, left town yesterday for Mobile, where also he is to lecture. He was accompanied by Colonel H. Fuller, of New York, his friend and traveling companion; and our fair correspondent, 'Belle Brittan,' we understand, has availed herself of their joint escort on this her first visit to our sister city over the lake."

The House of Assembly of Nova Scotia has voted an address and £100 to purchase a sword to be presented to Major-General Sir John Inglis, for his heroic conduct in the defense of Lucknow. Sir John is a native of Nova Scotia.

Judge Bowden, our new Commissioner to the Sandwich Islands, left in the *Moses Taylor* for Aspinwall, *en route* for Honolulu.

Mr. Joseph H. Harris, formerly of Richmond, Virginia, was recently murdered at New Providence, Tennessee, by a slave of Wm. Gray. Mr. H. was sitting in his office reading, when the fellow approached and buried an axe in his head. After repeating the blow and thrusting his victim's head into the fire, he set fire to the office, but the flames were soon discovered and suppressed. The murderer was arrested by the Sheriff, from whom he was immediately taken by the citizens of Clarksville. A committee of twelve having been appointed to try him, found him guilty, and he was hung on the spot after confessing his guilt.

The New York correspondent of the Syracuse *Standard* says: "John Dean, the coachman who married Boker's daughter, is more fortunate than Dillaye, as he is secure in a place as marker in the Public Store, to which he was recently appointed by Collector Schell. This brings up the question of Dean's whereabouts since his marriage. Where has he been? Some say at school, others at home, and others still that he has been under private instruction. But wherever he has been, it is evident he has not improved, as the appointment of marker is always given to those whose talents and acquirements are of an inferior grade. It may be that the highly educated and accomplished Mrs. Dean has already found that marrying a coachman is not so romantic after all."

A New Haven correspondent of the Boston *Traveler* says of the case of the mail robber Tuckerman: "His Honor said that there were three cases to come before the jury—Tuckerman's, also one for counterfeiting, and one for assault and battery upon the high seas. He said that if the jury were satisfied that an offense had been committed, no matter if the locality could not be proved, no matter whether the evidence was direct or circumstantial, they were to find true bills. Under this, Tuckerman will most assuredly be indicted; but, as has been said before, that will not necessarily bring conviction.' I understand that the defense will make its great point on the locality, and unless more definite testimony than was given before the commissioners is presented, there will be a large loop-hole."

A lad of seventeen, who had acquired some reputation as a theatrical performer, was recently converted during a revival in the Baptist Church at Lagrange, Missouri, and has been licensed as a preacher. He is said to be another Spurgeon, swaying his audiences with remarkable power.

The following incident of family history is told by the Baltimore *Sun*: "The late Wm. Bodman of this city dictated a will, bequeathing over $100,000. When the will was opened, it was found that after providing for his immediate family to the extent of $40,000, the testator had left the balance, $65,000, to a nephew, Mr. Charles Bodman, of Cincinnati, Inspector of the Tobacco Inspection Warehouses of that city. The slaves, five in number, he also bequeathed to him, making him sole residuary heir. The contents of the will being communicated to Mr. Bodman, he immediately came to Baltimore, and on Tuesday made over the whole bequest to two female members of the family, who had been overlooked by the testator, reserving only for himself Gano, the body servant of his uncle. Such acts of generous disinterestedness are seldom met with."

Ex-President Fillmore has purchased the house of James Hollister on Delaware Street, Buffalo, with a view of making it his future residence.

Freeman Hunt, the founder and editor of the *Merchants' Magazine*, died in Brooklyn last week. He has been unfit to attend to his business for some months past. He has been a useful man. He was about fifty years of age.

A Virginia paper, in the course of a complimentary article on Governor Seward, describes one of that gentleman's peculiarities: "The most elegant, chaste, and strong passages of Governor Seward's speeches are spoken with his arms resting on the railing and his fingers playing with his spectacles, as if he was in easy conversation with somebody. We never saw or heard of such a man in this respect. It is no trouble to him to talk intelligence, terseness, beauty, elegance, strength—as it all appears to be in print."

Captain Robert Bayley and wife celebrated their golden wedding at Newburyport on Thursday evening. Captain Bayley is one of the old and successful merchants of that city.

Senator Davis continues quite an invalid, being yet confined to his bed with the affection of the throat. Senator Fitzpatrick is gradually recovering from the attack of neuralgia with which he has been afflicted for a month.

HOW THE ADMINISTRATION WAS DEFEATED.

A Washington correspondent of *The Mississippian* gives the daughter of a Cabinet Minister the credit of defeating the Administration Kansas Committee in the House the other day. It happened in this wise:

"It is whispered in social circles here that the defeat of the Committee of Thirteen on the Kansas Bill, which the Administration lost by one vote, is attributable to a lady, a daughter of one of our Cabinet Ministers. One of her victims, a prominent but 'doubtful member' from the North, who is sighing himself into premature wrinkles and ugliness, conceiving, on the evening before the vote was taken, that Miss —— evinced a preference for a rival member, would have his revenge by voting against the Administration; the result was, the bill was lost! (A word in your ear.) That member's fate is sealed; for we saw Miss —— an hour ago, and had she swallowed all the pickles of her father's last state dinner, her feelings could not have been more acidulated against him for his recreancy."

THE STORY OF A JACK-KNIFE.

The Boston *Ledger* tells the following story: "In 1783 a youth, then residing in Maine, owned a jack-knife which he, being of a somewhat trading disposition, sold for a gallon of West India rum. This he retailed, and with the proceeds purchased two gallons, and eventually a barrel, which was followed in due time with a large stock. In a word, he got rich, and became the Squire of the district through the possession and sale of the jack-knife and an indomitable trading industry. He died worth property in real estate and money value for $80,000. This was divided by testament among four children—three boys and a girl. Luck, which seemed to have been the guardian angel of the father, deserted the children; for every folly and extravagance they could engage in seemed to occupy their exclusive attention and cultivation. The daughter married unfortunately, and her patrimony was soon thrown away by her spendthrift of a husband. The sons were no more fortunate, and two of them died of dissipation and in poverty. The daughter also died. The last of the family, for many years past, has lived on the kindness of those who knew him in the days of prosperity, as pride would not allow him to go to the poor-farm. A few days ago he died, suddenly and unattended, in a barn where he had laid himself down to take a drunken sleep. On his pockets being examined all that was found in them was a small piece of string *and a jack-knife!* So the fortune that began with the implement of that kind left its simple duplicate. We leave the moral to be drawn in whatever fashion it may suggest itself to the reader, simply stating that the story is a true one, and all the facts well known to many whom this relation will doubtless reach."

FOREIGN NEWS.

ENGLAND.

PARLIAMENT.

ON Monday, the 15th of February, in the House of Lords, the Duke of Cambridge announced the receipt of dispatches from Sir Colin Campbell, exonerating General Windham from all blame in regard to the defeat at Cawnpore, lauding the gallantry of the General, and stating that he was inclined to recommend him to a higher and more important command.

On the following days but little business of importance was transacted till 19th, when Lord Palmerston, in moving the second reading of the Conspiracy to Murder Bill, described its character at length, and repelled the notion that it was an alien bill, although he admitted that it had arisen out of the late attack in Paris.

Mr. Milner Gibson moved, by way of amendment—

"That this House hears with much concern that it is alleged that recent attempts upon the life of the Emperor of the French had been devised in England, and expresses its detestation of such guilty enterprises; that this House is ready at all times to assist in remedying any defects in the criminal law which, after due investigation, are proved to exist; yet it can not but regret that her Majesty's Government, previously to inviting the House to amend the law of conspiracy at the present time, had not felt it to be their duty to make some reply to the important dispatch received from the French Government, dated Paris, January 20, 1858, and which has been laid before Parliament."

Spirited speeches were made in favor of the amendment by Mr. Gibson, Sir Robert Peel, Mr. Gladstone, Mr. Disraeli, and others; while the course of Government was sustained by Mr. Baines, Sir George Grey, Lord Palmerston, and others.

Upon a division, there were for Mr. Gibson's amendment	234
For the second reading of the bill	215
Majority against the Government	19

The result was greeted with loud cheering by the Opposition.

ARREST OF A FRENCH REFUGEE.

On 14th ult. a M. Barnard, a French political refugee, was arrested on a warrant at the instance of the Home Office, on a charge of being concerned with Orsini and Pierri in the recent attempt made on the lives of the Emperor and the Empress of the French. The arrest was effected in the morning at the lodgings of M. Barnard, Bayswater, by Sergeant Williamson, a detective officer, and police-constable Tinnaci, who had been charged with the execution of the warrant. The latter officer, a young man of Italian descent, was specially selected for his skill as a linguist to aid in the arrest of the prisoner, of whom he had been in search for some days past. On making application to see M. Barnard at his lodgings they were admitted to an interview with him without any difficulty. They stated the object of their errand, and Tinnaci produced and read to him the warrant authorizing his arrest. He treated the matter in a good-natured way, and offered no serious resistance. Being somewhat in *deshabille*, however, he asked permission to go up stairs to his bedroom for the purpose of changing part of his dress, but the officers expressed their regret that they could not, consistently with the duty imposed upon them, allow him to do so; and, though he repeatedly urged them to comply with his request, they still refused, and removed him from the house in the dress in which he stood. On going afterward to the room in which he had slept on the previous night the officers found two revolver pistols, loaded, and an instrument called a "knuckle duster"—a formidable article, and made of brass, which slips easily on to the four fingers of a man's hand, and, having a projecting surface across the knuckles, is calculated, in a pugilistic encounter, to inflict serious injury on the person against whom it is directed. In a subsequent conversation which the prisoner had with his captors he stated that, had they been French instead of English officers, he would have shot them.

A MILLIONAIRE'S WILL.

The will of the late Mr. Morrison, sometime M.P. for the Inverness burghs, has just been administered to in Doctors' Commons; it is among the longest upon record. Upon its production were engaged conveyancers and barristers of eminence, and during its progress to completion the testator evinced much anxiety. The estate exceeding £4,000,000 is, in such cases, sworn to as of upper value. Basildon park cost £126,000; the furniture there alone has been valued at £90,000. This mansion is to be the residence of his widow, with an annuity of £10,000 a year. The estate of Basildon is left to his son Charles, as well as the Islay estate in Scotland, which latter cost £452,000; and, from its extent and vastness, may be termed a principality. This is let to numerous tenants. Mr. Charles is also bequeathed a round sum of £1,000,000 under the will. Mr. Morrison was possessed of Fonthill Abbey; Hove Park, Sussex; a town residence, Upper Harley Street; shares amounting to £80,000 in the Victoria Docks; and vast acquisitions in the United States.

THE ENGLISH ACCOMPLICE OF ORSINI AND PIERRI.

It seems that one of the accomplices in the late attempt to murder was an Englishman. His name is Thomas Allsop, an ex-member of the Stock Exchange. The instruments of the crime were all made to order in England, and the whole scheme and conspiracy was hatched and matured in that country. He was always a warm-headed and crotchety man; a friend and associate of the late Samuel Taylor Coleridge, whose "Table Talk" he edited. He was also an intimate friend of Robert Owen. An extreme Republican, he was always a gentle-hearted man, and had no guilty knowledge, but was probably used as a tool. His wife, who is a perfect lady, kept for several years a *Magazin des Modes* at 280 Regent Street, London, and her business connections lay among the most aristocratic circles in London. Coleridge dined every Sunday for years with Allsop.

Allsop has been advertised by the police, and is believed to have escaped to this country.

CHARLES DICKENS ON POOR CHILDREN.

At a festival held in London on 9th ultimo, in aid of the funds of the Hospital for Sick Children, Mr. Charles Dickens took the Chair, and delivered a speech in his peculiar vein. In the course of it he said:

"Those two grim nurses, Poverty and Sickness, which brought these poor children before them that day, breathed the breath of fever over their wretched cradles, nailed up their little coffins, and piled up the earth upon their graves. Of the annual deaths in this great town the unnatural ones formed more than one-third of the whole number. He should not ask his audience, as in the case of other spoiled children, to observe how good or how pretty they were. No; he was about to ask the charitable to observe how weak they were, how like death they were, and he should implore them by the remembrance of every thing that was happy in their own infancy, to extend to these spoiled children of the poor their patronage, their succor, and their compassion. Some time since, being in Scotland, he went with a humane member of that

哈珀周報（2–2）

0108 *THE ILLUSTRATED LONDON NEWS*：一期．— 清光緒九年（1883）銅版印本．— 1 張：圖

題名翻譯中文爲“倫敦新聞畫報”，報紙右上角有“SEPT.22,1883”字即爲“光緒九年”，有“廣東速寫”系列圖。

此册乃英國倫敦出版之畫報，除了“巴黎人的言談舉止”和‘休閑”兩項新聞報導，内含多幅廣州城的風景速寫圖，如“珠江風景”、“舊城墻”、“東南角一景”、“五層樓”、“東南角珠江口”、“北門”、“海山仙館”等，構圖精美，畫工精細。

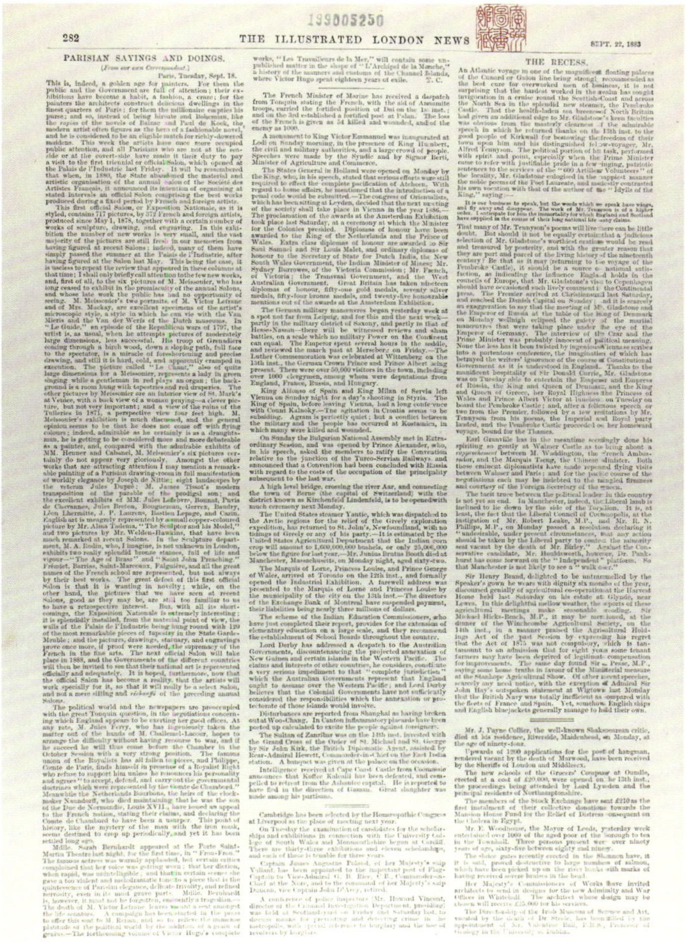

282 THE ILLUSTRATED LONDON NEWS SEPT. 22, 1883

PARISIAN SAYINGS AND DOINGS.

(From our own Correspondent.)

Paris, Tuesday, Sept. 18.

This is, indeed, a golden age for painters. For them the public and the Government are full of attention; their exhibitions have become a habit, a fashion, a craze; for the painters the architects construct delicious dwellings in the finest quarters of Paris; for them the millionaire empties his purse; and so, instead of being hirsute and Bohemian, like the *rapins* of the novels of Balzac and Paul de Kock, the modern artist often figures as the hero of a fashionable novel, and he is considered to be an eligible match for richly-dowered maidens. This week the artists have once more occupied public attention, and all Parisians who are not at the sea-side or at the covert-side have made it their duty to pay a visit to the first triennial or official Salon, which opened at the Palais de l'Industrie last Friday. It will be remembered that when, in 1880, the State abandoned the material and artistic organisation of the annual Salon of the Société des Artistes Français, it announced its intention of organising at stated intervals an official Salon comprising the best works produced during a fixed period by French and foreign artists.

This first official Salon, or Exposition Nationale, as it is styled, contains 717 pictures, by 372 French and foreign artists, produced since May 1, 1878, together with a certain number of works of sculpture, drawing, and engraving. In this exhibition the number of new works is very small, and the vast majority of the pictures are still fresh in our memories from having figured at recent Salons; indeed, many of them have simply passed the summer at the Palais de l'Industrie, after having figured at the Salon last May. This being the case, it is useless to repeat the review that appeared in these columns at that time; I shall only briefly call attention to the few new works, …

THE RECESS.

倫敦新聞畫報（2–1）

THE ILLUSTRATED LONDON NEWS. Sept. 22, 1883.—281

SKETCHES IN CANTON.

倫敦新聞畫報（2–2）

0109 不可録：一卷 /（清）陳海曙輯．— 清咸豐六年（1856）福禄大街金玉樓刻本．— 1 册

9 行，25 字，白口，四周雙邊，單黑魚尾，匡高 16.3 厘米，寬 12.3 厘米。

題名取自封面。封面題簽：不可録 佛山十七間 近文堂藏板。扉頁刊“咸豐丙辰年新鐫 不可録 佛山福禄大街金玉樓板”。正文前有清嘉慶庚午（十五乍，1810）陳海曙自記，并附有《不可録紀驗》及《惜字近證》。

陳海曙，清嘉慶年間官員，曾任古鹽官。

《不可録》又名《壽康寶鑒》，包括《聖訓》、《戒淫格言》、《福善案》、《禍淫案》、《悔過案》（同善養生附）、《持戒》、《戒淫十戒》以及《戒淫文》各篇共 55 頁。

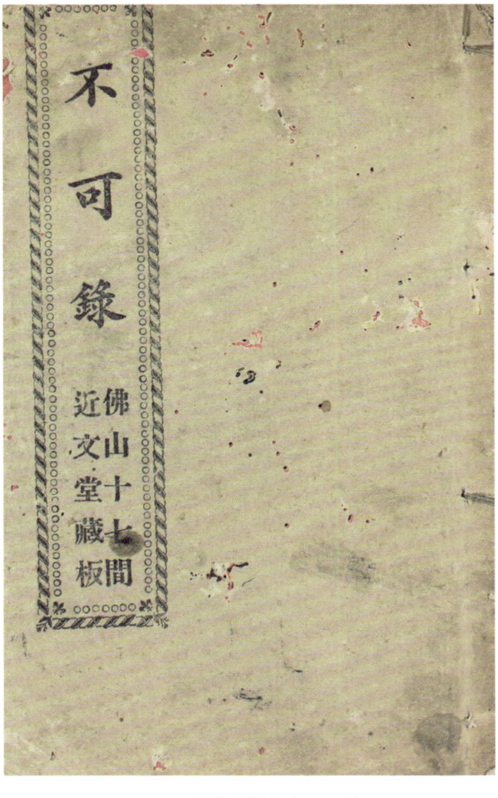

不可録（3–1）

不可録（3–2）

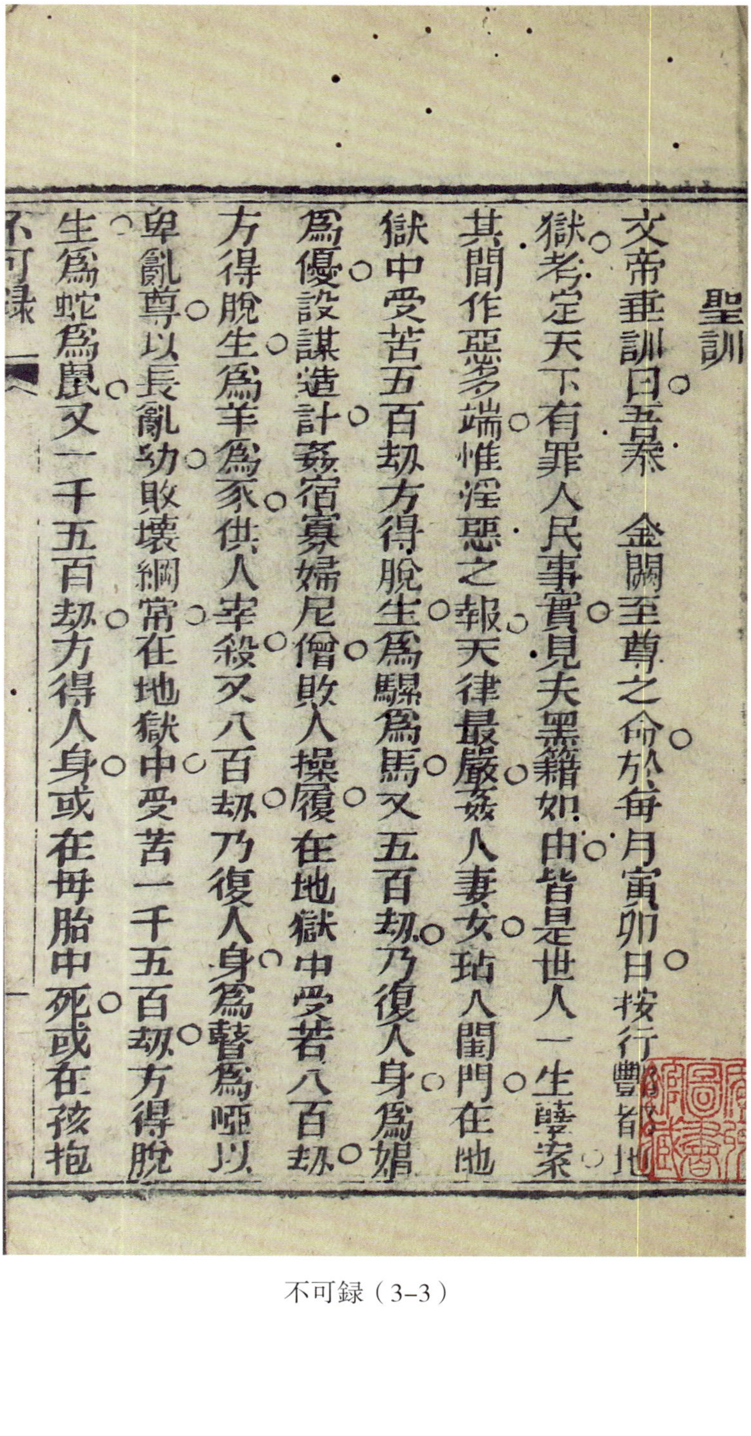

聖訓

文帝垂訓曰吾奉 金闕至尊之命於每月寅卯日按行酆都地
獄考定天下有罪人民事實見夫罪籍如由皆是世人一生孽冤
其間作惡多端惟淫惡之報天律最嚴姦人妻女玷人閨門在地
獄中受苦五百劫方得脫生爲騾爲馬又五百劫乃復人身爲娼
爲優設謀造計姦宿寡婦尼僧敗人操履在地獄中受苦八百劫
方得脫生爲羊爲豕供人宰殺又八百劫乃復人身爲瞽爲啞以
卑亂尊以長亂幼敗壞綱常在地獄中受苦一千五百劫方得脫
生爲蛇爲鼠又一千五百劫方得人身或在母胎中死或在孩抱

不可録 一

不可録（3-3）

0110　吉祥花：六卷 /（清）邵紀棠輯評．— 清同治十年（1871）福禄大街翰寶樓刻本．— 2 冊

9 行，20 字，白口，四周單邊，單黑魚尾，匡高 13 厘米，寬 9.8 厘米。

封面題簽：吉祥花 沈史雲題籤。扉頁刊“同治十年新鐫 博陵紀棠先生輯選 吉祥花 粵東佛鎮福禄大街翰寶樓板”。前有清同治庚午（九年，1870）何又雄“吉祥花序”。

邵彬儒，清廣東四會縣荔枝園人，字紀棠。以説書爲生，演出於家鄉及廣州、佛山、香山一帶，頗轟動一時。著有《俗話傾談》與文言小説《諫果回甘》、《吉祥花》等。

是書所載爲廣東地區真善美之事或傳説，宣揚行善得善報之理念。記載“同胞三翰”、“神仙乞米”、“忠厚傳家”、“半百子孫圖”、“晚年生狀元”、“武探花”、“同分産業”、“賢婦成家”、“教官發迹”、“虎避孝子”等故事。

鈐印有“儀清室”、“禮堂梁基永印”、“禮堂藏書”。

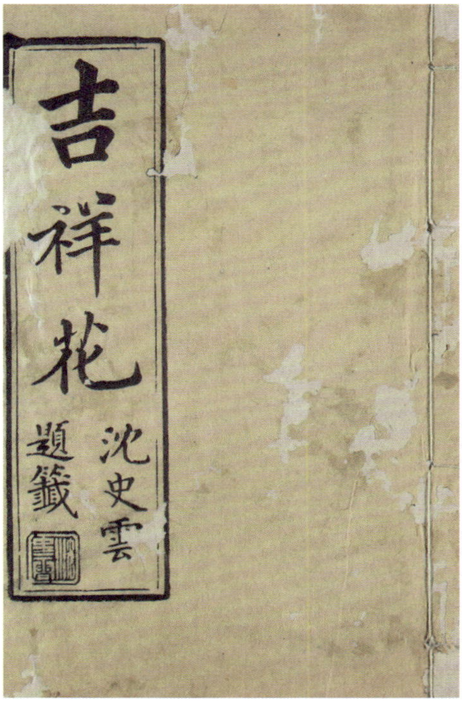

吉祥花（3–1）

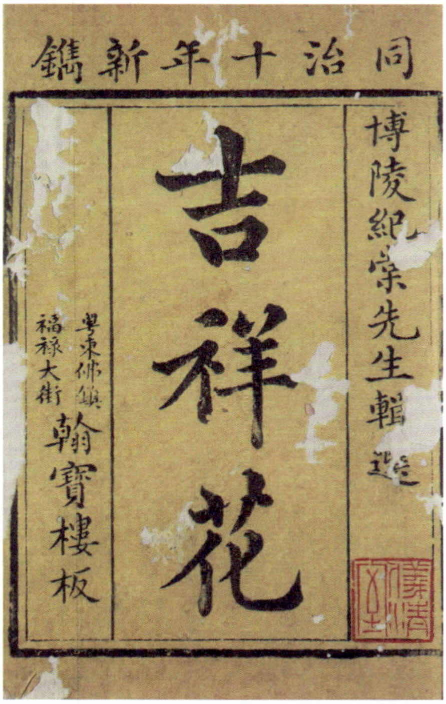

吉祥花（3–2）

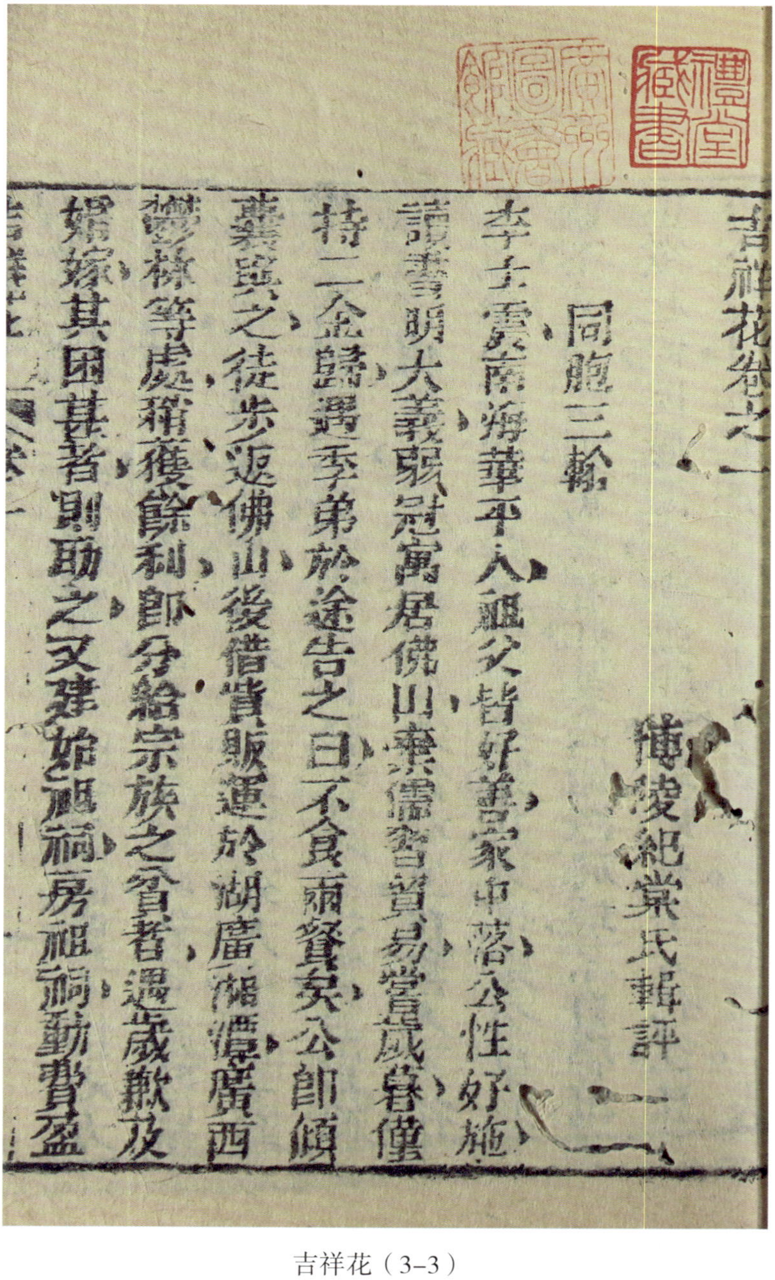
吉祥花卷之一
博陵紀棠氏輯評
同胞三輸
李去雲南海華平人祖父皆好善家中落公性好施讀書明大義弱冠寓居佛山棄儒習貿易嘗歲暮傭持二金歸遇季弟於途告之曰不食兩餐矣公即傾囊與之徒步返佛山後借貲販運於湖廣湘潭廣西鬱林等處稍獲餘利即分給宗族之貧者遇歲歉及婚嫁其困甚者則助之又建始祖祠房祖祠動費盈
吉祥花　卷一

吉祥花（3–3）

0111 高宗純皇帝御書觀音經：一卷．— 清道光（1821 ～ 1850）西湖街正文堂刻本．— 1 册

行數、字數不等，白口，四周雙邊，單黑魚尾，匡高 22.7 厘米，寬 14.2 厘米。

書名取自封面題簽。卷端題“千手千眼觀世音菩□□悲心陀羅尼 大唐三□稽首觀音大悲主大悲心陀羅尼經”，其中部分文字已經損壞缺失。前刊“粵海監督臣明善恭刊”，書後刊“省城西湖街正文堂承刊”。

金鑲玉改裝。

是書乃清乾隆皇帝御書之《觀音經》刻本。書後有部分梵文文字，標注漢文注音。

鈐印有“儀清室”、“禮堂梁基永印”。

高宗純皇帝御書觀音經（3–1）

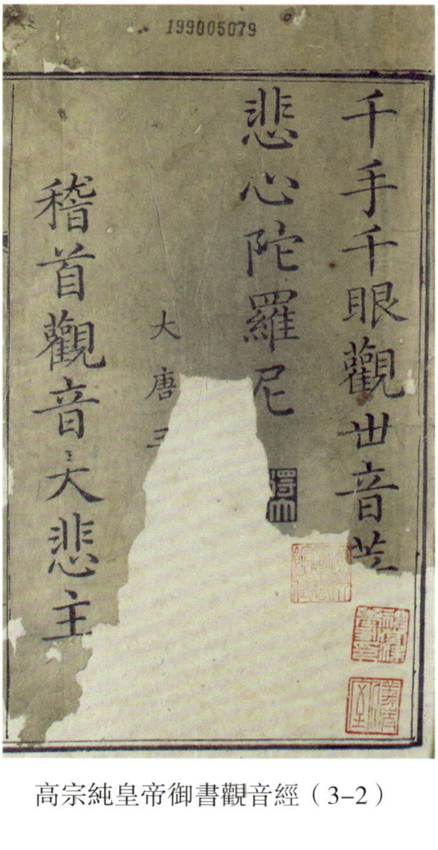

高宗純皇帝御書觀音經（3–2）

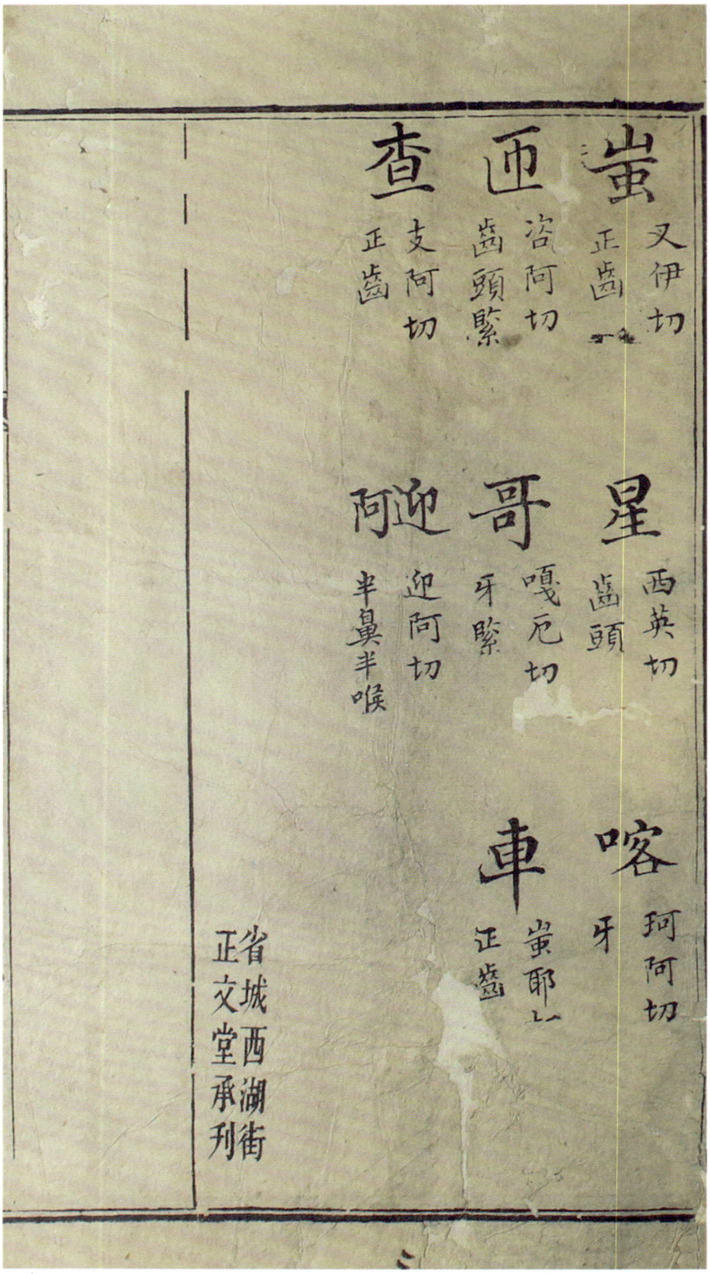

蚩 又伊切 正齒

匝 咨阿切 齒頭緊

查 支阿切 正齒

星 西英切 齒頭

哥 嘎厄切 牙緊

迎阿 迎阿切 半鼻半喉

喀 珂阿切 牙

車 蚩耶切 正齒

省城西湖街

正文堂承刊

高宗純皇帝御書觀音經（3–3）

0112 金剛經五十三家注解：四卷．— 清光緒十五年（1889）鼎湖經坊刻本．— 4 册

行數不等，白口，四周單邊，單白魚尾，匡高 19.2 厘米，寬 14.4 厘米。

書名取自封面題簽。扉頁刊“光緒十五年冬重刊 金剛經注解 鼎湖經坊藏板”。前有明永樂癸卯（二十一年，1423）序，明正統三年（1438）洪蓮“金剛經集注原序”，宋紹定辛卯（四年，1231）楊圭“金剛般若波羅蜜經舊序”，“姓號”，“奉請八金剛四菩薩”，“真言”，“開經偈”。首卷卷端題名：金剛般若波羅蜜經；版心題名：金剛經注。

鈐印有“禮堂所得嶺南文物”、“西關梁氏”、“禮堂”、“基永”。

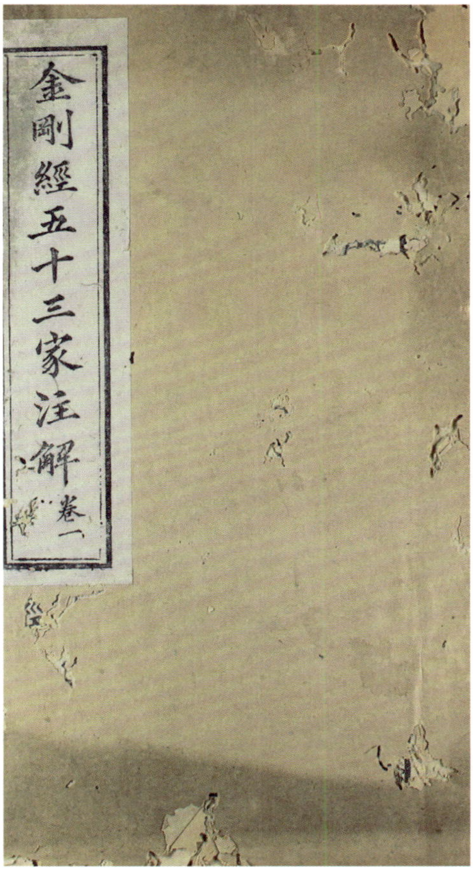

金剛經五十三家注解（3-1）

金剛經五十三家注解（3-2）

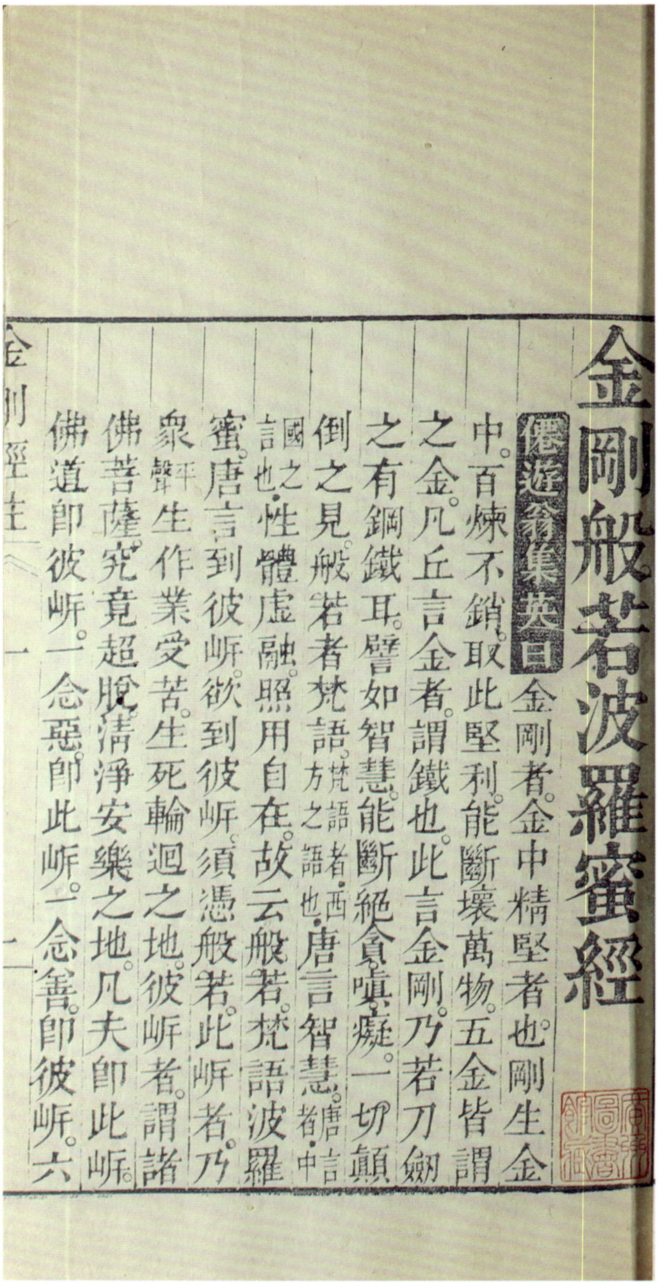
金剛般若波羅蜜經

僊遊翁集英曰金剛者金中精堅者也剛生金中百煉不銷取此堅利能斷壞萬物五金皆謂之金凡丘言金者謂鐵也此言金剛乃若刀劒之有鋼鐵耳譬如智慧能斷絶貪嗔癡一切顛倒之見般若者梵語（梵語者西方之語也）唐言智慧（唐言者中國之言也）性體虛融照用自在故云般若梵語波羅蜜唐言到彼岸欲到彼岸須憑般若此岸者乃衆（平聲）生作業受苦生死輪迴之地彼岸者謂諸佛菩薩究竟超脱清淨安樂之地凡夫即此岸佛道即彼岸一念惡即此岸一念善即彼岸六

金剛經注　一　一

金剛經五十三家注解（3–3）

0113 莊子：十卷 /（戰國）莊周撰；（晉）郭象注；（唐）陸德明音義；（清）胡方評．— 清嘉慶（1796 ~ 1820）刻本．— 4 册

9 行，21 字，小字雙行同，白口，左右雙邊，單黑魚尾，匡高 18.3 厘米，寬 13.2 厘米。

扉頁刊“晉郭象注 莊子”，左側爲佚名墨筆手書“新會胡方大靈評”。天頭有朱筆批注，内容有朱筆圈點句讀。册 1 封底有朱筆題記：壬戌二月初五日謹閲畢。卷首有郭象“莊子序”。

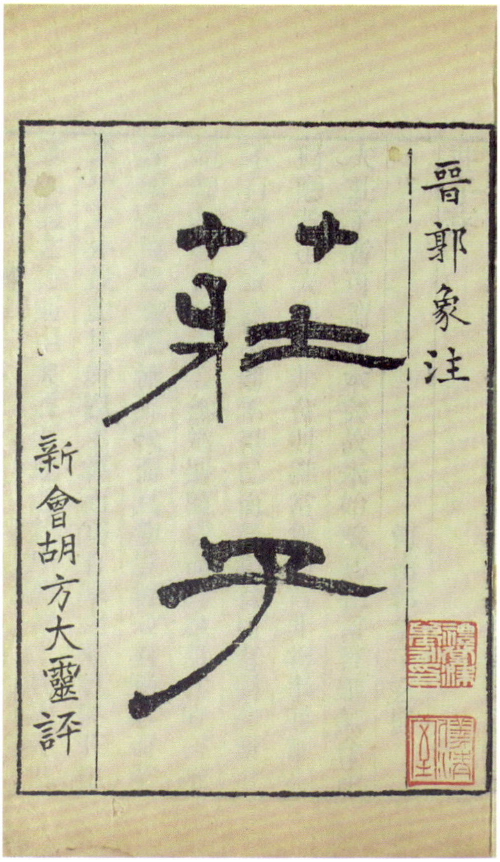

莊子（3–1）

莊子（約前 369 ~ 前 286），戰國時期宋國蒙（今安徽省蒙城縣，又説今河南省商丘縣東北民權縣境内）人，名周，字子休（一説子沐），後人稱之爲“南華真人”。著名的思想家、哲學家、文學家，是道家學派的代表人物，老子哲學思想的繼承者和發展者，先秦莊子學派的創始人。

郭象（約 252 ~ 312），西晉河南人，字子玄。少有才理，好《老》、《莊》，能清言，常閑居。力倡“獨化論”，主張名教即自然，爲當時玄學大師。

陸德明（約 550 ~ 630），唐蘇州吴人，名元朗，字静遠。善言玄理，通曉經學。撰有《經典釋文》，開唐人義疏先河。

胡方（1654 ~ 1727），清廣東新會人，字大靈，學者稱金竹先生。康熙歲貢生。講求理學，教人以力行爲主。四十後杜門著述。卒年七十四。有《周易本義注》、《四子書注》、《莊子注》、《鴻桷堂詩文集》等。

鈐印有“儀清室”、“禮堂梁基永印”。

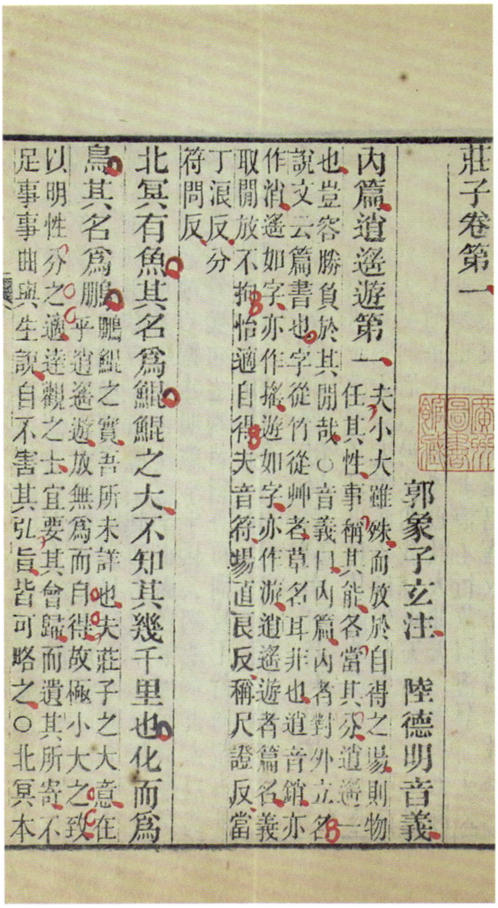

莊子卷第一

郭象子玄注　陸德明音義

內篇逍遙遊第一 夫小大雖殊而放於自得之場則物任其性事稱其能各當其分逍遙一也豈容勝負於其間哉○音義曰內篇內者對外立名說文云篇書也字從竹從艸者草名耳非也逍遙音銷亦作消遙如字亦作搖遊如字亦作遊逍遙遊者篇名義取閑放不拘怡適自得夫音符暢直良反稱尺證反當丁浪反分符問反

北冥有魚其名為鯤鯤之大不知其幾千里也化而為鳥其名為鵬 鵬鯤之實吾所未詳也夫莊子之大意在乎逍遙遊放無為而自得故極小大之致以明性分之適達觀之士宜要其會歸而遺其所寄不足事事曲與生說自不害其弘旨皆可略之○北冥本

莊子（3–2）

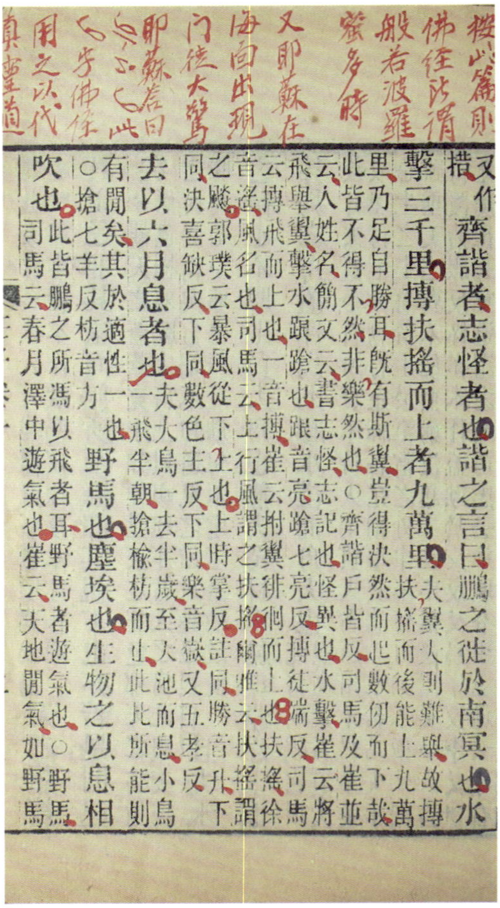

措又作 齊諧者志怪者也諧之言曰鵬之徙於南冥也水擊三千里搏扶搖而上者九萬里 夫翼大則難舉故搏扶搖而後能上九萬里乃足自勝耳既有斯翼豈得決然而起數仞而下哉此皆不得不然非樂然也○齊諧戶皆反司馬及崔並云人姓名簡文云書志怪志記也怪異也水擊崔云將飛舉翼擊水踉蹡也踉音亮蹡七亮反搏徒端反司馬云搏飛而上也一音搏崔云拊翼徘徊而上也扶搖謂之飆郭璞云暴風從下上也上時掌反註同勝音升下同決喜缺反下同數色主反下同樂音岳又五孝反音遙風名也司馬云上行風謂之扶搖爾雅云扶搖謂

去以六月息者也 夫大鳥一去半歲至天池而息小鳥一飛半朝搶榆枋而止此比所能則有間矣其於適性一也○搶七羊反枋音方 野馬也塵埃也生物之以息相吹也 此皆鵬之所馮以飛者耳野馬者遊氣也○野馬司馬云春月澤中遊氣也崔云天地間氣如野馬

莊子（3–3）

0114 關聖帝君桃園明聖經：不分卷 /（明）黎廷彦書 . — 清（1644 ~ 1911）合成齋合璧齋刻本 . — 1 册：像

6行，12字，白口，四周雙邊，單黑魚尾，匡高19.7厘米，寬15.1厘米。

書名據内容擬定，著者據卷末署名。卷末刊著者信息“南海黎廷彦敬書”，出版信息“板藏羊城學院前 合成齋合璧齋店”。前有“帝君真像”1幅，“漢室漢壽亭侯關聖大帝敕命”，“張仙寶誥”，“王天君寶誥”，“聖帝寶誥”。

黎廷彦，明廣東南海人。

是書包括《關勝帝君降筆真經》、《關勝帝君應驗經》兩部分，以關羽自述平生的口吻來宣揚行善積德，救苦救難等思想。

鈐印有“儀清室”。

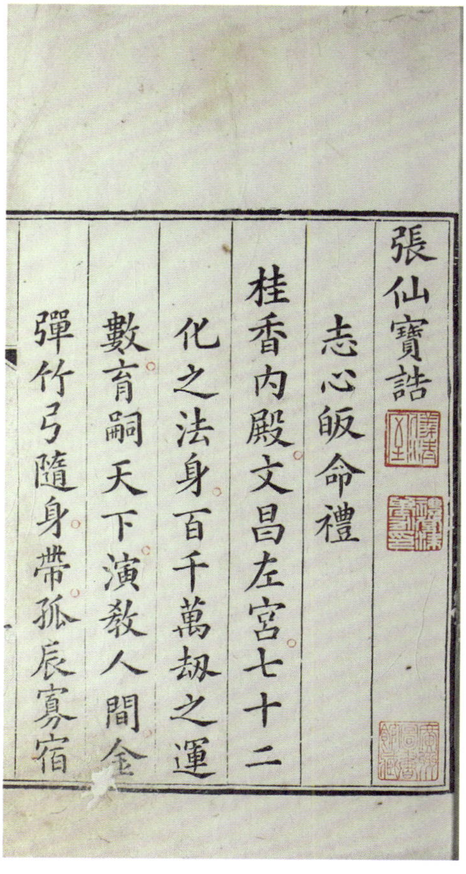
張仙寶誥
志心皈命禮
桂香内殿文昌左宮七十二
化之法身百千萬刼之運
數育嗣天下演教人間金
彈竹弓隨身帶孤辰寡宿

關聖帝君桃園明聖經（4–1）

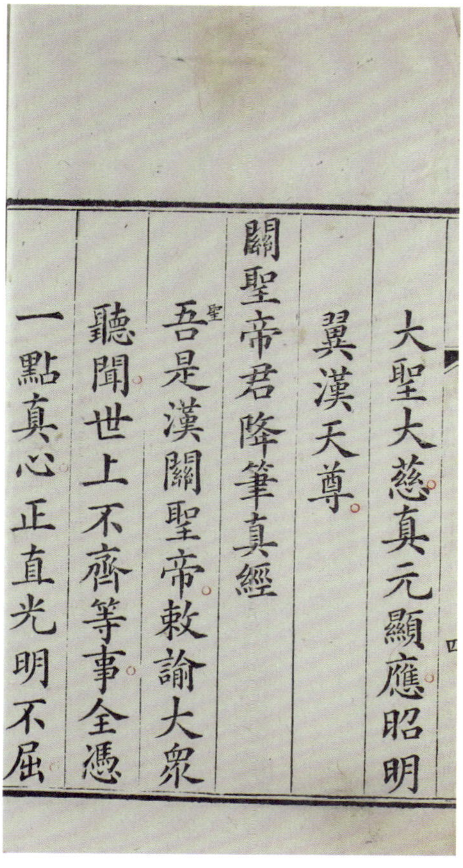
大聖大慈真元顯應昭明
翼漢天尊
關聖帝君降筆真經
聖吾是漢關聖帝敕諭大衆
聽聞世上不齊等事全憑
一點真心正直光明不屈

關聖帝君桃園明聖經（4–2）

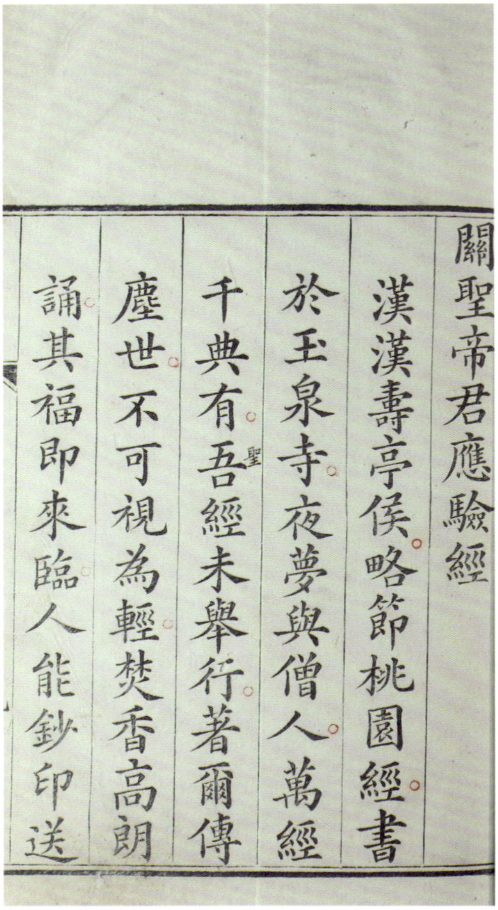
關聖帝君應驗經
漢漢壽亭侯略節桃園經書
於玉泉寺夜夢與僧人萬經
千典有吾經未舉行著爾傳聖
塵世不可視為輕焚香高朗
誦其福即來臨人能鈔印送

關聖帝君桃園明聖經（4–3）

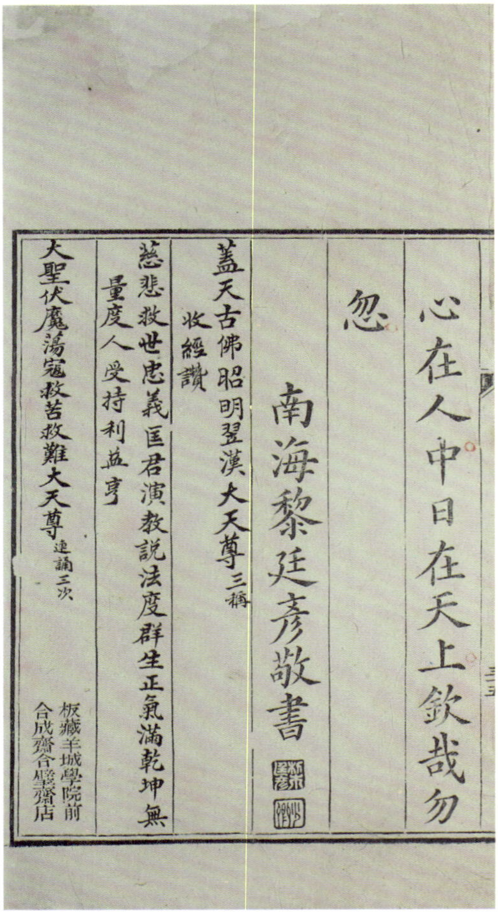
心在人中日在天上欽哉勿
忽
南海黎廷彥敬書
蓋天古佛昭明翌漢大天尊三稱
收經讚
慈悲救世忠義匡君演教說法度群生正氣滿乾坤無
量度人受持利益亨
大聖伏魔蕩寇救苦救難大天尊連誦三次
板藏羊城學院前
合成齋合璧齋店

關聖帝君桃園明聖經（4–4）

0115 關帝桃園明聖經：一卷 /（清）鄧遂良書 . — 清（1644 ~ 1911）九曜坊守經堂刻本 . — 1 册：圖

紅色邊框、界行，6 行，16 字，白口，四周雙邊，單紅魚尾，匡高 20 厘米，寬 11.8 厘米。

書名取自書名頁，書名頁刊“關帝桃園明聖經”（破損，有缺字）；著者取自卷末，卷末刊“後學三水鄧遂良敬書 粵東九曜坊守經堂藏板”。間有套紅印圈讀、校字。前有像 6 幅，每幅像均爲彩色套印，首爲關平像（朱墨雙色套印），後依次爲張仙大帝（朱墨二色套印）、伏魔忠義仁勇關聖帝君（朱墨藍三色套印）、關聖帝君環印圖（藍印）、周倉將軍（朱墨緑三色套印）、王靈官天君（朱墨緑三色套印）；“像”後有“告文式”：“周大將軍寶誥”、“關聖太子寶誥”、“文昌應化張仙寶誥”、“靈官王天君寶誥”、“關聖大帝寶誥”。

鄧遂良，清廣東三水人。

是書包括《關聖帝君降筆真經》及《關聖帝君應驗桃園明聖經》兩部分，宣揚行善積德，救苦救難的思想。末附《求簽祝詞》100 簽 17 頁。

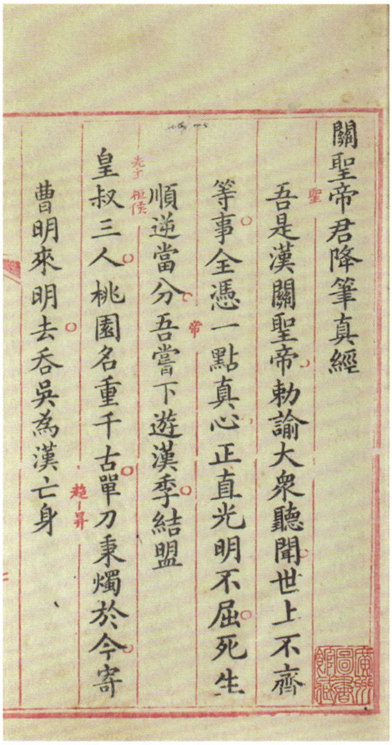
關聖帝君降筆真經
吾是漢關聖帝勅諭大衆聽聞世上不齊
等事全憑一點真心正直光明不屈死生
順逆當分吾嘗下遊漢季結盟
皇叔三人桃園名重千古單刀秉燭於今寄
曹明來明去呑吳爲漢亡身

關帝桃園明聖經（4–1）

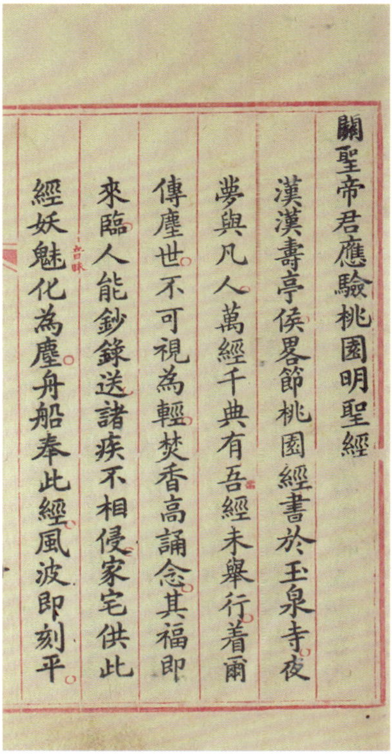
關聖帝君應驗桃園明聖經
漢漢壽亭侯畧節桃園經書於玉泉寺夜
夢與凡人萬經千典有吾經未舉行着爾
傳塵世不可視爲輕焚香高誦念其福即
來臨人能鈔錄送諸疾不相侵家宅供此
經妖魅化爲塵舟船奉此經風波即刻平

關帝桃園明聖經（4–2）

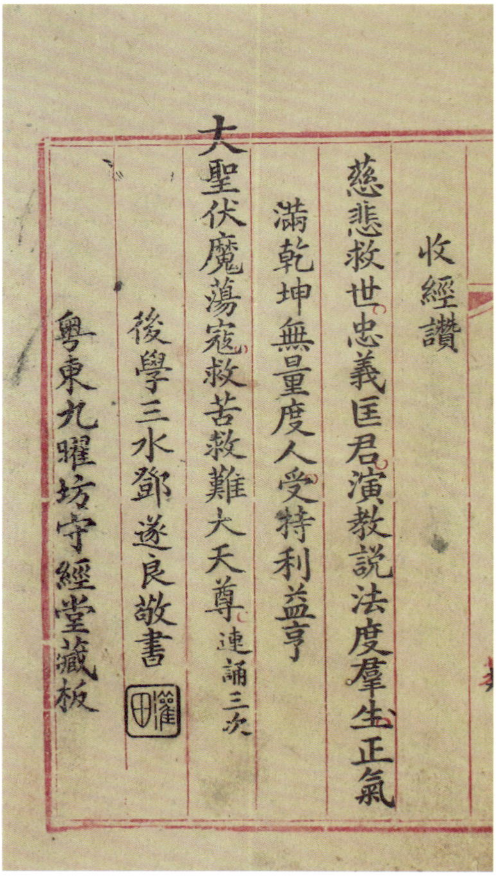

關帝桃園明聖經（4–3）

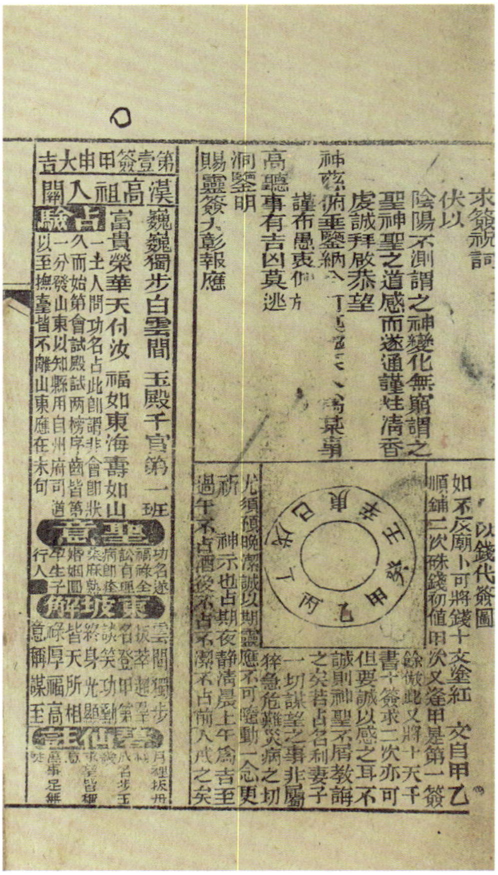

關帝桃園明聖經（4–4）

0116 應用化學第二編：一卷 /（日）蜂屋貞興著；宋以梅譯．— 清光緒三十四年（1908）粵東編譯公司鉛印本．— 1 册

13 行，字數不等，無邊框。

題名取自封面。封面印“工業參考書 第二編 附藥品製造 應用化學 粵東編譯公司印行”。有句讀，天頭有印字。書後版權頁印“光緒三十四年三月印刷、光緒三十四年三月出版，定價銀壹元四角，并製二册，原著者：日本工學士蜂屋貞興，譯述者：理化專門畢業生宋以梅，印刷者：粵東編譯公司，總發行：粵東編譯公司”。

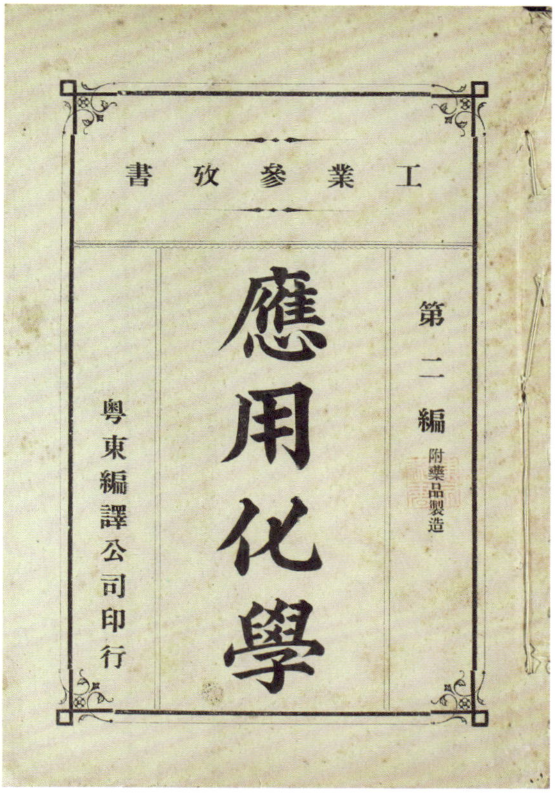

應用化學第二編（3–1）

宋以梅（1874 ~ 1933），廣西合浦縣人，字伯芳。清光緒二十年（1894）廩生，宣統元年（1909）拔貢，欽授東三省鹽知。孫中山革命之聲興起後，東渡日本，進宏文書院攻讀化學科，時與胡漢民、鄒魯諸先生結納聚集同志創八屬學會，并加入了同盟會。學成回國後，民國初年（1912），被任廣東省東莞平櫃（徵税機構），并被推舉爲省參議會議員、國會議員。同年十二月赴南京出席監選大總統的國會會議，嗣後，任省鹽運使署平南運銷緝私總局督辦，駐節廉州、東莞等地，經營鹽運。其後在香港創辦了“合和祥”店號。民國十九年（1930），出任廣州市銀行小北兑换所主任。

是書講解了礦油、脂肪及油、石鹼及蠟燭、香油及香水、橡皮及樹脂、瓦斯、箇爾大色素、染色術、澱粉及砂糖、醱酵、製紙、鞣皮術、膠等有機工業原料的采取與製法。另附有藥品製造法。

鈐印有“陳宗健書”、“宋以梅印”。

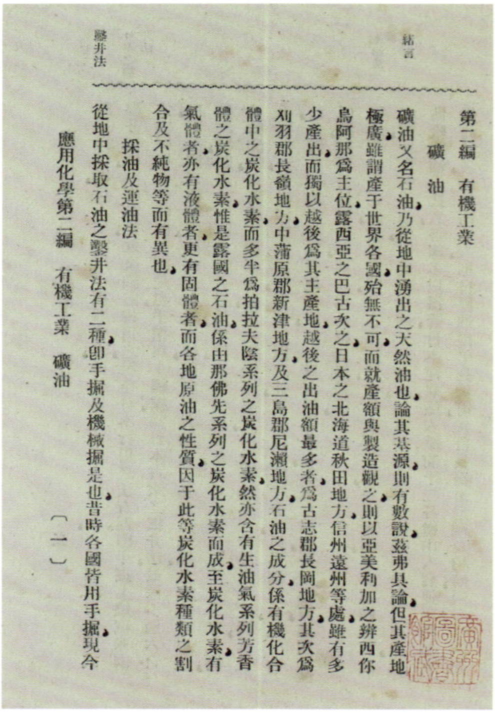
緒言 鑿井法

第二編 有機工業

礦油

礦油又名石油乃從地中湧出之天然油也論其基源則有數說茲弗具論但其產地極廣雖謂產于世界各國殆無不可而就產額與製造觀之則以亞美利加之辨西你烏阿那爲主位露西亞之巴古次之日本之北海道秋田地方信州遠州等處雖有多少產出而獨以越後爲其主產地越後之出油額最多者爲古志郡長岡地方其次爲刈羽郡長嶺地方中蒲原郡新津地方及三島郡尼瀨地方石油之成分係有機化合體中之炭化水素而多半爲拍拉夫陰系列之炭化水素然亦含有生油氣系列芳香體之炭化水素惟是露國之石油係由那佛先系列之炭化水素而成至炭化水素有氣體者亦有液體者更有固體者而各地原油之性質因于此等炭化水素種類之割合及不純物等而有異也

採油及運油法

從地中採取石油之鑿井法有二種卽手掘及機械掘是也昔時各國皆用手掘現今

應用化學第二編 有機工業 礦油 〔一〕

應用化學第二編（3–2）

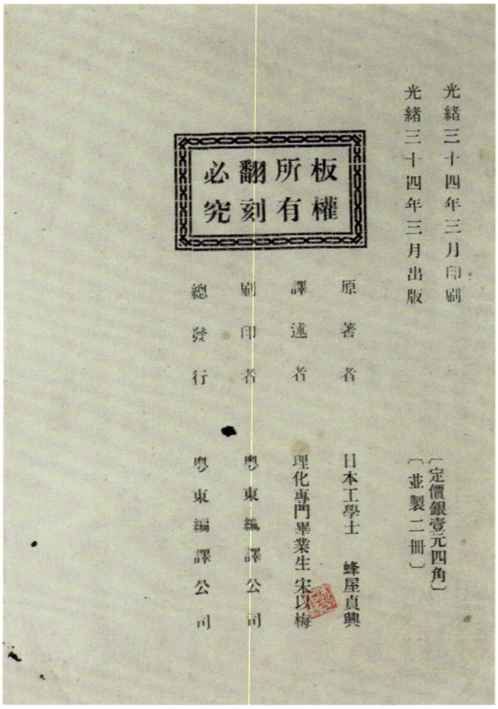
光緒三十四年三月印刷

光緒三十四年三月出版

〔定價銀壹元四角〕

〔並製二册〕

板權所有 翻刻必究

原著者 日本工學士 蜂屋貞興

譯述者 理化專門畢業生 宋以梅

刷印者 粵東編譯公司

總發行 粵東編譯公司

應用化學第二編（3–3）

圖録·集部

0117 杜工部集：二十卷，卷首一卷 /（唐）杜甫撰；（明）王世貞［等］評．— 清光緒二年（1876）粤東翰墨園刻六色套印本．— 8 册

8行,20字,五色小字眉批,行6字,黑口，左右雙邊，雙對黑魚尾，匡高17.3厘米，寬13.4厘米。

扉頁刊“杜工部集 五家評本 王弇洲紫筆 王遵巌藍筆 王阮亭朱墨筆 宋牧仲黄筆 邵子湘緑筆”。牌記刊“光緒丙子三月 粤東翰墨園刊”。卷首末有是書原收藏者梁基永先生題記一則。前有清道光甲午（十四年，1834）盧坤序。

存17卷：卷首、卷1～14、卷19～20,其中卷6第12～28頁天頭被剪掉。

杜甫（712～770)，生於河南鞏縣（今河南省鞏縣)，詩人杜審言之孫。字子美，自號少陵野老，後世稱杜少陵、杜工部等。我國唐代最偉大的現實主義詩人，與李白并稱“大李杜”，人稱“詩聖”。

此集乃五家合評本，爲清代套印書歷史上詩集套色最多的一種。

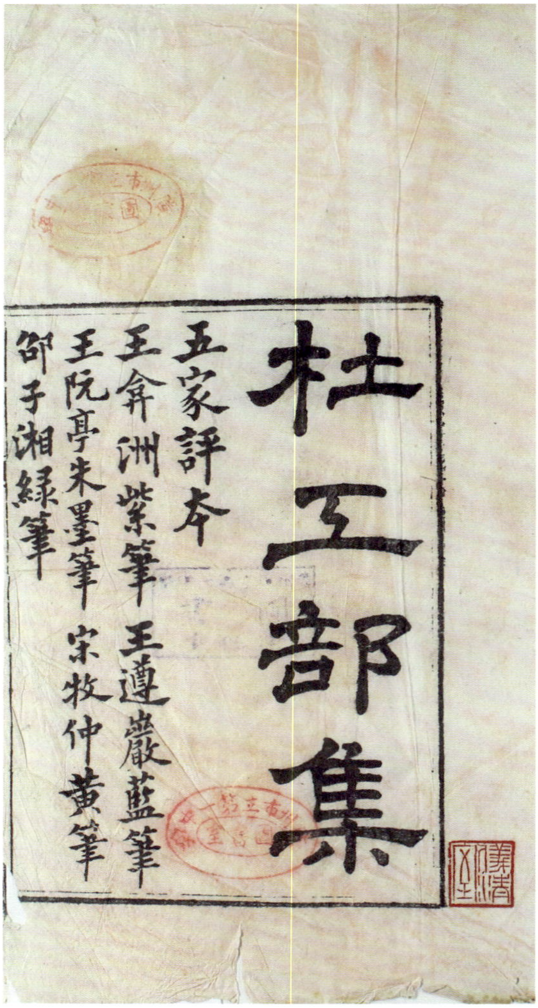

杜工部集（3–1）

鈐印有“梁”、“基永”、“基永珍之”、“儀清室”、“拾清樓”、“南海梁基永印”。

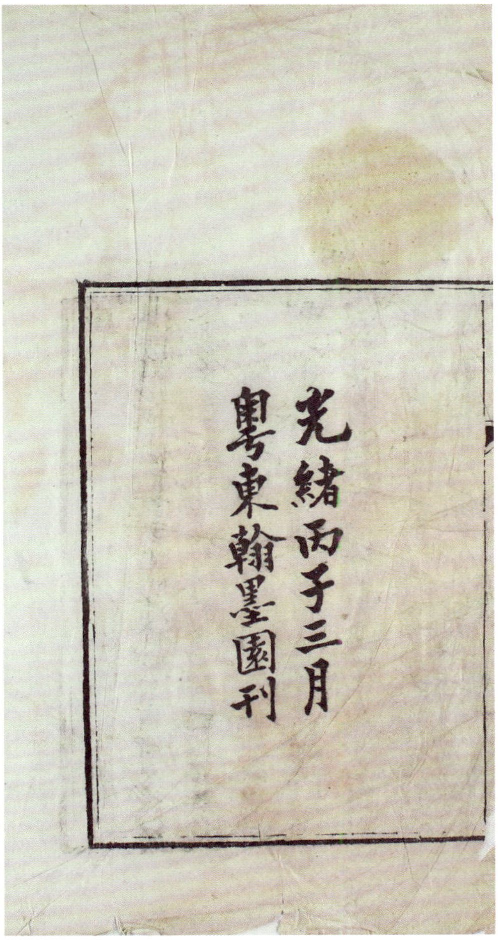

光緒丙子三月
粵東翰墨園刊

杜工部集（3–2）

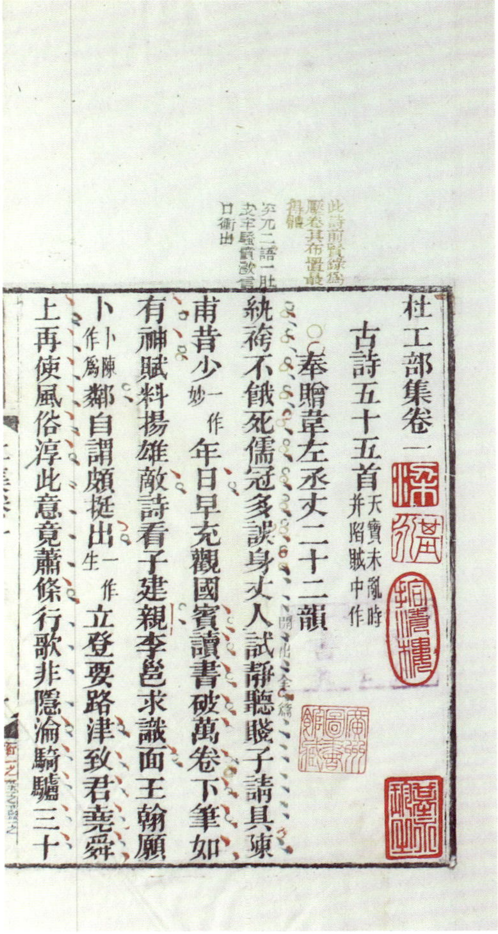

杜工部集卷一
古詩五十五首 天寶未亂時并陷賊中作
奉贈韋左丞丈二十二韻
紈袴不餓死儒冠多誤身丈人試靜聽賤子請具陳
甫昔少一作妙年日早充觀國賓讀書破萬卷下筆如
有神賦料揚雄敵詩看子建親李邕求識面王翰願
卜鄰卜陳一作為自謂頗挺出一作生立登要路津致君堯舜
上再使風俗淳此意竟蕭條行歌非隱淪騎驢三十

杜工部集（3–3）

0118 重刊五百家注音辯昌黎先生文集：四十卷 /（唐）韓愈撰．— 清乾隆（1736 ~ 1795）兩儀堂刻本．— 12 册（2 函）

10 行，18 字，小字雙行 23 字，白口，左右雙邊，雙對黑魚尾，匡高 19.6 厘米，寬 12.4 厘米。

天頭有汪兆鏞墨筆手書批校。汪兆鏞（1861 ~ 1939），原籍浙江山陰（今紹興），生於廣東番禺，字伯序、憬吾，號慵叟、今吾，晚號清溪漁隱。少隨叔父汪瑔學於隨山館。清光緒十年（1884）選學海堂專課肄業。次年舉優貢生，以知縣用。十五年（1889）中舉人。岑春煊督粵時，延入幕府司章奏。辛亥革命後，避居澳門，以吟咏、著述自適。1918 年曾參與修纂《番禺縣續志》。1939 年 7 月病故於澳門。著有《稿本晋會要》、《元廣東遺民録》、《三續碑傳集》、《微尚齋詩文集》、《嶺南畫徵略》等。護頁貼有王貴忱先生題簽：汪序伯批校昌黎先生集 王貴忱謹題。首册書後有是書原收藏者梁基永先生墨筆手書題記，卷三十前之護頁亦有梁基永先生墨筆題記。扉頁刊“遵依宋本 五百家注音辯韓昌黎先生全集 兩儀堂梓。”前有清乾隆二十八年（1763）許道基“重刊韓文五百家注序”，清乾隆四十九年（1784）觀樓氏序。

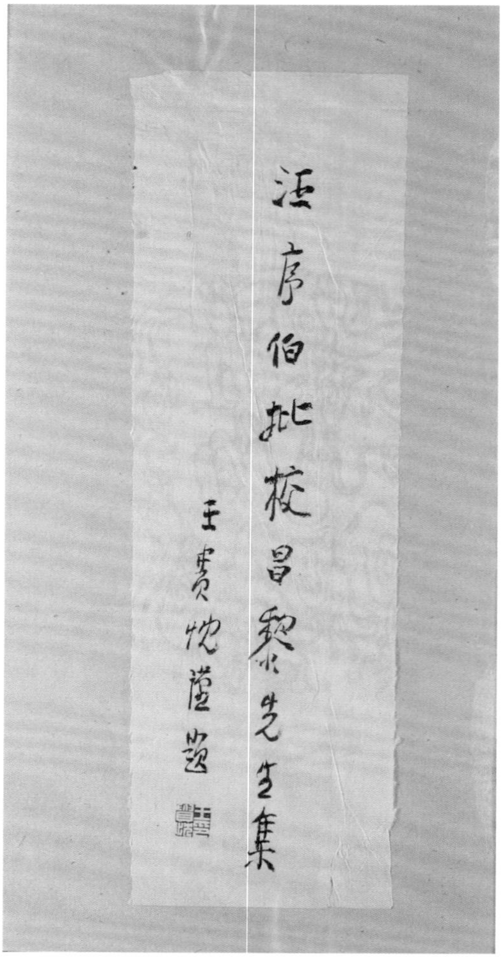

重刊五百家注音辯昌黎先生文集（4–1）

鈐印有“汪”、“鐵嶺王貴忱”、“王貴忱”、“禮堂長物”、“南海梁基永印”、“梁”。

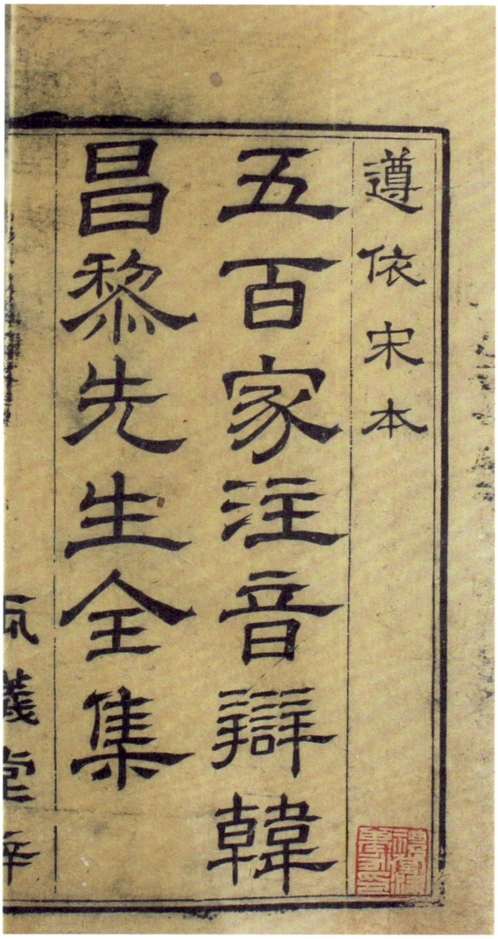
遵依宋本
五百家注音辯韓
昌黎先生全集
瓜議堂梓

重刊五百家注音辩昌黎先生文集（4–2）

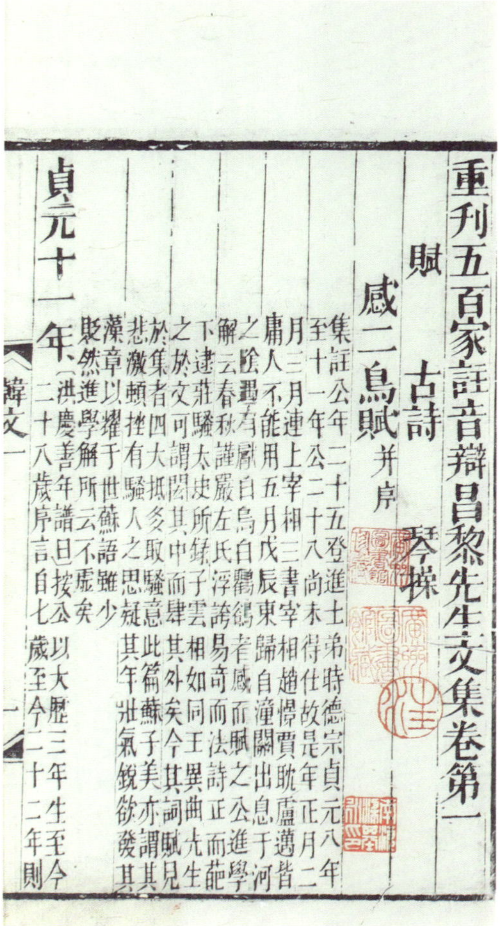
重刊五百家註音辯昌黎先生文集卷第一
賦 古詩
感二鳥賦并序 琴操
集註公年二十五登進士弟時德宗貞元八年至十一年公二十八尚未得仕故是年正月二月三月連上宰相三書宰相趙憬賈耽盧邁皆庸人不能用五月戊辰東歸自潼關出息于河之陰覩有獻白烏白鸜鵒者感而賦之公進學解云春秋謹嚴左氏浮誇易奇而法詩正而葩下逮莊騷太史所錄子雲相如同工異曲先生之於文可謂閎其中而肆其外矣今其詞賦見於集者四大抵多取騷意此篇蘇子美亦謂其悲微頓挫有騷人之思疑其年壯氣銳欲發其藻章以耀于世蘇語雖少貶然進學解所云不虛矣
貞元十一年（洪慶善年譜曰按公以大歷三年生至今二十八歲序言自七歲至今二十二年則
韓文一 一

重刊五百家注音辩昌黎先生文集（4–3）

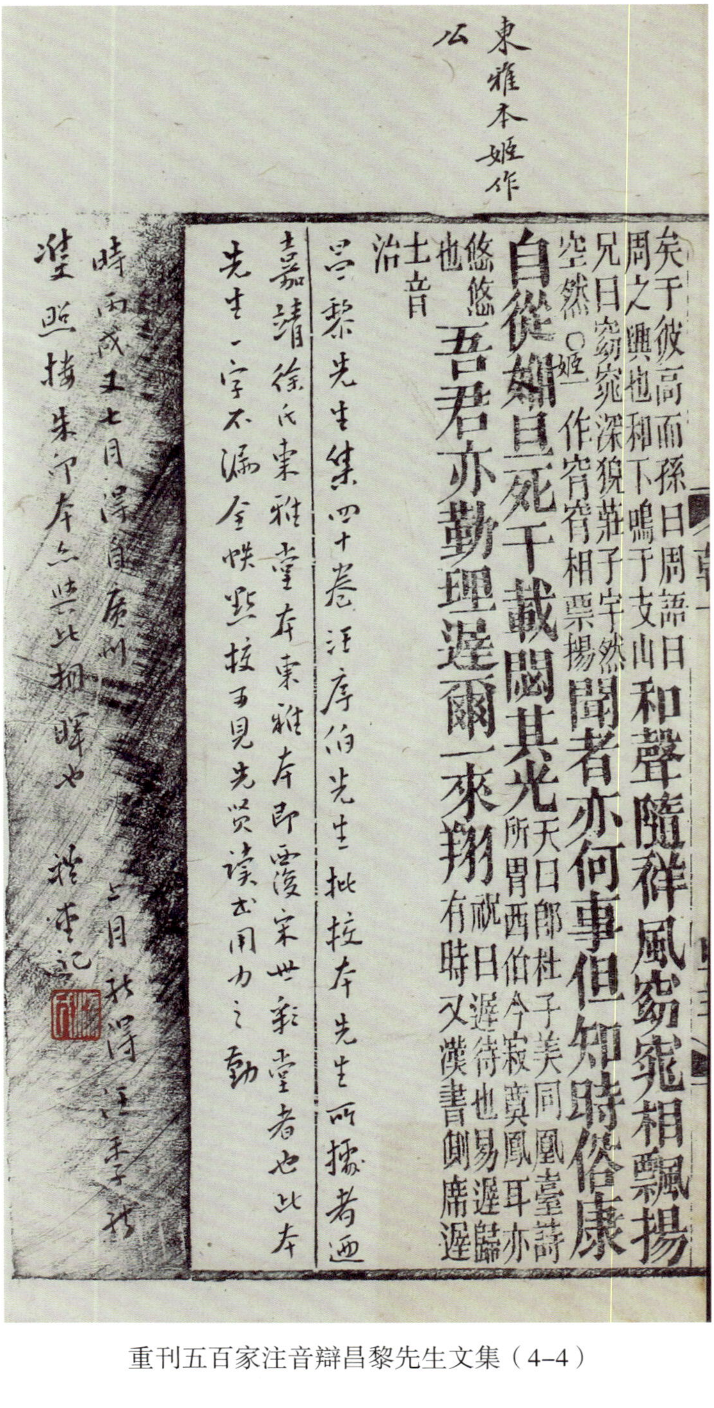

東雅本姬作
公

矣于彼高岡孫曰周語曰周之興也和下鳴于支山和聲隨祥風窈窕相飄揚
兄曰窈窕深貌莊子宇然空然○姬一作宵宵相票揚聞者亦何事但知時俗康
自從嬿旦死千載閟其光天曰郎杜子美同凰臺詩所胃西伯今寂寞鳳耳亦悠悠也
吾君亦勤理遲爾一來翔祇曰遲遲待也易遲歸有時又漢書劇席遲
土音治

昌黎先生集四十卷汪序伯先生批校本先生所據者迺
嘉靖徐氏東雅堂本東雅本即覆宋世彩堂者也此本
先生一字不漏全帙點校可見先賢讀書用力之勤
時丙戌五七月得自廣州　七月秋得汪季子於
璧照接朱印本亦與此相暉也　雅堂記

重刊五百家注音辯昌黎先生文集（4–4）

0119 鄉賢區西屏集：十卷 /（明）區越著；（明）余一鵬校；（明）周鯤編．— 明萬曆（1573 ~ 1620）刻本．— 3 册

9 行，20 字，小字雙行同，白口，四周雙邊，單黑魚尾，匡高 19.3 厘米，寬 13.5 厘米。

書名據目録題。版心題名：區西屏集。前有明嘉靖四十四年（1565）黄廷用“西屏區先生詩集序”，易道談“西屏區老先生詩集叙”，林雲同“西屏區先生詩集跋”。首册“易道談序”後有是書原收藏者梁基永先生墨筆題記。另有紅紙附件一張，説明補配情況，上題“西屏公集早已失去第三本 卅三年八月十七日在九秀街信利買回，價 3 元”。

區越（1449 ~ 1535），明廣東新會人，字文廣，號西屏。嘗從游陳獻章。明弘治八年（1495）乙卯科舉人，十八年（1505）乙丑科進士，歷任浙江嘉善知縣、户部主事、户部員外郎、建寧寧國知府、浙江副使、江西左參政。年八十七卒。著有《西屏集》六卷。

此爲區越詩集、文集合刻，各五卷。

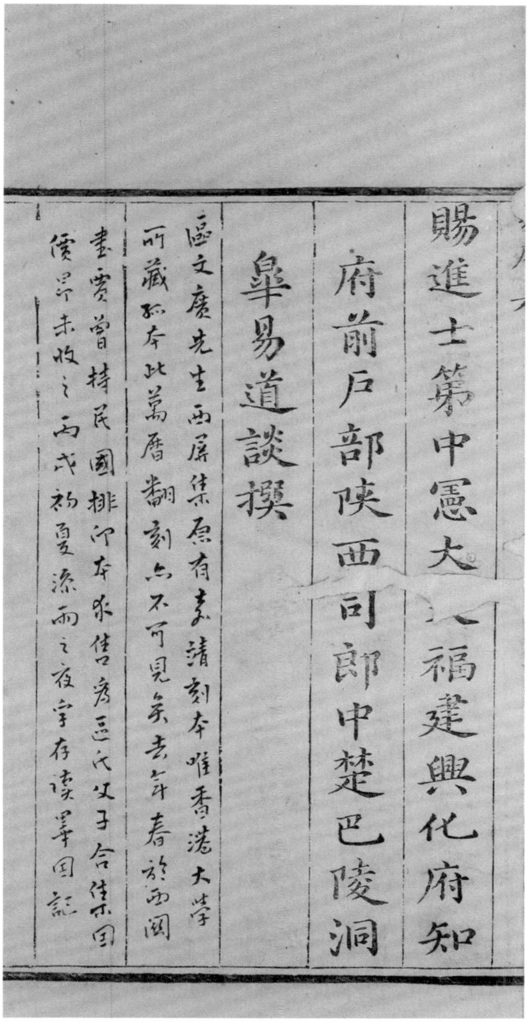
賜進士第中憲大[illegible]福建興化府知
府前戶部陝西司郎中楚巴陵洞
皐易道談撰

鄉賢區西屏集（2–1）

鈐印有“仲搏所得金石書畫”、“王貴忱印”、“南海梁基永印”、“梁氏”、“基永”、“儀清室”、“禮堂長物”。

是書已入選《第一批廣東省珍貴古籍名録》。

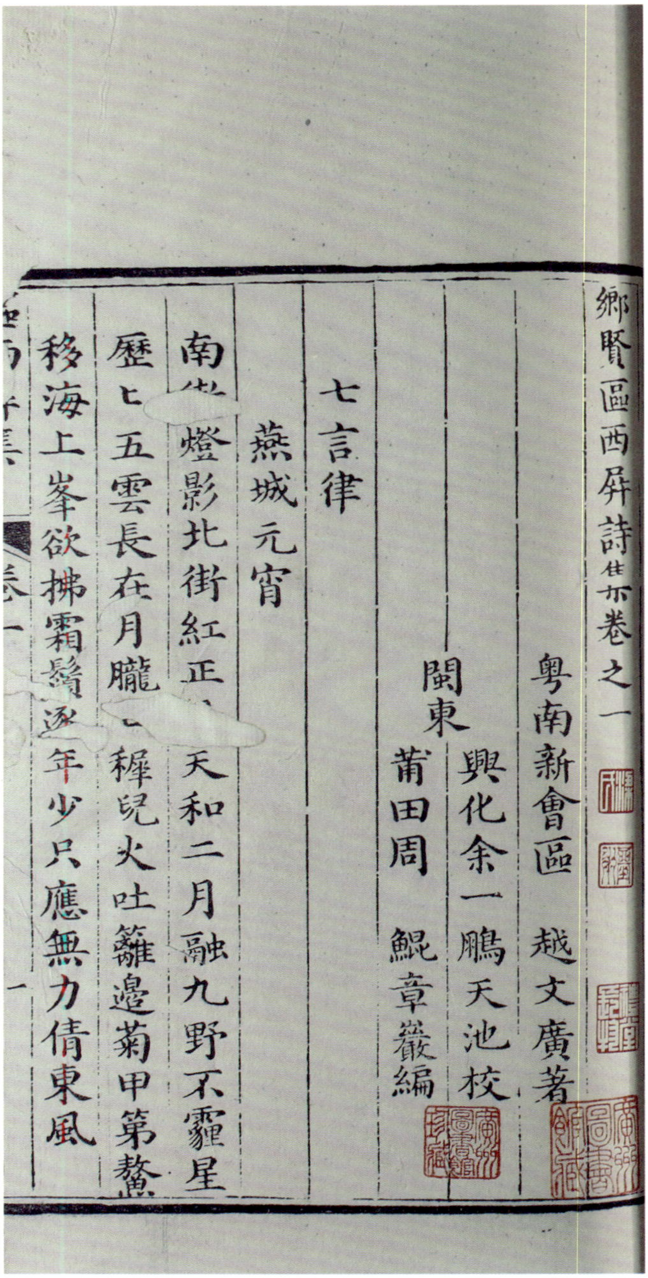

鄉賢區西屏詩集卷之一

粵南新會區　越文廣著

興化余一鵬天池校

閩東　莆田周　鯤章巖編

七言律

燕城元宵

南街[illegible]燈影北街紅正[illegible]天和二月融九野不霾星

歷七五雲長在月朧[illegible]稺兒火吐籬邊菊甲第鰲

移海上峯欲拂霜鬢逐年少只應無力倩東風

鄉賢區西屏集（2–2）

0120 區奉政遺稿 十卷 /（明）區元晋著；（明）郭夢得校．— 明萬曆四年（1576）刻本．— 2 册

9 行，20 字，小字雙行同，白口，四周雙邊，單黑魚尾，匡高 19.4 厘米，寬 13.4 厘米。版心題名：區見泉集。册下書脚題名：區見泉公集。前有明萬曆四年高士蜚“奉政見泉區公詩集後叙”。目録末有是書原收藏者梁基永先生墨筆題記。

區元晋，一作區元縉，明廣東新會人，字惟康。區越仲子。明嘉靖四年（1525）乙酉科舉人。官雲南鎮南知州，晋福建興化同知。著有《奉政遺稿》二卷、《見泉集》（一作《見泉詩集》）十卷（又作二卷）。

郭夢得，號肖野。明嘉靖進士。歷官潮陽縣令，南京户部主事，瓊州府太守。

是書爲區元晋詩集，共收録其五言、七言律詩及五言絶句 400 餘首。

鈐印有“王貴忱印”、“儀清室”、“南海梁基永印”、“梁氏”、“基永”、“禮堂長物”等。

是書已入選《第一批廣東省珍貴古籍名録》。

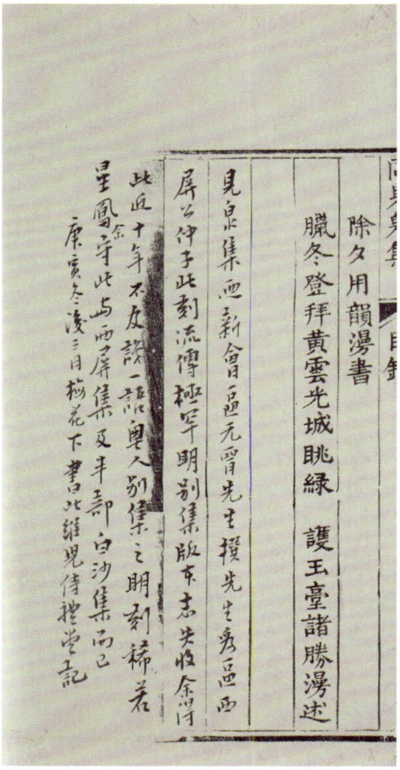
除夕用韻湯書
臘冬登拜黄雲光城眺緑 護玉臺諸勝湯述

區奉政遺稿（2–1）

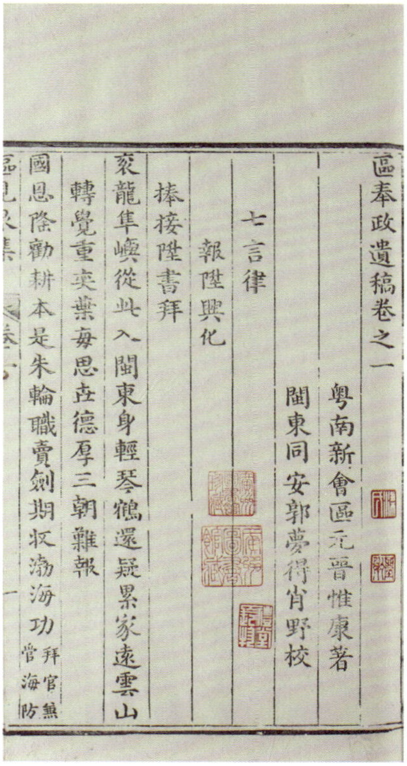
區奉政遺稿卷之一
粵南新會區元晋惟康著
閩東同安郭夢得肖野校
七言律
報陞興化
捧接陞書拜
衮龍隼旟從此入閩東身輕琴鶴還疑累家遠雲山
轉覺重奕葉每思庥德厚三朝難報
國恩隆勸耕本是朱輪職賣劍期収渤海功拜官兼管海防

區奉政遺稿（2–2）

0121 石嶽詩寄：一卷，文寄一卷 /（清）林鳳岡撰．— 清康熙（1662 ~ 1722）抄本．— 2 册

緑色邊框，界行，9 行，19 字，小字雙行同，白口，四周單邊，單緑魚尾，匡高 18.2 厘米，寬 13.8 厘米。

書内夾有王貴忱題簽一張：石嶽詩文集 王貴忱謹題。《文寄一卷》首有“石嶽文寄自識”。書脚題名：石嶽集。《文寄一卷》末有是書原收藏者梁基永先生墨筆題記。

林鳳岡，清廣東東莞人，《惠州志》云原永安（今紫金）人，遷居東莞茶園，字桐叔，號石嶽。清康熙（1662 ~ 1722）初因功授廣西梧州府同知。赴京，與宗室紅蘭主人、古香主人同結詩社。以父艱歸，與梁佩蘭、陳恭尹等人酬唱。著有《石嶽寄詩集》（一作《石嶽詩寄》）、《石嶽寄文集》（一作《石嶽文寄》）。

鈐印有“鐵嶺王貴忱章”、“可居室印”、“梁氏”、“梁”、“基永”、“禮堂長物”。

是書已入選《第一批廣東省珍貴古籍名録》。

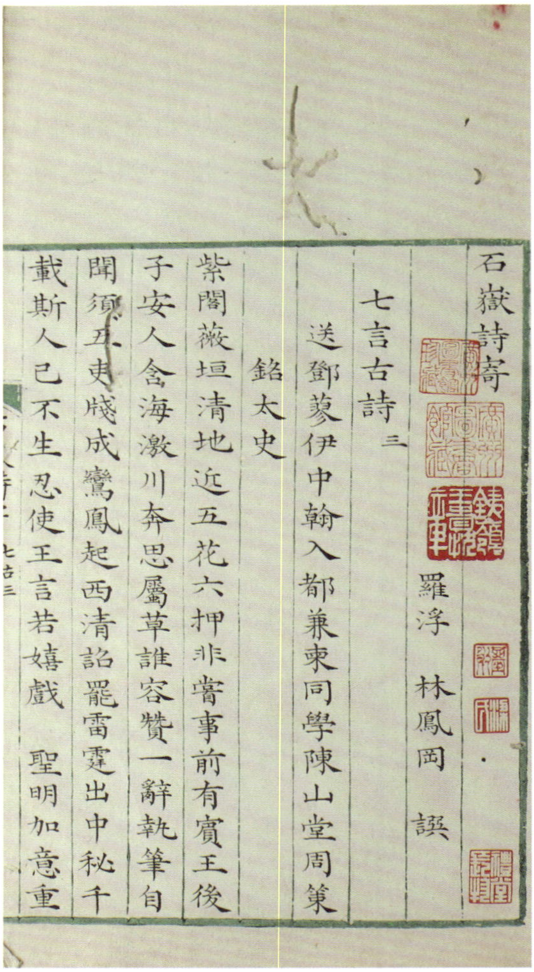

石嶽詩文寄（3–1）

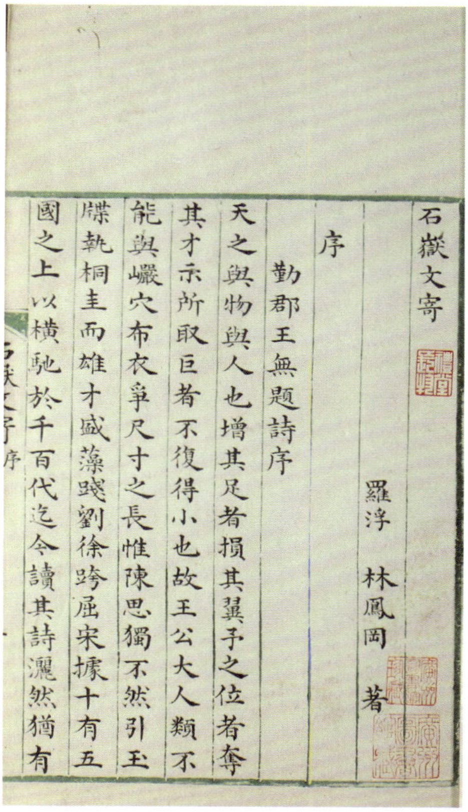
石嶽文寄
羅浮　林鳳岡　著
序
勤郡王無題詩序
天之與物與人也增其足者損其翼予之位者奪其才示所取巨者不復得小也故王公大人類不能與巖穴布衣爭尺寸之長惟陳思獨不然引玉牒執桐圭而雄才盛藻踐劉徐跨屈宋據十有五國之上以橫馳於千百代迄今讀其詩灑然猶有

石嶽詩文寄（3–2）

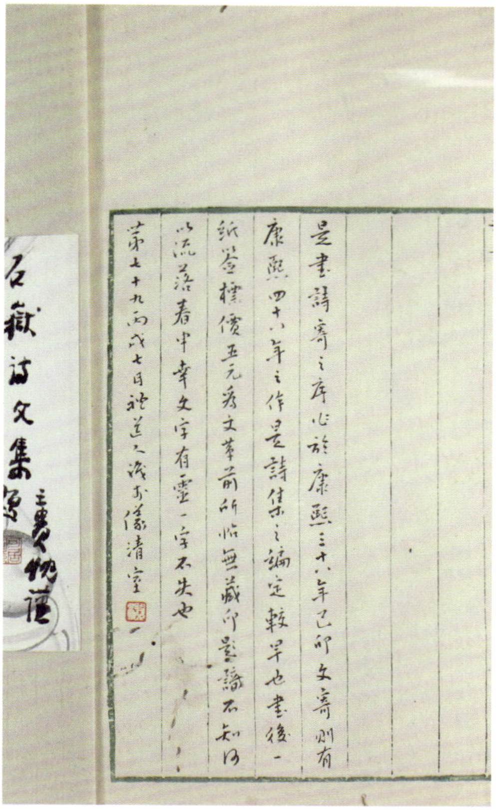
石嶽詩文集
是書詩寄之序必於康熙三十八年己卯文寄則有康熙四十八年之作是詩集之編定較早也書後一紙簽標價五元為文革前所收無藏印墨識不知何以流落春申幸文字有靈一字不失也
第七十九丙戌七月被逆之後於儀清室

石嶽詩文寄（3–3）

0122　聽松廬詩略：二卷 /（清）張維屏撰；（清）陳澧編．— 清光緒（1875 ~ 1908）西湖街富文齋刻本．— 1 册．—［學海堂叢刻：十三種二十九卷 /（清）□□輯；第一函］

10 行，21 字，小字雙行同，白口，左右雙邊，單黑魚尾，匡高 18.3 厘米，寬 12.3 厘米。

扉頁刊“聽松廬詩略 學海堂叢書 弟三”。卷末刊“粤東省城西湖街富文齋承接刊印”。天頭有佚名墨筆批注。前有清同治十年（1871）陳澧序。

張維屏（1780 ~ 1859），清廣東番禺人，字子樹，號南山，因癖愛松，又號松心子，晚年也自署珠海老漁、唱霞漁者，清廣東番禺人。嘉慶九年（1804）舉人，道光二年（1822）進士。歷官黄梅、廣濟知縣、南康知府 。與經義、古文、駢體、詞曲、書法、醫學，無不究心。尤工詩，與黄培芳、譚敬昭稱“粤東三子”。所作《三元里》、《三將軍歌》等，反映鴉片戰争中抗敵英傑，尤足稱道。有《聽松廬詩鈔》、《松心詩録》、《藝談録》、《國朝詩人徵略》等。

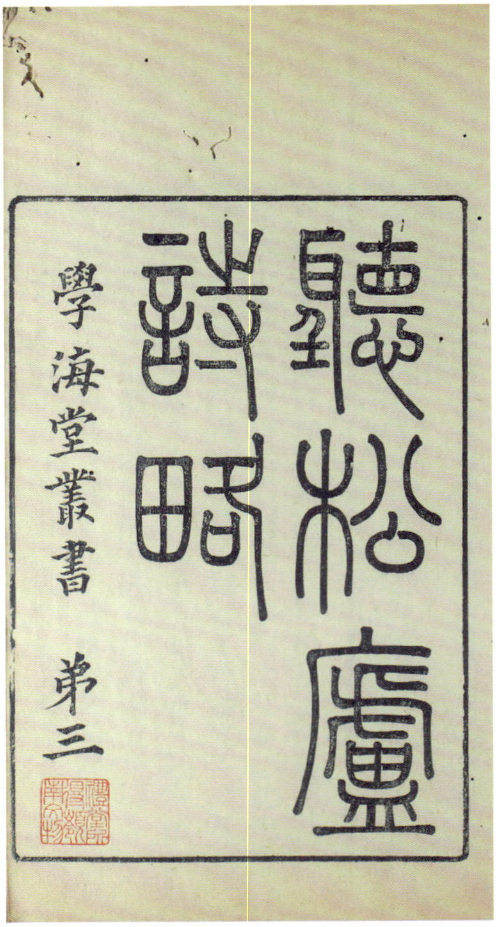

聽松廬詩略（2–1）

陳澧著者簡介見第 0037 條《水經注西南諸水考・弧三角平視法・摹印述》。

據《中國叢書綜録》載，《學海堂叢刻》（一名《啓秀山房叢書》）爲清□□輯清光緒中刊本，其中《聽松廬詩略》二卷屬於第一函第三種，爲清光緒三年（1877）刊。

鈐印有“禮堂所得嶺南文物”、“基永”。

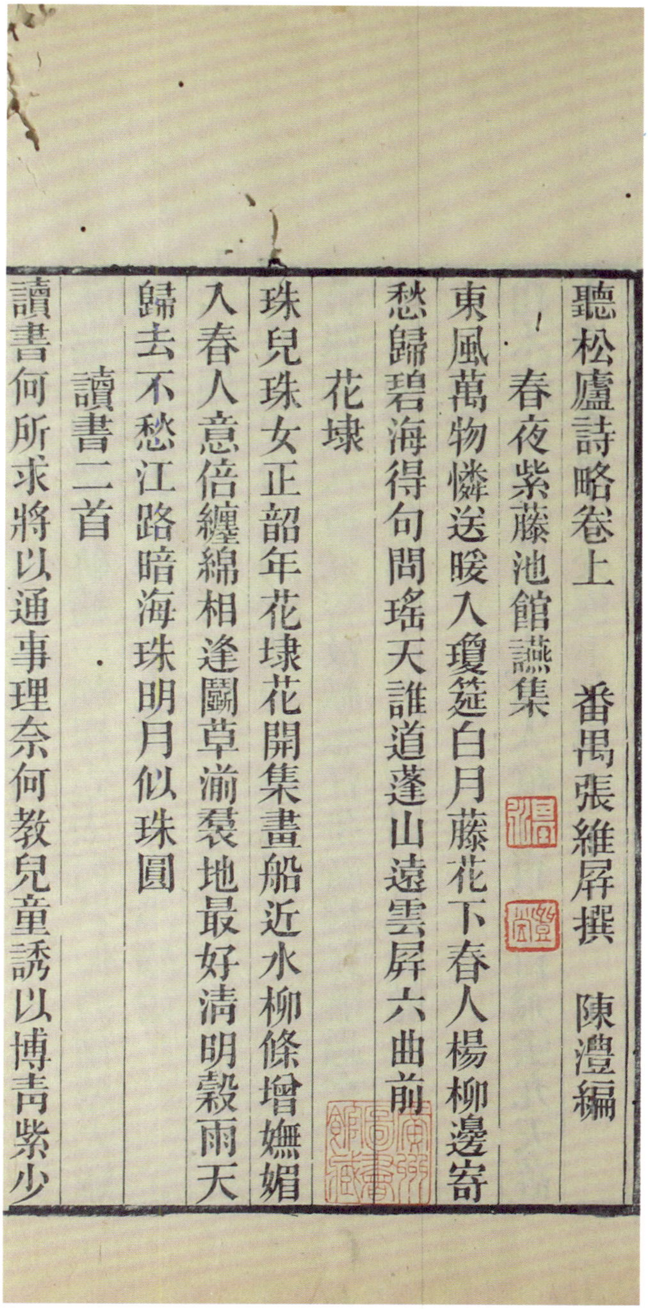
聽松廬詩略卷上　番禺張維屏撰　陳澧編

春夜紫藤池館讌集

東風萬物憐送暖入瓊筵白月藤花下春人楊柳邊寄愁歸碧海得句問瑤天誰道蓬山遠雲屏六曲前

花棣

珠兒珠女正韶年花棣花開集畫船近水柳條增嫵媚入春人意倍纏綿相逢鬬草湔裙地最好清明穀雨天歸去不愁江路暗海珠明月似珠圓

讀書二首

讀書何所求將以通事理奈何教兒童誘以博青紫少

聽松廬詩略（2-2）

0123 澹庵吟：二卷 / 吴道鎔撰；佚名抄 . — 清末（1850 ～ 1911）抄本 . — 1 册

紅色邊框界行，9 行，23 字，小字雙行同，白口，四周雙邊，匡高 20.5 厘米，寬 12 厘米。題名代擬，卷端題名：澹厂吟。前有龔士卿、李鴻鼎、姚漢元等“題詞”。

吴道鎔（1852 ～ 1936），廣東番禺人，字玉臣，號澹庵。清光緒八年（1882）進士，授翰林院編修，後以講學終其身。工詩文，書法自成一體，曾主修《番禺縣續志》，著作有《澹庵詩存》、《澹庵文存》、《明史樂府》等。

鈐印有“張織”。

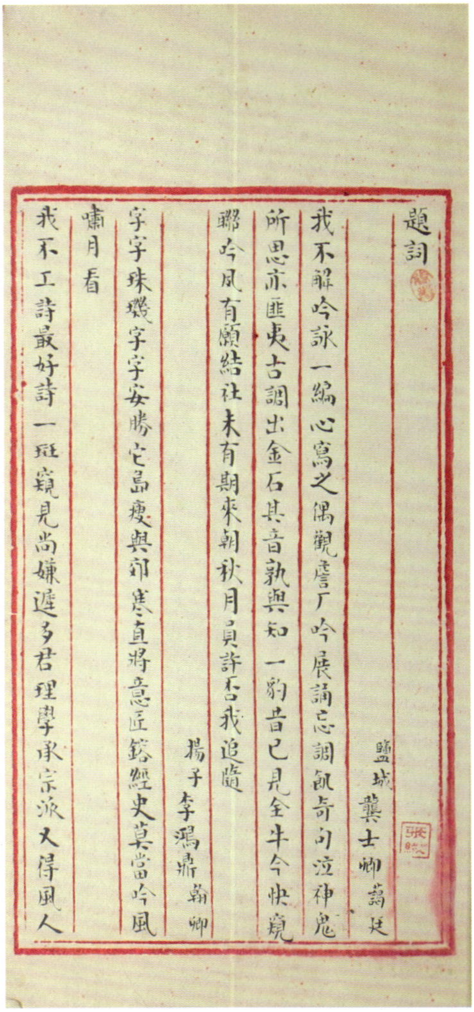

澹庵吟（2-1）

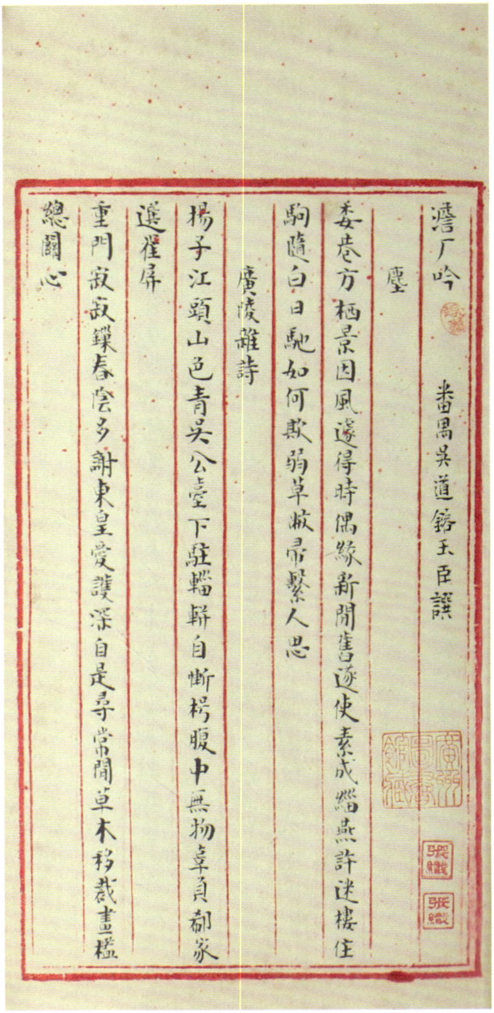

澹庵吟（2-2）

0124 五百四峰堂詩鈔：二十五卷 /（清）黎簡撰 . — 清嘉慶元年（ˉ796）刻本 . — 5 冊

9 行，19 字，小字雙行同，黑口，四周雙邊，雙對黑魚尾，匡高 14.8 厘米，寬 13.9 厘米。

卷二十四護頁前有己丑年（2009）是書原收藏者梁基永先生所作“得書小記”。

存 11 卷：卷 9 ~ 10、11 ~ 13、17 ~ 18、22 ~ 23、24 ~ 25。

黎簡（1747 ~ 1799），清廣東順德人，原名桂錦，字簡民，又字未裁，號二樵，又自稱樵夫，又號石鼎道人。清乾隆五十四年（1789）己酉科拔貢。著有《莊子韻》、《五百四峰草堂詩鈔》、《五百四峰草堂文鈔》、《藥煙閣詞鈔》、《芙蓉亭院本》（一作《芙蓉亭曲》）。

是書所録詩作按著者寫作時間先後順序排列，時間跨度爲清乾隆三十六至六十年（1771 ~ 1795），共 1852 首。惜存殘卷。

鈐印有“儀清室”等。

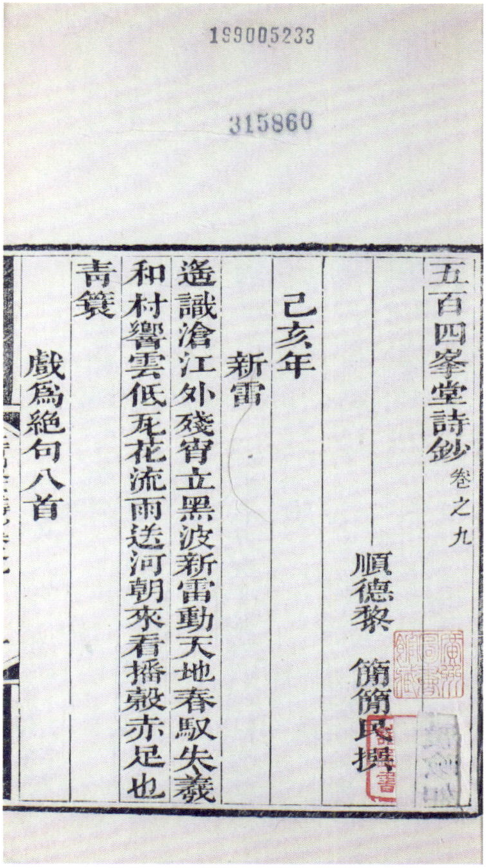
199005233
315860
五百四峯堂詩鈔 卷之九
順德黎 簡簡民撰
己亥年
新雷
遥識滄江外殘宵立黑波新雷動天地春馭失羲和村嚮雲低死花流雨送河朝來看播穀赤足也青鞵
戲爲絶句八首

五百四峰堂詩鈔（2–1）

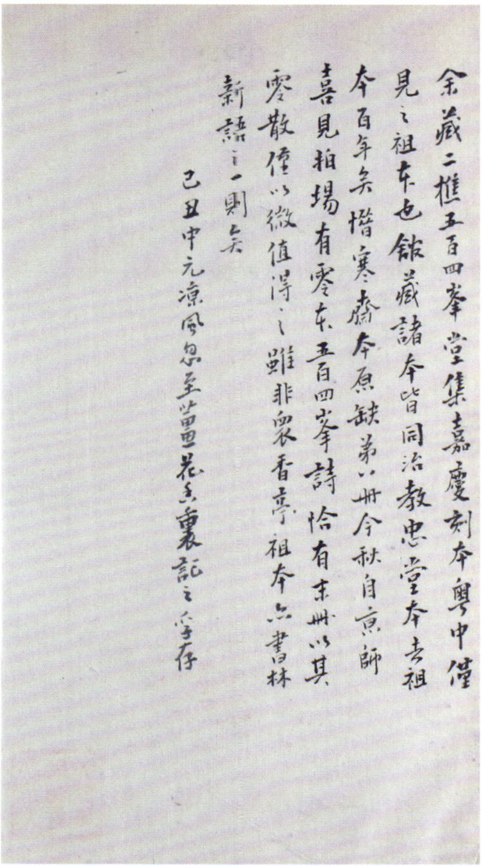
余藏二樵五百四峯堂集嘉慶刻本粵中僅見之祖本也館藏諸本皆同治教忠堂本去祖本百年矣惜寒齋本原缺第六冊今秋自京師喜見拍場有零本五百四峯詩恰有末冊以其零散僅以微值得之雖非衆香亭祖本亦書林新語之一則矣
己丑中元涼風忽至

五百四峰堂詩鈔（2–2）

0125 朱九江先生集：十卷，卷首四卷 /（清）朱次琦撰，（清）簡朝亮輯．— 清光緒二十三年（1897）讀書草堂刻本．— 4 册

11 行，24 字，白口，左右雙邊，單黑魚尾，匡高 21.5 厘米，寬 14.3 厘米。

每卷卷末刊“再傳弟子校刊於讀書草堂”。前有光緒二十三年（1897）簡朝亮序，錢儀吉“詩序”。册 2“詩序”末有是書原收藏者梁基永先生墨筆題記。

卷首之二：朱九江先生年譜。

朱次琦（1807 ~ 1881），清廣東南海人，字浩虔，一字子襄，號稚圭，人稱九江先生。清道光十九年（1839）己亥科與兄士琦同時中舉，二十七年（1847）丁未科進士，曾任山西孝義、襄陵知縣。與巡撫不協，辭官歸。同治元年（1862）特旨召用，以病不就。居鄉專事講學著述二十餘載，門生甚衆，影響深廣。著有《朱九江先生集》、《是汝師齋詩》、《大雅堂詩集》、《國朝名臣言行録》、《性學源流》、《宋遼金元明五史征實録》、《論史口説》、《九江儒林鄉志》、《（南海九江）朱氏家譜序例》、《朱九江日記》等。與朱宗琦同輯《朱氏傳芳集》八卷。

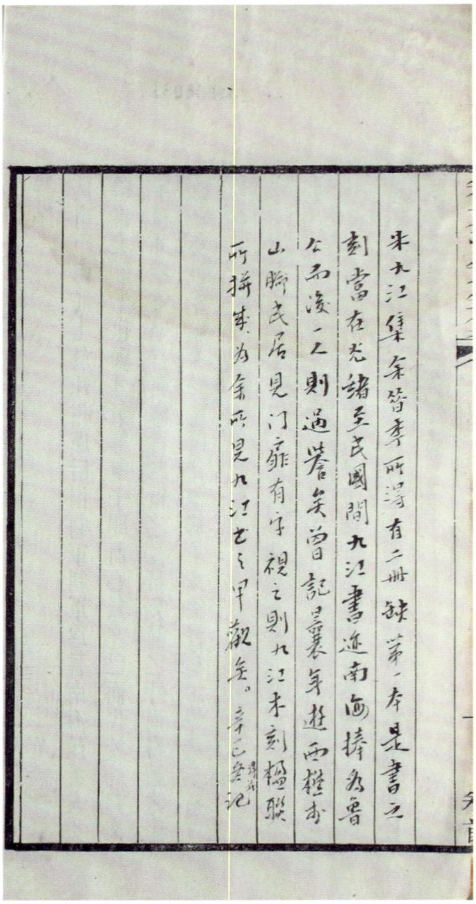
朱九江集余皆李所得有二册缺第一本是書之
刻當在光緒至民國間九江書逝南海捧為魯
公而後一人則過譽矣曾記曩年游西樵於
山脚民居見門扉有字視之則九江手刻楹聯
所拼集為余所見九江書之甲觀矣。辛巳禮堂記

朱九江先生集（3–1）

簡朝亮（1851 ~ 1933），廣東順德人，字季紀，一作季己，號竹居，人稱簡岸先生。早年師事朱九江，研習經史、性理、詞章之學。廩生，清光緒十七年（1891）學使樊恭煦奏保爲訓導，三十三年（1907）尚書溥良奏保聘爲禮學館顧問官。編著有《朱九江先生集》、《朱九江先生講學記》、《朱九江年譜》、《述十三經大義》、《尚書集注述疏》、《讀書堂集》等。

鈐印有“鎔史氏”、“琴心劍膽”、“禮堂”、“基永”、“儀清室”、“禮堂所得嶺南文物”等。

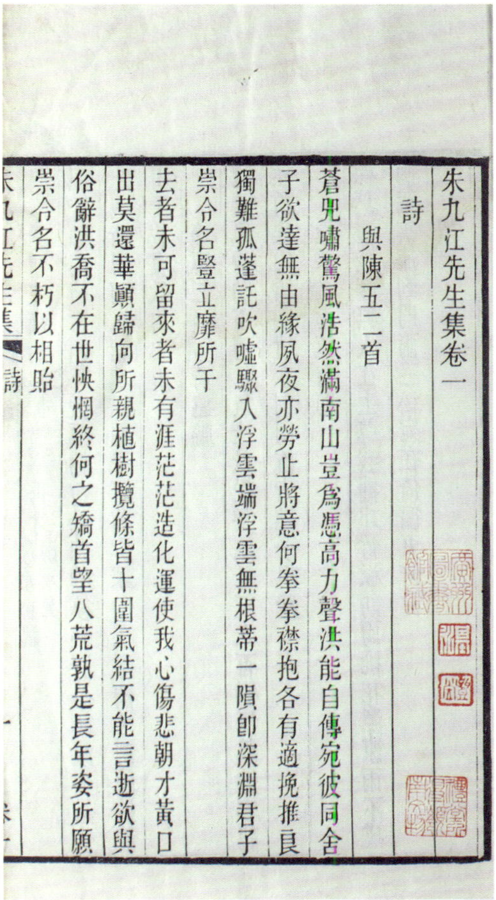

朱九江先生集（3-2）

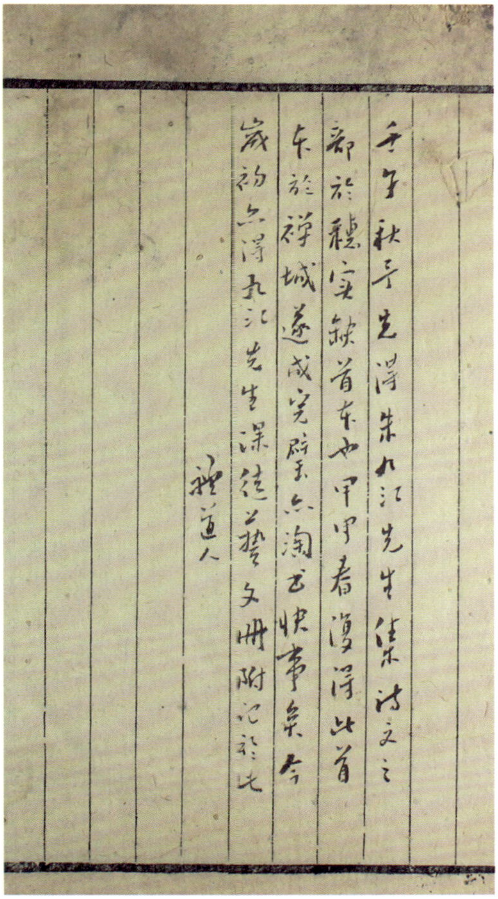

朱九江先生集（3-3）

0126 倚裘漫賦：一頁 /（清）區天民撰．— 清光緒三年（1877）刻本．— 1 頁

紅底，38 行 25 字，小字雙行同，匡高 25.9 厘米，寬 54.2 厘米。

前有序，文末署“區天民率稿”。

“裘”同“裝”。

區天民，生卒年不詳，清廣東新會人。據館藏《鳴冤詞》記載：“由大挑知縣積功官至福建督糧道加布政使司銜，宦閩三十餘年，政聲頗著。”“大挑縣”疑爲“大田縣”（在福建省中部）。

本頁所録爲區天民丁丑（清光緒三年）回粵鄉掃墓，整理好行裝準備返回做官地時所作留别和稿。有《次韻和梁陶泉明府》、《次韻和周華泉司馬》二首、《次韻和陳翰臣州司馬》四首，爲詩酒送行之作。

鈐印有“天民”、“樵溪”。

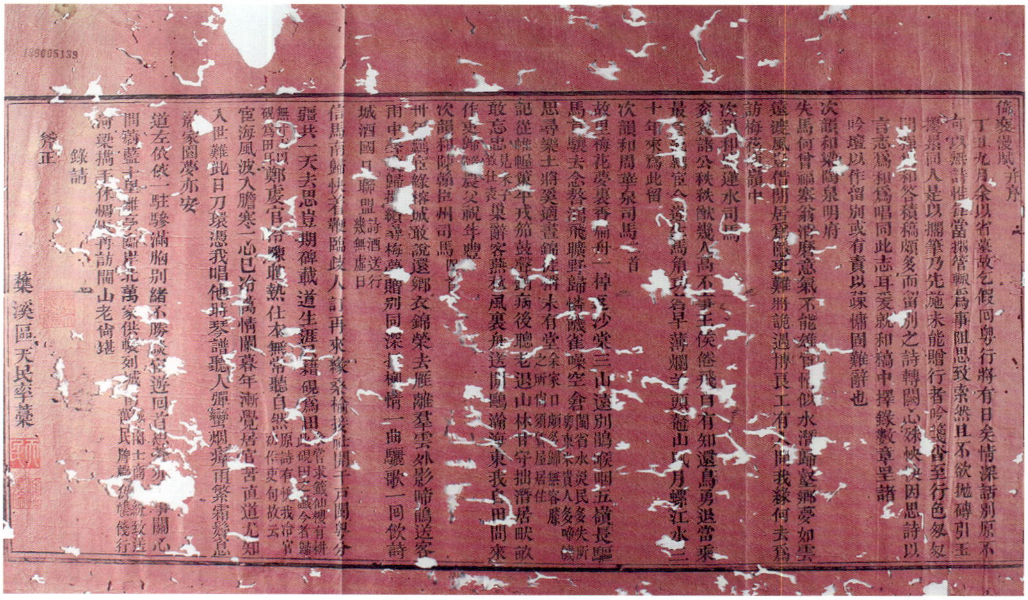

倚裝漫賦

0127 幽穽雪鴻：不分卷 / 馮焌光輯 . — 清光緒（1875 ~ 1908）石印本 . — 1 冊：圖

題名取自扉頁。後有是書原收藏者梁基永先生題跋。

馮焌光（1830 ~ 1878），清廣東南海人，字竹儒。馮賡颺之孫、馮玉衡之子。清咸豐三年（1852）壬子科舉人，因會試留京師。同治元年（1862）父卒於伊犁，奔父喪南出至虎門，乘船北至天津，西出歸化，歷外蒙古至古城子，正值司部之亂，不得前行，祇得返回。光緒二年（1876）辭官赴伊犁，撫父柩返回，哭泣成疾，四年（1878）至上海病卒，年四十九。致力於經世之學，詳究中外地理、算學、製造之法。曾爲曾國藩幕僚，保奏升同知；李鴻章委托其辦理江南製造局事宜，奏保升知府，輪船造成後升道員，補授蘇松太道員。曾在上海設書院，又刊譯外國書數十種。著有《輿地略》一卷。

此爲馮焌光與其父馮玉衡字畫合集，請朝中著名詩人政客題詩，凡數十人，上至咸豐年間（1851 ~ 1861）江開，下至光緒年間翁同龢。對研究上海的近代史具有一定價值。

鈐印有"梁"、"基永"、"禮堂"、"禮堂所得嶺南文物"。

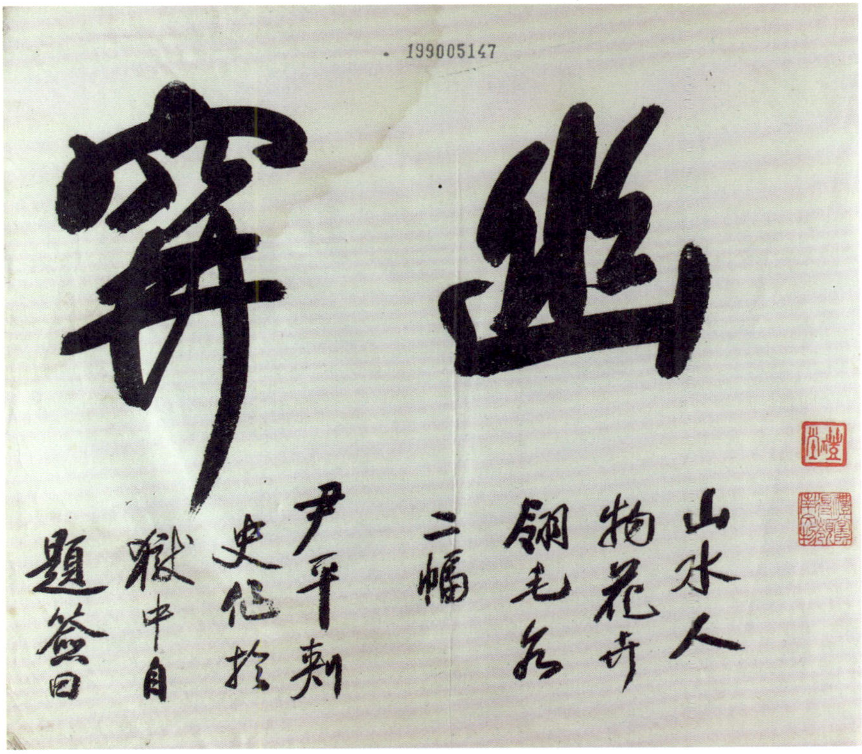

幽穽雪鴻（4–1）

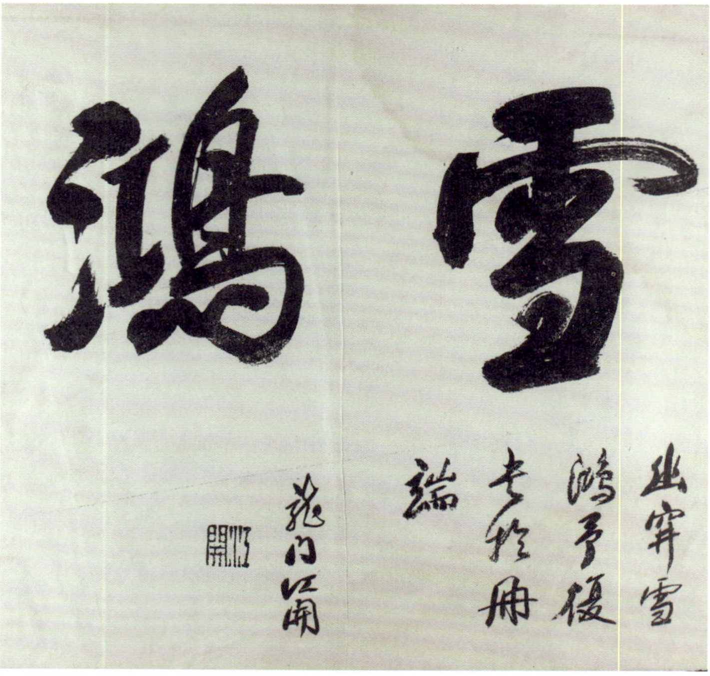

幽穽雪鴻（4–2）

幽穽雪鴻（4–3）

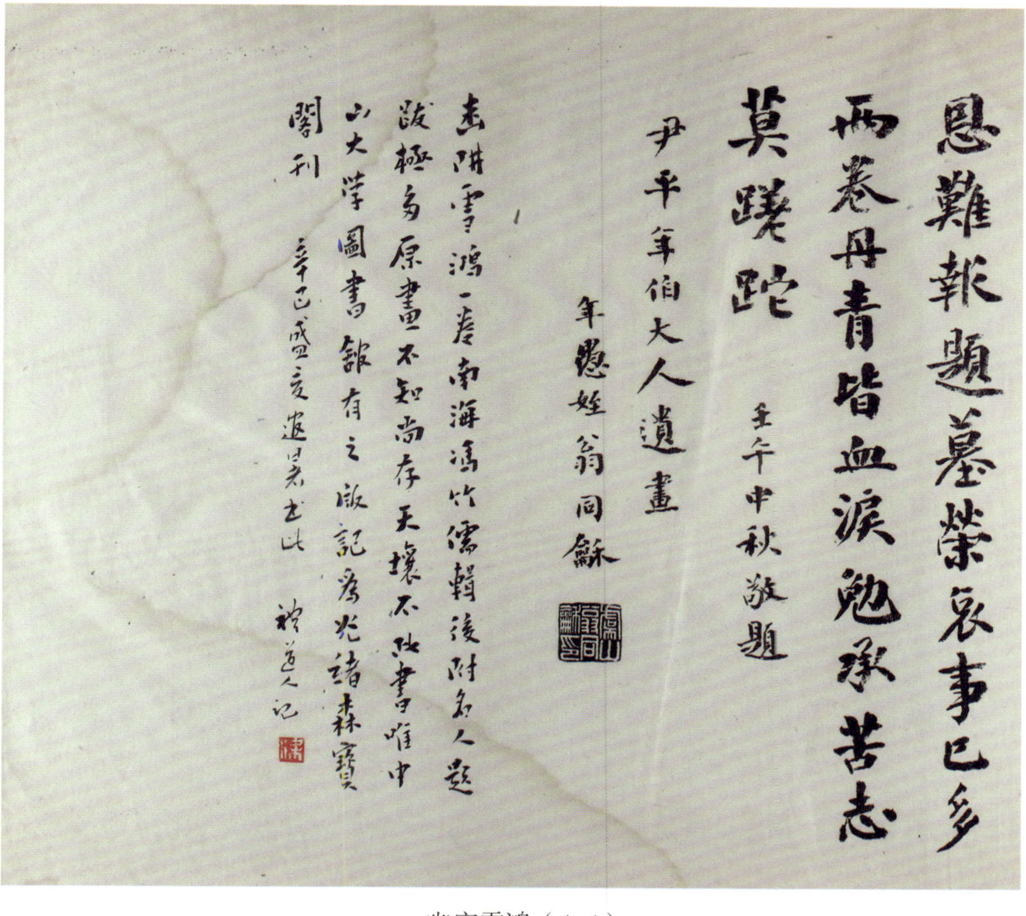
恩難報題墓榮哀事已多
兩卷丹青皆血淚勉承苦志
莫蹉跎
壬午中秋敬題
尹平年伯大人遺畫
年愚姪翁同龢
幽阱雪鴻一卷南海潘竹儒輯後附名人題
跋極多原畫不知尚存天壤否此書惟中
山大學圖書館有之版記為光緒森寶
閣刊

幽窜雪鴻（4-4）

0128 文選：六十卷 /（南朝梁）昭明太子蕭統撰；（唐）李善注；（清）何焯評點；（清）葉樹藩参訂 . — 清乾隆三十七年（1772）羊城翰墨園刻朱墨套印本 . — 8 册

10 行，25 字，小字雙行 37 字，白口，左右雙邊，單黑魚尾，匡高 19 厘米，寬 14.4 厘米。

扉頁刊“何義門平點昭明文選李善注 吴興包虎臣署首”。牌記刊“葉涵峰参訂羊城翰墨園重刊”。版心下端刊“海録軒”。前有乾隆三十七年（1772）葉樹藩“重刻文選序”，昭明太子“文選序”，李善“唐李崇賢上文選注表”。

存 18 卷：卷 1 ~ 14、卷 20 ~ 23。

蕭統（501 ~ 531），南蘭陵（今江蘇武進西北）人，字德施，南朝梁文學家。武帝長子。武帝天監元年（502），立爲太子，未即帝位而卒，謚昭明，世稱昭明太子。信佛能文，曾招聚文學之士，編集《文選》三十卷，對後代文學頗有影響。原有集，已散佚，後人輯有《昭明太子集》。

李善（？ ~ 689），揚州江都（今屬江蘇）人。唐學者，曾任崇賢館直學士、蘭台郎等職。學識淵博，但不善治文，時人稱爲“書簏”。曾流放姚州，後遇赦還，寓居汴、鄭間。以講《文選》爲業，學生多自遠方而至，傳其業，號“文選學”。有《文選注》六十卷，徵引廣博，於語源、典故注釋詳盡，爲世所稱。

何焯（1661 ~ 1722），江蘇長洲（今蘇州）人，初字潤千，更字屺瞻，號茶仙。學者稱義門先生。康熙時召直南書房，賜翰林。蓄書數萬卷，多宋元舊刊，參稽互證，於其真僞是非，皆有題識。著有《義門讀書記》。

葉樹藩（1739 ~ 1784），江蘇長洲（今蘇州）人，字星衛，號涵峰。室名“海録軒”。清代著名選學家。

《文選》又稱《昭明文選》，是中國現存最早的一部漢族詩文總集，由南朝梁武帝的長子蕭統組織文人共同編選而成。共六十卷，分爲賦、詩、騷、七、詔、册、令、教、文、表、上書、啓、彈事、箋、奏記、書、檄、對問、設論、辭、序、頌、贊、符命、史論、史述贊、論、連珠、箴、銘、誄、哀、碑文、墓志、行狀、吊文、祭文等類别。所選作家上起先秦，下至梁初（以“不録存者”的原則没有收入當時尚健在的作家），作品則以“事出於沉思，義歸乎翰藻”爲原則，没有收入經、史、子書。

鈐印有“棣華山館所藏”、“立庵”、“劉建忠印”、“讀古人書”、“拾清樓”、“基永珍之”、“梁”、“基永”。

文選（3–1）

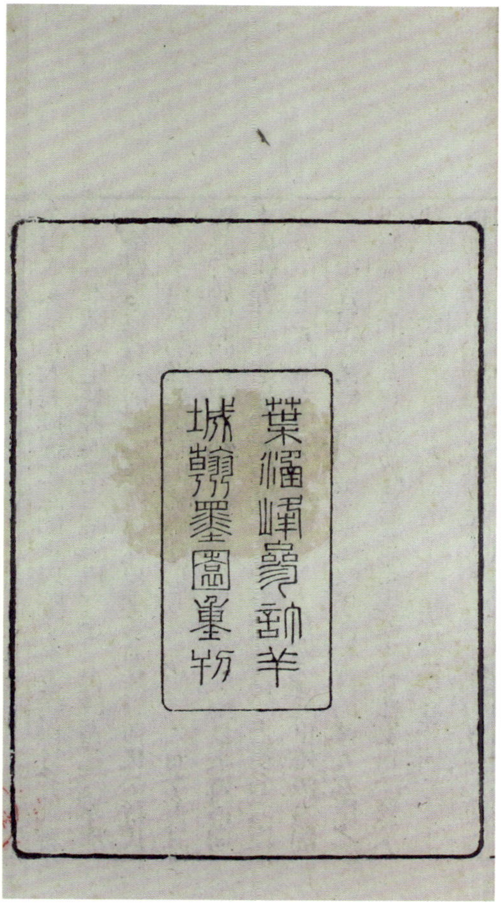

文選（3–2）

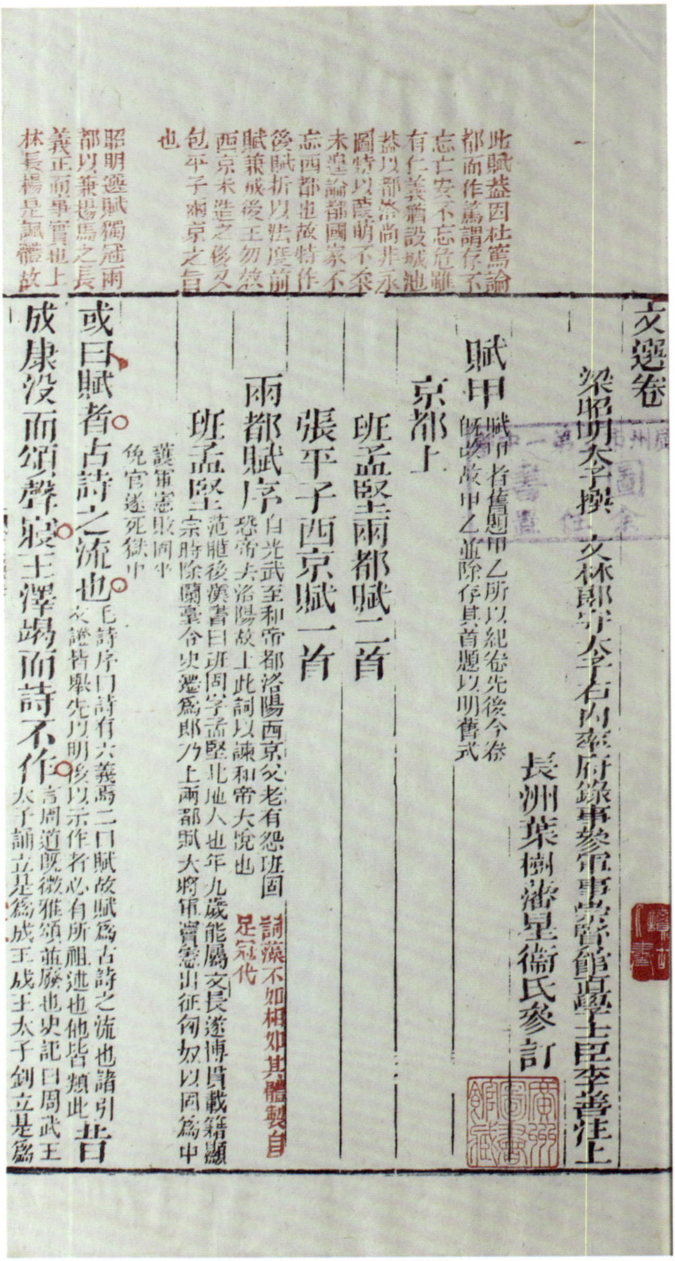
此賦蓋因杜篤論都而作篤謂存不忘亡安不忘危雖有仁義猶設城池蓋以鄗洛尚非永圖特以萌不柔未遑論都國家不忘西都也故特作後賦折以法度前賦兼戒後王勿敝西京未造之後又包平子兩京之旨也
昭明選賦獨冠兩都以兼揚馬之長義正而事實並上林長楊是諷體故

文選卷一
梁昭明太子撰　文林郎守太子右內率府錄事參軍事崇賢館直學士臣李善注上
長洲葉樹藩星衞氏參訂
賦甲 賦甲者舊題甲乙所以紀卷先後今卷既改故甲乙並除存其首題以明舊式
京都上
班孟堅兩都賦二首
張平子西京賦一首
兩都賦序 自光武至和帝都洛陽西京父老有怨班固恐帝去洛陽故上此詞以諫和帝大悅也
詞藻不如相如其體製自足冠代
班孟堅 范曄後漢書曰班固字孟堅北地人也年九歲能屬文長遂博貫載籍顯宗時除蘭臺令史遷爲郎乃上兩都賦大將軍竇憲出征匈奴以固爲中護軍憲敗固坐免官遂死獄中
或曰賦者古詩之流也 毛詩序曰詩有六義焉二曰賦故賦爲古詩之流也諸引文證皆舉先以明後以示作者必有所祖述也他皆類此
昔成康沒而頌聲寢王澤竭而詩不作 言周道既微雅頌並廢也史記曰周武王太子誦立是爲成王成王太子釗立是爲

文選（3-3）

0129 羊城竹枝詞：二卷 /（清）吟香閣主人選輯 . — 清光緒三年（1877）刻本 . — 2 册

7行，20字，白口，四周雙邊，單黑魚尾，匡高12.5厘米，寬8.9厘米。

扉頁刊“光緒丁丑秋鎸 馬溪吟香閣主人拜訂 羊城竹枝詞 雙門底上全經閣藏板”。前有萬叔子“羊城竹枝詞序”，南海陳如岳“羊城竹枝詞序”，新會黎秉樞“羊城竹枝詞序”，南海張應運“羊城竹枝詞序”，吟香閣主人“自序”。陳如岳“羊城竹枝詞序”後有是書原收藏者梁基永先生墨筆手書題記。

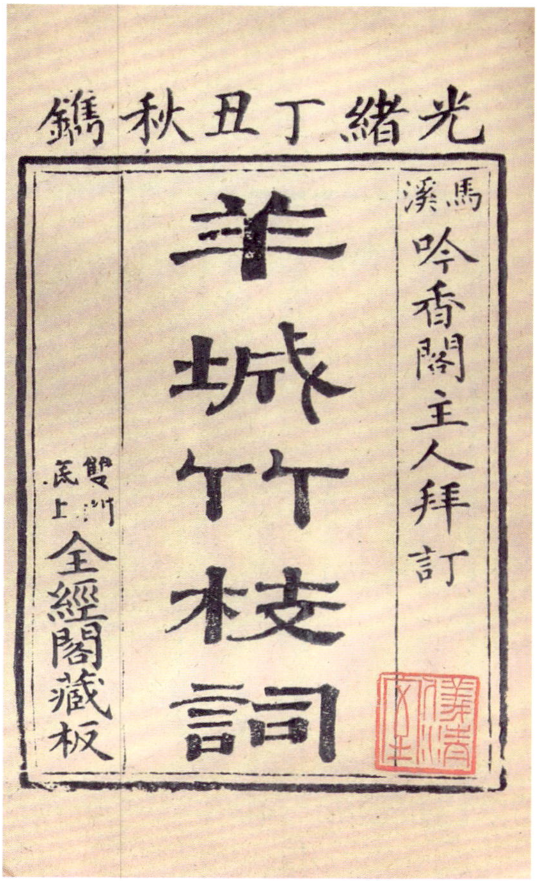

羊城竹枝詞（3–1）

竹枝詞，是民歌之一種，以描寫風土民情見長。産生於四川地區，唐以後在全國範圍内廣爲流傳。描寫典型嶺南風物的廣州竹枝詞，流傳下來較早的是唐末皇甫松的《竹枝詞》。其後，尤其是明清時期，粤之文人和入粤文人，爲嶺南别具一格的風土民情所傾倒，也吟咏了大量的竹枝詞。此清光緒年間，上海馬溪吟香閣主人選輯之《羊城竹枝詞》，收入151位作者，489首竹枝詞。其中廣東作者居多，也有一些外地作者，是現存比較完備的廣州竹枝詞集，所咏主要反映風土人情、社會生活，表現嶺南風光、珠江兒女的風貌，也有貼合時事反映抵抗外來侵略之作。從此集中，可以看到一幅幅廣州風俗畫，瞭解到當時廣州的風土民情。

鈐印有“鐵嶺王貴忱章”、“禮堂長物”、“基永”、“梁氏”、“儀清室”。

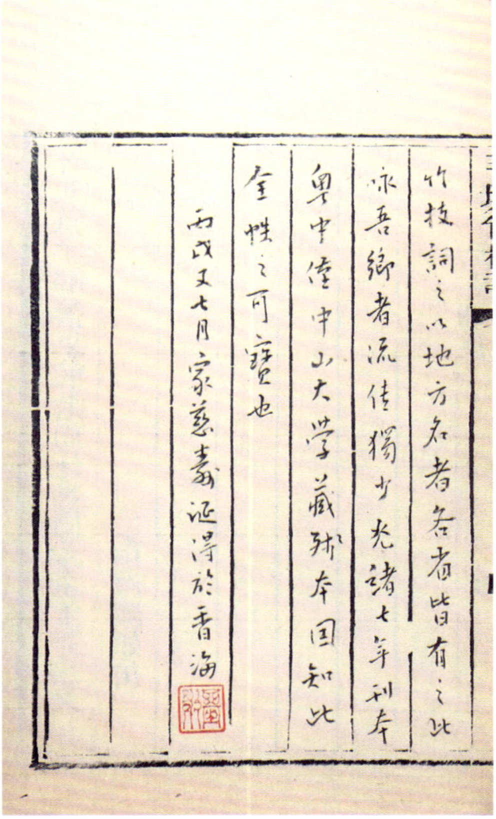

竹枝詞之以地方名者各省皆有之此
咏吾鄉者流傳獨少光緒七年刊本
粵中僅中山大學藏殘本因知此
全帙之可寶也
丙戌夏七月 家慈壽誕得於香海

羊城竹枝詞（3-2）

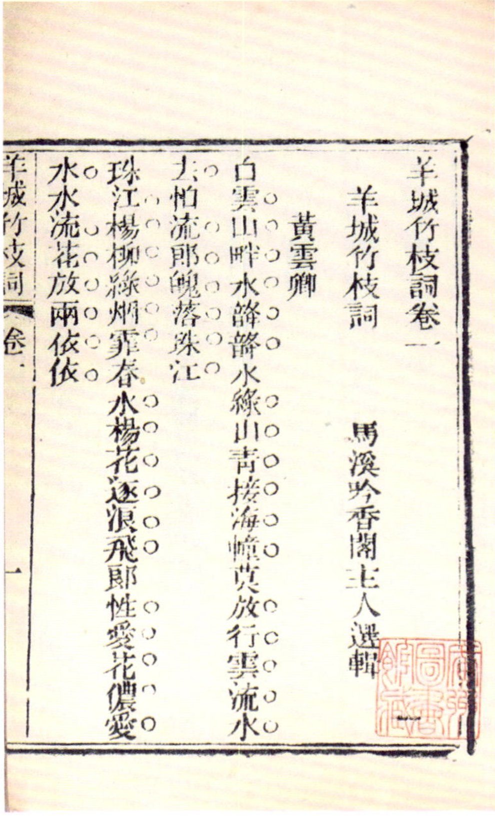

羊城竹枝詞卷一
羊城竹枝詞　馬溪吟香閣主人選輯
黃雲卿
白雲山畔水潺潺水綠山青接海幢賣放行雲流水
去怕流郎魄落珠江
珠江楊柳綠烟霏春水楊花逐浪飛郎性愛花儂愛
水水流花放兩依依
羊城竹枝詞　卷一　一

羊城竹枝詞（3-3）

0130 曲話：五卷 /（清）梁廷枏撰 . — 清道光（1821 ~ 1850）刻本 . — 1 册 . —［藤花亭十七種：十七種九十五卷 /（清）梁廷枏撰］

8 行，18 字，白口，四周雙邊，雙黑對魚尾，匡高 15.7 厘米，寬 12.1 厘米。

前有清嘉應李黼平序。

著者簡介見第 0011 條《南漢文字略》。

“曲話”，是中國古代文學批評的重要文體之一，與“詩話”、“詞話”、“文話”并立鼎足。是書即爲戲曲論著并直接以“曲話”命名，爲現存粵人所撰戲曲理論之最早一種。

鈐印有“儀清室”、“禮堂所得嶺南文物”、“禮堂梁基永印”。

據《中國叢書綜録》此書爲清道光年間刊本《藤花亭十七種》中的一種。

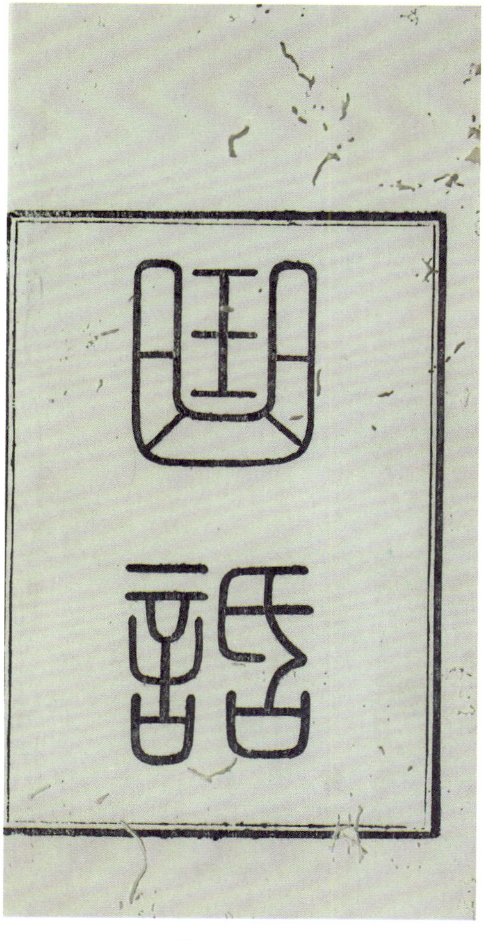

曲話（2–1）

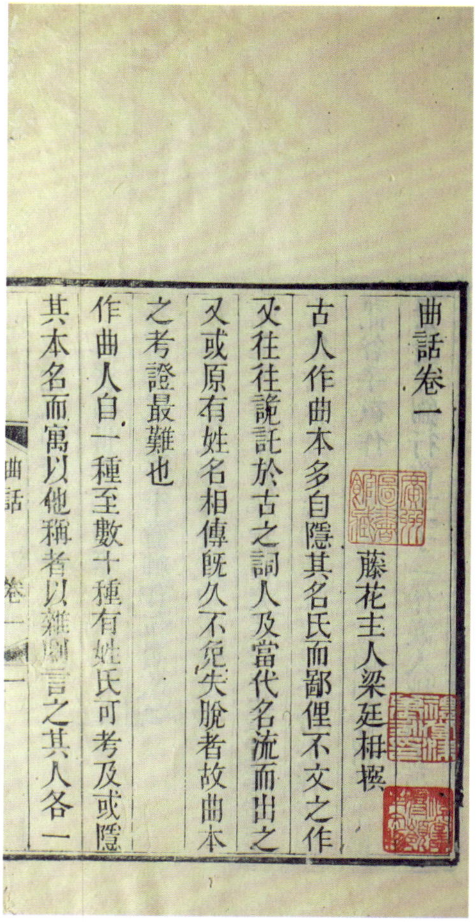
曲話卷一
藤花主人梁廷枏撰
古人作曲本多自隱其名氏而鄙俚不文之作
又往往詭託於古之詞人及當代名流而出之
又或原有姓名相傳既久不免失脫者故曲本
之考證最難也
作曲人自一種至數十種有姓氏可考及或隱
其本名而寓以他稱者以雜劇言之其人各一

曲話（2–2）

民國書目

經 部

0131 春秋董氏學：八卷 / 康有爲撰 . — 民國（1912 ~ 1949）刻朱印本 . — 1 册 . —（萬木草堂叢書）

12 行，24 字，上下朱口，四周單邊，匡高 17.5 厘米，寬 12.7 厘米。

白紙朱字印刷。存卷末刊“弟子梁應騮陳國鏞初校 弟子王覺任康同懃覆校”。版心刊“董氏學卷六下”。存半卷：卷六下。是書爲康有爲早期著作，其推崇董仲舒，將《春秋繁露》中的主要内容，按題摘録彙編，并附以自己的按語，借此闡發“春秋公羊學”微言大義，作爲其論證孔子改制思想的重要依據。鈐印有“譚樹正”、“儀清室”、“禮堂梁基永印”。

0132 一串珠雜字：二卷 / 佚名編 . — 民國（1912 ~ 1949）鉛印本 . — 1 册

9 行，20 字，小字不等，白口，四周雙邊，匡高 15 厘米，寬 11.8 厘米。

書名取自封面，封面緑格紅緑雙色印“初學識字法門 一串珠雜字 佛山市 福禄路 民衆書局印行”。前有例言，清咸豐十一年（1861）鄧鈺華序，調字音法，目列。是書專爲初學者而作之識字書，將常用之字義分類叠造成句，并對部分生字以小字注音，讀來朗朗上口，便於誦讀記憶。

0133 九龍精武學校：一卷 / 黄永祥書 . — 民國（1912 ~ 1949）抄本 . — 3 册

2 行，4 字，白口，四周單邊，雙順紅魚尾，匡高 21.5 厘米，寬 10.9 厘米。

書名取自封面，封面印“精武體育會 九龍精武學校 第六年級學生黄永祥”，其中數字和人名爲手書；封底爲“授業時間表”。是册爲香港精武體育會九龍精武學校學生黄永祥同學的書法作業簿。

0134 師範國語教科書：二卷 / 郭廷弼編 . — 民國（1912 ~ 1949）石印本 . — 1 册

13 行，32 字，白口，四周雙邊，單黑魚尾，匡高 16.1 厘米，寬 12 厘米。

書名取自封面，封面印“師範國語教科書 上卷”。扉頁印“豫章郭廷弼編 師範國語

教科書 粵東編譯公司印行”。前有“師範國語講義序”、“師範國語講義目録”。原書内容包括：去弊法四則、預備法四則、呼聲法兩種、分音法三十部分、稱謂法三十九類、話章三段。現存上卷，講至分音法。

0135 注音國語分類話頭雜話談法捷徑：一卷．— 民國（1912 ~ 1949）活字本．— 1 册

行數、字數不等，白口，四周單邊，匡高 17.7 厘米，寬 13.9 厘米。

書名取自封面，封面題簽：注音國語分類話頭雜話談法捷徑。此教材通過國語粵語兩種語言的對比，來講解一些日常用語，從而教導説粵語的南方人學習國語。存一册殘卷。鈐印有“江龍小學堂存書”、“儀清室”、“禮堂梁基永印”。

史 部

0136 廣東文徵作者考：十二卷 / 吴道鎔纂．— 民國三十年（1941）鉛印本．— 1 册

17 行，32 字，黑口，四周單邊，匡高 16.2 厘米，寬 10.9 厘米。

封面題簽缺損，現可見“廣東文徵作者”六字。前有辛巳（民國三十年，1941）番禺張學華序及總目，各卷前有分目。前序末有校印者信息：“太歲重光大荒落陬月揭陽孫家哲校印 揭陽陳頡龍 揭陽□□□ 南海□□□ 番禺陳善伯 豐順李滄萍 校”（頁面破損缺字）。存 5 卷：卷 1 ~ 5。吴道鎔輯《廣東文徵》二百四十卷，纂述自漢至清凡六百餘家爲《作者考》十二卷遺稿，後番禺張學華整理續得百數十人，編次合七百一十二家得此《廣東文徵作者考》。是書存漢至明之作者考。

0137 三合康和學校校友會：一卷．— 民國五年（1916）鉛印本．— 1 册：圖

行數、字數不等，白口，四周單邊。

書名取自封面，封面印題名“三合康和學校校友會”。扉頁印“三合康和學校校友會同人録”。版心印“三合公立康和高小學校校友録”。前有黄樹甘序、吴鑑泉序、蔡寶蓀序。是書爲民國時期廣東江門三合公立康和高小學校校友録，全書記載有“緣起”、“簡章”、“校友録”、“同人録”、“大事記”。

0138 培英弘社：不分卷 / 廣州培英中學一九二五年級弘社編 . — 民國十四年（1925）鉛印本 . — 1 册：圖，肖像

書名取自封面，封面黑皮黄字印“培英弘社”等字。扉頁印“孔祥禎君惠存 弟張家耀贈”；其後有紅緑套印卷首語，并印有高劍父題字“弘社劍父題”。前有 Peter Mar “Foreword”，梁指南“發刊辭”，羅星海“羅序”，戴壽年“戴序”，鄒卓立“鄒序”及 Peter Mar“Introductory Massage”；後有“弘社全體社員録”。書後朱墨印“啓明印務局雅鑒 印製精良 培英中學一九二五年級弘社題，啓明印務公司，廣州市仁濟大街”等内容。是書爲廣州培英中學黑白系 1925 弘社之同學録，内有祝母校詞、培英學校校歌、學校董事職員圖録、年級情況、本級同人圖録等内容，另有留别文藝七篇。

0139 陳氏口供紙：一卷 / 佚名輯 . — 民國二十六年（1937）抄本 . — 15 頁

朱欄紙，上下二欄，行數、字數不等，白口，無邊框。

書名據内容及口供者擬題。録口供者大哥大兒子啓華生於民國十二年（1923），彼時年十四，故推斷録口供時的年份爲民國二十六年。口供紙，又稱“口供簿”，是五邑僑鄉特有的一種華僑文物，它是一種專門爲出國的移民準備的，應付移入國移民官員詢問的培訓資料。當時所謂的“口供紙”，幾乎專用於移民美國，多存在於清末民國時期。早期的口供紙問題均爲一般的家庭關係、祖籍問題，到了後期，甚至連家庭的家具擺放、窗户個數等均有詢問。此爲民國時期廣東省台山人陳氏移民美國舊金山之口供紙，口供中記録有親屬、朋友、鄰里、家屋等詳細情況。合共 15 頁，每頁一問答，存：第三至十七問答。

0140 劉棠口供紙：一卷 / 佚名輯 . — 民國二十八年（1939）抄本 . — 7 頁

朱欄紙，32 行，字數不等，白口，無邊框。

書名據内容及口供者擬題。録口供者生於民國九年（1920），彼時年十九，故推斷録口供時的年份爲民國二十八年 。此爲民國二十八年廣東省新寧龍崗新村人劉棠申請前往美國金山之口供簿，口供中詳細詢問了劉棠親屬、朋友、鄰里、家屋等情况，問題數約 200 條，問題答案之後另有文字説明面對移民官員審問的應對方法及相關注意事項。鈐印有“金山羅省錦隆號”。

0141 廣東省台山縣和平里陳氏口供紙：一卷／佚名輯．— 民國二十九年（1940）抄本．— 4 頁

朱欄紙，25 行，字數不等，白口，無邊框。

書名據内容及口供者擬題，缺首頁。録口供者之大哥生於清光緒三十二年（1906），彼時年三十四，故推斷録口供時的年份爲民國二十九年。此爲民國二十九年前後廣東省台山縣和平里陳氏第五子爲申請前往美國所録之口供紙，詳細詢問了陳氏親屬、朋友、鄰里、家屋等相關情況并列出答案。

0142 余植南口供紙：一卷／佚名輯．— 民國三十一年（1942）抄本．— 15 頁

8 行，字數不等，白口，無邊框。

書名據内容及口供者擬題。録口供者生於民國十八年（1929），彼時年十三，故推斷録口供時的年份爲民國三十一年。此爲民國三十一年廣東省台山縣華祝里村人余植南之口供簿，口供中詳細詢問了余植南親屬、朋友、鄰里、家屋等情況。此口供紙屬相對後期之資料，有詢問屋中有幾個天窗等較爲細節之問題，問題數凡一百餘條。

0143 李廷瑞口供紙：一卷／佚名輯．— 民國三十一年（1942）抄本．— 7 頁

書名據内容及口供者擬題。

録口供者當時二十七歲，出生時間爲民國四年（1915），故推斷録口供時的年份爲民國三十一年。此爲民國時期廣東省新寧縣（台山）李廷瑞（字宗瑞）移民美國之口供紙，口供中記録有親屬、朋友、鄰里、家屋等詳細情況。

0144 新寧縣李氏口供紙：一卷／佚名輯．— 民國三十一年（1942）抄本．— 7 頁

朱欄紙，33 行，字數不等，白口，無邊框。

書名據内容及口供者擬題。録口供者胞弟當時十二歲，胞弟出生時間爲民國十九年（1930），故推斷録口供時的年份爲民國三十一年。此爲民國時期廣東省新寧縣（台山）李氏移民美國之口供紙，口供中記録有親屬、朋友、鄰里、家屋等詳細情況。

0145 鄺文舜口供紙：一卷 / 佚名抄 . — 民國（1912 ～ 1949）抄本 . — 1 册

上下二欄，均 14 行，字數不等，白口，無邊框。

書名自擬，封面題：鄺文舜。此爲鄺文舜口供紙，粵語問答，主要涉及當事人及其親友之姓名、年齡、經歷等。

0146 培正一九三五年同學録：一期 / 培正一九三五年級級際聯合會同學録籌備委員會編 .— 民國二十四年（1935）鉛印本 . — 1 册：圖

書名取自封面。前有林森題“敬業樂群”。前有黄啓明序。培正中學是廣州百年名校之一，創辦於 1889 年。1907 年始建東山新校，三十年代又在香港、澳門建分校。此同學録爲一九三五年級同學録，全書記載：校訓、題詞、獻詞、序、校景、學校、畢業級、級次、體育、團體、生活特輯、廣告。

0147 李母陳太夫人哀思録：一卷 . — 民國十三年（1924）鉛印本 . —1 册

行數、字數不等，四周雙邊，雙對黑魚尾，匡高 18.8 厘米，寬 13.8 厘米。

書名取自封面，封面題簽：李母陳太夫人哀思録 桌生署。版心下端印“台城宏文印務公司印”。前有“宗伯母陳太夫人歸西序”等；後有李翹楚跋、李翹英跋。是書爲紀念廣東台山縣陳太夫人去世而作，内容有：遺像、像赞、序文、哀啓、事略、祭文、誄文、挽聯、奠、挽帳、五古挽詩、七律挽詩、七絶挽詩、挽詞、跋等。

0148 胡先生紀念專刊：一卷 / 胡主席治喪委員會撰編 . — 民國二十五年（1936）鉛印本 . — 1 册：圖

15 行，38 字，白口，無邊框。

封面藍底白字，蘆隱敬題“胡先生紀念專刊”。書後版權頁印：“胡先生紀念專刊，中華民國二十五年五月二十五日出版，胡主席治喪委員會印，廣州培英印務局承印。”是書爲紀念胡漢民逝世專刊，内容有：胡先生遺囑、哀歌、胡先生遺照、胡先生遺墨、題詞、紀念文、胡展堂先生事略、胡先生病狀及逝世後治喪情形、中外輿論選録等。

0149 吴其祥先生訃告：一卷．— 民國二十六年（1937）鉛印本．— 1 册：肖像

書名取自封面，封面題簽：吴其祥先生訃告 鄒魯題。吴其祥生於清同治十二年（1973），年六十有四逝世，則其歿於民國二十六年，推知是書印於民國二十六年。印有鄒魯、李漢魂、劉紀文、陸嗣曾、楊宗炯、陳弘毅、陸幼劍、曾大年、世侄莊省躬、朱念慈、陸耀文等人題寫挽聯。是書爲紀念吴其祥先生去世而成，吴其祥先生號善庾，歷任中山、台山、陽江、廣州、高明、從化、汕頭等縣檢察官，後病逝於德慶地方法院首席檢察官任上。是書主要内容有其祥先生遺像、各界挽聯、訃、聞、及哀啓幾部分。其中，哀啓由其子吴裕椿、吴裕斌、吴裕鎮等泣述。

0150 楊母劉太夫人訃告：一卷．— 民國二十七年（1938）鉛印本．— 1 册：肖像

書名據内容擬題。前有楊母劉太夫人肖像，印時任潮陽縣縣長繆任仁題字，有訃聞收轉情況。是書爲紀念廣東五華縣楊母劉太夫人去世而成，主要内容有楊母劉太夫人像贊、訃、聞、哀啓幾部分。其中，哀啓由其子楊其樞、楊其容泣述。

0151 家業囑書：一卷／林門李氏立．— 民國二十八年至二十九年（1939 ~ 1940）抄本．— 1 册：圖

11 行，字數不等，白口，四周雙邊，雙對朱魚尾，匡高 17.3 厘米，寬 15.6 厘米。

書名取自封面，封面紅字書“家業囑書”。版心下端紅字印“永發印務有限公司製 香港永樂街一四九號”。正文首頁天頭書“福字號林德臻收執”，正文末落款“立家業預囑書人林門李氏指印 見證家親德崇 德星 代筆人林樹屏 中華民國二十八年四月十二日”。正文後有畫圖及說明，并有祖山墳重修情況，末署“民國廿九年歲次庚辰仲春重修”。是書初爲林門李氏所立之家業預囑書，本一式三本，福禄壽字號各執一本。是書爲福字號林德臻收執。本預囑書有立囑緣由并附“本家所有田園盧墓之權界”，預囑書後有各年承受、發給、給收執之家業情況。後有家業圖，并民國廿七年至民國廿九年祖山墳重修情況。

0152 ［廣東廣州］嶺南李氏世譜：一卷／李展常抄．— 民國十八年（1929）抄本．— 1 册：世系表

9 行，20 字，白口，無邊框。

護頁墨筆手書：李展常 民國己巳敬書。前有明永樂癸卯二十一年（1423）金革、王傑“家譜原序”，明洪熙元年（1425）區發序，明宣德元年（1426）劉素序，明宣德五年（1430）楊勉宗序。遠祖李郘，字日新，號世昌。世居南雄。四世孫李仙之，自南雄遷居廣州番禺河南鷺岡村，爲遷廣州始祖。譜載郘公以下世系。後爲李氏後人補録。最晚被收入者爲李健彬，生於 1999 年正月初七。

0153［廣東台山］東坑李氏族譜：三卷 / 李潤田編．— 民國二十年（1931）聖頤堂鉛印本．— 1 册：圖，世系表

行數、字數不等，白口，四周雙邊，雙對黑魚尾，匡高 22.8 厘米，寬 17.1 厘米。

書名取自封面，封面題簽：東坑李氏族譜 潤田題；并有墨筆手書題“毓明祖 自置民國式拾五年孟夏”。扉頁紅字印“民國二十年聖頤堂重輯 東坑李氏族譜 李綺菴題”。前有民國二十年（1931）二十四世李乾譜“重修東坑李氏族譜序”等序文若干。始祖李棟，號任堂，行一，宋天台縣知縣晋贈朝奉大夫，子三侃、徇、佁，世居廣東南雄珠璣巷，南宋建炎年間與弟棕公携妻子遷番禺流溪里，再遷廣州高第街，後復遷南雄而卒，其妻子移居新會西郊中步巷。始遷祖九世李養，字聖頤，號正吉，明代遷新寧（今台山）東坑。是譜分譜例、隴西李氏譜系考、南雄來歷考、宗派表、墳塋表、宗支譜幾部分。

0154［廣東新會］田邊張氏族譜：不分卷 / 張統溱修．— 民國二十二年（1933）活字本．— 1 册：圖，世系表

書名取自封面，封面印“民國廿二年蒲節 田邊張氏族譜 耀軒題”。前有清乾隆三十二年（1767）十七世張肇綸“重修田邊村張氏族譜序”，民國二十一年（1932）十九世張堯勳“重修族譜序”以及二十世重修者張統溱序。田邊張氏以應隆公張徵遠爲始遷祖，應隆公世居新會城金紫坊，於元順帝元統元年（1333）遷居田邊。此譜記録了自應隆公始至二十二世之田邊張氏世系全圖；在世系全圖前，還附有漢留侯文成公世系圖及昌祖世系圖作爲應隆公前之張氏溯源傳録。鈐印有“澤光堂”。

0155［廣東台山］新寧李氏小族譜：一卷 / 李學準撰．— 民國（1912 ~ 1949）抄本．— 1 册：地形圖，譜系表，世系圖

書名據内容擬定。扉頁題：小族譜。

此李氏一支，始遷祖爲楝翁，原隴西人，宋時因戰亂遷至珠璣巷，後逃到粵東省城高第街，楝翁子孫遷居新寧（今台山）筋竹坑。是書内容爲：字輩字派、舊譜記、源流考、世系圖、鐸澤書院圖、山頭記、隴西李氏來歷等。

0156［廣東順德］譚怡怡堂祠譜：一卷 / 民國四年（1915）鉛印本．— 1 册

10 行，26 字，四周雙邊，雙對黑魚尾，匡高 19.9 厘米，寬 13.5 厘米。

書名取自版心，版心印"譚怡怡堂祠譜大良筆街昌興印務局承刊"。扉頁印"民國四年歲次乙卯季冬 祠譜 内附建祠數目條欵"。是書爲譚氏大宗祠建立的祠譜，内容有：碑記、重建吉課、祖祠地基、祖祠圖、祭祖祝文、善後規條、嘗業、主金總數、占位條欵、建祠支數、正座神主位次、東傍座神主位次、西傍座神主位次、東副傍座神主位次、西副傍座神主位次等。

0157［廣東新會］古岡馬氏分邑族譜：一卷．— 民國二十一年（1932）鉛印本．— 1 册

18 行，28 字，無版框。

書名取自封面，封面印"古岡馬氏分邑族譜壬申菊秋重陽"。初世祖，諱端，字至正，號直北，河南汴梁開封府人，宋徽宗政和間（1111 ~ 1117）北上宜會試成進士，因世變未曾出仕，隨高宗建炎間（1127 ~ 1130）南渡入嶺止，居新會縣治南金紫街。譜載"扶風馬氏世族一本相承"及世系。

0158　廣東省全圖 / 童世亨著．— 民國五年（1916）上海商務印書館鉛印本．— 1 幅：彩圖

輿圖，四周三邊框，匡高 55.6 厘米，寬 83 厘米。

彩色印刷。輿圖右上端注版本信息"中華民國五年六月出版"。輿圖左端注出版發行信息"嘉定童世亨著 上海商務印書館發行"。圖中有紅筆評注。此爲民國初年之廣東全圖，全省分潮循道、嶺南道、粵海道、高雷道及欽廉道、瓊崖道，其中欽廉道主要在今廣西壯族自治区，瓊崖道爲今海南省。圖中特别標注了"英國租借"之香港、"葡國占領"之澳門、"法國租借"之廣州灣，顯示了該段歷史之特殊性。鈐印有"光津之印"。

0159 廣東圖 /（日）日本陸地測量部測繪．— 民國二十年（1931）鉛印本．— 1 幅：彩圖

四周雙邊，匡高 29.7 厘米，寬 52.9 厘米。

彩色印刷。輿圖下端注版本信息“昭和六年製版 昭和六年八月二十五日印刷 八月三十日發行”；并注發行信息“著作權所有印刷兼發行者 大日本帝國陸地測量部”。有紅筆、黑筆批點。此圖由日本人繪製，包含了廣東大部、廣西東部的地圖，分嶺南道、桂林道、粵海道、蒼梧道四部分，據圖中標注，此爲“東亞與地圖西第五行南第三段北部”。圖中以紅筆特别標注了廣州至香港之廣九鐵路。

0160 最新廣東省明細大地圖 / 陳宏謀，陳伯平編製；洪懋熙校訂．— 東方輿地學社民國二十七年（1938）鉛印本．— 1 幅：彩圖

四周雙邊，匡高 69.6 厘米，寬 99.7 厘米。

彩色印刷，輿圖右上端注版本信息“中華民國二十七年六月出版”；輿圖左端注出版發行信息“東方輿地學社印行 各埠大東書局經售”。此圖爲民國時期繪製的廣東省明細地圖，圖中放大了香港、廣州市、汕頭市、海南島、南海諸島等地之地圖，特别標注了南沙群島、團沙群島等島嶼“屬中國”。另外，此圖還特别標注了廣東各地航空站以及前往各地之綫路，并有廣東與南洋之交通示意圖。

0161 廣東方面詳細圖 — 民國二十七年（1938）日本内閣印刷局鉛印本．— 1 幅

四周雙邊，匡高 39.5 厘米，寬 52.5 厘米。

是圖爲日本侵華時期印製的廣東省詳細地圖，包含河源、瀛圖、東莞、從化、龍門、廣州、順德、從化、九江、開平、新會、台山、香山、香港等地，地名主要用中文詳細標示，間以日文標示，圖中還清晰標示了區域内鐵路綫路及水道情況。

0162 廣東分縣詳圖 / 黄境湖、盧懷遠編製；金擎宇校訂．— 民國三十年（1941）上海亞光輿地學社鉛印本．— 初版．— 1 幅： 彩圖

輿圖，四周單邊，匡高 50.6 厘米，寬 70.4 厘米。

彩色印刷。輿圖右上端注版本信息“中華民國三十年二月初版”；輿圖左端注發行信息：“編製者：黄境湖、盧懷遠，校訂者：金擎宇，上海亞光輿地學社出版。”此爲民國時期廣東地圖，行政區域北至南雄、仁化、樂昌，南至南海諸島，東逹大埔、饒平，西至防城、靈山、欽州、廉州（以上四市縣今屬廣西）。附有廣州、香港、汕頭、南海諸島詳圖，并有廣東地勢圖。空運有廣州至桂林、廣州至香港、香港至南雄、香港至北海方向、香港至馬尼拉、香港至新加坡等六條航空綫路，海運有香港至汕頭、上海、長崎、馬尼拉、新加坡、西貢、海口、赤坎、海防以及北海至海口、海防等十一條航運綫路。鈐印有“私立華東聯合中學圖書室”。

0163 廣東分縣詳圖 / 黄境湖、盧懷遠編製；金擎宇校訂 .— 民國三十六年（1947）上海亞光輿地學社大中國圖書局鉛印本 .— 增訂再版 .— 1 幅：彩圖

輿圖，四周單邊，版匡高 50.7 厘米，寬 70.7 厘米。

彩色印刷。輿圖右上端注版本信息“中華民國三十六年三月增訂再版”；輿圖左端注發行信息“編製者：中國史地圖表編纂社黄境湖、盧懷遠，校訂者：金擎宇，亞光輿地學社出版，大中國圖書局發行”。輿圖左端有朱筆注解。此爲民國時期廣東地圖，行政區域北至南雄、仁化、樂昌，南至南海諸島，東達大埔、饒平，西至防城、靈山、欽州、廉州（以上四市縣今屬廣西）。附有廣州、香港、汕頭、南海諸島詳圖，并有廣東地勢圖。空運有廣州至桂林、廣州至香港、廣州至海口、香港至南雄、香港至北海方向、香港至馬尼拉、香港至新加坡等七條航空綫路，相比 1941 年出版之地圖增加了一條航空綫路；海運有香港至汕頭、上海、長崎、馬尼拉、新加坡、西貢、海口、赤坎、海防以及北海至海口、海防等十一條航運綫路。

0164 廣東省廣州市地圖 — 民國（1912 ~ 1949）鉛印本 .— 1 幅

四周單邊，匡高 25.4 厘米，寬 35.8 厘米。

此圖有鉛筆、黑色墨水筆改動，并有粘貼紙片改動。在地圖邊框外有“廣東省廣南省海南島特別行政區”字樣。此圖應爲民國時期製作，範圍以廣東省爲主，標有相鄰福建、江西、湖南、廣西各省，可見當時廣東的行政區域除包括今廣東省區域外，還包含今海南省及廣西壮族自治区的東南部地區。圖中另附有“南海諸島”、“廣州灣”、“廣東位置”、“廣州市”、“粤江三角洲”、“澳門”各圖，由“廣東位置”圖可以看到當時外蒙古地区仍屬中國領土。

0165 廣州市附近圖 / 廣東陸軍測量局測繪 . — 民國二十九年（1940）鉛印本 . — 複製版 . — 1 幅

四周單邊，匡高 50.7 厘米，寬 70.7 厘米。

圖右側有“圖式”作注解。有版本信息“中華民國十九年修正同年四月製版 廣東陸軍測量局 昭和十五年十一月複製 波集團司令部”。是圖爲廣東陸軍測量局所製，日本波集團司令部侵華時複製，爲廣州市附近地形圖，原圖合共四十七幅，此存廣州市廣州市北郊部分，爲番禺縣蕭崗、佛嶺市及南海縣大圃、松崗、棠涌、平沙、牛欄岡一帶（今廣州市白雲區新市墟、蕭崗、三元里附近）。

0166 廣州市街圖 / 中國人民解放軍東北軍區司令部製 . — 一九四九年鉛印本 . — 1 幅

四周雙邊，匡高 69 厘米，寬 97.5 厘米。

輿圖左上端注版本信息“一九二九年四月製版 一九四九年五月製印”；輿圖左下端注發行信息“中國人民解放軍東北軍區司令部製印”；輿圖右下端有“圖例”，并注明比例尺；右側有“圖式”信息“標高假定自廣東陸軍測量學校十公尺起算 圖式依據一九二零年所定之地形原圖圖式”。是圖應爲解放軍南下廣州時期使用之軍事地圖，圖中街道、區域分區均標注清晰，將廣州市區分爲十二個警區，區域範圍北至佛岡塔、桂花崗、羅冲圍一綫，南至五鳳祖廟、沙園沿綫，東至楊箕鄉、綏遠砲台址、玉壺宫一綫，西臨南海縣、番禺縣。

0167 廣州市街道圖 / 廖生民編製 . — 民國三十八年（1949）鉛印本 . — 1 幅

四周單邊，匡高 15.5 厘米，寬 23.1 厘米。

背面“重要機構”顯示仍設有“廣州綏靖公署”等民國機構，表明此圖繪製於廣州解放前；另圖中標示有“哲生一路”，此稱始於 1949 年 2 月，故推定此圖繪製於民國三十八年 。此圖繪製了北至五層樓、南至南村、東至二沙、西至如意坊之廣州市街道，套紅印刷，圖中多處新命街道名標注有原地名，以方便民衆分辨，如“中山二（白子路）路”、“哲生一（東堤）路”等。另此圖背面印有“廣州概况”、“名勝古迹”、“市内公共汽車路綫”、“急用電話”、“重要機關”、“交通機關”等文化生活信息，有宣傳廣州之效。

0168 廣州城及珠江水道圖 /(日)水路部製 .— 民國七年(1918)日本水路部鉛印本 .— 民國三十年(1941)重印 .— 1 幅 : 圖

四周三邊，匡高 64.1 厘米，寬 97.2 厘米。

書名據地圖内容擬定。左上角題“珠江一名廣東河 第五 黄埔水道及長山島至廣東”。輿圖上端印“第 427 號”，并印有“大日本帝國水路部”字樣。是圖爲日本侵華史料，爲珠江水系第五幅圖，包括廣東（今廣州市）至黄埔水道及長山島之珠江水系，并清楚標注了廣東（今廣州）市區，此外，圖中有羅盤定位圖三個。此圖數據主要采集自英國政府於 1856、1857 年測繪，1907 年印製之水路圖，由日本政府組織人員重新測量部分數據，修訂并繪製發行，其中航路數據主要采集自大正五年（1916）。此圖發行後經過多次小改正，修改情況均標注在輿圖下端，標注修改時間自大正九年（1920）至昭和十六年（1941）。

0169 最新廣州市馬路全圖 .— 民國十三年(1924)鉛印本 .— 1 幅

四周雙邊，匡高 36 厘米，寬 52.5 厘米。

全圖紅藍雙色套印。左側版本信息“中華民國十三年九月改正再版 書籍行遠安堂發行”。是圖爲民國初年廣州市馬路圖，雙色套印，各街道標注詳細，并有水路航綫。主要描繪了珠江以北廣州市街道情况，北至新騰街，南至永興上街、東村，東至恤孤院街，西至泮塘。圖中以紅綫標注了此時廣州警區分區、警區外界以及租界情况。

0170 廣東香港明細地圖 ；漢口南昌明細地圖 /(日)淵田忠良編輯 .— 民國二十七年(1938)日本雄辯會講談社鉛印本 .— 1 張(2 幅): 彩圖

四周雙邊，匡高 37 厘米，寬 52 厘米。

彩色印刷。輿圖正面右端注版本信息“大正十三年十一月二十日第三種郵便物認可（每月一回一日發行）昭和十三年二月三日印刷納本 昭和十三年三月一日發行”。大正十三年即民國十三年（1924），昭和十三年即民國二十七年。是圖爲日本侵華史料，雙面印刷，原爲出版物附録。正面爲《廣東香港明細地圖》，主要包括廣東省中部及南部地區，另附有汕頭附近、廣東（今廣州）、香港略圖，標注有航空綫、鐵道綫。背面爲《漢口南昌明細地圖》，包含有江蘇、浙江、安徽、江西、福建、河南、湖北、湖南各省，地點標注詳細，其中的鐵道港口沿綫標注尤爲詳盡。

0171 廣東及香港附近圖 /“臺灣總督府”臨時情報部製 . — 民國二十七年（1938）鉛印本 . — 1 幅 : 彩圖

四周單邊，匡高 48.5 厘米，寬 79.2 厘米。

彩色印刷。輿圖右端注版本信息“昭和十三年（1938）十月十八日作製”；輿圖左端注發行信息“臺灣總督府臨時情報部”。有紅筆、藍筆圈點。此圖爲日本侵華史料，由日本占領臺灣時期的統治機構發行，其中地名多以中文標示，間標以日文。圖中所示廣東即今廣州市，地圖範圍以今廣州市至香港之廣九鐵路附近區域展開，包括有今廣州、江門、中山、珠海、澳門、東莞、深圳、香港等地。

0172 廣東省廣州市海南省特别行政區圖 . — 民國（1912 ~ 1949）鉛印本 . — 1 幅

四周單邊，匡高 26.4 厘米，寬 37.7 厘米。

書名據輿圖左端題名擬題，上題“廣東省 廣州市 海南省特别行政區”。此圖應爲民國時期製作，實爲廣東圖，範圍除今廣東省外，還包括有今廣西東南部靈山等地及海南省。主圖四周附有“廣州市”、“香港及九龍”、“南海諸島”、“粵江三角洲附近”及“廣東省物産”各圖。

0173 *CHU-KIANG OR CANTON RIVER FROM TIGER ISLAND TO THE SECOND BAR PAGODA* /（英）W. Thornton Bate R. N. 測繪 ;the Chinese Imperial Maritimc Customs 修訂 . — 清光緒三十三年（1907）銅版印本 . — 民國二年（1913）修訂版 . — 1 幅

四周三邊，匡高 62.2 厘米，寬 95.5 厘米。

輿圖左下端有“HYDROGRAPHER OFFICE”（航道測量者辦公室）及“Canton River Entrance Chuen pi Point”（珠江入海口點）字樣；下端有版本信息“London Published at the Admiralty 18th Oct 1859”（1859 年倫敦海軍本部製版）、“Large Corrections Mar. 1907”（1907 年大修改版）；有磁偏角信息“Magnetic Variation in 1913，Westerly increase about 1' annually”。金鑲玉改裝。根據英文書名翻譯爲《虎門至蓮花山珠江水道圖》。此圖由英國人於 1857 年測繪，1906 年經由 the Chinese Imperial Maritime Customs（中國海關）修訂，1907 年進行大修并由英國海軍本部出版，1913 年加入磁偏角信息，黑白銅版印刷，圖中有三幅球狀圖注明磁偏角信息。此圖標示了虎門到蓮花山一帶的珠江水路，其繪製帶有一定的軍事目的，其中大部分的島嶼、河涌、地名均被取了英國名字。鈐印有“禮堂所藏嶺南文物”。

0174 ［民國］開平縣志：四十五卷，卷首一卷 / 余棨謀主修．— 民國二十二年（1933）香港民聲印書局鉛印本．— 9 册

12 行，26 字，白口，四周雙邊，雙對黑魚尾，匡高 19.7 厘米，寬 13 厘米。

扉頁印“民國二十一年重修 開平縣志 高要余棨謀書 香港荷李活道 民聲印書局印”。前有民國二十二年余棨謀序、張啓煌序、吴鼎新序、周鍾嶽序，清康熙十二年癸丑（1673）薛璧序、甄苣序、張國祚序等舊序三篇，清康熙五十四年乙未（1715）陳還序、陳阿平序等舊序兩篇，清道光癸未（三年，1823）王文驤序、李科序、張綬琮序等舊序三篇。《開平縣志圖》單獨成册。是書記載了開平縣建縣至修志之時的情況。

0175 白雲洞志：五卷 /（清）黄亨纂輯；（清）盧維球較輯．— 民國二十年（1931）石印本．— 1 册：圖

11 行，28 字，小字雙行 43 字，白口，四周雙邊，雙對花魚尾，匡高 21.3 厘米，寬 12.1 厘米。

封面題簽：西樵白雲洞志。手書“送呈 彭君惠存 石伯雅敬贈”。扉頁印“民國二十年孟夏重刊 西樵白雲洞志”；版心上印“西樵白雲洞志”，版心下印“官山榮亨茶莊印務代印”。前有清道光己亥（十九年，1839）鄧士憲“西樵白雲洞志序”，道光戊戌（十八年，1838）關炳垣序、黄亨“白雲洞志自序；後有清乾隆四十一年（1776）黄虞、李掄才、黎光、關敏夫“鼎建寵嵸書閣及置本山地叚碑記”，黄亨識跋二則，清道光己亥鄧翔跋。本書五卷（書内原題“册”）：第一卷“名勝”，第二卷“傳略”，第三至第五卷“藝文”。

0176 白雲洞志：五卷 /（清）黄亨纂輯；（清）盧維球較輯．— 民國二十一年（1932）石印本．— 1 册：圖

11 行，28 字，小字雙行 43 字，白口，四周雙邊，雙對花魚尾，匡高 21.3 厘米，寬 12.3 厘米。

封面題簽：西樵白雲洞志。扉頁印“民國廿一年仲夏重刊 西樵白雲洞志”，版心上印“西樵白雲洞志”，版心下印“官山榮亨茶莊印務代印”。其他信息參見上條。

0177 羅浮指南：一卷 / 九龍真逸輯；陳良士校 . — 民國九年（1920）刻本 . — 1 册：圖

11 行，22 字，小字雙行同，黑口，左右雙邊，匡高 16.2 厘米，寬 12 厘米。

封面題簽：羅浮指南 闇道人題。扉頁刊“陳伯陶先生著 原名羅浮補志 羅浮指南全卷 男 陳良士校并題”。前有“羅浮山形略圖”。此書著者爲陳伯陶（1855 ~ 1930），字象華，一字子勵，一作子礪，别署礪道人，晚年更名永燾，號九龍真逸，東莞人。清光緒五年（1879）己卯科解元，清光緒十八年（1892）壬辰科進士，殿試一甲第三名探花。是書爲其六十六歲時搜集羅浮山自明永樂年間迄當時五百多年的舊聞古迹材料纂輯而成。鈐印有“儀清室”。

0178 東江水源林調查報告書：一卷 / 廣東建設廳農林局編 . —民國十九年（1930）鉛印本 . — 1 册：圖

11 行，30 字，白口，無邊框。

封面鄧彦華題“東江水源林調查報告書”，并有“王顯智存 十九 十一 十”字樣。封面頁後有“總理遺訓”。前有“東江水源林位置圖”，鄧彦華序。書後版權頁印“東江水源調查報告書 民國十九年九月印 廣東建設廳農林局發行”。是書編者從廣東的氣候、地質、農民狀况、本流與支流、降水量與水流量關係、流水量中含有固形物成分等多方面入手調查。報告内容圖文并茂，極具參考價值和意義。

0179 蘇俄現狀一瞥：不分卷 / 林冀中著 . — 民國（1929 ~ 1949）鉛印本 . — 1 册：圖表

12 行，30 字，白口，上下單邊，高 15.2 厘米。

書名取自封面，封面印“林冀中先生著 蘇俄現狀一瞥 許崇清題”。書後印“廣州市真平印務局承印 九曜坊”。前有民國十六年（1927）林冀中自序，林冀中“赴俄前一日留别十一師政治部各同志”，民國十八年（1929）區芳浦序。是書爲林冀中先生於民國十六年游蘇聯所著，記録了俄國十月革命之後當時之社會現狀，主要内容包括：“職工會與工人”、“農民與農村”、“工農的關係”、“合作社與公社”、“教育與宗教”、“軍隊的編制與軍官的養成”、“紅軍的政治工作”、“共産黨（布爾雪維克黨）與蘇維埃”、“社會生活”、“蘇俄的將來”十部分。本書爲 1929 年中俄中東鐵路交涉事件發生後，爲使民衆瞭解蘇俄現狀而重印。

0180 廣州市政府土地測量實施細則：七章 / 黃仲榆著．— 民國（1912 ~ 1949）鉛印本．— 1 册

書名取自封面，封面題簽：廣州市政府土地測量實施細則 黄件榆題。本書内容包括：第一章“總則”，第二章“小三角測量”，第三章“圖根測量”，第四章“户地測量”，第五章“製圖”，第六章“計算面積”，第七章“附則”。鈐印有“黃仲榆”。

0181 廣東勤業有奬公債：一期．— 民國（1912 ~ 1949）鉛印本．— 1 册

10 行，25 字，白口，無版框。

書名取自封面。本期刊物主要介紹廣東勤業有奬公債對比其它債券和銀行儲蓄的一些優勢，并强調買公債是爲國家貢獻。内容多次提到大沙頭、時敏土廠、自來水廠，推測此次出售債券所募集的資金應該是用來開發大沙頭的。

0182 廣東建設廳順德縣蠶業改良實施區工作計劃及實施方針 / 廣東建設廳蠶絲改良局，廣東建設廳順德縣蠶業改良實施區總區編．— 民國二十三年（1934）鉛印本．— 1 册：插圖，圖表

10 行，小字 36 字，白口，無邊框。

書名取自封面。目録後配圖十二幅。前有時任廣東建設廳蠶絲改良局局長兼順德縣蠶業改良實施區總區主任廖崇珍所撰序，後有“編後附記”。書後版權頁印：“中華民國二十三年十月十日出版 廣東建設廳順德縣蠶業改良實施區工作計劃及實施方針，出版者：廣東建設廳蠶絲改良局、廣東建設廳順德縣蠶業改良實施區總區 合編，印刷者：廣州市大馬站中山印務局。”廣東建設廳順德縣蠶業改良實施區總區建於民國二十二年（1933），本册所録乃於一年工作中所得之正確工作方針及未來工作計劃，分導言、計劃大綱、組織大綱、實施方針及結論五部分。鈐印有“黎應斌”。

0183 驗料叢編：五種 / 粤路總工程處編．— 民國四年（1915）鉛印本．— 2 册

9 行，26 小字，白口，四周雙邊，單白魚尾，匡高 18.1 厘米，寬 11.2 厘米。

書名取自封面、扉頁。前有民國四年容祺勳“粤路工程合約規章彙覽序”。全書二册，分上下兩編，册一上編記載“第一種驗煤彙輯”、“第二種驗木彙輯”、“第三種驗軌章程”、“第四種驗油撮要”，册二下編記載“第五種驗洋灰法”。

0184 廣東省立金山中學概覽：一期 / 廣東省立金山中學校概覽編輯委員會編 . — 民國二十四年（1935）鉛印本 . — 1 册：圖

書名取自封面。前有李卓寰“省立金山中學校概覽序”等。金山中學的前身係金山書院（原址在潮州市城北金山頂），創建於 1877 年（清光緒三年）。是書内容有：校圖、圖表、本年度學校曆、本校史略、本校將來計劃、行政概況、校産概況等。

0185 廣州電氣技術職業學校有綫電報學講義：二篇 / 梁伸威編 . — 民國（1912 ~ 1949）鉛印本 . — 1 册：圖

書名取自版心。封面藍色套印，有插圖。前有梁伸威“編者緒言”。是書兩篇，第一篇“單式電報”、第二篇“複式電報”。其中第二篇不全，有缺頁。

0186 廣州電氣技術職業學校無綫電學講義 / 陳曜祖選編 . — 民國（1912 ~ 1949）鉛印本 . — 1 册：圖

書名據版心擬題，版心題印“廣州電氣技術職業學校講義 無綫電學”。前有“無綫電講義引言”。現存 128 頁。是書存章節内容爲：磁電概論、顫動綫路、真空管原理。鈐印有“司徒炎章”。

0187 廣州電氣技術職業學校磁電學講義：二篇 / 李萬基編 . — 民國（1912 ~ 1949）鉛印本 . — 1 册：圖

書名取自版心。封面紅色套印，有插圖。前有李萬基“磁電學緒言”。是書兩篇，第一篇“磁學”，第二篇“静電學”，其中第二篇不全，有缺頁。鈐印有“司徒炎章”。

0188 廣東光漢中醫專門學校醫學史講義：四章 / 盧朋著編 . — 民國（1912 ~ 1949）鉛印本 . — 1 册

12 行，37 字，白口，四周雙邊，雙順黑魚尾，匡高 18.8 厘米，寬 11.7 厘米。

書名據目録題。正文有鉛筆評注。是書爲廣東光漢中醫專門學校教材，廣東光漢中醫專門學校創辦於 1924 年，解放後并入廣東省中醫院。是書分總論、名醫史、醫籍史、政史四章。

0189 廣東光漢中醫專門學校傷科講義：二章 /（清）梁財信、（清）梁以莊、（清）梁匡華編．— 民國（1912 ~ 1949）鉛印本．— 2 册

12 行，37 字，白口，四周雙邊，雙對黑魚尾，匡高 18.8 厘米，寬 11.4 厘米。

書名取自版心。前有“緒言”，後有“殿言”。册 1 版心下端印“廣州西湖路流水井珠江承印”，册 2 版心下端印“廣州大馬站播文承印”。傷科是以專門診療跌打損傷所致傷折的專科，是書共分學理、療理二章。

0190 廣東光漢中醫專門學校傷寒論講義：六卷 / 許振慶編述．— 民國（1912 ~ 1949）鉛印本．— 2 册

行數、字數不等，白口，四周雙邊，雙對黑魚尾，匡高 18.7 厘米，寬 11.3 厘米。

書名據版心擬題，版心印“廣東光漢中醫專門學校講義 傷寒論”。原總卷數不詳，存卷有殘缺，卷一存頁 11 ~ 48，卷二存頁 32 ~ 63。是書爲類編體格式，全書開篇設傷寒論緒言，對傷寒、六經、陰陽、氣血營衛、五運六氣解、五行生克、傳經等概念進行解釋，下以六經爲卷，各經卷下再細分内容爲章，章下列節，編序仔細，内容恢弘。本次收録僅存卷一、卷二部分章節。

0191 廣東光漢中醫學校喉科講義 / 鍾錦濤編．— 民國（1912 ~ 1949）鉛印本．— 2 册

行數、字數不等，白口，四周雙邊，雙順黑魚尾（間單黑魚尾），匡高 18.7 厘米，寬 11.4 厘米。

書名據版心擬題，首册版心上端印“廣東光漢中醫學校講義 喉科”，版心下端印“廣州市龍藏街隆昌印”；册 2 版心下端印“教育路文英印刷館承印”。是書是國内同類講義中編寫較早的，其編寫體例與現今教材非常相似，系統地將喉科每症的症狀、病因病機、治法、方藥分條論述，使學生易於掌握。講義同時也是編寫者學術心得、臨症經驗的總結。原書共七十二喉科症，本册收録第一至第六十六症。鈐印有“陳惠玧印”。

0192 廣東光漢中醫專門學校眼科學講義重訂：一卷 / 梁翰芬編．— 民國（1912 ~ 1949）鉛印本．— 1 册

行數、字數不等，白口，四周雙邊，雙對黑魚尾，匡高 18.8 厘米。寬 11.5 厘米。

書名取自版心。是書卷數不詳，存上卷二章：大小眥、上胞下瞼。是書列眼病 72 症，每症列病因、症狀、治法、方解諸項，主張“臟腑絡病説”，其主體内容係傳承中醫眼科理論，同時也雜參西醫理論知識，如認爲經絡即西醫神經。

0193 廣東光漢中醫專門學校痘疹科講義：八章 / 許振慶編 . — 民國（1912 ~ 1949）鉛印本 . — 2 册

行數、字數不等，白口，四周雙邊，雙對黑魚尾，匡高 18.8 厘米，寬 11.6 厘米。

版心上端印題名“廣東光漢中醫專門學校講義”，下端印“廣州大馬站播文承印”。是書共分：“痘科提綱”、“痘科症治”、“順險逆分辨法”、“險逆”、“雜症”、“痘後餘毒餘症”、“論痘”、“種痘”等八章。鈐印有“陳惠航章”。

0194 廣東光漢中醫學校痘疹要真 / 佚名編 . — 民國（1912 ~ 1949）鉛印本 . — 1 册

行數、字數不等，白口，四周雙邊，雙順黑魚尾，匡高 18.7 厘米，寬 11.3 厘米。

書名據版心擬題，版心印“廣東光漢中醫專門學校講義 痘疹要真”。封面鋼筆手書“痘疹要真卷下 黄君謙”。版心下端印“廣州市龍藏街隆昌印”。本書殘損，卷數不詳，現存下卷頁 60 ~ 111。是書記録了室女出痘論、孕婦出痘論、年長出痘論等針對不同人群的痘疹治療方法，冬笋催漿論、粥飯南北用米各異論、清茶白水論等痘疹食療法，口瘡臭爛論、咽喉疼痛論、痘瘡生蛆論等針對不同出痘症狀的治療法，并有種痘法、出疹四大忌、看疹醫家三大忌及預爲提防論等内容。

0195 廣東光漢中醫專門學校花柳科講義：二卷 / 管炎威編 . — 民國（1912 ~ 1949）鉛印本 . — 1 册

行數、字數不等，白口，四周雙邊，雙對黑魚尾，匡高 18.8 厘米，寬 11.5 厘米。

書名取自版心，版心印“廣東光漢中醫學校講義花柳學廣州大馬站播文承印”。是書存卷二，講授了楊梅結毒變生瘰癧之原因、症狀和治療方法，痲瘋病的症狀及辨别、治療藥方，婦人瘋疾治法等内容。

0196 廣東光漢中醫專門學校法醫學講義：八章 / 盧朋著編 . — 民國（1912 ~ 1949）鉛印本 . — 1 册

10 行，24 字，白口，四周雙邊，雙對黑魚尾，匡高 18.5 厘米。寬 11.6 厘米。

書名據緒言題端，上印“廣東光漢中醫專門學校法醫學講義”。前有目録及緒言。版心下印“廣州市龍藏街偉文承印”。是書分死體現象、窒息死論、器械的損傷論、生前與死後損傷之區別、自殺及他殺、檢驗彙要、僞狂等八章，章下再細分爲節。

0197 廣東光漢中醫學校針灸學講義 / 周仲房編 . — 民國 (1912 ~ 1949) 鉛印本 . — 1 册

行數、字數不等，白口，四周雙邊，雙對黑魚尾，匡高 18.7 厘米，寬 10.7 厘米。

書名據版心擬題，版心印“廣東光漢中醫學校講義 針灸學”，版心下端印“廣州教育路九曜坊合成承印”。原書 2 册，現存 1 册：頁 1 ~ 67。是書是一部秉承傳統針灸知識的針灸學教材，在當時具有較高學術水準。開篇《針灸源流説略》簡要述説太素、難經、子午經、十四經發揮等針灸醫藉，書中有專論“人身度量標準”的針灸度量標準與取穴方法，對每個穴位都有詳細的講解，列出其部位、解剖、主治、手術甚至摘要。

0198 廣東光漢中醫學校針灸學講義 / 周仲房編 . — 民國 (1924 ~ 1949) 鉛印本 . — 2 册

行數、字數不等，白口，四周雙邊，雙順黑魚尾，匡高 18.5 厘米，寬 11.2 厘米。

書名據版心擬題。由不同印刷者所印集爲兩册，“廣州市仰忠街成泰承印”存頁 1~18，“廣州市龍藏街隆昌印”存頁 18~85、頁 89~113，“廣州市泰康路有文永記號承印”存頁 1~4，“教育路文英印刷館承印”存頁 100~116，“廣州西湖路流水井珠江承印”存頁 108~112。光漢中醫專門學校創立於 1924 年，是書以該校針灸學講義集結成册。鈐印有“陳惠航章”。

0199 廣東光漢中醫學校傷寒門徑：一卷；傷寒讀法：一卷 / 陳伯壇著；鞠日華述 . — 民國 (1912 ~ 1949) 鉛印本 . — 1 册

行數、字數不等，白口，四周雙邊，雙順黑魚尾，匡高 18.6 厘米，寬 11.8 厘米。

書名據版心、卷端擬定。《傷寒門徑》頁 1~7 版心上端印題名“廣東光漢中醫學校”，《傷寒門徑》頁 8~17 及《傷寒讀法》版心上端印題名“廣東光漢中醫學校講義”；版心下端下印“廣州市龍藏街隆昌印”。是書從傷寒的病因談起，到病變、診法、用藥等，均有詳細記載。鈐印有“陳惠航章”。

0200 廣東光漢中醫學校脈學源流講義 / 鞠日華選述 . — 民國（1912 ~ 1949）鉛印本 . —1 册

行數、字數不等，白口，四周雙邊，雙對黑魚尾，匡高 18.8 厘米，寬 11.5 厘米。

書名據版心及卷端擬題，版心上端印題名“廣東光漢中醫學校講義”，卷端題名“脈學源流”;版心下端印“廣州市龍藏街昌隆印”。是書包含多首“湯頭歌訣”及“主病詩”。鈐印有“陳惠航章”。

0201 光漢中醫專門學校醫學通論講義 / 黃少禄編 . — 民國（1912 ~ 1949）鉛印本 . —1 册

13 行,37 字,白口,四周雙邊,雙順黑魚尾（間單魚尾）,匡高 18.6 厘米,寬 11.5 厘米。

版心下端印“廣州市龍藏街隆昌印”。是書是關於中國醫學通論，點明西醫重物質，中醫重氣化，從中國醫學的本體、中國醫學的定義、中國醫學的範疇等多方面來呈現出中醫的“樣貌”。

0202 光漢中醫專門學校四診撮要講義 / 梁慕周編 .— 民國（1912 ~ 1949）鉛印本 . —1 册

行數、字數不等，白口，四周雙邊，雙對黑魚尾，匡高 18.8 厘米，寬 9.9 厘米。

書名據版心及卷端擬題,版心上端印題名“光漢中醫學校講義”,卷端題名“四診撮要”;版心下端印“廣州市泰康路有文號承印”。前有“望聞問切總論”。是書分“論望色”、“論聞聲”、“論問病”、“論切脈”四部分講解。鈐印有“陳惠航章”。

0203 光漢中醫專門學校病理學講義：八章 / 梁湘巖（梁慕周）編 . — 民國（1912 ~ 1949）鉛印本 . —2 册

行數、字數不等，白口，四周雙邊，雙對黑魚尾，匡高 18.8 厘米，寬 11.5 厘米。

版心上端印題名“光漢中醫專門學校病理學講義”,下端印“廣州市泰康路有文承印”（第二章至第八章目次版心下印“廣州市龍藏街隆昌印”）。是書據目録記載有八章：第一章 陰陽、第二章 時氣、第三章 寒熱、第四章 虛實、第五章 筋骨、第六章 血氣、第七章 藏府、第八章 生死。現存第一至五章。鈐印有“陳惠航章”。

0204 光漢中醫專門學校病理學講義：八章 / 梁湘巖（梁慕周）編．— 民國（1912 ~ 1949）鉛印本．— 2 册

行數、字數不等，白口，四周雙邊，雙對黑魚尾，匡高 18.8 厘米，寬 11.5 厘米。

首册版心印“廣東光漢中醫專門學校講義 病理學”，册 2 版心印“廣東光漢中醫學校講義 病理學”，兩册版心下端均印“廣州西湖路流水井珠江承印”。是書現存三章：第六章 氣血、第七章 藏府、第八章 死生。在内容上與上條互補。

0205 光漢中醫專門學校温病學講義：三卷，首一卷 /（清）吴瑭原文；鍾少桃編次．— 民國十六年（1927）鉛印本．— 3 册

行數、字數不等，白口，四周雙邊，雙對黑魚尾（序間雙對花魚尾），匡高 18.5 厘米。寬 12.4 厘米。

版心下端印有不同印刷者信息，分别爲“惠愛東德正街三友承印”、“惠愛中路觀蓮街新奇文印”、“德政街三友印刷社承印”、“廣州市龍藏街隆昌印”。前有民國十六年鍾桃少“序言”、目次及凡例四則。是書三卷，分上焦篇、中焦篇、下焦篇講授，每卷下又細分爲甲乙丙丁戊等各小節。鈐印有“陳惠航章”。

0206 光漢中醫專門學校方劑學講義：二卷 / 鄧鶴芝編纂．— 民國（1912 ~ 1949）鉛印本．— 1 册

行數、字數不等，白口，四周雙邊，雙順黑魚尾，匡高 18.5 厘米，寬 11.5 厘米。

書名據版心擬題。版心上端印“光漢中醫專門學校講義 方劑學”，下端印“廣州市龍藏街隆昌印”。是書分上、下二卷，按功效分列十三門，收方二百四十個，詳述方名、主治、組方、煎服法、方歌、方解集注等，綱目清晰。此爲上卷，存 41 頁，記載前一百二十方。

0207 光漢中醫專門學校方劑學講義：二卷 / 鄧鶴芝編．— 民國（1912 ~ 1949）鉛印本．— 1 册：肖像

行數、字數不等，白口，四周雙邊，雙順黑魚尾，匡高 18.7 厘米，寬 11.4 厘米。

書名據版心擬題。版心上端印“光漢中醫專門學校講義 方劑學”，下端印“廣州市龍藏街隆昌印”。正文天頭有黑筆眉批。扉頁有“著者鄧鶴芝肖像”。全書上下二卷，現存上卷。鈐印有“陳惠航章”。

0208 光漢中醫專門學校眼科講義 / 梁翰芬編 . — 民國（1912 ~ 1949）鉛印本 . — 2 册

行數、字數不等，白口，四周雙邊，雙順黑魚尾，匡高 18.8 厘米，寬 11.5 厘米。

首册版心下端印“廣州市龍藏街隆昌印”，册 2 版心下卷印“廣州西湖路流水井珠江承印”。是書分緒論、大小眥、上胞下瞼、白睛、黑睛、附録等章，章下列節。主要爲醫案例症，每症列病因、症狀、治法、方解諸項，主張“臟腑絡病説”，其主體内容係傳承中醫眼科理論，同時也雜參西醫理論知識。

0209 光漢中醫專門學校喉科講義 / 鍾錦濤編 . — 民國（1912 ~ 1949）鉛印本 . — 1 册

行數、字數不等，白口，四周雙邊，雙對黑魚尾，匡高 18.3 厘米，寬 11.4 厘米。

書名據版心及正文卷端擬題。版心上端印題名“廣東光漢中醫學校講義”或“廣東光漢中醫專門學校講義”，卷端題名“喉科講義”；版心下端印“惠愛中觀蓮街奇文欣記印”或“廣州市龍藏街隆昌印”或“廣州市泰康路有文承印”。是書系統地講解了喉科七十二症每症的症狀、病因病機、治法、方藥等。

0210 光漢中醫學校婦科纂要講義 / 吕楚白編纂 . — 民國（1912 ~ 1949）鉛印本 . —2 册

13 行，37 字，白口，四周雙邊，雙對黑魚尾，匡高 18.5 厘米，寬 11.7 厘米。

書名據正文首頁卷端及版心擬題，正文首頁題端印“婦科纂要講義”，版心印“光漢中醫學校講義”。首册版心下端印“德宣東路義昌印務局印”，册 2 版心下端印“廣州大馬站播文承印”。全書二册，上册先講婦科總論，簡述了經、帶、胎産等病機與治則，然後分五門論述月經病、帶下病、不孕症，五門分别是調經門、經閉門、崩漏門、帶下門和不孕門；下册主要講養胎論，分産後門、雜病門等類目。鈐印有“陳惠航章”。

0211 光漢中醫專門學校幼科要旨講義：二卷 / 吕楚白編纂 . — 民國（1912 ~ 1949）鉛印本 . — 2 册

行數、字數不等，白口，四周雙邊，雙順黑魚尾，匡高 18.9 厘米，寬 11.3 厘米。

書名據正文卷端、版心題名擬題，卷端題名“幼科要旨講義”，版心題名“光漢中醫專門學校講義”。版心下端印“廣州市龍藏街隆昌印”。是書上下二卷，列舉小兒多項病症，以門爲單位區分不同病症，有“初生門”、“外感門”、“疳積門”、“咳嗽門”、“温熱門”等，并列出多個藥方及散劑。鈐印有“陳惠航章”。

0212 幼科要旨講義：二卷 / 吕楚白編纂．— 民國（1912 ~ 1949）鉛印本．— 2 册

行數、字數不等，白口，四周雙邊，雙對黑魚尾，匡高 18.5 厘米，寬 11.4 厘米。

版心題名“光漢中醫專門學校講義”。版心下端印“惠愛中觀蓮街奇文欣記印”。是書同上條目一樣，同爲光漢中醫專門學校教材，分屬不同出版者印刷。

0213 臟腑藥式：一卷 / 廣東中醫藥專門學校編輯．— 民國十六年（1927）鉛印本．— 1 册

11 行，字數不等，白口，四周雙邊，雙對黑魚尾，匡高 17.9 厘米，寬 12.3 厘米。

書名取自版心，版心上端印“臟腑藥式”，下端印“廣東中醫藥專門學校編輯”。前有民國十六年梁翰芬序、胡真“臟腑藥式表系緣起”。是書分肺部、大腸部、胃部、脾部、小腸部、膀胱部、腎部、心部、三焦部、膽部、肝部講授臟腑藥式，正文後附有各部藥式表系。鈐印有“陳惠航章”。

0214 華南蠶絲學校蠶學講義；華南蠶絲學校蠶種學講義 / 佚名編．— 民國十九年至三十八年（1930 ~ 1949）油印本．— 1 册：表格

書名取自版心，版心分别印“華南蠶絲學校蠶學講義”、“華南蠶絲學校蠶種學講義”。

扉頁爲“華氏攝氏對照表”，書中多處有印不清晰者，以黑筆或藍筆描寫，書脚題“蠶學”、“蠶種”。華南蠶絲學校於民國十九年（1930）創辦於廣東順德樂從。全書分兩部分，第一部分爲蠶學講義，第二部分爲蠶種學講義。蠶學部分主要分蠶室、蠶具、家蠶概論、蠶兒之飼育、蠶病等章節講授；蠶種學部分主要分蠶之種類、蠶品種之遺傳及其變異、蠶之品種改良、蠶種製造概況、越年種與不越年種製造法、蠶卵人工孵化法、蠶種之保護等七章講授。

0215　華南蠶絲學校蠶種改良學 / 錢與僑編述 . 華南蠶絲學校製絲學 / 佚名編 . — 民國十九年至三十八年 (1930 ~ 1949) 油印本 . — 1 册

書名據版心擬題。《蠶種改良學》正文題端題“蠶種改良”，下印“錢與僑編述”。扉頁題“蠶種改良製絲學”，前有緒論，書中有多處印不清晰者，以黑筆或鉛筆描寫，另有鉛筆、黑筆或朱筆題記記於天頭及行間。《蠶種改良學》中部有缺頁，《製絲學》前有缺頁。是書爲華南蠶絲學校蠶種改良學與製絲學講義之合訂本。

0216　衛生學講義 : 十五章 / 李超甫編 . — 民國 (1912 ~ 1949) 鉛印本 . — 1 册

13 行，32 字，白口，四周雙邊，單黑魚尾，匡高 16.4 厘米，寬 10.5 厘米。

版心下端印“厚隆公司承刊”。著者李超甫，民國時期醫生，主治内外全科，醫寓在廣東台山城西安路。曾任台山中醫學校校長、台山縣立麻風醫院院長等職。是書分首之衛生、筋之衛生、皮膚之衛生、消化器之衛生、循環器之衛生、呼吸器之衛生、泌尿器之衛生、視覺器之衛生、聽覺器之衛生、嗅覺器之衛生、味覺器之衛生、神經之衛生、衣服、家屋、食品等十五章講授衛生學。

0217　生理學講義 : 五章 / 李超甫編 . — 民國 (1912 ~ 1949) 鉛印本 . —1 册

13 行，32 字，白口，四周雙邊，雙順黑魚尾，匡高 16.4 厘米，寬 10.5 厘米。

版心下端印“厚隆公司承刊”。是書分骨之生理、筋之生理、皮膚之生理、消化器之生理、血液及循環之生理等五章講授生理學。

0218　防毒初步 : 十三章 / 曾磊譯 . — 民國二十六年 (1937) 鉛印本 . — 1 册 : 圖

書名取自封面。前有曾磊“自序”。書後版權頁信息：“中華民國二十六年四月出版，防毒初步，德國柏林警官學校防空教材，曾磊譯，廣東綏靖主任公署防空處印廣東省防空協會印。”全書十三章：第一章 傷害呼吸器官的毒物及其性能、第二章 化學戰鬥品的使用、第三章 化學戰鬥品、第四章 化學戰鬥品的損害及救急法、第五章 陣地上之化學品戰鬥、第六章 毒物之識別、第七章 陣地上的避毒處置、第八章 各個防護之防毒器材、第九章 防毒面具、第十章 防毒面具的使用和訓練、第十一章 人體各部的防護、第十二章 集團防護、第十三章 消毒。

0219 童子軍教育概論：十二章 / 陳海光編著 . — 民國三十八年（1949）鉛印本 . — 1 册

書名取自封面，封面印“内政部登記證京警粵字三五零號 童軍通訊社總社出版部刊印 陳海光編著 童子軍教育概論 嚴家麟題”。前有民國三十八年蕭忠國序、張建序、祝秀俠序、陳海光自序。書後版權頁信息：“中華民國三十七年十月初版、中華民國三十八年四月二版，童子軍教育概論一册，編著者兼發行人：陳海光，印刷所：童訊社總社出版部總發行所、童軍通訊社總社”等。中國童子軍創始於民國元年（1912），是一種野外活動的訓練方式。是書爲陳海光先生任教中大師院暨廣東省童子軍幹部訓練班所編述之講義。全書分十二章講述童子軍教育。

0220 中等以上學校軍事訓練教程：二卷，卷首一卷 / 廣東省教育廳編纂 . — 民國二十三年（1934）鉛印本 . — 2 册：圖

書名取自封面，封面及扉頁印“中等以上學校軍事訓練教程 上（下）卷 陳濟棠署”，扉頁有手書題字“黎應斌 廿三、十、廿八日”；書後版權頁信息：“中華民國廿三年九月 日修正三版，中等以上學校軍事訓練教程上下兩册，編纂者：廣東省教育廳，承印者：東昇印務局，發行者：廣東省教育廳。”是書爲當時廣東省教育廳發行之軍事教材，卷首有序言兩則、插圖及例言；卷上有“步兵操典摘要草案”、“軍事補助學”、“步兵工作教範摘要”三篇；卷下有“步兵射擊教範摘要”、“防空概要”、“防毒概要”、“簡易測學圖”、“簡明通訊法”、“結繩法”、“軍事講話”、“步兵夜間教育”八篇。鈐印有“廣東省教育廳第五號”、“陳濟棠印”、“黎應斌”。

0221 改良婦孺信札材料：一卷 . — 民國二年（1913）鉛印本 . — 1 册

8 行，字數不等，白口，四周單邊，單黑魚尾，匡高 13.8 厘米，寬 10.1 厘米。

書名取自封面。扉頁印“癸丑年季秋 改良婦孺信札材料 佛山福禄里華文書局機器印”。版心上端印題名“婦孺信札材料”。前有光緒二十九年（1903）識。是書粵語注釋，爲普通民衆尤其是説粵語的人群寫信之參考用書。

0222 順德縣土壤調查報告書 / 劉茂青編 . — 民國二十三年（1934）鉛印本 . — 1 册：插圖

書名取自封面，封面印“國立中山大學廣東土壤調查所編 順德縣土壤調查報告書鄒魯題”。扉頁印“印刷物乙種第五號 民國二十三年二月出版 順德縣土壤調查報告書 國立中山大學農學院土壤調查研究所”。前有目次及民國二十三年國立中山大學農學院院長兼廣東土壤調查所所長鄧植儀“弁言”。是書爲國立中山大學農學院土壤調查所於民國二十一年（1932）開展順德土壤調查之報告書，此次調查由該所之劉茂青、陳宗虞、周炯輝三人前往，爲野外工作，歷時一月，并由劉茂青將調查之情形及分析檢驗結果彙編付梓。鈐印有“鄒魯”、“海濱”等。

0223　廣東省立順德農業職業學校 / 黎應斌書 . — 民國二十五年（1936）抄本 . — 1 册 : 圖

書名取自封面。是書爲廣東省立順德農業職業學校學生記事本及作業本，所記内容多爲繅絲技術及繅絲機器圖。鈐印有“黎應斌”。

0224　飼育日志 / 廣東省立順德農業職業學校編 . — 民國（1912 ~ 1949）鉛印本 . — 1 册 : 表格

書名取自封面。是書爲廣東省立順德農業職業學校飼育記録本，每頁均爲表格，包括有“胚子發育形態與發育程度之關係”、“蛹體之發育程度之形態特徵”、“催青日志”、“蠶卵之變化”、“飼育日志”、“各齡調查表”等表格供飼育人填寫，是書未經任何填寫。鈐印有“飼育日志”、“中華民國”、“廣東省立順德農業職業學校”。

0225　家庭教育 : 一卷 / 朱慶瀾著 ; 李志公校 . — 民國十九年（1930）鉛印本 . — 1 册 : 圖

書名取自封面，封面雙色套印“廣東省長朱慶瀾著白話演講家庭教育廣州時務書局印行”。後有版權頁信息:“家庭教育，全一册，定價銀三角正，講演者:朱慶瀾，校閲者:李志公，發行所: 廣州時務書局、開智書局，分售處: 各大書局。”此書用白話文寫成，系統的講解了關於家庭教育的幾個原則。

0226　廣東省各機關收支程序之改革 / 蔡經濟著 . — 民國二十七年（1938）鉛印本 . — 1 册

書名取自封面。前有黄文袞“弁言”。書後版權頁信息:“廣東省各機關收支程序之改革，全一册，民國廿七年三月出版，著作者：廣州大學計政班導師蔡經濟，發行者：廣州大學，印刷者：圖良印字館，定價：國幣一角。”民國二十六年（1937）年廣州大學奉教育部批准附設計政訓練班，是書爲其教材之一，内容有：解領款之意義，原有解領款項之手續，原有解領款項手續之檢討，現行解領款項之手續，附録。

0227 廣州市私立培正中學生物學試驗 / 黃汝炘書 .— 民國三十六年（1947）抄本 .— 1 册：圖

書名取自封面。是書爲廣州市私立培正中學生物學試驗記録本和作業本，内容爲青蛙的解剖，植物細胞的分裂等。

0228 正報：十期 / 正報社編輯 .— 民國三十六年至三十七年（1947 ~ 1948）香港正報社鉛印本 .— 11 册：圖

書名取自封面，封面彩色套印：正報；并有卷期數、出版日期及當期目録。各期封底小字注“有利印務公司承印”，另有六期七册封底小字注“出版者：正報社”等相關發行信息。《正報》由原東江縱隊《前進報》幾位負責人受中共廣東區委之托而創辦，創刊號於 1945 年 11 月 13 日在香港出版，開始爲四開小報，兩日出版一次。1946 年 7 月改爲旬刊，二十四開本，逢十出版。1948 年 11 日 13 日停刊。現存十期，爲總第 64、65、68、75、80、86、92、103、111、114 期。

0229 對民衆宣傳手册：七章 .— 民國（1912 ~ 1949）鉛印本 .— 1 册

書名取自封面，封面印“對民衆宣傳手册 台山縣黨政軍各機關合印”；封底印“台山縣城西門馬路西華印書館承印”。是書爲抗日戰争期間國民黨政府對民衆的抗戰宣傳手册，根據手册内容，可以看到廣州戰役結束，日軍已侵占廣州并開始實施扶植漢奸，實施同化政策等。爲了號召民衆一致抗敵，國民政府遂印成此册，内容分爲：長期抗戰、武裝自衛、壯丁兵役、肅清漢奸、防護、救濟難民、破壞公路等七章。鈐印有“李泉華印”。

0230 廛溪革新會布告 .— 民國十九年（1930）鉛印本 .— 1 册

書名取自封面。此布告要求依照《台山縣自治會議定改良婚姻暫行章程》辦理，是爲崇尚節儉改良婚姻習慣。鈐印有“廛溪革新會印”。

0231 昌源號年結部．— 民國五年至十六年（1916 ~ 1927）鉛印本．— 2 册

行數、字數不等，白口，四周雙邊，雙對黑魚尾，匡高 20.3 厘米，寬 11.4 厘米。

書名取自手書封面題字。版心下端印“江門新華街榮昌承刊”。是書首册爲昌源號成立出資合同《蔡榮慶堂》，爲手抄，立於民國五年（1916）；第二册爲昌源號年結簿，記録民國丁卯（十六年，1927）的收入支出等狀況，是爲流水賬。鈐印有“公益昌利隆圖章”、“昌源圖章”。

0232 秩祜堂敬文社份子芳名總部 / 秩祜堂敬文社立．— 民國八年（1919）鉛印本．— 1 册

10 行，18 字，白口，四周雙邊，單黑魚尾，匡高 15.3 厘米，寬 11.1 厘米。

書名取自封面，封面印“秩祜堂敬文社份子芳名總部 民國八年歲次己未刊”。前有“秩祜堂敬文社字紙會序”。秩祜堂宗族每届春祀，惟功名與老者可公領胙肉，爲使全宗族老少均沾祖惠，特議立字紙會，名曰敬文社，記録各鄉份子芳名。前列有規例條款及置業緣由，後爲份子芳名册。

0233 東麟集股在港置業公司股部．— 民國十一年（1922）鉛印本．— 1 册

行數、字數不等，白口，四周雙邊，匡高 16.2 厘米，寬 10.5 厘米。

書名取自封面，封面題簽印“東麟集股在港置業公司股部 民國十一年夏曆四月十二日 給”，手書“聖姒翁”。版心印“台城宏文印務有限公司刊”。是册印東麟在港置業公司因“圖謀利益增置産業”所立之股份章程，并附股份芳名列。鈐印有“東麟集股在港置業公司”。

0234 卜碌崙瓊上公司股份部．— 民國九年（1922）鉛印本．— 1 册

行數、字數不等，白口，四周雙邊，單黑魚尾，匡高 16.4 厘米，寬 10.1 厘米。

書名取自版心。版心印“卜碌崙瓊上公司股份部 紐約民國公報印”。封面題簽印“美國卜碌倫埠 上海樓 瓊彩樓 新上海 股份章程部”，手書“李就明”。前有“瓊上公司緣起”，書後題“民國九年十二月卅日 瓊上公司立”。瓊上公司建於美國紐約卜碌崙埠，爲中式餐館，分上海樓、瓊彩樓、新上海三間。本書收録主要分“瓊上公司緣起”、“公司章程”、“股東芳名”三部分。

0235 和禎祥股份部．— 民國十四年（1925）鉛印本．— 1 册

8 行，22 字，白口，四周雙邊，雙對花魚尾，匡高 17.8 厘米，寬 9.4 厘米。

書名取自封面，封面印“和禎祥股份部李礽焕東翁收存”，其中人名爲手書。版心下端印“香港瑞英印務局承刊”。和禎祥位於香港西營盤松秀東街門牌第十四號，主要爲對外貿易。是册爲香港和禎祥的出資簿，記載公司的股東名册，公司章程。鈐印有“和禎祥圖章”、“香港和禎祥”。

0236 沙滘鄉天字號發批部／沙滘天字號發批部立．— 民國十五年（1926）抄本．— 1 册

7 行，字數不等，白口，四周單邊，雙順紅魚尾，紅色匡高 12.1 厘米，寬 10.2 厘米。

書名取自封面，封面手書“沙滘鄉天字號發批部 丙寅年 立”。是册爲沙滘鄉天字號發批部産業出租及收租之登記簿。鈐印有“沙滘四十一排 天字號圖章 發批圖章 餘事不用”、“沙滘天字號收訖”、“沙滘第字號立”、“沙滘信字號圖章”、“沙滘陳孝字號”、“沙滘陳思字號”。

0237 詒燕堂團防會會部／團防會詒燕堂值理訂．— 民國十五年（1926）鉛印本．— 1 册

9 行，24 字，白口，四周花邊，雙對黑魚尾，匡高 19.3 厘米，寬 11.2 厘米。

書名取自封面，封面題“詒燕堂團防會會部”，并手書“六至拾五號廣泰拾份”。正文末手書有第一會至第九會收養銀情況。版心上端印“詒燕堂團防會會部”，下端印“順德樂從祐安承印”。會規後印落款“民國十五年歲次丙寅五月吉日 團防會詒燕堂值理公訂”。是書爲周詒燕堂團防會之會部，有民國十五年“會規列”十六則、“每會收養銀數開”并民國卅三年（1944）手書之收養銀情況。是次收録爲廣泰先生收存本。鈐印有“周詒燕堂團防會”、“周詒燕堂”。

0238 涌表鄉西社籌防協助會會部／涌表鄉西社籌防協助會啓．— 民國十五年（1926）鉛印本．— 2 册

10 行，23 字，白口，四周花邊，雙對黑魚尾，匡高 19.6 厘米，寬 11.7 厘米。

書名取自封面，封面印“涌表鄉西社倡聯繼善會部”，并有手書“周世昌先生共貳股”。末頁印“民國十五年歲次丙寅二月吉日 涌表鄉西社籌防協助會衆啓”。版心上端印“涌表鄉西社籌防協助會會部”，下端印“廣州同安街大同印務局承印”。前有民國十五年西社籌防協助會識“西社籌防協助會叙言”。涌表鄉籌防協助會爲鄉團間守望相助而設。是書分叙言、會規章程及每會交出本利銀數三部分，後附有“每會收銀給數”表以供填印，表上鈐有“協助會 西約 收 周頁”朱印。

0239　公益會部 / 北約新隆公益會編 . — 民國十七年（1928）鉛印本 . — 1 册

8 行，19 字，白口，四周花邊，匡高 16 厘米，寬 9 厘米。

書名取自封面，封面印“民國十七年戊辰立 公益會部”，并有手書“陳嘉股 壹份”。版心下端印“樂從祐安承印”。是書爲北約新隆公益會的會規及養銀簿，主要規定了公益會的資金募集及使用，公益會的人員架構等。鈐印有“北約新隆公益會”等。

0240　斗山兆豐油糖雜貨店股份部 .— 民國十八年（1929）鉛印本 . — 1 册

行數、字數不等，白口，四周雙邊。

書名取自封面，封面題簽：斗山兆豐油糖雜貨店股份部；封底有墨筆手書“陳孔學”。版心下端印“台城宏文印務公司承印”；認股憑證落款日期“中華民國十八年夏曆叁月初三日”。是册爲陳孔學先生於民國十七年（1928）於斗山兆豐號認股五份的股部憑證，内附有“股東妥議章程”，末有“民國廿四年六月初四日陳孔學脱股繳回此股部作廢”的手書作廢聲明。鈐印有“斗山兆豐號”朱印。

0241　務本堂崇祀會會部 / 廣泰、廣慧編 . — 民國十八年（1929）鉛印本 .— 1 册

10 行，23 字，四周花邊，雙對黑魚尾，匡高 19.5 厘米，寬 12.2 厘米。

書名取自封面，封面印“務本堂崇祀會會部”，并有手書“冬字第三十二號 永良四份”。版心下端印“順德樂從祐安印務書局印”。前有民國十八年序。是書爲務本堂設立崇祀會的目的及規章。崇祀會爲了祭祀拜祭而設立，目的在於督促大家繳納會費，保證祭祀能够每年如期舉行。鈐印有“周務本堂崇祀會印”、“養”。

0242 台山水步廣益祥益記股份部 / 廣益祥立 . — 民國二十年 (1931) 鉛印本 . — 1 册

7 行，字數不等，白口，四周單邊，紅色匡高 14 厘米，寬 8.4 厘米。

書名取自封面。是書爲李晰聖入股廣益祥的股份部。前有章程，後有入股時間及股份份額。鈐印有“台山西門廣益祥”。

0243 大地鄉延壽會部 . — 民國二十年 (1931) 鉛印本 . — 3 册

行數、字數不等，白口，四周花邊，雙順黑魚尾，匡高 21.3 厘米，寬 11.8 厘米。

書名取自封面，封面題簽：大地鄉延壽會部 辛未年起。版心下端印“官山新豐街智文印務局印”。前有“聯壽會小引”。所收三册内容相同，應爲不同村民所藏，册 1 封面手書：辛字拾五號 潘氏裱元妻；册 2 封面手書：辛字拾貳號 禧元；册 3 封面手書：庚字捌拾弍號 禧錦。是書爲大地鄉村民設立“聯壽會”後每期繳費之登記册。“聯壽會”定期募集資費，以資助經濟困難的村民辦理其親人安葬等事宜。

0244 集成堂股份部 . — 民國二十五年 (1936) 鉛印本 . — 1 册

5 行，18 字，白口，四周花邊，匡高 14.2 厘米，寬 8.7 厘米。

書名取自版心。封面題簽：李哲聖先生收執；其中人名爲手書；題簽下印“台城縣前路台城公司印”；封面左側印“集成堂發”。是書爲李哲聖先生入股集成堂之股份憑證。書内有李哲聖入股股數，并有彼時值理黄良忠簽名，股數上“集戍堂 置業 公司 圖章”，落款日期爲“中華民國廿五年”；書文後留有朱絲欄“集成堂息摺”空白頁，有題字説明股息情況。

0245 三民各東股份合同部 / 三民布廠立 . — 民國二十六年 (1937) 抄本 . — 1 册

7 行，字數不等，白口，四周單邊，紅框，雙順紅魚尾，匡高 12.3 厘米，寬 9.9 厘米。

書名取自封面，封面手書“三民各東股份合同部。是書爲霍麗興堂和何伯琴堂二人合夥開三民布廠之合同。後附有民國二十五年（1936）及民國二十六年的分紅記録。

0246 維嘗農助會部 / 詒燕堂立 . — 民國二十六年 (1937) 鉛印本 . —1 册

12 行，23 字，白口，四周雙邊，雙對黑魚尾，匡高 18.3 厘米，寬 11.6 厘米。

書名取自封面，封面題簽：維嘗農助會部；題簽下印"樂從祐安書局代印"；封面并有手書"第卅陸號廣泰先生伍份"。版心上端印"維嘗農助會部"，下端印"樂從祐安書局印"，正文落款"民國廿六年丁丑歲元月吉日 詒燕堂立"。是書爲詒燕堂所設組織"維嘗農助會"之會部，有組織大綱二十條。末條後列有創辦人、董事、值理、財政部諸人芳名。正文後印有表格，以示各年月收養銀情況。是次收録爲廣泰先生存本。鈐印有"周詒燕堂"。

0247 誠德合德堂股份部．— 民國三十年（1941）鉛印本．— 1 册

書名取自版心。封面題簽：誠 合德堂股份部；下印"作新公司印"。前有中華民國三十年元月吉日所立之序，署"值理希河 希烑"。誠德堂由劉姓族人寬、守兩家兄弟維煦、維焫、維謀、希烱、希鈺五人於清光緒三十一年（1905）酌商出資創辦。是族始自廣東南雄，迄宋流寓新會，後分居台山曹崗，後遷居台城之南，至民國初年移居横湖。合德堂信息甚少，無簡介。本簿册主要内容有民國九年（1920）旅美昆仲籌辦誠德堂善後事宜首次報告書、民國二十六年（1937）七月十九日在龍揚村神館公衆議决條例以及各股東芳名列表。

0248 恒益猪欄股份部．— 民國三十三年（1944）鉛印本．— 1 册

行數、字數不等，白口，四周雙邊，單黑魚尾，匡高 12 厘米，寬 8.8 厘米。

書名取自封面，封面印"第叁陸號 恒益猪欄股份部 李雲稔股東收存"，其中字號數及姓名爲手書。股份簿後有署發行日期"中華民國三十三年 月伍日"，并有司理、司庫黄文煖簽章。版心上端印"恒益猪欄股份簿"，下端印"台城編譯印字館印"。是書爲李雲稔入股恒益猪欄時所發之股份部，内容有"恒益猪欄組織章程"、"恒益猪欄規則"、李雲稔入股憑證并附股息摺。有"恒益猪欄"圖章，鈐印有"黄文煖印"、"股息領訖"。

0249 榮豐號合同股份部．— 民國三十六年（1947）鉛印本．— 1 册

10 行，字數不等，白口，四周單邊，雙對黑魚尾，匡高 16.9 厘米，寬 10.9 厘米。

書名取自封面，封面題簽：榮豐號合同股份部；封面另有手書人名"黄仲明翁"。版心下端印"江門新市路廣華印"。是書内容有"榮豐號緣起"、"榮豐號規例"、"户頭開列"。榮豐號開設在新會杜阮鄉，主要經營米糠生意。鈐印有"杜阮榮豐"、"杜阮榮豐"、"黄簡秋章"。

0250 美國波市頓埠新昌隆公司股份部 .— 民國（1912 ~ 1949）鉛印本 .— 1 册

行數、字數不等，白口，四周雙邊，單黑魚尾，匡高 16.4 厘米，寬 10.2 厘米。

書名取自封面，封面印“美國波市頓埠新昌隆公司股份部道怡東翁惠存”，其中人名爲手書。版心上端印“波市頓新昌隆股份部”，下端印“紐約民國公報印”。前有“新昌隆公司股摺緣起”。新昌隆公司建於美國波市頓，專做唐山什貨藥材伙食兼衣館餐館什物生意。本書内容包括“新昌隆公司股摺緣起”、公司“規條”、“股東名及籍貫股數”三部分，書後有部分頁碼散失。

0251 涌表鄉西社倡聯繼善會部 / 涌表鄉西社倡聯繼善會編 .— 民國（1912 ~ 1949）鉛印本 .— 1 册

12 行，27 字，白口，四周花邊，雙順黑魚尾，匡高 21.3 厘米，寬 13.6 厘米。

書名取自封面，封面題簽：涌表鄉西社倡聯繼善會部。版心下印“廣州同安街大同印務局承印”。涌表鄉繼善會之設立爲集資以備不時之需。是書内容有：繼善會序言、繼善會會規、繼善會芳名三部分。序言後附有繼善會總理、協理、倡辦值理個人名諱。繼善會芳名部録有包括首會西益堂在内各部名列及股數，凡 77 名，130 股。

0252 南岸堂公益義會部 / 南岸堂立 .— 民國（1912 ~ 1949）鉛印本 .— 1 册

10 行，23 字，白口，四周花邊，雙對黑魚尾，匡高 19.5 厘米，寬 12.4 厘米。

書名取自封面，封面題簽：南岸堂公益義會部；并有手書“第壹佰陸拾號 汝宝叁份”。版心下端印“順德樂從祐安印務書局印”。是書爲南岸堂自發組成治安會的會部。内容有“南岸堂擬集義會緣起”、“會規”、“繳銀表”等。鈐印有“交籌”、“南岸堂”等。

0253 裹村東昇里魚塘股份部 .— 民國（1912 ~ 1949）鉛印本 .— 1 册

9 行，字數不等，白口，雙對黑魚尾，四周雙邊，匡高 18.5 厘米，寬 12 厘米。

書名取自封面，封面題簽：裹村東昇里魚塘股份部 内附田畝并規例；并有手書人名“家晃”。版心下端印“新昌醒華印務書局承印”。是書内容有“裹村東昇里開塘芳名”、“田畝”、“規例”等。

0254 茅崗新墟聯商電燈公司股份部．— 民國（1912 ~ 1949）抄本．— 1 册

5 行，字數不等，白口，四周單邊，匡高 14.4 厘米，寬 8.3 厘米。

書名取自封面，封面題簽：茅崗新墟聯商電燈公司股份部；并有手書“廣中和大寶號”。前有“民國十六年（1927）冬廣中和寶號認股憑證。是書正文爲手寫之記賬簿，記録始於民國三十七年（1948）十一月二十七日，録有各項收支情況，未填寫完畢，且録入人不詳。鈐印有“聯商電燈公司圖章”。

0255 創建瓊林里股份章程簿 / 瓊林里立．— 民國元年（1912）鉛印本．— 2 册

11 行，22 字，白口，四周無框。

書名取自扉頁，扉頁印“創建瓊林里股份章程簿”。封面有手書“宗頁翁”三字。每頁天頭印“瓊林里股份章程”。書後有印“上澤世界公司 印務 影相 雜貨”圖章樣式。前有清光緒戊申（三十四年，1908）梅衍鋆“創建瓊林里序”，章程後署“光緒叁拾四年仲秋吉日 瓊林里立”，後附“瓊林里各股份芳名”，股份名列後有重印時間“民國元年孟秋再訂”。是書發行之時，瓊林里爲新造之鄉，立村之始取名爲“同德堂”，現命名爲“瓊林里”，本書所録爲當時瓊林里立鄉募股時所立之股份章程，立於光緒三十四年仲秋，本次重訂，加附股份名列并變更情況。

0256 商辦廣東新寧鐵路股份簿．— 民國十一年（1922）鉛印本．— 1 册

行數、字數不等，白口，四周單邊，雙對黑魚尾，匡高 20 厘米，寬 12.6 厘米。

書名取自封面，封面題簽：商辦廣東新寧鐵路股份簿；并有手書“寧字第弍萬弍仟捌百捌拾弍號”。版心上端印“新寧鐵路股份部”，下端印“新寧鐵路公司自刊”，末頁手書署日期“民國十一年十弍月弍十壹日”。新寧鐵路（Sunning Railway）簡介見第 0060 條《商辦廣東新寧鐵路股份簿》。本書爲股東鄺灼修入股新寧鐵路所得情況介紹。鈐印有“廿年選舉經驗”、“廿二年驗”、“第五届選舉驗”、“陳宜禧”、“前領部摺因報遺失業已作廢復將此部摺補給存處圖”，并有鋼印“新寧鐵路公司”。

0257 周篤祜堂義益會簿 / 首會周篤祜堂立．— 民國十一年（1922）鉛印本．— 1 册

10 行，23 字，四周花邊，雙對黑魚尾，匡高 19.7 厘米，寬 11.8 厘米。

書名取自封面，封面題簽：周篤祜堂義益會簿；并有“紹剛收執”、“容奇同文承印”

字樣，其中人名爲手書。版心下端亦印“容奇同文承印”。末頁署“民國十一年壬戌四月吉日首會周篤祐堂立”。是書爲設立周篤祐堂義會的登記册，有“規例”、“股東芳名”等内容。

0258 富國庄村大塘股份簿．— 民國十二年（1923）鉛印本．— 1 册

6 行，字數不等，白口，四周花邊，雙對黑魚尾，匡高 16 厘米，寬 10.8 厘米。

書名取自封面，封面題簽：富國庄村大塘股份簿 民國十二年立。題簽下另印有“台城西華承印”。是書内容有“富國庄村大塘股份合同節略録”、“大塘改訂條款”、“塘份芳名”、“逐年領塘租銀録”等。

0259 葛岸五街聯安會簿 / 五街聯安會公立．— 民國十四年（1925）鉛印本．— 1 册

10 行，18 字白口，四周雙邊，雙對黑魚尾，匡高 20 厘米，寬 12.2 厘米。

書名取自封面，封面題簽：葛岸五街聯安會簿；并有“元字第七拾九號 富成翁”字樣，其中字號和人名爲手書。版心下端印“牛乳橋清和里而商印務局承印”。前有“倡辦五街聯安會序”。是書爲葛岸五街群衆自發成立之聯合安全委員會規章，内有規例，規定了聯安會的組成人員、機構、會費等，後有名册。

0260 日成堂創建新村股份簿 / 日成堂立．— 民國十五年（1926）鉛印本．— 1 册

10 行，19 字，小字 14 行，28 字，白口，四周花邊，雙對黑魚尾，匡高 15.1 厘米，寬 11 厘米。

書名取自封面，封面題簽：日成堂創建新村股份簿；并有手書人名“榛開”。版心下端印“台山城縣前路同文公司承印”。末署“中華民國十五年六月 日成堂立”。是書爲日成堂創造新村所立之股份簿，内容有“日成堂創造新村簡章弁言”、“計開章程”、“村份芳名”等。

0261 新昌埠立埠户頭股份簿．— 民國十八年（1929）鉛印本．— 1 册

行數不等，22 字，白口，四周雙邊，雙對黑魚尾，匡高 19.2 厘米，寬 12.4 厘米。

書名取自封面，封面題簽：新昌埠立埠户頭股份簿；并有手書“三槐堂壹户，黄子元着半户、李學良着半户，簿發式本”。版心下端印“新昌智新承印”。是書内容有“新昌埠緣起”、“立合約人”、“户頭開列”等。鈐印有“黄笑山章”、“李月垣印”、“新昌埠埠務公所”、“台山縣新昌埠埠務公所圖章”。

0262 均安號股份簿 .— 民國二十一年 (1932) 鉛印本 .— 1 册

9 行，字數不等，四周單邊，雙對黑魚尾，匡高 17.1 厘米，寬 9.9 厘米。

書名取自封面，封面印“新昌 新華西路 均安號股份簿 民國二十壹年立 張椿毓翁惠存”，其中時間及姓名爲墨筆手書。版心下端印“開平長沙埠廣智印務局乘印”。新昌均安號經營油鋪、雜貨生意，鋪在廣東台山新昌埠。是書印有均安號股份章程，後手書有“各股東芳名”及持股數，另有民國三十年（1941）對張春毓先生持股之補注。鈐印有“均安圖章”、“新昌均安”。

0263 雅瑤林午峰祖均益會簿 / 雅瑤林午峰祖編 .— 民國二十二年 (1933) 鉛印本 .—3 册

11 行，22 字，白口，四周花邊，雙對黑魚尾，匡高 17.7 厘米。寬 10 厘米。

書名取自封面，封面題簽：雅瑤林午峰祖均益會簿。册 1 封面手書“德章 林鴻常壹份”;册 2 封面手書“林健江 式榮 陳瑞梧壹份”，册 3 封面手書“林自涓”。版心下印“南邑泌冲大巷永生承印”。是書内容有民國二十二年“林午峰祖均益會序”、“七元伍毫會規”、每會每份例銀、七元伍毫會友芳名等。是次收録三册内容相同，爲不同三人所存本。鈐印有“林午峰祖圖記 林午峰祖圖記”。

0264 至德堂公益會簿 / 七房至德堂立 .— 民國二十二年 (1933) 鉛印本 .— 1 册

10 行，23 字，四周花邊，雙對黑魚尾，匡高 19.7 厘米，寬 11.8 厘米。

書名取自封面，封面題簽：至德堂公益會簿；并有手書人名“吴洪勳”。牌記印“佛山市豐勝街陳永泰印”，版心下端印“佛山豐勝街陳永泰印務局承刊”。前有“七房至德堂公益會緣起”，末署“民國念弍年癸酉歲六月吉日 七房至德堂立”。是書爲至德堂設立公益會的登記簿，内容有“規例”、“倡議人名册”等。

0265 廣益祥祥記股份有限公司股份簿．— 民國二十四年（1936）鉛印本．— 1 册

行數、字數不等，四周單邊，匡高 12.6 厘米，寬 7.5 厘米。

書名取自版心。封面題簽：台山 水步 西門 廣益祥 祥記 股份有限公司股份簿；題簽下印“台山城作新公司承印”，并手書有“祥字第叁拾號 李晰聖先生收執”。是書爲李晳聖先生入股集成堂之股份憑證，上手書“李晰聖”及股數，有廣益祥祥記股份有限公司組織章程、廣益祥祥記全體股東芳名，并留有朱絲欄息摺以供填寫。鈐印有“廣益祥祥記圖章”、“黄良忠印”、“台山西門廣益祥發行”、“台山西門廣益祥杉”。

0266 大利號股份合同簿．— 民國三十五年（1946）鉛印本．— 1 册

10 行，字數不等，白口，四周單邊，雙對紅魚尾，紅色邊匡高 19.7 厘米，寬 11 厘米。

書名取自封面，封面題簽：呈 何財東翁收存 大利號股份合同簿。版心下端印“廣州市一德中路巨發紙店印”。是書爲大利號成立之章程及各股東名册，内容包括：定名、地址、宗旨、資本、股息、附揭、職權、職員、溢利、掛借、股份、圖章、合同、總則等。鈐印有“大利號”。

0267 周維新堂均益會簿 / 周維新堂立．— 民國（1912 ~ 1949）鉛印本．— 1 册

10 行，24 字，白口，四周花邊，雙對黑魚尾，匡高 19.5 厘米，寬 12.4 厘米。

書名取自封面，封面題簽：周維新堂均益會簿；并有手書“廣泰會長六份”。版心下端印“順德樂從祐安印務書局印”。是書爲民間組織金融性質的義會成立規例，四十一人爲一會，互相周濟，内容有“會規”、“每會每位供銀例列”等，後手抄有“會友芳名”。

0268 馬成彩公司松山股份簿．— 民國（1912~1949）鉛印本．— 1 册

行數、字數不等，白口，四周單邊，雙對黑魚尾，匡高 15.8 厘米，寬 10.5 厘米。

書名取自封面，封面題簽：馬成彩公司松山股份簿；并有手書“觀灼”二字。是書記録馬成彩公司於辛亥年（1911）十二月三十日前招收股份情況，包括民國元年（1912）三月所立“馬成彩公司規條”及“股份名列”兩部分。鈐印有‘獅坑牛欄 成彩公司 TWE SING COMPANY”。

0269 維新堂益會規 / 維新堂編 . — 民國三年（1914）鉛印本 . — 1 册

行數、字數不等，白口，四周雙邊，單黑魚尾、雙順黑魚尾兼有，匡高 17.4~19.7 厘米，寬 11.5 厘米。

書名據卷端及落款代擬。封面手書“廣泰會長”。首頁版心下端印“東華店造”，後版心下印“東華造”。“益會規”後牌記印“板藏佛山福 禄大街東華”。是書爲東溪祖等合議之維新堂益會規，印寫約定“每年三會以四、七、十一月初一日爲期”，附有手抄“每會每位供例銀列”及“會份芳名列”，凡三十五芳名列後。本册爲廣泰先生收存本。

0270 均益會規 / 佚名編 . — 民國十四年（1925）活字本 . — 1 册

10 行，24 字，白口，四周花邊，雙對黑魚尾，匡高 19.6 厘米，寬 11.7 厘米。

書名取自封面，封面題簽：均益會規；并有手書“廣泰一份”。版心下印“佛山華文印務書局活版”。是書爲東溪祖等合議之均益會規，印寫約定“每年三會以四、七、十一月十五日爲期”，并印有“每會每位供銀例列”，凡四十一會。另附有手抄各會友芳名列後，凡四十一名，末署“乙丑十一月十五首會東溪祖記”。後附印“領式”。本册爲廣泰先生收存本。

0271 益會規 / 周詒燕堂編 . — 民國（1912 ~ 1949）鉛印本 . — 1 册

行數、字數不等，白口，四周雙邊，單黑魚尾，匡高 17.5 ~ 19.4 厘米，寬 11.6 厘米。

封面有手書“廣泰”二字。正文有墨筆題字，并用毛筆題寫約定時間“三 六 十月初一日”，并附毛筆抄寫各會友份額，份額後書“首會”。首頁版心下印“東華店造”，後版心下印“東華造”。牌記印“板藏佛山福禄大街東華”。是書爲周詒燕堂等八十二會友合議之益會規，約定每年三會，以三、六、十月初一日爲期。有手抄各會友之份額，合共 102 份。後附印“領式”。本册爲廣泰先生收存本。鈐印有“周詒燕堂”。

0272 龍安茂日義會進支總結証信録 . — 民國十一年（1922）鉛印本 . —1 册

行數、字數不等，白口，四周雙邊，匡高 16.6 厘米，寬 11.3 厘米。

書名取自封面題簽。扉頁印“中華民國十一年壬戌歲刊印 徵信録 龍安茂日義會識”。是書爲龍安茂日義會於民國十一年收支簿，全書分爲“茂日義學經過情形致海内外昆仲”、“茂日義會民國十一年進支存總結”、“監督核查人員名録”三部分。

0273 東華醫院戊辰年徵信録：六集 / 東華醫院編．— 民國十七年（1928）鉛印本．— 1 册

行數、字數不等，白口，四周雙邊，雙對黑魚尾，匡高 22.1 厘米，寬 11.4 厘米。

書名取自封面，封面題簽：東華醫院戊辰年徵信録；并有手書"彭廷選君"。扉頁印"徵信録"，牌記印"壹仟九百弍拾八年 東華醫院發刊"。版心下端印'香港中環興盛承印"。前有戊辰年（民國十七年）東華醫院總理鄧肇堅等人"戊辰年東華醫院徵信録序"。缺 1 集：集 1。是書爲東華醫院 1928 年有關公益款項收支情況的報告書，記録有歷任總理芳名、進支總數、支數、病人醫愈出院附葬義地碑號録等内容。

0274 昭明電燈公司徵信録 / 昭明電燈公司編．— 民國二十二年（1933）鉛印本．— 1 册

10 行，25 字，白口，四周雙邊，雙順黑魚尾，匡高 19 厘米，寬 11.2 厘米。

書名取自封面，封面題簽：昭明電燈公司徵信録；并有手書"陳汝寧翁 立"。版心下印"樂從建源印務書局代印"。是書内容包括：昭明電燈公司各股東芳名及股本數目、民國十九年（1930）至廿一年（1932）進支存欠總結。

0275 寧市廣同福銅鐵號曆歲徵信録．— 民國二十二年（1933）鉛印本．— 1 册

行數、字數不等，白口，四周單邊，匡高 15.9 厘米，寬 9.8 厘米。

書名取自封面，封面題簽：寧市廣同福銅鐵號曆歲徵信録；并有"黄經煊先生存"字樣，其中人名爲手書。是書單頁計 132 頁，所記爲光緒三十四年（1908）八月至民國二十二年銅鐵號之流水賬。

0276 興華中學校十周紀念捐欵徵信録 / 興華中學校編．— 民國二十二年（1933）鉛印本．— 1 册：插圖

書名取自封面，封面印"民國二十二年六月十五日 興華中學校十周紀念捐欵徵信録 興華中學校印發"，并有手書題"鄺光紹先生收執"、"鄺光紹惠存"。封面内頁附有校舍圖；封底印"廣州龍藏街廣三商店印"。殘頁：存頁 33 ~ 40、43 ~ 78、81 ~ 146，書内多處有塗寫污漬。是書爲民國興華中學十年校慶募捐款項之徵信録。

0277 盛記莊股份簿．— 民國三十七年（1948）鉛印本．— 1 册

8 行，21 字，白口，四周雙邊，匡高 19.4 厘米，寬 11.1 厘米。

書名據内容擬定。封面印"呈 勞楚封東翁收存"。版心下端紅字印"上海街四十九號合榮豐印"。是書爲香港盛記莊的股份出資合同簿，内容包括：公司成立因由、章程規定、資本額數、設立地址等。鈐印有"香港盛記莊圖章"。

0278 新屋新安里股份芳名章程録．— 民國十五年（1926）鉛印本．— 1 册

行數、字數不等，白口，四周雙邊，雙對黑魚尾，匡高 16.4 厘米，寬 11 厘米。

書名取自封面，封面題簽：新屋新安里股份芳名章程録；并有手書人名"權培祖"。版心下端印"開平明報印刷所承印"。是書内容包括"本村全圖"、"本村芳名名録"，"章程規例"等。

0279 粵路工程合約規章彙覽：二十卷 / 粵路總工程處編．— 民國四年（1915）鉛印本．— 8 册

9 行，26 小字，白口，四周雙邊，單白魚尾，匡高 18.1 厘米，寬 11.2 厘米。

書名取自封面題簽。藍紙白字。前有民國四年容祺勳"粵路工程合約規章彙覽序"。是書分上下兩編，上編爲"合約類"，下編爲"規章類"，每編各十卷。現存殘卷，存上編卷 1 ~ 7，下編卷 1、2、5、7。具體爲：册甲記載合約卷一之"土工門"；册乙記載合約卷二之"橋溝門"；册丙記載合約卷三之"山峒門"；册丁記載合約卷四之"廠屋門"并合約卷五之"機器門"、合約卷六之"用人門"；册戊記載合約卷七之"購料門"；册庚記載規章卷一之"工程門"；册辛記載規章卷二之"機器門"；册壬記載規章卷五之"用人門"并規章卷七之"辦事門"。

0280 香港廣東銀行有限公司年結册及報告書．— 民國四年至二十二年（1915 ~ 1933）鉛印本．— 13 册

行數、字數不等，白口，四周單邊，雙對黑魚尾，匡高 15.5 厘米，寬 10.5 厘米。

書名取自封面題簽，各册封面均有題簽：香港廣東銀行有限公司年結册及報告書；封面并印有年結内容年份。書後有各册圖書發布年月，版心印有承刊印務公司；自民國十八年（1929）年結册起，封面背面印有該年度股份尋常年會通告。廣東銀行總行創設

於民國元年（1912），由三藩市廣東銀行約集美洲華僑和香港股實商人共同投資。總行設於香港，爲當地首創之華商銀行。本套圖書記録了廣東銀行從1914年至1922年以及1929年至1932年的運營情況，各册録有各届“香港廣東銀行有限公司董事局布告書”、銀行年度“進支存欠總結布告”、當年董事會成員等内容。

0281　香港商辦廣東銀行有限公司年結册及報告書．— 民國十三年至十七年（1924～1928）鉛印本．— 10册

行數、字數不等，白口，無邊框。

書名取自封面題簽，封面題簽：香港商辦廣東銀行有限公司年結册及報告書；題簽内印有年結内容年份。本套圖書記録了廣東銀行從1923年至1928年的運營情況，各册中英文録有各届“香港廣東銀行有限公司董事局布告書”、銀行年度“總年結”表、當年董事會成員等内容。另每年附有一册該届“股東尋常年會通告”。

0282　加拿大馬金紫總堂成立記／馬金紫總堂編．— 民國十一年（1922）鉛印本．— 1册：圖

17行，39字，白口，四周雙邊，匡高19.6厘米寬13.9厘米

書名取自封面，封面題簽：加拿大馬金紫總堂成立記；并手書有人名“燦良”。前有民國十一年族人典如“弁言”。是書爲加拿大華人成立馬金紫總堂團體的大事記，内容有：籌備、募債購樓、購公債芳名、續樓、波折、成立、籌備團成員、議事、附録各埠代表人名、祝詞、贈品等。

0283　國民黨台山縣黨務報告／蔡剛勗編．— 民國二十年（1931）鉛印本．— 1册：圖

書名取自總目。正文前有民國二十年蔡剛勗“編者之言”及總目，另各部分前有分目。是書爲民國二十年廣東省國民黨台山縣黨部發布之民國十九年（1930）黨務報告書，主要有秘書處、組織部、宣傳部、訓練部、監察委員會工作概況報告，其中秘書處九篇、組織部五篇、宣傳部四篇、訓練部四篇、檢查委員會三篇。

0284 協和機製糖廠總結 / 協和糖廠編．— 民國二十八年（1939）鉛印本．— 1 册

10 行，字數不等，白口，四周雙邊，雙順黑魚尾，匡高 23.7 厘米，寬 11.7 厘米。

書名取自封面，封面印“己卯年 協和機製糖廠總結 呈永季堂先生核存”，其中人名爲手書。版心上端印“年結部”，下端印“佛山福禄路藝成印務刊”；文末署“民國廿八年己卯 六月 吉日 總結”。是書所載爲協和機製糖廠民國二十七年（1938）十二月初一至二十八年六月止進支存欠各項事宜。鈐印有“協和糖廠”。

0285 新華酒店有限公司注册章程．— 民國二十三年（1934）鉛印本．— 1 册

書名取自封面。後印“振盛印刷廣州梯雲東路上陳塘十六號”，爲圖章樣式。新華酒店設立於香港維多利亞，是書合共五十五頁，内容包括“大綱”、“西曆一仟九百三十二年香港公司律新華酒店有限公司注册細則”等。

0286 華南蠶絲學校招生章程 / 華南蠶絲學校編．— 民國（1912 ~ 1949）鉛印本．— 1 册：表格

書名取自封面。版心印“華南蠶絲學校學則”。是書爲民國時期廣東絲業研究所下轄私立華南蠶絲學校招生簡章，包括學校的規章及報名方式，收費標準等。學校位於順德樂從。

0287 廣東惠華醫學專門學校招生章程 / 廣東惠華醫學專門學校編．— 民國四年（1915）鉛印本．— 1 册

書名取自封面。是書有招生簡章十八條，并附有預科、本科第一學年、本科第二學年、本科第三學年、本科第四學年各學期之學習科目表格。紅印有“民國四年廣東惠華醫學專門學校招生章程”、“廣東惠華醫學專門學校招生簡章”、“廣東惠華醫學章程”、“廣東省城仁信藥房故衣街”。

0288 廣州大學計政班概況 / 廣州大學編．— 民國二十七年（1938）鉛印本．— 1 册：圖

書名取自封面，封面印“民國廿七年二月廣州大學計政班概況”，扉頁印“廣州大學”校徽，後有黑白攝影“學員實習攝影”圖兩幅。書後印發行信息：“民國廿七年二月出版，廣州大學計政班概況，編印者：廣州大學，印刷者：天成印務局 惠福路”等。民國二十六年（1937）廣州大學奉教育部批准附設計政訓練班，是書爲計政班開辦後向社會介紹計政班之開辦概況，對計政班的緣起、組織、設備、入學資格等内容進行了全面介紹。

0289 沙浦興學置業會特刊 / 沙涌蔡南囿祖闔族興學置業會立．— 民國十年（1921）鉛印本．— 1 册

14 行，35 字，四周雙邊，單黑魚尾，匡高 19.7 厘米，寬 11.8 厘米。

書名取自封面，封面印“沙浦興學置業會特刊”，并有鋼筆手書“南陽 樞盛君”字樣。版心下端印“台山城台城公司承印”。前有張鼎勳“贈言”，族人石泉、侶雲“贊助籌集沙涌興學置業會叢言”。是書爲設立興學置業會的規條和股東名册，興學置業會的主要目的是組織族人，集合資金，投資本村、本族的教育事業，特别是建設中小學事業。

0290 粤漢鐵路南段史略：三卷 / 粤漢鐵路南段管理局機要科編輯室編．— 民國二十三年（1934）鉛印本．— 1 册

18 行，40 字，無邊框。

書名取自封面。是書三卷，第一卷爲《粤漢鐵路南段史略（上編）》，第二卷爲《粤漢鐵路廣三支綫史略》，第三卷爲《粤漢鐵路南段史略（下編）》，各卷分沿革、總務、路綫、建設、行車、運輸、財政、附記等八項介紹。

0291 華僑商報 *Huachiao Commercial Newse*：九期 / 華僑商報社編輯．— 民國九年至十年（1920 ~ 1921）鉛印本．— 9 册：圖

書名取自封面，封面印“華僑商報 HUACHIAO COMMERCIAL NEWS PUBLISHED BY THE CHINESE CHAMBER OF COMMERCE Entered at the Post Office, P. I. , as second class matter”，另有出版日期及期數。各期均有當期要目、價目表及發行信息：“編輯者：華僑商報社，發行者：小吕宋中華總商會。”華僑商報創刊於民國八年（1919）十月，始爲馬尼拉（當時稱“小吕宋”）中華商會的會刊，每月出版一次，每月二十五號出版，每十二期爲一卷。月刊最後一期是在一九二二年二月出版。本次收録共九期，分别爲：民國九年十一月廿五號第一卷第十一期、民國十年一月廿五號第二卷第二期、民國十年五月廿五號第二卷第六期、民國十年七月廿五號第二卷第八期、民國十年八月廿五號第二卷第九期、民國十年九月廿五號第二卷第十期、民國十年十月廿五號第二卷第十一期、民國十年十一月廿五號第二卷第十二期、民國十年十二月廿五號第三卷第一期。鈐印有“嶺南學校藏書”。

0292 孫中山先生遺教 / 黄昌穀編校 . — 民國十五年（1926）鉛印本 . — 初版 . — 1 册

15 行，34 小字，無邊框。

書名取自封面，封面題簽：孫中山先生遺教 漢民敬署。前有民國十三年（1924）孫文“三民主義自序”，後有相關參考書目信息，包括有《孫中山先生演説集》、《孫文主義縱論》、《全民政治》、《朱執信集》、《科學概覽》。書後版權頁印：“中華民國十五年七月初版，孫中山先生遺教，編校者：黄昌穀，印刷者：民智印刷所，發行者：民智書局，分售處：民智書局分店，總發行所：民智書局”等信息。本書原有二册，現存下册。是書收録有三民主義及中國國民黨第一次全國代表大會宣言。

0293 美洲李氏第二次懇親大會始末記 /（美）美國李氏總公所撰 . — 民國十六年（1927）鉛印本 . — 1 册

書名取自封面。書脊印“全美李氏懇親大會始末記民國十六年八月壹日”。書底印“美洲國民日報承印”。是書是記録美洲李氏懇親大會的始，内容有：影片、宣言、族譜原序、始末記序、議案、紀事、祝詞、祝電、郵址、職員表名等。

0294 黨義教本 / 金曾澄、何學堅編 . — 民國十八年（1929）鉛印本 . — 1 册

12 行，36 小字，無邊框。

書名取自封面。版權頁信息：“每册定價陸角，編述者：金曾澄、何學堅，發行者：廣州市紙行街知用中學出版部，經售處：惠愛路昌興新街志讀書社，印刷者：廣州市九曜坊明星印刷局。”是書上下两册，上册根據孫中山在廣東大學禮堂演講之三民主義選編而成，下册根據建國方略、建國大綱、歷次宣言等編爲心理建設、物質建設、社會建設、國家建設、國民黨之組織及史略、國民黨之重要宣言等六章。現存上册四章：緒論、民族主義、民權主義、民生主義。鈐印有“司徒英印”。

0295 詞林書目：一卷 / 王僧保輯；陳運彰抄 . — 民國二十一年(1932)抄本 . — 1 册

8 行，字數不等，白口，四周雙邊，匡高 17.3 厘米，寬 11.4 厘米。

書名取自扉頁。扉頁墨筆題簽：詞林書目 壬申二月運彰。天頭有墨筆小字增補内容，版框内有朱筆注解。陳運彰(1905 ~ 1955)，原籍廣東潮陽銅盂，生長於上海。原名陳彰，字君漠，一字蒙安、蒙庵、蒙父，號華西。齋名爲"證常庵"、"華西閣"。隨況周頤學詞學，又工書畫，曾任聖約翰大學詞學教授。此書所抄，爲從唐温庭筠《金荃集》到乾隆間《詞林紀事》的詞集書目。鈐印有"陳"、"陳彰"、"蒙父"、"禮堂之印"、"西關梁氏"、"疏影小閣"。

0296 寶蘊樓彝器圖録：不分卷 / 容庚輯 . — 民國十七年(1928)河羅版印本 . — 1 册：圖

行數、字數不等，白口，四周單邊，匡高 21.7 厘米，寬 17.1 厘米。

書名取自封面題字。例言後及正文首頁天頭有是書原收藏者梁基永題跋。前有民國十七年周肇祥序。是書爲一部關於商周時期青銅器的圖録。鈐印有"周肇祥"、"養安"、"禮堂所得嶺南文物"。

0297 黄晦聞先生墓志銘：一卷 / 章炳麟撰；余紹宋書；張爾田篆蓋；梁朗文刻 . — 民國二十四年(1935)拓本 . — 1 張

志文分 26 行，滿行 28 字，共 663 字，楷書，拓紙爲田字格，每格高 5 厘米，寬 5.7 厘米。

篆額：黄晦聞先生墓志銘。墓志四方，銘文由餘杭章炳麟撰寫，龍游余紹宋丹書，錢塘張爾田篆蓋，梁朗文刻立，志文記録黄節先生生平事迹。黄節(1873 ~ 1935)，廣東順德人，初名玉昆，字晦聞，筆名黄號純熙、晦翁、佩文、黄史氏、甘竹灘洗石人、蒹葭樓主等。簡朝亮弟子。我國進步報業的開創人之一，也是著名的教育學者，生平擅長詩文和書法，其詩人稱"唐面宋骨"。與梁鼎芬、曾習經、羅復堪并稱"嶺南四家"，著有《蒹葭樓詩》、《漢魏樂府風箋》、《詩旨纂辭》等。鈐印有"賢藏街鎸雅齋梁朗文刻石"、"儀清室"、"禮堂梁基永印"。

0298 杯海吟館唱酬集：一卷 / 張階平編．— 民國十九年（1930）拓本．— 1 册

行數、字數不等，字體不一，着墨部分高 18.3 厘米，寬 11.5 厘米。

書名取自封面，封面題簽：杯海吟館唱酬集 霞公題。扉頁刊“杯海吟館唱酬録 階平妹倩屬題 南海盧公輔署”。牌記刊“民國戊午粤禪西便巷杯海吟館真藏”。前拓有蔡光弼、張鼎勲題字，并有南海冼寶榦序、張國華序、張階平序；後有民國戊午（七年，1918）張階平跋、何儀光書後。是集爲唱和集，乃民國七年（1918）杯海吟館主人張階平友人和其讌集之作品集，包括有吴荃選、霍偉南、袁光伯、梁銘恩、戴曾謀、陳祖禧、譚梓材、周李普、陳汝來、張淦、梁星源等人和詩約 20 篇。

子　部

0299 朱九江先生講學記：一卷；朱九江先生講學記書後：一卷 /（清）簡朝亮纂．— 民國二十二年（1933）刻本．— 1 册

11 行，24 字，四周雙邊，單黑魚尾，匡高 19 厘米，寬 14.4 厘米。

扉頁刊“朱先生禮山講學記 簡先生講學記書後 合編”，牌記刊“癸酉孟冬再傳弟子發印於麗澤堂印”。後有光緒二十四年（1898）簡朝亮後序。是書分兩大部分，其一爲《朱九江先生講學記》，由朱九江先生門人簡朝亮所輯録，其二爲簡朝亮於光緒二十四年所著《朱九江先生講學記書後》。鈐有“自修艸堂”藍色印。

0300 齊家至寶 / 黎義生輯．— 民國二十年（1931）鉛印本．— 1 册

17 行，34 字，白口，四周雙邊，雙對黑魚尾，匡高 17.1 厘米，寬 11.4 厘米。

書名取自封面。正文前有順邑鷺洲黎義生序。是書爲廣東順德黎義生選友人所送“東莞俟山仿 閲書報社社長 余偉賓大善長先生 其所撰勸孝歌 煙害歌 賭害歌 十窮十富歌 息門小引 息訟俚言”并擇劉赤選先生“最應驗之方”輯録而成，以作警世省人之用，希望使“善氣涵儒 同登仁壽”。

0301 張之英書古今格言 / 張之英輯 . — 民國二十五年 (1936) 影印本 . — 1 册

書名取自封面題簽，封面題簽：張之英書古今格言 丙子歲首 翰屏題。題簽現已有部分缺失。前有民國二十五年張之英在此書彙編成册時所作序。張之英（1891 ~ 1954），廣西欽州人，字餘生。畢業於廣東陸軍小學、廣東陸軍速成學校第四期步兵科。曾任廣東海軍副司令兼江防艦隊司令。1948 年移居香港，1954 年卒於香港。是書爲張之英取古今賢哲之微言大義，手書其有助於修己治事之言，按抄録時間彙編而成。鈐印有“謙漁”、“謙如”。

0302 青年輔導 : 一期 / 青年輔導出版社編輯 . — 民國三十五年 (1946) 鉛印本 . — 1 册

書名取自封面，封面印“青年輔導出版社發行 青年輔導 朱家驊”，朱字印“創刊號”，并有出版日期“卅五年五月十日出版”及要目。封底小字印有發行信息：“社址：廣州市文德路七五號 廣州漢民北路二二八號中南印刷所承印”等。封面有手書“私立若思初級中學惠存”。是刊爲反法西斯戰争勝利後輔導青年復學就業而發行，主要有“短評”、“論著”、“名著介紹”、“歷史講座”等欄目内容。鈐印有“陽江私立若思中學圖書 35 年 5 月 30 日”、“請指導交换”。

0303 鑒韻幼學詩帖 : 一卷 / 佚名編 . — 民國 (1912 ~ 1949) 石印本 . — 1 册

上下兩欄，上欄 2 行，1 字；下欄 5 行，5 字，白口，左右單邊，上下花邊，上欄匡高 4 厘米，下欄匡高 12.7 厘米，寬 10.9 厘米。

封面印“同文堂 銅板機器印 一在省城雙門底上 訓蒙幼學詩 鋪在佛山十七間”。是書爲清末童蒙教材，五字一句，文辭通俗易懂，適合兒童記誦。

0304 三字經 : 一卷 / 佚名編 . — 民國 (1912 ~ 1949) 石印本 . — 1 册

分上下兩欄，均 5 行，3 字，白口，左右單邊，上下花邊，版框通高 16.4 厘米，寬 10.9 厘米。

正文首頁卷端下印“佛山同文堂板”。缺封面。是書爲中國傳統的兒童啓蒙讀物之一，與《百家姓》、《千字文》并稱爲中國三大國學啓蒙讀物。

0305 碧交蠶種飼育須知 / 廣東建設廳順德縣蠶業改良實施區總區蠶桑事業股編撰 . — 民國二十四年（1935）鉛印本 . — 1 册 : 圖

12 行，字數不等，白口，無邊框。

書名取自封面。後版權頁信息："編撰者：廣東建設廳順德縣蠶業改良實施區總區蠶桑事業股，出版者：廣東建設廳順德縣蠶業改良實施區總分區，印刷者：廣州市惠福東路三十六號洛陽印務館。"是書對民國時期蠶種及其飼養方法作了介紹，圖文并茂，指出養蠶的一些注意事項，亦提醒蠶農要提升蠶絲質量，做好賣相，以防被人壓價，造成經濟上的重大損失。

0306 蠶病預防須知 / 廣東建設廳蠶絲改良局病理股編撰 . — 民國二十四年（1935）鉛印本 . — 1 册 : 圖

12 行，字數不等，白口，無邊框。

書名取自封面。後版權頁信息："編撰者：廣東建設廳蠶絲改良局病理股，出版者：廣東建設廳順德縣蠶業改良實施區總分區，印刷者：廣州市惠福東路三十六號洛陽印務館。"是書爲蠶病預防的方法，包括"蠶病概論"、"蠶病各論及預防法"、"桑田間蠶病媒介物之驅除法"等内容，深入分析了蠶病的成因，預防辦法，治療的辦法等。

0307 醫事彙編 / 許修五著 . — 民國二十年（1931）鉛印本 . — 1 册 : 肖像

上下兩欄，20 行，27 字，白口，無邊框。

書名取自封面，封面藍字印"醫事彙編 醫學士許修五著"。封面背面有著者肖像，前有民國二十年著者"醫事彙編自序"。書後版權頁信息："中華民國二十年一月出版，醫事彙編一册，著作者：許修五醫師，發行者：婦女醫院，總發行所：許修五醫務所"等。許修五（1892 ~ 1949），祖籍廣東台山，號灼澤，出生於華僑之家。二十世紀四十年代曾任廣州醫師公會的理事長，入股合辦《越華報》并開闢醫學常識專欄，親自執筆普及醫學常識和解答醫治疾病難題。是書創作緣起於民國十六年（1927）著者出版之《婦女衛生談》，分婦女衛生談、評論、雜著、醫藥常識、新知識五部分。

0308 中西藥典 : 一卷 / 張公讓著 . — 民國三十七年（1948）鉛印本 . — 1 册

書名取自封面，封面印"國立中山大學醫學士 五代祖傳中醫師 張公讓著 中西醫

學比觀第一集卷二 中西藥典 廣州（九）廣大路三十二號 張公讓診所發行”。前有民國三十七年著者“增訂再版自序及例言”，以及民國三十二年（1943）著者“初版序言”。書後版權頁信息：“中華民國三十二年十月初版，中華民國三十七年八月增訂再版，中西藥典，撰述者：梅縣張公讓，發行所：張公讓診所，承印者：中英印務局”等。是書“中西兼論，明其藥效，較其短長”，此次再版，在初版的基礎上原著者進行了大量增修，比之初版更爲完備。

0309 護身至寶 / 北川東藥房編 . — 民國（1912 ~ 1949）鉛印本 . — 1 册

書名取自封面，封面有印“北川東藥房 護身至寶 鋪在美國正埠沙加緬度街門牌七百伍十二號 專辦中國正地道上等參茸玉桂藥材正字號臘丸發售内附急救仙方”。是刊主要介紹了北川東藥房出售之藥物以及一些簡單的急救辦法和藥方，起店鋪宣傳作用。

0310 癰疽辨治編：一卷 / 孔華孫著 . — 民國十五年（1926）鉛印本 . — 1 册

行數不等，38 字，白口，四周雙邊，雙對黑魚尾，匡高 17.5 厘米，寬 11.7 厘米。

書名取自版心。封面印“癰疽辨治編 南海孔華孫著”。前有著者孔華孫“癰疽辨治編志”。是書爲治療癰疽之法，分“治法”、“上部治法”、“中部治法”、“下部治法”四部分介紹。

0311 婦女衛生談 / 許修五著 . — 民國十六年（1927）鉛印本 . — 1 册：圖

19 行，40 字，白口，無邊框。

書名取自封面，封面紅字印“醫學士許修五著 婦女衛生談 廣州市婦女醫院出版”。前有民國十六年序、阿修羅“弁言”。書後版權頁信息：“中華民國十六年九月初版，中華民國十六年十月再版，婦女衛生談一册，著者：許修五，發行者：婦女醫院”等。是書打破當時社會對於生理學之隱秘態度，講解了婦女生理與男子之異同、青春期的注意、月經的相關知識以及妊娠前後衛生之知識，爲女子研求生殖器官常識提供了相關知識，引導婦女做好衛生工作。是書當時出版後，幾月間翻版兩次均不足讀者需求。

0312 針灸醫案 / 連可覺編 . — 民國二十七年（1938）鉛印本 . — 1 册

行數、字數不等，白口，四周單邊，匡高 15.9 厘米，寬 8.8 厘米。

書名取自封面，封面題簽：連可覺 針灸醫案 第五期 徐維揚題；題簽下印“廣州市長壽東路長壽印刷”。前有著者“自序”兩篇。是書主要介紹連可覺教授醫學的特點、中醫行醫的規則以及部分常見的疾病病理概論。連可覺，著名的老中醫，擅長中醫針灸、内外全科、手足痛腫痹痛等症。曾在廣州龍津西路開辦國醫傳習所、華佗針灸傳習所，曾用針灸治癒近萬名各種奇難雜症病人。

0313 癸亥歲新曆書．— 民國十一年（1922）刻本．— 1 册：圖

行數、字數不等，白口，四周單邊或雙邊，單黑魚尾，匡高 15.6 ~ 18 厘米，寬 11 厘米。

缺封面，缺頁 1。題名取自扉頁，扉頁紅紙印“廣州 麟書閣 癸亥歲 新曆書 鋪在九曜坊開張”。是書爲民國十二年癸亥（1923）歲曆書，内容豐富，除有癸亥年三篇通書外，還記録有定期節氣光黑校鍾法、皇帝洗頭裁衣耕種日、解夢吉凶書、眼跳大全、二十八星宿、五行星、六甲、太歲、二十六關煞、郵政價目表、天罡時、儀目帖式、二十四孝圖、吉時表、擇日要覽、增廣賢文、百中經等内容，并附有各國國旗。

0314 堪輿一謌 / 雷汝霖著．— 民國二十四年（1935）鉛印本．— 1 册

書名取自封面，封面印“堪輿一謌蘇民題”。前有著者“堪輿一謌自序”；後有版權頁信息：“中華民國二十四年十月十日出版，堪輿一謌，每册實價六角，著述者：嶺南雷汝霖，發行者：安懷寄廬，代售處：各埠大書局。”是書爲堪輿書籍，著者意在表述堪輿看上去是小道的東西，其實大有用處。全書分爲“風水哲學談”、“風水科學談”、“風水徵驗談”、“風水徵驗圖”、“附記”等部分。鈐印有“地師雷汝霖章”。

0315 嶺南三先生書 / 陳步墀輯．— 民國元年（1912）珂羅版印本．— 1 册．—（繡詩樓叢書：十二種·遺翰二種）

書名取自扉頁。叢書扉頁印“遺翰二種”，字迹現已模糊；牌記印“吴道鎔 歲在壬子題”。另子目扉頁印“嶺南三先生書”；牌記印“繡詩樓叢書十二種”。叢書扉頁後有陳步墀撰、潘飛聲書序文一篇，本書扉頁後有陳墀撰、潘飛聲書序文，陳步墀撰、姚子方書序文各一篇。陳步墀（1870 ~ 1934），饒平澄海（今屬廣東汕頭）人，號慈雲，字子丹，又一字幼儕。是書存 17 頁，主要收録清初嶺南三大家屈大均、陳恭尹、梁佩蘭的書法翰墨。鈐印有“禮堂梁基永印”。

0316 廣藝舟雙楫：六卷，卷首一卷 / 康有爲撰．— 民國九年（1920）石印本．— 2 册

14 行，30 字，白口，左右雙邊，單黑魚尾，匡高 16.6 厘米，寬 12 厘米。

封面墨筆手書題簽：廣藝舟雙楫 第一集或第二集 依蕽補考。扉頁印“民國九年精校廣藝舟雙楫 普益書局發行”。牌記印“中華民國九年仲夏上海普益書局印行”。卷首有光緒十五年（1889）著者康有爲“叙目”。是書又名《書鏡》，是晚清最重要的書法專著。全書六卷二十章，叙目一篇。卷一、二爲書體源流；卷三、四爲評論碑品；卷五、六爲爲用筆技巧、書學經驗和各種書體的書寫要求。全書涉及面廣，對書法藝術各方面幾乎都有論述或評價。鈐印有“讀古人書”、“禮堂梁基永印”、“拾清樓”、“基永珍之”、“禮堂所得嶺南文物”。

0317 嶺南畫徵略：十二卷，補遺一卷 / 汪兆鏞撰．— 民國十七年（1928）鉛印本．— 1 册

13 行，25 字，四周單邊，單黑魚尾，匡高 14.7 厘米，寬 10.5 厘米。

封面朱筆手書“嶺南畫徵略戊辰八月潘飛聲”。扉頁印“嶺南畫徵略 戊辰八月 潘飛聲 年七十一”。前有潘飛聲“題辭”，丁卯（民國十六年，1927）汪兆鏞“嶺南書徵略叙例”。每卷卷末印“子壻鍾祐慶校刊”。存 5 卷：卷 1 ～ 5。是書爲畫史傳，專録廣東地區自唐以來能畫者四百餘人，依時代爲次，唐宋元各一人，明七十六人，餘皆清代，以近代人爲多。除專業畫家外，凡名公、文人、釋道、閨秀、稍涉繪事者，俱采録入内。體裁以每人詳載其生平事蹟、著述、論畫之見，或摘録後人的題跋、詩咏，俱注明所出，偶加自評按語。所輯資料頗富。爲研究近代廣東地區畫家及“嶺南畫派”提供了重要資料。鈐印有《陋室銘》全文印、“樂琴書以自適”、“與古爲徒”、“阿字”、“今無之印”、“文彭之印”、“江門吕氏紫藤花館”、“繞室梅花二十樹”。

0318 最新名曲．— 民國（1912 ～ 1949）鉛印本．— 1 册：圖

16 行，字數不等，白口，四周單邊，匡高 15.9 厘米，寬 9.9 厘米。

書名取自封面，封面印“最新名曲民智書局印行”，前目録末印出版信息：“地址：廣州光復中路，電話：一六九五零。”是書印有彼時歌林和聲、百代公司、捷利公司以及勝利公司最新唱片對照曲譜。

0319 民權初步：五卷 / 孫中山（孫文）著．— 民國六年（1917）鉛印本．— 1 册

11 行，25 字，四周雙邊，單黑魚尾，匡高 19.4 厘米，寬 13 厘米。

書名取自版心。前有民國六年孫文序。是書共五卷二十章一百五十八節。記載有：序，卷一“集會”，卷二“動議”，卷三“修正案”，卷四“動議之順序”，卷五“權宜及秩序問題”，結論，附録“章程并規則之模範”、議事表。

0320 民族主義：六講 / 孫中山（孫文）著．— 民國十三年（1924）鉛印本．— 1 册

12 行，28 字，白口，無邊框。

封面題簽：民族主義 孫文題著。前有民國十三年孫文“自序”。書後版權頁信息：“民國十三年十二月再版，定價大洋二角，民族主義，講演者：孫文，印刷者：民智印刷所，發行者：民智書局，分售處：廣州分局，總發行所：上海棋盤街中市九十至九十一號民智書局。”封底有“民智”標志。自民國十三年一月起，孫中山在廣東國立高等師範學校禮堂連續講演三民主義，至三月底，民族主義六講完成，演講筆記經孫中山修改後即由中國國民黨中央執行委員會宣傳部印行，遂成書《民族主義》，全文分爲六講。鈐印有“贈閱”、“關卓三印”朱印。

0321 孫中山先生由上海過日本之言論 / 孫文撰．— 民國十六年（1927）鉛印本．— 1 册

11 行，27 字，白口，無邊框。

書名取自封面。書後版權頁信息：“中華民國十四年三月初版，十六年一月六版，孫中山先生由上海過日本言論，演講者：孫文，發行者：廣州民智書局。”是書收録了中山先生自上海前往日本後的數篇演講詞，包括有《大亞洲主義》、《日本應助中國廢除不平等條約》、《中國内亂之因》、《國民會議爲解決中國内亂之法》、《學生須贊成國民會議》及對新聞記者之談話等内容。鈐有“中華民國十六年拾月六日 收到”、“浙江第四中學圖書館”藍印。

0322 三民主義問答 / 金曾澄編；李次穠校．— 民國十五年（1926）鉛印本．— 1 册

13 行，36 小字，無邊框。

書名取自封面，封面題簽：民族 民權 民生 合刊 三民主義問答金曾澄編述。前有“總理遺囑”。書後版權頁信息：“民國十五年八月二版，編述者：金曾澄，校訂者：李次穠，印刷者：丁卜工場，發行者：廣東省教育會，分售處：各大書店。”鈐印有“法健”。

0323 國光公司絲髮 / 國光公司編 . — 民國十八年（1929）鉛印本 . — 1 册：圖

書名取自封面。前有民國十八年“例言”。是書爲加拿大温哥華國光公司絲髮一九二九至一九三〇年度産品介紹名録，内有小片樣板的介紹、價格等。

0324 廣州青年報：一期 / 梁小初編 . — 民國四年（1915）鉛印本 . — 1 册

刊名取自封面。封面彩色套印“CANTON'S YOUNG MEN MARCH 1915 郵務局特許掛號爲新聞紙類，廣州青年，主一九一五年，中華民國四年三月一號出版，廣州基督教青年會印行，第二卷 第十一號”。封面後頁有該期中英文目次。封底前頁有“凡例”及相關出版信息：“編輯者：本會幹事梁小初，發行所：廣州基督教青年會，印刷所：粤東編譯公司。”

0325 珠江學報：一期 / 李滿濠總編輯 . — 民國八年（1919）鉛印本 . — 1 册：圖

刊名取自封面。封面朱墨雙色套印“珠江學報 岑春煊題 第三期 民國八年七月十日本校青年會之服務團”，并配圖。封底藍字印“PEARL RIVER ACADEMY ECHO JULY 1919 CANTON CHINA”，并有珠江學校徽章。前有圖畫數幅。是刊爲民國時期珠江學校所編，此爲第三期，分前後兩部分，分爲中英文内容，中文部分内容主要分圖畫、論説、演講、傳記、譯著、文藝、雜纂、記載、附録等各欄目；英文部分主要有“Editorials”等九篇文章。

0326 光華衛生報第四期：一期 / 廣東光華醫社編 . — 民國九年（1920）鉛印本 . — 1 册：圖

刊名取自正文天頭。封面、封底已缺，現封面爲原扉頁，印“醫學博士王寵慶君肖像”。出版時間據附刊，原題“光華醫院施贈患者人數表 民國九年一二三四五六七八月份”，又題“民國九年一至五月份光華 醫社進支布告”。是書爲廣東光華醫社刊物，分論文、學理、擇抄、問答、譯件、附刊六部分。

0327 中國國民黨駐斐總支部周刊：一期 / 黄哲真編．— 民國十七年（1928）鉛印本．— 1 册：圖

刊名取自封面。封面朱色印“中國國民黨駐斐總支部周刊 胡漢民題 第四期 中華民國十七年二月十七日出版”。封面有“總理遺像”、“總理遺囑”、目録。是刊爲中國國民黨駐斐總支部周刊第四期，民國十七年二月十七日出版。主要爲宣傳革命思想、報導國内及國際時事政治等。本期有：時評、特載、言論、專件、總支部工作概要等欄目。

0328 松籟：一期 / 陳劍吾編．— 民國十八年（1929）鉛印本．— 1 册：圖

刊名取自封面。封面彩色套印“松籟第二期中華民國十八年十二月出版”。後印有“梅縣新群印刷局代印”字樣。是刊爲松籟第二期，民國十八年十二月出版。主要是關於梅縣的民生服務、社會民情、學校學風、文學藝術、小説雜文等文章及時事評論。本期主要有：編者代述、論著、文藝、小説、譯述、雜俎、校况、補白等欄目。

0329 南國：一期 / 南國旬刊社編．— 民國二十一年（1932）鉛印本．— 1 册：圖

刊名取自封面。天頭印“南國 孫中山先生遺墨”，上印“中華郵政特准掛號認爲新聞紙類”。是刊主要刊登文藝論文或披露黑暗時政等，旬刊，此期要目有：知識無用論、内創、枕上思潮、閑話、未必、笑等。

0330 教倫月報：四期 / 司徒文曲編．— 民國二十二年至二十五年（1933 ~ 1936）鉛印本．— 4 册：圖

刊名取自封面。封面彩色套印“教倫月報本期要目”。現存 4 期：111 期、127 期、143 期、147 期，分别刊行於：民國二十二年（1933）一月、民國二十三年（1934）五月、民國二十四年（1935）九月、民國二十五年（1936）一月。主要是關於開平赤坎倫教司徒氏一族及當地的新聞、風土人情等，欄目有：族聞、邑聞、文藝作品、財政報告、物價調查等。

0331 順德半月刊：四期／馬紹康主編；蘇任萍校．— 民國二十三年至二十四年（1934 ~ 1935）鉛印本．— 3 册：圖

刊名取自封面。封面彩色套印"順德半月刊順德縣黨部發行"。前有"總理遺像"、"總理遺囑"。現存 4 期：7 期、8 期、19 期、20 期，分别爲：民國二十三年（1934）七月十五日、民國二十三年（1934）八月一日、民國二十四年（1935）四月三十日出版，19 期和 20 期合訂爲一册。各期有"論述"、"教育"、"文藝"、"特載"、"黨務"等欄目，主要爲弘揚三民主義，糾正一切謬論，并研究各種學術、教育、社會、文藝等，轉載順德縣行政、黨務及社會各種信息。

0332 鵬聲特刊：一期／馬維剛總編；黄紹基助編．— 民國二十二年（1933）鉛印本．— 1 册：圖

刊名取自封面。封面題簽：鵬聲特刊 在國難中獻給那公夏禮；下印"廣州培英鵬社出版部發行 民國二十二年四月廿四日"。前有"本社職員"信息："總編輯：馬維剛，助理編輯：黄肇基"等。是册爲培英學校學生出版之校刊，有"前奏曲"、"評論"、"文藝"、"詩"、"小説"、"新聞"、"編後"等欄目。

0333 莘莘：一期／金振聲編．— 民國二十四年（1935）鉛印本．— 1 册：圖

刊名取自封面。封面藍色套印，有插圖。正文首頁下部印出版信息："莘莘旬刊，發行及主編：金振聲，出版者：莘莘社。"另印有"廣州市惠福中路莘莘社"等出版信息。本刊爲當時青年學子良好的讀物，亦是他們發表言論的陣地。存册主要記録的是反映學生生活的攝影照片及稿件等。

0334 凱社特刊：一期／凱社編．— 民國二十四年（1935）鉛印本．— 1 册

刊名取自封面。封面印"民國二十四年一月一日出版 凱社特刊 第三期 社址暫在廣州市學源里八號樓下"，并有"總理遺囑"、"刊首語"及當期目次；封底有"編者啓事"、"本社四次全會録"等信息。是刊爲凱社的社刊，由於"各同學皆在求學"，不定期出版，本期出版距上期整整一年時間。本刊僅收録"對於本族教育上、風俗上，有所貢獻者"，不收録"關於政治與社會之評論"。

0335 學聲月刊：二期／廣州知用學社出版部編輯．— 民國二十四年（1935）鉛印本．— 2册：插圖

刊名取自封面。封面有當册卷期數，并配彩飾插圖。封底印出版信息："編輯者：廣州知用學社出版部，發行者：廣州知用學社"等。是刊爲廣州知用學社創辦之刊物，存二期：第一卷第一期及第一卷第三期。知用學社創辦於民國十一年（1922）年，在民國二十三年（1934）年學社十二周年紀念之際各社友決定發行《學聲月刊》，以實現學社學術運動的復興。是册主要面對中等學生，内容純取雜志式，涵蓋有新舊文學、自然科學、社會科學等方面，另自第二期始，開設"中等學生問答欄"用以解答各科疑難問題。鈐印有"學聲月刊"、"恭祝讀者德業日進本刊同人鞠躬"。

0336 光芒：一期／陳謙益、關玉棠、吴惠謙編輯．— 民國二十四年（1935）鉛印本．— 1册

刊名取自封面。封面彩色套印"光芒 第十八期 民國二十四年十月十五日出版"，并附光漢中醫院照片。各頁版心題名"光芒月刊"。書後版權頁信息："光芒 第十八期，民國廿四年十月十五日出版，不許轉載，編輯：陳謙益、關玉棠、吴惠謙，出版：光漢中醫專門學校學生自治會廣州市廠後街第八號，印刷：流水井珠江印務局。"本刊爲月刊，其前身是《光漢校刊》，由廣州光漢中醫專門學校學生自治會發行，逢十五日出版，"爲大衆同學之刊物"，主要收録光漢中醫專門學校師生來稿及相關校務信息，内容要求"無反革命色彩"即可。本期有"論壇"、"醫學"、"文藝"等欄目。

0337 萬華床廠開業六周年紀念册：一期／廣州萬華鋼鐵床廠編．— 民國二十四年（1935）鉛印本．— 1册

刊名取自封面。封面印"萬華床廠開業六周年紀念册 乙亥深秋廿四年題 鄒焰光"，并彩色套印木棉花畫。有目次及出版信息："廣州萬華鋼鐵床廠開業六周年紀念册（非賣品），民國廿四年十二月一日出版，編輯者：廣州萬華鋼鐵床廠。"有彼時經理盧天佑所撰發刊詞。本刊爲志慶廣州萬華鋼鐵床廠開業六周年發行，介紹了鋼鐵廠的相關業務及成就。鈐印有"焰光"。

0338 廣東蠶聲：八期 / 廣東全省蠶業改良實施區總區編 . — 民國二十五年至二十六年（1936 ~ 1937）鉛印本 . — 8 册：插圖

刊名取自封面。封面印“廣東蠶聲 何啓澧題，廣東全省蠶業改良實施區總區編行，地址：順德 大良 十二畝”。正文後有“廣州市惠福東路洛陽印務館承印”。是刊由廣東全省蠶業改良實施區總區發行，爲月刊，每年爲一卷，每卷十二期。存 8 期：第二卷第五期、第六期、第七期、第八九期（合刊）、第十一期、第十二期，第三卷第一期、第二期，分别爲：民國廿五年（1926）五月、民國廿五年六月、民國廿五年七月、民國廿五年九月、民國二十五年十一月、民國二十五年十二月、民國二十六年（1927）一月、民國二十六年二月出版。刊印内容主要有“蠶絲要聞”、“蠶絲情報”、“蠶絲問答”、“總區消息”、“分區消息”、“專載”、“論述”等。

0339 國貨月刊：一期 / 廣州市提倡國貨委員會編輯股編 . — 民國二十六年（1937）鉛印本 . — 1 册：圖

刊名取自封面。封面題簽：國貨月刊 劉石心題；下印“三卷十二期 廣州市提倡國貨委員會編印 中華民國廿六年六月十五日”。封底印出版信息：“中華民國二十六年六月十五日出版，國貨月刊 第十二期，零售每册小洋一角，編輯者：廣州市提倡國貨委員會編輯股，發行者：廣州市提倡國貨委員會，印刷者：文光印務館，分售處：各大書局”等。本刊辟有“短評”、“論壇”、“調查與統計”、“經濟情報”、“國貨動態”、“實業拾零”、“人物志”、“漫談”、“工廠介紹”、“會務紀要”等欄目，除了宣傳國貨，還呼籲人們使用國貨。鈐印有“劉石心”。

0340 民鍾季刊：一期 / 民鍾季刊編輯室編 . — 民國二十六年（1937）鉛印本 . — 1 册：圖

刊名取自封面。封面印“内政部等級警字第六零七二號 中華郵政特准掛入第一二七三號認爲新聞紙類 民鍾季刊 吴鼎新題 第三卷 第一期”，并印有目録，目録下印“中華民國二十六年三月出版 廣東國民大學文法學院學術研究社編印”。版權頁印“民國二十六年三月出版，民鍾季刊，第三卷 第一期，編輯者：民鍾季刊編輯室，負責人：張恒遇，發行者：廣東國民大學文法學院學術研究社，代表人：黄軼球，印刷者：羅洪記印務書局”等信息。是刊由廣東國民大學文法學院學術研究社發行，爲季刊，内容主要圍繞文法相關信息展開。鈐印有“李認群”。

0341 粤秀文壘：一期 / 段德澍主編；黎元任、陳殿華、盧森編輯．— 民國三十五年（1946）鉛印本．— 1 册

刊名取自封面。封面彩色套印“粤秀文壘 半月刊 第二卷第一期 中華民國三十五年十一月十六日出版”，并印有南京中央日報社論《蔣主席六十壽辰獻詞》，并有手書題字“十二月六日 購於勝利出版社”。封面背面有當期目録及出版信息：“發行人：張明，主編：段德澍，編輯委員：黎元任、陳殿華、盧森，出版者：粤秀出版社，印刷者：粤秀印刷所”等。本期刊物主要收録蔣介石六十壽辰之際各界的評價及壽辭，并有蔣介石年表資料，具有鮮明的政治傾向。

0342 廣東建設研究：四期 / 廣東建設研究委員會編輯．— 民國三十五年至三十六年（1946 ~ 1947）鉛印本．— 4 册：圖

刊名取自封面。封面配藍色廣東地圖，朱墨雙色印字，上題“廣東建設研究 羅卓英，廣東建設研究委員會印行”。封底有出版信息：“廣東建設研究，編輯人、發行人：廣東建設研究委員會，印刷者：國民印刷所”等。存四期：第一卷第一期（創刊號），民國三十五年（1946）八月一日出版；第一卷第二期，民國三十五年十一月一日出版；第二卷第一期，民國三十六年（1947）二月十五日出版；第二卷第二期（關於廣東省五年建設計劃特輯），民國三十六年七月一日出版。鈐印有“羅卓英印”、“華南大學圖書館藏書”、“本館雜志 請勿帶出”、“廣州嶺南大學圖書館”。

0343 納卯廣東會館月刊：一期 / 納卯廣東會館編．— 民國三十七年（1948）影印本．— 1 册

行數、字數不等，白口，四周單邊，匡高 18.1 厘米，寬 12.9 厘米。

刊名取自封面。封面印“納卯廣東會館月刊 領事宓錫寵題”，并印有出版日期“1948.7”及期數“4”。是刊爲菲律賓納卯廣東會館刊物，本期内容包括：廣東台山、開平等地洪水灾情報導、賑灾倡議書、僑界新聞、會務動態、本埠新聞、舊事重提、回菲憶述等。鈐印有“劉偉華珍藏”。

0344 塘坳月刊：一期／雷一帆主編；雷傑民助編．— 民國三十七年（1948）鉛印本．— 1 册：圖

刊名取自封面。封面紅藍兩色印刷,紅字印“塘坳月刊 伯泉題”,藍字印“創刊號目録”并詳細目次。封底出版信息印“塘坳月刊（創刊號），主編：雷一吼，助編：雷傑民，財政兼廣告部主任：劉尊概，出版者：塘坳月刊出版社，出版日期：民國卅七年二月五日”。《塘坳月刊》爲廣東塘坳鄉之刊物，所收稿件主要以教育、水利、地方治安及鄉俗改革爲主。本期爲創刊號，其内容主要分“論著”、“鄉聞”、“邑聞”、“校聞”、“鄉政”、“文藝”、“雜俎”、“小學生園地”八部分。

0345 群衆：二十六期／香港群衆周刊社編輯．— 民國三十七年至三十八年（1948～1949）鉛印本．— 28 册：圖

刊名取自封面。封面彩色套印“群衆 香港群衆周刊社發行”，并有卷期數及當期目録。封底小字印出版信息：“督印兼發行：章瀚，乘印：有利印務公司”等。《群衆》爲中國抗日戰争時期和第三次國内革命戰争初期在國民黨統治區公開出版的中國共産黨機關刊物。本次所收爲中共廣東省委於 1947 年在香港復刊時所發行，共二十六期，出版時間自民國三十七年（1948）一月二十二日至民國三十八年（1949）六月二十三日。

0346 古宅月刊：一期／方賜照、方向明編．— 民國三十八年（1949）鉛印本．— 1 册：圖

刊名取自封面。封面彩色套印“古宅月刊復刊第二十四期　中華民國三十八年壹月出版”。

本刊發行情况不詳，現存一期，有廣東關開平赤坎倫當地的新聞、風土人情，主要欄目有“編者的話”、“啓事”、“對鄉族事的一般意見”、“鄉聞”、“各地新聞”、“大衆園地”、“財政報告”、“鳴謝”、“物價調查”。

0347 中國新聞華南航空版：二期／唐賢龍主編．— 民國三十八年（1949）鉛印本．— 2 册

刊名取自封面。封面印：“中國新聞 華南航空版 發行人兼主編：唐賢龍 中國新聞社發行”，并印有關要目。封底印出版信息：“中國新聞 主編兼發行人：唐賢龍，編輯者：

本刊編輯委員會，發行者：中國新聞社。”存二期：第二版第三卷第九期，民國三十八年二月五日出版；第三版第三卷第十期，民國三十八年二月十五日出版。

0348 僑港譚氏宗親會會刊：一期 / 譚氏宗親會編輯部編．— 民國三十八年（1949）鉛印本．— 1 册：圖

刊名取自封面。封面紅緑雙色印“僑港譚氏宗親會會刊 賡屏題，創刊號，會址：荷里活道二百一十七號二樓，中華民國三十八年八月廿五日出版（非賣品）”。後有編後話及出版信息：“中華民國三十八年八月廿五日出版，僑港譚氏宗親會會刊 創刊號（非賣品），出版者：僑港譚氏宗親會，編者：譚氏宗親會編輯部，承印者：鴻發印務局”等。是刊爲香港僑港譚氏宗親會之會刊，該宗親會建於民國三十七年（1948），旨在“敦宗親，聯族誼，促進族務之發展，增進族人之福利”。會刊之創辦，“其主旨，在報導新聞，溝通消息，交换新知，增廣見聞”。本期爲創刊號，有理事長致辭、理事會成員照片、宗親題字、宗親園地、會務報告、各地通訊、族譜等内容。

0349 雲山月報：一期 / 黄劍父總編輯．— 民國三十八年（1949）鉛印本．— 1 册：圖

刊名取自封面。封面紅字印“雲山月報 黄旭初題”，并印有“社長：黄卞山，經理：黄磐石，總編輯：黄劍父”等，“本報職員”信息及“中華民國三十八年八月十五日出版復刊第四十期”出版信息。“雲山”即廣州白雲山。本刊於 1949 年 8 月 15 日出版，即國共内戰的結束階段，書中内容有：特寫、地方新聞、族聞、文藝、僑聞等，其中時政占主要部分。

0350 珠江報方茂漫畫：一期 / 雷雨田作．— 民國三十八年（1949）鉛印本．— 1 册：圖

刊名取自封面。封面印“珠江報方茂漫畫 單行本第十三集 雷雨田作”。封底印出版信息：“方茂漫畫單行本第十三集，零售五角，中華民國三十八年八月十日出版。”

0351 三台青年界：一期 / 廣州台山學會編輯．— 民國（1912 ~ 1949）鉛印本．— 1 册

上下兩欄，均 22 行，26 字，白口，上雙邊下單邊，匡高 20.9 厘米。

前印“三台青年界 戰時特刊 第一號 廣州台山學會出版”。此刊内容主要是評論國内形勢，對日本戰鬥方針等，内容分小評論、論述、戰時常識三部分，應該於 1938 年前後全面抗戰時期出版。

0352 小廣州人雜志：三期 / 建國出版社編述．— 民國（1912 ~ 1949）鉛印本．— 3 册

刊名取自封面。封面刊名下除印有期數，還印有“建國出版社編述，社址：廣州（11）榨粉街六十一號”等出版信息。本刊主要登載時政事件及相關人物介紹。存 3 期：第五期、第十五期、第八十五期。其中前兩期未見出版時間，後一期爲民國三十八年（1949）七月二十日出版。

0353 美麗之白雲：一期 / 陸静山著．— 民國（1912 ~ 1949）鉛印本．— 1 册：圖

刊名取自封面，封面印“美麗之白雲 陸静山著”，并有手書人名“桄榔隱者”。末頁版心下端印“廣州用漢北路培英印務公司承印”。全書 24 頁，實爲白雲山導游圖册，由民國時期的“美麗牌香煙公司”委託南海陸静山執筆創作，“借鄭仙誕辰，廣爲印贈，以助游興”。書中創作出“子美”、“麗雲”男女主角，引導讀者游覽白雲山衆多名勝。它是一本在游覽白雲山過程中植入廣告的旅游與商業相結合的宣傳册，創意新穎，極爲罕見。

0354 趙大光藥房：一期 / 趙大光藥房編．— 民國（1912 ~ 1949）鉛印本．— 1 册：圖

刊名取自封面。封面印“趙大光藥房 鄒魯 一在安南堤岸 一在越南河内 一在廣州十八甫北路 電話一五一三一”。首頁地脚位置印出版信息：“廣州新荳欄 5 街國民石印局刊。”本册刊物主要介紹趙大光藥房出售之藥物，起店鋪宣傳之用。

0355 曹統新父子大藥房：一期 / 曹統新、曹容堅、曹容棟著．— 民國（1912 ~ 1949）鉛印本．— 1 册

刊名取自封面。是刊爲曹統新父子宣傳自己在廣州市欒欄路醫館的資料，存第十四期。曹氏父子清末從廣東番禺鴉湖行醫，後出走至美國，後歸國開醫館，此册内容有：衛生要言、家庭宜備、殺蟲蟻法、救食菸膏、救國歌曲等。

0356 廣州教育季刊：一期．— 民國二十一年（1932）鉛印本．— 1 册：圖

書名取自封面，封面印“廣州教育季刊 1932 Jan. Ⅰ .No. Ⅱ , Vol 第二卷 第一期”，并印有當期要目，要目下印“廣州市立師範畢業同學會出版 二十一年一月一日”。正文前有詳細目録，文後有勘誤表，全書後有“徵稿簡章”及出版信息：“中華民國二十一年一月一日出版，廣州教育季刊，出版者：廣州市市立師範畢業同學會，印刷者：天成印務局”等。本刊主要收録關於教育方面的文章，分“論評”、“論著”、“譯述”、“漫談”、“文藝”五部分。

0357 廣東教育：一期／廣東教育月刊社編輯．— 民國三十七年（1948）鉛印本．— 1 册

刊名取自封面。封面朱墨雙色印“廣東教育 第三卷 第一期 中華民國三十七年六月十五日出版 廣東省教育廳出版”，并印有是册目録。封底有出版信息：“廣東教育 第三卷第一期，民國三十七年六月十五日出版，編輯者：廣東教育月刊社，發行者：廣東省政府教育廳，承印者：光復印刷所。”本刊爲民國時期廣東省教育廳出版之刊物，主要有轉載、報告、消息、規法四部分。

0358 開中半月刊：四期／開中出版委員會編．— 民國十六年（1927）鉛印本．— 4 册：圖

刊名取自封面。封面印“革命化 開中半月刊”，并印當期期數、目録及出版日期。首册創刊號封面藍字印刷，餘三册封面墨字印刷。書後印出版信息：“編輯者：開中出版委員會，印刷者：新昌南粵印書館，發行所：開中教務部”等。本刊爲開平縣立中學校刊，存四期，分别爲：創刊號，民國十六年九月十五日發行；第壹卷第弍期，民國十六年九月十五日出版；第壹卷第叁期，民國十六年十月十五日出版；總理誕辰紀念號，民國十六年十一月十二日出版。

0359 開中月刊：一期／開平縣立中學校出版委員會編．— 民國十七年（1928）鉛印本．— 1 册：圖

刊名取自封面。封面有插圖，印“開中月刊第五期 目録，民國十七年三月出版，通訊處：廣東開平赤坎開平縣立中學校出版委員會”等。正文前有“總理遺囑”及“本刊啓事”，書後有“開平半月刊投稿簡章”以及相關出版信息：“編輯者：開中出版委員會，發行所：開中出版委員會，印刷者：赤磡市民生公司。”《開中月刊》爲開平縣立中學校刊，原爲半月刊，“惟因出版困難”，多次未能如期出版，故從第五期，即本期起改爲月刊。本期主要内容爲:《駁開平晨鍾報“輿論上對於開中劉校長之去留”》,《對於一般青年的願望》、《修復開平邑志芻議》、《我們爲什麽要吊悼七十二先烈》、《我讀書所感覺的》、《春感八首》、《七十二烈士頌并序》、校聞等。鈐印有“方倫熾章”。

0360 開中半月刊：五期 / 開平中學學生自治會編輯委員會編輯 . — 民國二十年（1931）鉛印本 . — 3 册

刊名取自封面。末印出版信息：“開中半月刊，編輯者：開平中學學生自治會編輯委員會，發行者：本校貿易部，印刷者：赤坎民生公司”等。無具體出版日期，其中第10~11期合刊内容末有落款時間“中華民國二十年六月十日”。本刊爲開平中學學生自治會出版的校園刊物，從第六期開始因“經費”及“編輯”問題改爲兩期合刊。存5期：4期、6~7期合刊、10~11期合刊。主要欄目内容有“論著”、“文藝”、“校聞”、“會議録”、“問答欄”、“專載”、“尾聲”、“編後話”等。

0361 開中學生自治會成立特刊：一期 / 開中學生自治會編 . — 民國三十一年（1942）鉛印本 . — 1 册：圖

刊名取自封面。封面印“開中學生自治會 成立特刊 閆文□，民國三十一年 月 日初版，開中學生自治會編製”等信息。封面背面印有目録。封底印“廣東省圖書雜志審查處審查開字零壹捌號”。是刊爲開平縣立中學校學生自治會成立之特刊，有《學生自治會成立之箴言》、《學生自治會章程》、《學生自治會組織系統表》等學生自治會成立信息。另編者擬後續定期出版爲月刊或季刊，故本刊内容豐富，有詩歌、評論等多個欄目。本刊發於抗戰期間，亦有《對日宣戰意義》等抗日救亡文章。

0362 開平縣立一中校刊：一期 / 開平縣立第一中學校刊編輯委員會編 . — 民國三十七年（1948）鉛印本 . — 1 册

刊名取自封面。封面印“開平縣立第一中學校刊編輯委員會編 中華民國三十七年六月卅日出版”，并有是册目録。是刊乃開平縣立第一中學校刊，有發刊詞、長官題詞及編後語，内容主要分校務報導及學生園圃兩部分。

0363 開平華僑月刊：一期 / 黄琳之［等］編輯．— 民國三十七年（1948）鉛印本．— 1 册：圖

刊名取自封面。封面印"開平華僑月刊 HOI PING OVERSEAS MONTHLY"及當期要目，并配藍色插圖。封底印出版信息："開平華僑月刊，第二卷第四期，民國卅七年四月一日出版，董事長：周梅羹，社長：鄧介山，編輯：黄琳之、譚堯春、司徒丙鶴、關春如、譚劍英"等。是刊發刊於 1946 年，存第二卷第四期，有"社評"、"家鄉消息"、"鄰邑新聞"、"省港大事"、"華僑之聲"、"四邑社會色相"、"各地百怪録"、"見事論事"、"開平抗戰血淚話"、"物價調查"等欄目内容。

0364 羅定留省學會會刊：一期 / 羅定留省學會輯．— 民國十八年（1929）鉛印本．— 1 册

刊名取自封面。封面印"羅定留省學會會刊 第一期"。封面後有"總理遺像"、"總理遺囑"。前有 1929 年陳啓寅"卷頭語"，後有"編者的話"。封底印出版信息："廣州市西湖街中英印務局承印。"是刊存第一期，主要有"論文"、"數學"、"文藝"、"特載"等欄目。

0365 緬甸華僑中學第四届畢業紀念册：一期 / 緬甸華僑中學編．— 民國十八年（1929）鉛印本．— 1 册：圖

刊名取自封面。前有陳復思"卷頭語"，民國十八年仰光領事蔡咸章序、管震民序。是刊爲緬甸華僑中學第四届畢業紀念册，出版此册目的在於引起國外僑胞重視成立團結統一的社團，本期内容有"論説"、"科學"、"紀叙"、"文藝"、"詩歌"、"序文"、"謝詞"等。

0366 廣大附中期刊 ：一期 / 廣州大學附中學生自治會出版委員會編輯．— 民國十九年（1930）鉛印本．— 1 册：圖

刊名取自封面。封面印"廣大附中期刊 金曾澄"；封面背面後有"總理遺囑"、"總理遺像"。封底印出版信息："編輯者：出版委員會，承印者：廣州市惠愛東路人民印務局。"是刊爲民國時期廣大附中的校内刊物，所存爲創刊號，主要欄目有"插圖"、"論壇"、"文藝"、"特載"等。

0367 台師校刊：一期 / 台山縣立師範學校出版股編．— 民國十九年（1930）鉛印本．— 1 册：圖

上中下三欄，每欄均 22 行，19 字，高 7.6 厘米，白口，四周單邊，版框通高 22.8 厘米，寬 15.7 厘米。

刊名取自封面。封面印“台師校刊 海雲”，并印有“第叁期 中華民國十九年十二月十五日 台山縣立師範學校出版股編”等出版信息。是刊爲台師校刊第叁期，主要欄目有“論壇”、“來往公文”、“文告”、“校聞”等。

0368 台中半月刊：一期 / 台中學生自治會編．— 民國二十一年（1932）鉛印本．— 1 册：圖

刊名取自封面。封面印“台中半月刊 1932.6 No.44”及本期目録。横版印刷。書後有“編輯後記”，并印有出版信息：“台中半月刊 第四十四期，編輯者：台中學生自治會，發行者：台中學生自治會，印刷者：台城同文公司，經售者：台城各書店，民國二十一年六月十九日出版。”是册爲台中學生自治會出版之刊物，内容包含“論著”、“文藝”、“批評”、“消息”各欄。

0369 光大季刊：二期 / 光大學校校教務處編．— 民國二十一年至二十二年（1932 ~ 1933）鉛印本．— 1 册

刊名取自封面。封面印“光大季刊，編輯處：光大學校校務處，中華郵政局特准掛號認爲新聞紙類准廣東郵局發給第五百六十號執照”；封底印“西華印書館承印”。是刊存 2 期：第九周第壹期，民國二十一年（1932）四月二十日出版；第十周第一期，民國二十二年（1933）四月十日出版。有：“卷首語”、“論著”、“時評”、“學務報告”、“族聞”、“會議彙志”、“通訊”、“學生文藝”、“編後話”、“啓示”、“告白”等欄目内容。

0370 私立興華中學遷校籌款專刊：一期 / 李志明編輯．— 民國二十三年（1934）鉛印本．— 1 册：圖

刊名取自封面。封面印“私立 興華 中學 遷校 籌款 專刊 蘇廿傑題 中華民國二十三年三月廿五日 廣州興華中學遷校籌款委員會發刊”。前有目録、多圖，後有出版信息：“民國廿三年三月廿五日初版，興華中學遷校籌款專刊，編輯者：李志明，發行者：廖其彬，出版者：興華中學遷校籌款委員會，印刷者：培英印務局。”是刊爲興華中學遷校籌款而發行，有“遷校籌款進行中之概況”，全册分圖像、統計、言論、募款條例四部分。

0371 大中校刊：二期／汕頭私立大中中學校編．— 民國二十三年（1934）鉛印本．— 1册：插圖

刊名取自封面。封面印“中華民國二十三年一月出版，第三四期合刊，大中校刊 孫科題，汕頭私立大中中學校編印”。前有目録及插圖。後印出版信息：“大中校刊（第三第四期合刊），中華民國二十三年一月出版，編輯者：汕頭私立大中中學校，印刷者：汕頭印務鑄字局，發行者：汕頭私立大中中學校，代售者：汕頭各大書局。”是刊爲廣東汕頭私立大中中學校校刊，爲第三第四期合刊，有“插圖”、“論評”、“文藝”、“科學”、“演講録”、“附載”等各欄目，其中文藝又細分爲小説、戲劇、詩詞、雜俎各項。附載有該校二十二年度（1933）上學期教職員及學生一覽表。

0372 知用學生月刊：二期／知用中學學生自治會學術股編輯委員會編．— 民國二十四年（1935）鉛印本．— 1册：圖

刊名取自封面。封面印“知用學生月刊 第一卷 第三、四期，民國二十四年三、四月十五日 知用學生自治會出版”，有插圖。封底印“總編輯：茹廷鏘，副編輯：范流森”等編輯委員會職員信息及“中華民國二十四年三、四月十五日出版，知用學生月刊 第一卷第三、四期，編輯者：知用中學學生自治會學術股編輯委員會，出版者：知用中學學生自治會學術股，印刷者：天成印字館”等出版信息。是刊爲廣州知用中學學生創辦之刊物，存 2 期，内容多爲救國救難及對時政的評論，有“插圖”、“論著”、“小品文”、“詩詞”、“小説”、“隨筆”、“編後話”等欄目内容。鈐印有“李認群”。

0373 季華校刊：一期／佛山季華小學編．— 民國二十四年（1935）鉛印本．— 1册：插圖

刊名取自目録。封面題簽：季華 十五周年暨十三 四屆畢業紀念專號 廿四．十二．廿八；封面另印有題詞。是刊爲佛山季華女子小學校刊，此次出版爲紀念季華成立十五周年暨十三屆曦社、十四屆毅社、十四屆硎社畢業紀念。季華女子小學由郭鑒冰創辦於 1920 年，附設國民學校，校長郭鑒冰將畢生獻於教育事業。該校教學質量較高，多數學生畢業後能考上當時廣州較好的學校。鈐印有“黎應斌”。

0374 興華期刊：一期 / 興華中學文學研究會編 . — 民國二十五年（1936）鉛印本 . — 1 册

刊名取自封面。封面紅字印刷，有畫。書脊印“興華期刊創刊號廣州興華中學文學研究會出版”。封面背面有“獻詞”，前有序。後印出版信息：“興華期刊（廿五年一月）出版，廣州市素波巷興華中學文學研究會，顧問：吴笑生先生，承印：廣州惠福東路大佛寺前洛陽印務館。”是刊爲興華中學的文學期刊，分爲“獻詞”、“序”、“高中組”、“初中組”、“高小組”、“編後話”等欄目内容。鈐印有“興華”。

0375 順農學生：二期 / 廣東省立順德農業職業學校學生會出版委員會編輯 . — 民國二十五年（1936）鉛印本 . — 2 册：插圖，肖像

書刊名取自封面。各期封面均印有廖崇真題字“順農學生”，并注期數，封面背面有“總理遺像”。封底印有出版信息：“順農學生，編輯者：省立順德農業職業學校學生會出版委員會”等。是刊爲廣東省立順德農業職業學校學生會出版之刊物。存 2 期：第二期，民國二十五年一月十日出版；第三期，民國二十五年六月十六日出版。收録有“論著”、“學術研究”、“文藝”、“校聞”、“譯述”等欄目文稿。

0376 培英青年：一期 / 彭光華［等］編輯 . — 民國二十六年（1937）鉛印本 . — 1 册：插圖

刊名取自封面。封面印“培英青年四十四周年紀念號”。扉頁印“培英青年 四十四周年紀念 3 培英中學青年會出版 1937”。封底印出版信息：“培英青年 内政部登記證警字第二八三二號，中華郵政特許掛號第三六零號，編輯：彭光華、何公可、陳關錦、周信磐，出版團體：廣州培英中學學生青年會；印刷者：復興印務館 一九三七，四，卅日出版。”前有時任會長陳關錦獻詞一篇，後有民國二十六年四月“編完後”一則。是刊爲《培英青年》四十四周年紀念刊，主要有“言論”、“散文小説”、“詩歌”、“通訊”、“會務概況”五部分文稿内容。

0377 培英中學校刊：一期／廣州市私立培英中學編．— 民國三十五年（1946）鉛印本．— 1 册：插圖

刊名取自封面。封面題簽：培英中學校刊；題簽下印“抗戰勝利後第二期，廣州私立培英中學編刊，中華民國卅五年十二月廿四日出版”。是刊爲廣州私立培英中學校刊，本期出版於抗戰勝利之後，主要欄目内容有“在復興途中報告之頁”、“訓導報告”、“體育報告”、“事務概況”、“生活與宗教”、“紀要”、“分校概況”等。鈐印有“培英中學校刊”、“歷劫不變高矗白鶴洞校舍門首之校友門”、“恭祝聖誕并賀新禧”。

0378 培正校刊：一期．— 民國二十六年（1937）鉛印本．— 1 册：圖

刊名取自封面。封面印“第九卷 第一期 培正校刊 遷鶴第一號 私立廣州培正中學印行 中華民國二十六年十二月二十日初版”。是刊爲廣州培正中學校刊，創自民國十九（1930）年二月，初版以十日爲期。本期爲學校遷往鶴山後出版的第一期校刊，在總期數上爲第九卷第一期，主要内容有：“遷校動機及經過情形”、“醫務處工作實施大綱”、“遷校鶴山應有之認識與應做之工作”、“我們在鶴山”、“鶴山城一瞥”等。由於是期出版於抗戰時期，除有校聞、學術等内容外，更有“本校組織禦侮救亡工作團”、“紅藍健兒準備翔空殺敵”等抗戰信息。

0379 培正校刊：一期／凌漢燊編輯．— 民國三十六年（1947）鉛印本．— 1 册

刊名取自封面。封面印“培正校刊第十五卷第五期，廣州市私立培正中學校印行，中華民國三十六年五月十五日出版，校址：廣州市東山培正路，編輯：凌漢燊；承印者：清華印書館 廣州惠愛東路毓秀新街”。是刊爲廣州私立培正中學校刊，本期爲第十五卷第五期，主要有“一年來之會務”、“馮校長來鴻”、“校聞點滴”、“體育消息”、“東小校聞”、“西小校聞”、“港校消息”、“青年會會務報告”、“各地同學會分會消息”等内容。

0380 廣大計政增刊之二：一期／黄文袞著．— 民國二十七年（1938）鉛印本．— 1 册

刊名取自封面。封面印“廣州大學 博學篤行 廣州大學計政班刊行”。封底版權頁信息：“定價國幣壹角，民國二十七年二月出版。”本期十八頁，内容有“弁言”，“‘帳’、‘賬’二字不適合於新式記賬”，“‘倀’字創立之必要”，“創立之説明”，“合適會計學原理”，“合適文字學原則”，“疑難之解答”，“結論”等。

0381 白光季刊：一期 / 白光學術研究社主編．— 民國二十九年（1940）鉛印本．— 1 册：插圖

上下二欄，正文每欄 17 行，25 字，白口，無邊框。

刊名取自封面。封面印“垂立白光季刊李郁焜第一卷 第二期 中華民國年九年十月十五日出版（白光學術研究社主編），通訊處：台山裡邊市郵局”。封底印出版信息：“白光季刊第一卷 第二期，編輯委員：余建祥、余溥業、余兆光、余耀棟、余錦潤、余松岡、余子强、余梓焯、余錫森、余紅杏、余碧雲，出版者：白光學術研究社，通訊處：台山裡邊市郵局，日期：民國廿九年十月十五日。”本刊爲廣東台山白光社創辦之刊物，分季度出版，所收稿件涉及砥礪學術、發揚文化、溝通海内外消息等各個方面，分“特載”、“論著”、“文藝”、“消息”等欄目刊發。

0382 四邑僑中校刊：一期 / 廣州市私立四邑華僑中學編印．— 民國三十六年（1947）鉛印本．— 1 册：圖

刊名取自封面。封面印“四邑僑中校刊 2 校慶專號 廣州市私立四邑華僑中學編印”。廣州市私立四邑華僑中學，民國三十五年（1946）由台山、新會、開平、恩平等地華僑出資創立，選址在當時的台山會館。1973 年，因“文革”停辦。1984 年 8 月，市十四中、十五中合并，遷入原址，復辦廣東華僑中學。是刊爲廣州市私立四邑華僑中學成立一周年校慶專號。主要内容有“刊前詞”、“勉僑中諸生”、“校慶良箴”、“論著”、“教學之頁”、“校聞之頁”、“本校開辦費暨獎學金捐款芳名表”等。

0383 真光女子中學遷校卅周年紀念特刊：一期 / 真光女子中學編．— 民國三十六年（1947）鉛印本．— 1 册：插圖，肖像

刊名取自封面。封面印“中華民國卅六年六月 真光女子中學遷校卅周年紀念特刊”；封面背面印“校訓爲世之光”，後有目次；封底印有“私立真光中學校舍校地全圖”并“西湖路五十五號中英印務局印”出版信息。正文前有編者“弁言”，并印時任校長李耀宇獻詞；書後有“編後話”。本刊爲真光女子中學建校七十五周年、遷校三十周年之際出版之紀念特刊，主要内容有“影片”、“校歌”、“三十周年紀念歌”、“校史”、“校務概況”、“宗教事業概況”等，涵蓋了當時真光女子中學及其相關機構的所有信息。

0384 真光校刊：一期 / 廣州白鶴洞真光女子中學編 . — 民國三十七年（1948）鉛印本 . — 1 册（2 頁）

刊名取自首頁題端。正文首頁下印“三十七年度第二期 廣州白鶴洞真光女子中學編印 中華民國卅七年十二月二十五日出版”。是刊爲廣州真光女子中學校刊，本期爲民國三十七年第二期，出版之時由馬儀英任校長。

0385 真光中學特刊：一期 / 廣州私立真光女子中學編 . — 民國三十七年（1948）鉛印本 . — 1 册

刊名取自封面。封面印“真光中學特刊”；封底印“廣州中華北路金興里三號二樓吴玉明”。前有廣州私立真光女子中學校長馬儀英“弁言”。是刊爲紀念真光中學建校七十六年，遷校三十一年出版，内容有“弁言”、“教務概況”、“訓育概況”、“事務概況”、“宗教事業概況”、“衛生概況”、“體育概況”、“章軍概況”、“家政科概況”、“課外生活概況”、“學生自治會會務概況”、“青年會會務概況”、“校友會紀事”、“校友分會消息”、“學生文藝”、“學校近聞”等。

0386 中華文法學院校報：四期 / 中華文法學院編 . — 民國三十七年（1948）鉛印本 . — 4 册：圖

刊名取自封面。各期封面均印有題名“中華文法學院校報”。第一期校慶特刊封面下印“廣州惠福東路六十八號明德印務局承印”，其他三期封面下印“廣州先烈南路原道印刷所承印”。私立中華文法學院，前身爲 1942 年秋成立的“中華文化學院國文專科學校”，設校於樂昌縣坪石鎮，吴康爲院長。抗日戰争勝利後，遷校廣州，暫借惠愛東路禺山中學爲院址。後遷登峰路原大中中學校址上課，另在文德路、榨粉街等地設置各系分散上課。1946 年夏，在黄花崗右側購得空地四十多畝建築院址。1947 年 5 月，改名“私立中華文法學院”，1948 年 1 月，教育部令核准學院開辦，1948 年 3 月董事會開會，决定增設理工學院，成立“文化大學”。1951 年 2 月，私立廣州大學、私立廣東國民大學、私立文化大學、私立廣州法學院 4 所學校合并成華南聯合大學。此存《中華文法學院校報》四期：第一期，校慶特刊，民國三十七年四月十一日出版；第二期，民國三十七年十月十五日 出版；第三期，民國三十七年十一月十五日出版；第四期，民國三十七年十二月十五日出版。主要爲關於中華文法學院的發展情況、各學系概況、教育教學、人才引進等方面内容。

0387 文化大學校刊：一期 / 文化大學出版委員會編 . — 民國三十八年（1949）鉛印本 . — 1 册

刊名取自封面。封面印“文化大學校刊 第一期，中華民國三十八年四月一日出版，文化大學出版委員會編印，校址：廣州市黄花崗，廣州市教育路蔚興印刷場承印”等，并印有“刊首語”。私立文化大學，最早爲1942年成立的“中華文化學院國文專科學校”。創建過程，參考上條《中華文法學院校報》。此爲發刊第一期，主要有“文告教令”、“講壇紀録”、“學校新聞”、“文教消息”、“創作文藝”等欄目。

0388 靈肉之門 *NORMA SHEARER A FREE SOUL*：一期 / 明珠戲院編輯部編 . — 民國二十一年（1932）鉛印本 . — 2 册：圖

刊名取自封面。封面印“靈肉之門 明珠戲院編輯部刊贈 明珠即日放映”；封面英文題名“NORMA SHEARER A FREE SOUL”。封面背面有“明珠戲院一九三二年上映安排”。本刊主要介紹香港明珠戲院電影《靈肉之門》的主演、劇情劇照、劇本等。

0389 一夜纏綿 *ONE ROMANTIC NIGHT*：一期 / 明珠戲院編輯部編 . — 民國（1912 ~ 1949）鉛印本 . — 1 册：圖

刊名取自封面。封面印“向普天下的一切有情男女挑戰一夜纏綿 明珠戲院編輯部刊 明珠即日放映”；封面英文題名“ONE ROMANTIC NIGHT”。本刊主要介紹香港明珠戲院電影《一夜纏綿》的主演、劇情劇照、劇本。

0390 璇宫艷史歌集：一期 / 永漢有聲影戲院編 . — 民國（1912 ~ 1949）鉛印本 . — 1 册：圖

刊名取自封面。封面印“璇宫艷史歌集 永漢有聲影戲院刊贈 七月二十二日起放映”。是刊爲廣州永漢電影院的電影宣傳册，内容爲關於電影《璇宫艷史》人物介紹及歌曲歌譜。

0391　流氓皇帝：一期 / 中華有聲電影院刊 . — 民國（1912 ~ 1949）鉛印本 . — 1 册：圖

刊名取自封面，封面印“流氓皇帝　中華有聲電影院”。是刊爲廣州中華有聲電影院的電影宣傳册，内容爲電影《流氓皇帝》的歌曲和歌譜等，收録有《倘我爲皇》、《終有一天》、《祇一玫瑰》、《流氓謌》、《愛我今宵》等曲目。

0392　四壯士 *4 INFANTRY MAN*：一期 / 南關戲院廣告部編 . — 民國（1912 ~ 1949）鉛印本 . — 1 册：圖

刊名取自封面。封面印“四壯士　反攻西綫無戰事之戰事結構　德國全體影業聯合作成之偉大結晶品　南關戲院即日開映”，并印有英文題名“4 INFANTRY MAN”。本刊爲廣州南關戲院的宣傳册，主要介紹電影《四壯士》的主演、劇情劇照、台詞，以及當時衆多影評人對電影的評價。

0393　金聲：一期 . — 民國（1912 ~ 1949）鉛印本 . — 1 册：圖

行數、字數不等，白口，四周單邊，匡高 20.2 厘米，寬 14.4 厘米。

刊名取自封面。封面印“金聲　廣州市唯一華貴娱樂場所　地址西關十一甫馬路　電話一六弍三六　第七期”。本刊每旬出版，本期主要介紹近期播放的電影，以美國好萊塢的進口片爲主，并有影評人的一些評論，還包括關於打扮的一些技巧，是當時的潮流娱樂雜志。

0394　花有淚：二卷 / 浣冰女吏遺著；夢湘女吏編纂；留蔭主人批評 . — 民國（1912 ~ 1949）鉛印本 . — 2 册

13 行，31 字，白口，無邊框。

書名取自封面，封面印“哀豔小説 三集第一（二）册 花有淚 廣東公論報刊”。卷末有漱梅閣夢湘“跋語”。原書卷册不詳，存 1 卷：下卷。是書哀艷小説《花有淚》，原作者浣冰女吏創作未完，其妹妹夢湘女吏替其完成作品，作者現身説法用主人公表達自己的身世遭遇及想法，其用心在於改良社會道德，教化世人。

0395 老子道德經撮要：一卷 / 汪兆鏞輯 .— 民國二十年（1931）刻本 .— 1 册

8 行，16 字，四周單邊，單黑魚尾，匡高 17.3 厘米，寬 11.4 厘米。

封面佚名墨筆題簽：老子道德經。扉頁刊"老子道德經撮要 桂坫篆"。前有辛未（民國二十年）汪兆鏞序。此《老子道德經撮要》爲汪兆鏞（曾自號"覺道士"）游歷羅浮山時所撰，置於山中道觀，讓世人知道道教淵源所自，不惑於歧途。鈐印有"禮堂梁基永印"、"儀清室"、"讀古人書"、"弎樂書屋"。

0396 新約全書 *THE NEW TESTAMENT IN ENGLISH AND CANTON COLLOQUIAL*：二十七卷 / 美國聖經公會上海分會編 .— 民國十二年（1923）鉛印本 .— 1 册

書名取自扉頁。扉頁中文印"新約全書　中西字　廣東土白"；英文：THE NEW TESTAMENT IN ENGLISH AND CANTON COLLOQUIAL / THE AMERICAN BIBLE SOCIETY SHANGHAI 1923。前有英文筆記大意，落款爲"紐約扳露街 1 號，1926 年 7 月 2 日"。《新約全書》包括福音書、歷史書、使徒書信和啓示録等部分，共二十七卷。是書黑色牛皮封面，譯文爲廣東話，即白話翻譯，中英對照，殊爲罕見。

0397 頌讚聖詞 / 中華基督教會台山城江德堂編 .— 民國三十六年（1947）鉛印本 .— 1 册

行數、字數不等，白口，四周單邊，匡高 16.3 厘米，寬 9.9 厘米。

書名取自書封面，封面印"松讚聖詞 中華基督教會台山城江德堂公用 主後一九四七年 李中堅敬獻"。是書記載内容有：崇敬、教會周年節期、教會、聖徒生活、時序、特殊用聖歌、家庭聖歌、青年聖歌、孩童聖歌、布道聖歌、特殊樂章。

集　部

0398 五百四峰堂續集：二卷 /（清）黎簡撰 .— 民國十五年（1926）刻本 .— 1 册

11 行，22 字，小字雙行同，上下黑口，左右雙邊，匡高 16.2 厘米，寬 11.9 厘米。

封面題簽：五百四峰堂續集；扉頁刊"五百四峰堂續集二卷"；牌記刊"微尚齋刊"。

書後刊“廣州九耀坊翰元樓書籍鋪雕印”。前有丙寅（民國十五年）汪兆鏞“識”。護頁有是書原收藏者梁基永先生題記。是書爲汪精衛之兄汪兆鏞的私家刻本。黎簡之集，常見的是正集，此爲續集，從未刊行，民國時汪兆鏞得其稿本，故得以刊行。存世甚罕。《五百四峰堂續集》計上、下兩卷，收詩 84 首，按年代順序編排。鈐印有“廣州市文德路六六號萃經書籍 全 印鑒”、“梁”、“基永之鉢”、“禮堂梁基永印”。

0399 陳東塾先生遺詩：一卷 /（清）陳澧撰；汪兆鏞輯 .— 民國二十年（1931）刻本 .— 1 册

11 行，21 字，小字雙行同，上下黑口，左右雙邊，匡高 15.5 厘米，寬 11.9 厘米。

封面題簽：陳東塾先生遺詩。扉頁刊“陳東塾先生遺詩一卷”，牌記刊“辛未年冬刊成”。卷末有辛未（二十年）汪兆鏞“東塾遺詩跋”，版心題名《東塾遺詩》。是集收録諸詩，爲陳澧（號東塾）爲他人書及傳抄者，由其門人汪兆鏞所輯，共二百餘首。鈐印有“儀清室”。

0400 番禺陳東塾先生書札：一卷 /（清）陳澧著 .— 民國二十六年（1937）影印本 .— 1 册

行數、字數不等，下黑口，無邊框。

書名取自封面題簽，封面題簽：番禺陳東塾先生書札。扉頁印“東塾先生書札”。前有民國二十六年桂坫序。書後版權頁印“番禺陳東塾先生書扎，全一册，實價國幣四角，書者：番禺陳澧，印刷者：上海澳門路四六九號中華書局金屬版部，發行者：上海福州路及各埠中華書局，中華民國二十六年七月發行，中華民國二十六年七月初”。是書選陳澧與先儒林公論學所撰文章，集合成書，以供後學習之。鈐印有“兵英之章”。

0401 康南海文集彙編：八卷 / 康有爲撰 .— 民國六年（1917）石印本 .— 4 册（1 函）

16 行，35 字，上下黑口，四周雙邊，單黑魚尾，匡高 16.8 厘米，寬 11.3 厘米。

書名取自扉頁。扉頁印“中華民國六年本足 康南海文集彙編丁寶銓題”。牌記印“交通圖書館 丁巳年發行定價洋一元二角”；另有扉頁印“民國六年 洋價貳元四角 足本 梁任公 康南海 文集彙編吕景端署”。前有柔兆執徐（丙辰，民國五年，1916）孟陬之月鑒湖感鳳逸民叙。是書爲康有爲（廣東南海人，人稱“康南海”）文集彙編，從中可以窺見其政治思想的演變。

0402 康南海書牘：二卷 / 康有爲著；周退盦編輯．— 民國六年（1917）鉛印本．— 2 册

14 行，31 字，下黑口，四周雙邊，單黑魚尾，匡高 17.1 厘米，寬 11.9 厘米。

扉頁印“康有爲先生著 康南海書牘 吴榮書”。後有癸丑（民國二年，1913）康有爲“記”。書後版權頁信息：“中華民國六年四月再版，康南海書牘，每部二册，價洋二角五分，編輯者：吴下周退盦，印刷者：上海圖書局，發行者：上海文瑞樓書莊，代發行者：蘇州緑蔭堂”等。

0403 卅家尺素：一卷 / 陳步墀輯．— 民國（1912 ~ 1949）影印本．— 1 册

行數、字數不等，無邊框。

書名據後跋擬定。正文後有陳步墀所撰《卅家尺素書後》，即《三哀詩》。書後有是書原收藏者梁基永先生題跋。是書乃民國初年龍朝翊、蕭永華、蕭竹朋、賴際熙等三十家爲陳步墀所寫書札。鈐印有“儀清室”、“禮堂梁基永印”、“南海梁基永印”。

0404 慎鳴存稿：一卷；附涅槃義：一卷 / 蔡國英著．— 民國八年（1919）鉛印本．— 1 册

10 行，31 字，白口，四周雙邊，匡高 16 厘米，寬 10.3 厘米。

書名取自封面，封面印“慎鳴存稿 附涅槃義 蔡國英撰并題”。前有目録。書後版權頁信息：“民國八年十月初版，著作者：蔡國英，印刷所：南華印書館。”是書内包含了蔡國英與陳炯明、岑春煊、胡漢民、康有爲、徐世昌等人有關的書信、電報、評議、函件 60 餘篇，多存代龍雲所撰函札文稿。

0405 荻水曇華集：二卷 / 余觀光撰．— 民國十六年（1927）鉛印本．— 1 册

14 行，37 字，白口，四周雙邊，單黑魚尾，匡高 18.9 厘米，寬 13.5 厘米。

卷上末有佚名墨筆題字“余友燮、仲珊兩君皆乙酉拔貢，兄弟仝科拔貢全球之第一例”。封面題簽：荻水曇華集 石佛 署。版心下端印“粵東編譯公司承印”。前有民國十六年黄佛頤叙、余培之“荻水曇華集序”，後有民國十六年余覲光跋。是書爲作者余觀光生前所著詩文集，身後由其親友合作整理發行。全書分上下兩卷，上卷存詩五十首，下卷收文二十篇。

0406 新編嶺南即事 / 佚名輯 . — 民國(1912 ~ 1949)鉛印本 . — 1 册 : 圖

13 行，40 字，白口，無邊框。

書名取自封面，封面印“新編嶺南即事 下册 羊城實事 風流豔史 廣州廣智書局發行”，并配有插圖。原書卷册不詳，存下册。版心題名：新增評體嶺南即事。書中存有關羊城實事文章八十餘篇。

0407 廣東國民大學附設初級中學學生國文成績録 : 第三輯 / 廣東國民大學附設初級中學編 . — 民國二十三年(1934)鉛印本 . — 1 册

18 行，38 字，白口，四周雙邊，雙對黑魚尾，匡高 14.7 厘米，寬 11.2 厘米。

書名取自封面，封面題簽：廣東國民大學附設初級中學 學生國文成績録 第三輯。前有民國二十三年喬家鐸序，後有民國二十三年陳仁昌“編後語”。封底版權頁信息：“民國二十三年十二月，廣州市惠福西路本校印行，廣州西湖路中英印務局代印，電話：一一一八二。”是書爲民國二十一年度（1932）下學期廣東國民大學附設初級中學學生國文成績作品彙編，録有九十多名學生之國文作品，各篇後均附有老師短評。

0408 梅塢唱酬編 : 不分卷 . — 民國十年(1921)鉛印本 . — 1 册

行數、字數不等，白口，四周雙邊，單黑魚尾，匡高 18.7 厘米，寬 12.5 厘米。
書名取自封面題簽，封面題簽 : 梅塢唱酬編。扉頁印“中華民國十年十月出版 梅塢唱酬編 廣州市永漢中路編譯公司承印”。版心下端印“粵東編譯公司承印”。前有趙沅芬“祝梅詩於台城之勤學所”，梅健行“梅塢詩”；後有陸智亮“步梅塢韻”。唱酬，古代詩詞術語，謂作詩與别人相酬和，亦作以詩詞相酬答。此書是趙沅芬和友人一起共赴梅嶺植梅後，憶梅所作，爾後，友人均一一作詩相互酬和成書。

0409 孫中山評論集 / 三民公司編輯 . — 民國十五年(1926)鉛印本 . — 1 册

14 行，39 字，白口，無邊框。

書名取自封面，封面印“孫中山評論集 第一編上海三民公司印行 民國十五年十月三版”，并有孫中山肖像。前有民國十四年(1925)“孫中山評論集弁言”及目次。書後版權頁信息：“中華民國十五年十月三版，孫中山評論集（第一編），編輯者：三民公司，發行者：三民公司，印刷者：三民公司。”原書總編數不詳，存 1 編：第 1 編。是書爲紀念孫中山先生逝世發行，收録有中外諸報暨各界人士對孫中山先生之評語，分外報評論、中報評論、外人評論、國人評論四部分輯録一編。鈐印有“王培圖書館”、“參考”、“哈爾賓市圖書館 藏書 1955”、“經售新舊書籍雜志 富晋書社 上海漢口路 722 號 編號”等。

0410 粵東詩話：四卷 / 屈向邦著．— 民國三十七年（1948）鉛印本．— 1 册

12 行，30 字，白口，四周單邊，雙對黑魚尾，匡高 15.4 厘米，寬 9.6 厘米。

扉頁印“粵東詩話 向邦”。版心下端印“誦清芬室”。前有民國三十七年廖恩燾“序”，戊子初春（民國三十七年）屈向邦“自志”。書後附有“粵東詩話勘誤表”。全書四卷，始作於民國二十六年（1937），作者受到《青鶴雜志》陳灨一先生邀請并以“誦芬居士”爲筆名開始創作，後來由於抗日戰爭爆發，没能登出發表，遂積存下來成書。

0411 新呼聲：一期 / 大良鄉中心學校編．— 民國三十年（1941）鉛印本．— 1 册：圖

刊名取自封面，封面印“新呼聲 1941 ① 大良鄉中心學校編印”，有景棠繪插圖。封底印出版信息：“編者：石峰，出版：大良鄉中心學校，印刷：台山城台西路作新公司，中華民國叁拾年五月初版。”本刊爲抗戰歌曲集，所收歌曲有《國旗歌》、《精神總動員》、《快搭起我們的舞臺》、《大良兒童聯合起來打黑狗》、《游擊歌》、《戰士進行曲》等。

0412 台山縣立師範學校歌譜：一卷．— 民國（1912 ~ 1949）油印本．— 1 册

行數、字數不等，白口，四周單邊，匡高 18.4 厘米，寬 14.2 厘米。

書名據版心擬定，版心印“台山縣立師範學校歌譜 國民小學唱歌教材”。是書爲歌譜，内標有五綫譜，分爲“唱歌”和“單音唱歌”兩部分，歌曲多爲熱血、抗争、奮鬥的類型。

叢　部

0413 中山叢書 / 孫中山（孫文）著．— 民國（1912 ~ 1949）鉛印本．— 3 册

18 行，39 字，無邊框。

書名取自封面，封面題簽：中山叢書 譚延闓題。扉頁印題詞“博愛、丹心俠骨、大道之行、天下爲公、養天地正氣、法古今完人”。全書 4 册，現存 3 册。第一册記載“傳略”、“主義”；第二册記載“方略”、“憲法”、“政綱”；第三册記載“演講”、“談話”。

索引說明

一、本索引包括書名與著者的拼音及筆畫索引。

二、同一書名或同一著者在同一頁中數次出現的，在頁碼後面加圓括號注明出現的次數。如：廣東光漢中醫學校針灸學講義 265（2）；李超甫 270（2）；出現在不同頁碼的，分别注明頁碼。

三、同一書名或同一著者排在同一書目的連續兩頁時，注明連續頁碼，中間用“–”連接。如：中山叢書 323–324；李志明 311–312。

書名拼音索引

A

B

C

D

F

G

H

J

K

L

S

T

W

X

Y

Z

著者拼音索引

G

H

J

K

L

M

N

O

P

Q

R

S

T

W

X

Y

Z

書名筆畫索引

一畫

二畫

三畫

四畫

五畫

六畫

七畫

八畫

九畫

十畫

十一畫

十二畫

十三畫

十四畫

十五畫

十六畫

十七畫

十八畫

十九畫

二十畫

二十一畫

二十二畫

二十三畫

二十四畫

著者筆畫索引

一畫

二畫

三畫

四畫

五畫

六畫

九畫

十畫

十一畫

十二畫

十三畫

十四畫

十五畫

十六畫

十七畫

十八畫

十九畫

二十一畫